LES MAUVAIS FILS

DES MÊMES AUTEURS

PATRICE JEAN
Tout à fait Jean-Michel, Le Seuil, 1993
La France de Bernard, roman, Rue Fromentin, 2013
Les Structures du mal, roman, Rue Fromentin, 2015
Revenir à Lisbonne, roman, Rue Fromentin, 2016
L'Homme surnuméraire, roman, Rue Fromentin, 2017
Tour d'ivoire, roman, Rue Fromentin, 2019
La Poursuite de l'idéal, roman, Gallimard, 2021
Le Parti d'Edgar Winger, roman, Gallimard, 2022
Rééducation Nationale, roman, Rue Fromentin, 2022
Louis le magnifique, roman, Le Cherche Midi, 2022
Kafka au candy-shop, essai, Léo Scheer, 2024
La vie des spectres, roman, Le Cherche Midi, 2024

BRUNO LAFOURCADE
Etché, roman, La Fontaine secrète, 2009
L'Ordre, roman, Brumerge, 2010
Le Portement de la Croix, roman, 2011, rééd. J.-D., 2022
Derniers feux, essai, La Fontaine secrète, 2011
Les Oulhamr, chroniques, Jean-Dézert, 2012
Sur le suicide, essai, François Bourin, 2014
Leur Jeunesse, journal, 2015, rééd. J.-D., 2021
Les Nouveaux Vertueux, portraits, Jean-Dézert, 2017
L'Ivraie, roman, Léo Scheer, 2018
Conversation avec Jérôme Vallet, entretiens, Jean-Dézert, 2018
Tombeau de Raoul Ducourneau, roman, Léo Scheer, 2019
Ahmed le Magnifique, roman, Le Bretteur, 2019 (avec Laurane Rivet)
Saint-Marsan, roman, Terres de l'Ouest, 2019
Le Hussard retrouve ses facultés, roman, Auda Isarn, 2019
Une jeunesse les dents serrées, récit, 2019, rééd. J.-D., 2022
La littérature à balles réelles, pamphlet, Jean-Dézert, 2020
Les Cosaques & le Saint-Esprit, chroniques, La Nlle Libr., 2020
Sac de frappe, pièces brèves, Jean-Dézert, 2021
L'intervalle entre le marchepied et le quai, chroniques, La Nlle Libr., 2022
Georges Darien, *L'Escarmouche*, La Mouette de Minerve, 2023
Main basse sur le cinématographe, La Mouette de Minerve, 2024

PATRICE JEAN & BRUNO LAFOURCADE

LES MAUVAIS FILS

Correspondance choisie

Impression : Libri Plureos GmbH, Friedensallee 273,
22763 Hamburg (Allemagne)

© 2024 La mouette de Minerve
ISBN : 9782487526082
Dépôt légal : novembre 2024

*Il y a des arts pour lesquels on est payé
et des arts pour lesquels on paie.*

Gombrowicz

AVANT-PROPOS

LES OMBRES SŒURS

Cher Patrice, j'avais d'abord trouvé, pour notre choix de lettres, un titre qui s'appuyait sur cet échange :

« Les lycéens ne bloquent pas le lycée : on ne peut plus compter sur personne.

— Vous les avez menacés de les mettre à genoux, les mains sur la tête ?

— Ah non ! Cela nous rappellerait les heures les plus sombres de notre histoire !

— Je préfère les histoires les plus heureuses de nos ombres – sinon l'histoire de nos ombres sœurs. »

Les ombres sœurs – c'est donc le titre auquel j'avais pensé : deux écrivains également obscurs (Dieu merci, pour l'un des deux, l'horizon s'éclaircit), vivant en province, entrent dans la cinquantaine au moment où ils se lient d'amitié, et, avec des fortunes diverses, tentent de sortir de l'ombre et de leurs nuits jumelles.

Finalement, j'ai eu une autre idée, qui repose aussi sur un de nos échanges :

« Notre génération, écriviez-vous le 10 octobre 2020, réussira à s'opposer à la génération 68 qui a voulu la tuer. Les baby-boomers ont intronisé des écrivains qui ne leur faisaient pas d'ombre ; mais nous, nous sommes de mauvais fils. »

P.S. J'avais aussi pensé à *La Poursuite de l'idéal,* mais le titre était pris.

BL

2017

Août

PJ. – J'ai beaucoup aimé votre essai sur le suicide, *L'Ordre* et vos *Derniers feux*[1]. En accord avec tout.

BL. – Cher Monsieur, je suis tout neuf sur les *rézoo-socios* et j'y suis aussi doué qu'une bûche – ceci pour vous dire que j'essaie depuis une demi-heure de vous répondre, sans y parvenir – il n'est pas impossible qu'un autre que vous ait reçu un mot de moi…

Comment avez-vous pu lire ces trois livres ? J'en ai vendu trois ! (J'y pense : ça devait être à vous…) Je vous remercie, en tout cas.

J'ai vu que vous veniez de publier un *Homme surnuméraire* (excellent titre). C'est un roman ?

PJ. – Cher Monsieur, je n'y suis pas neuf, mais j'écris d'un doigt depuis que mon ordinateur a rendu l'âme. J'ai connu vos ouvrages grâce à un article de Roland Jaccard. Votre livre sur le suicide m'a tant plu que j'en ai commandé d'autres de vous.

Je publie en effet un quatrième roman : *L'Homme surnuméraire*, fin août. Et d'ailleurs je vous cite dans celui que j'écris

---

[1] Livres de Bruno Lafourcade.
Cette première phrase, consécutive à une « demande d'amitié » sur Facebook, a été écrite sur Messenger. Toutes les autres le seront sur le même « réseau social » ou par lettres électroniques.

actuellement. Je me réjouis donc de vous lire sur votre blog et, j'espère, dans un livre prochain.

BL. – Sans blague... Mais vous êtes fou !

Votre *Surnuméraire* m'intéresse : l'idée de rendre « les classiques conformes aux normes morales d'aujourd'hui » est excellente – j'aurais voulu l'avoir. Je vous lirai avec plaisir...

PJ. – Non, pas encore complètement fou...

Si vous lisez cet *Homme surnuméraire*, je serais heureux d'avoir un lecteur de votre qualité. Je vois que vous semblez également aimer Renaud Camus : quand on pense que cet écrivain incomparable a perdu ses deux éditeurs !

BL. – Ce n'est pas un hasard si des auteurs de consommation courante s'en sont pris à lui, comme d'autres, ou les mêmes, à Millet : les pignoufs ont un flair infaillible pour repérer le talent. Mais je crois que c'est fini : plus aucun lecteur à peu près équilibré ne fait confiance au *Monde des livres*, aux *Inrockuptibles*, etc., plus personne n'est dupe des bûchers dressés par les Ernaux des Lettres... Ces histoires sont l'objet d'un petit pamphlet que j'ai écrit il y a déjà plusieurs années, sous la forme d'un abécédaire, *Les Nouveaux Vertueux*, qui a été accepté puis refusé par plusieurs éditeurs. L'un d'eux m'a demandé d'« enlever les noms » (dans un abécédaire !). P.-G. de Roux pourrait le publier l'an prochain ; et un journal en « bonnes feuilles » à la rentrée. Entretemps, j'ai terminé plusieurs manuscrits, qui sont « en lecture » un peu partout ; chez Léo Scheer, on serait intéressé par l'un d'eux. À l'instant, j'en termine un autre : *La Littérature à balles réelles* ; c'est un petit dictionnaire des écrivains d'aujourd'hui, et je me suis régalé à l'écrire – au point que j'en ferai une suite (je suis loin d'avoir épuisé la matière). Je ne l'ai montré à personne, et je me demande si je ne vais pas en publier des extraits sur mon blog... – Si je puis me permettre, j'ai lu un roman intitulé *Le Chef-d'œuvre de Michel Houellebecq* de Didier Goux (Les Belles

Lettres) ; il a paru l'an dernier, je crois : je l'ai trouvé vraiment très bien, par moment « très murayen » – et qui s'est vendu à moins de deux cents exemplaires. Je suis sûr que ce n'est pas ce qui attend votre *Homme surnuméraire* (vous savez que Bossuet appelait la femme « l'os surnuméraire » ?) : désormais, il est possible de passer outre la censure officieuse que les pignoufs de la presse exercent parfois sans même s'en rendre compte.

PJ. – Je ne savais pas que Bossuet appelait la femme « l'os surnuméraire », je m'en souviendrai. Je pense comme vous : les lecteurs équilibrés ne font plus confiance au *Monde des livres* ou aux *Inrocks* ; cependant, ce sont les lecteurs sans goût qui font les succès. *La littérature à balles réelles* : quel titre ! J'ai déjà envie de lire ce pamphlet. J'espère qu'il sera rapidement édité. Et c'est une bonne nouvelle que P.-G. de Roux publie vos *Nouveaux Vertueux*. Quant au roman de Didier Goux, j'en ai entendu parler, mais je ne l'ai pas lu : je vais réparer cette erreur.

Septembre

BL. – Cher Patrice Jean, j'ai abandonné, pour un mois, les *rézoo-socisses*, quelques jours à peine après que j'y suis entré : il se trouve que j'ai décidé, un peu sur un coup de tête, de changer de ville et de vie, et que je suis débordé par les tâches à accomplir – mais ce n'est pas de cela que je voulais vous parler. Ce matin, je suis entré dans la petite librairie qui occupe, exactement en face de chez moi, le rez-de-chaussée d'un immeuble d'angle. « Voyons, voyons, *L'Homme surnuméraire*... » Mais je ne trouverais pas un kangourou dans un Kangoo. J'avisai une employée :
« Je cherche des livres de Patrice Jean...
— Ah ! oui : on en a deux... »

Et en effet. Elle m'apporta triomphalement *L'Homme sur-numéraire* et *Revenir à Lisbonne*, devant lesquels j'étais passé dix fois.

« D'ailleurs, si ça vous intéresse, on le recevra bientôt...

— Ah ? Ici ? Mais quand ?

— Je ne sais pas...

— Mais avant le mois d'octobre ?

— Je ne crois pas, non... Pourquoi ?

— Parce que je suis en train de déménager : dans un mois, j'aurai quitté Lyon... »

Ainsi ai-je appris que vous serez invité par la librairie située exactement en face de mon appartement au moment où je quitterai celui-ci. Quelle coïncidence !

Ce soir, j'ai ouvert *L'Homme surnuméraire* et j'ai lu d'une traite les quarante pages du premier chapitre, à la fois drôles, poignantes et si justes, qui se lisent comme un récit autonome, une longue nouvelle. Ce serait peu de dire qu'elles m'ont plu... Ah ! cette épouse qui regarde son mari « comme la justice regarde le crime, les yeux pétillant de vertu », ces deux enfants également convaincus de leur perfection, et cette bonne copine de Bérengère, toute gonflée de hargne et de psychanalyse, qui sait si bien apprendre à Claire que son mari appartient à « l'immémoriale domination masculine »... Comme on le plaint, ce malheureux Serge, de supporter ce brelan de progressistes satisfaits, et comme on voudrait être lui, pour le seul plaisir de foutre le camp de cette cage (après avoir botté le cul de ses moutards) et de rejoindre Véronika... Les personnages sont tellement vrais : on les voit, on les connaît, on les croise tous les jours... (Un parallèle m'a troublé, aussi – mais c'est idiot et troublant pour moi seul. J'ai terminé un roman qui n'a pas encore paru, s'appelle *L'Ivraie*, et offre des échos, parfois dans ses détails, avec votre livre : l'histoire est très différente de la vôtre, mais raconte à sa façon l'histoire d'un surnuméraire ; et on y trouve, en exergue, comme chez vous une citation sur les hommes défaits : Shakespeare chez vous (« Si j'y suis vaincu », etc.), Péguy chez moi (« Nous

sommes des vaincus autant qu'on l'a peut-être été jamais ») ;
dans les deux, un personnage secondaire s'appelle Berthelot ;
etc.) Comme j'ignore quand j'aurai le temps de terminer votre
roman, je voulais sans plus attendre vous dire à quel point il
m'avait déjà enthousiasmé. J'espère vous en dire davantage,
dès que je le pourrai...

PJ. – Cher Bruno Lafourcade, je vous remercie de ce
compte rendu de lecture enthousiaste.

Les coïncidences sont en effet amusantes. Je serai à la librairie située dans votre rue le samedi 18 novembre (il me
semble). Je n'aime pas trop les séances de signature, je rechigne à faire le trottoir, en espérant qu'un client daigne acheter un de mes livres, mon éditeur le sait, mais il m'a assuré
que cette librairie lyonnaise connaissait mes romans, qu'il y
aurait un entretien. Il est dommage que vous quittiez Lyon
un mois trop tôt ! J'espère qu'il y aura d'autres coïncidences,
cette fois moins contraires à une véritable rencontre... J'espère aussi qu'on pourra lire votre *Ivraie* au plus vite.

Combien reste-t-il de lecteurs véritables ? Il y a une quinzaine de jours, une agrégée de lettres (de 47 ans), lors d'un
dîner, a témoigné sa surprise que je puisse aimer Chateaubriand : c'était, me dit-elle, la première fois de sa vie qu'elle
rencontrait quelqu'un qui aimât cet auteur pompeux et creux.
En revanche, elle ne tarissait pas d'éloges pour un livre qui
s'appelait *Nos vaches sont jolies parce qu'elles mangent des fleurs* [de
Paul Bedel, aux éd. Albin Michel]...

P.S. J'ai peut-être été injuste avec ce roman agricole (est-
ce un roman d'ailleurs ?), je viens de lire, sur internet, que
Pierre Bergounioux en avait écrit la postface. J'aime bien Bergounioux.

BL. – Ce que vous dites de cette agrégée est effarant. Ce
qui ne l'est pas moins, c'est que l'on n'en soit autrement surpris : on s'habitue à la bêtise épaisse de ceux qui naguère encore formaient le principal de la classe cultivée. J'ai fait

plusieurs métiers, j'ai même enseigné quelque temps : jamais je n'ai vu une agglomération d'ignares aussi dense que dans les salles de professeurs – voilà un milieu que j'ai quitté sans regret (j'en parle dans *L'Ivraie*, mais il est vrai que je parle de tout, là-dedans). La classe cultivée a fondu, c'est indiscutable, surtout chez les étudiants et leurs professeurs. Il reste néanmoins quelques vrais lecteurs, quelques vrais éditeurs et quelques vrais écrivains : vos livres en témoignent. Davantage, en paraissant dans une collection de poche, vos livres trouveront un public qui ira s'élargissant, autour d'un noyau de fidèles, sensibles à vos dons d'observation, votre humour, votre sens de l'image, votre art du portrait. Quelques milliers de lecteurs, ce n'est rien en apparence, c'est miraculeux en réalité. En ce qui me concerne, lassé des éditeurs, et fatigué d'entendre l'un me dire que je « donnais la nausée », l'autre que j'étais « trop ambigu », un troisième « tendancieux », un quatrième, je crois, « pervers » (j'ai gardé les meilleurs), sans compter ceux qui m'ont demandé de me censurer, j'avais fini par écrire sans me soucier du reste : je n'en concevais pas d'amertume – tant que l'on ne m'empêche pas d'écrire, on peut bien m'interdire de publier. Et puis, poussé par une jeune femme qui veut mon bien, et écrit elle-même, je suis reparti à l'assaut : cet été, j'ai envoyé cinq ou six manuscrits au petit bonheur. *L'Ivraie*, coupé d'un tiers, paraîtra peut-être chez Léo Scheer ; *Les Nouveaux Vertueux, anastasié* de ses passages « dangereux » (et inoffensifs, de mon point de vue) par l'avocat de P.-G. de Roux, paraîtra peut-être chez celui-ci. Les autres manuscrits n'intéressent personne pour le moment ; je m'en fous : ma vanité s'est transformée en indifférence, qui est une vanité au carré.

PJ. – Je rejoins votre jugement sur le caractère ignare d'une salle des professeurs ; malheureusement, contrairement à vous, je patauge là-dedans depuis plus de vingt ans. Je pourrais multiplier les anecdotes effarantes à propos de l'enseignement. J'ai même, l'an dernier, écrit un roman sur le sujet, au titre évocateur : *À bout portant*[2] [publié depuis, aux éd. Rue Fromentin, sous le titre *Rééducation nationale*]. Malheureusement mon éditeur n'en a pas voulu. Il l'a trouvé trop satirique. Et je n'ai pas cherché à le placer ailleurs.

Il faut espérer que vos deux essais (et *L'Ivraie*) soient publiés chez Léo Scheer et chez Pierre-Guillaume de Roux ! Comme je vous l'ai écrit, j'ai lu avec passion trois de vos livres. À la parution du prochain, il faudra que j'essaie de publier un article dessus ; ou peut-être dès maintenant (je veux dire dans les mois qui viennent) ?

Les réponses des éditeurs (« nausée », « ambigu », « tendancieux », « pervers ») sont accablantes et déprimantes. Et ces avocats ! Le tout pour complaire à de petits Robespierre hypergentils hypersensibles.

J'entends beaucoup parler autour de moi de P.-G. de Roux (par Jean-Pierre Montal (mon éditeur) qui publie chez lui, et par un ami commun, Michel Marmin), mais je ne l'ai jamais rencontré. Je devais déjeuner avec lui en juin, en la compagnie de Montal ; il s'est décommandé.

J'irai (en plus de Lyon) à Paris au mois de novembre au salon du livre de Radio France (oui, je sais...) : votre nouvelle région n'est peut-être pas si éloignée de la capitale ?

BL. – « Trop satirique » ? Mais l'est-on jamais assez ? Quel dommage... Pourquoi ne pas proposer ce roman à un autre éditeur ?

On n'écrira jamais assez sur l'enseignement d'aujourd'hui, c'est-à-dire *contre* lui : il y a toute la société dans un lycée, dans une salle de classe, dans une salle des professeurs. J'y ai consacré deux manuscrits : *L'Ivraie* et *Leur Jeunesse* – celui-ci est le journal d'une année scolaire dans un centre de formation, le Stéphane-Hessel dans le récit, où j'enseignais le français et l'histoire à des illettrés de baccalauréat professionnel. (Je

---

[2] Publié depuis, aux éd. Rue Fromentin, sous le titre *Rééducation nationale*.

disais aux élèves qu'ils étaient couillons et complotistes, mais que je ne les méprisais pas assez pour leur faire lire du Laurent Gaudé, qui était plus ou moins au programme ; le comble est que ces ectoplasmes, dont certains arrivaient à peu près à écrire leur nom sans fautes, m'ont toujours porté, j'ose le dire, de la considération – et finalement je les aimais bien, moi aussi.) J'écrivais ce journal tous les soirs, et il m'avait empêché de me jeter par la fenêtre. Cependant, soucieux de me garder des insultes, je ne l'ai jamais proposé à quiconque.

P.-G. de Roux recueille tous les auteurs qui ne pensent pas tout ce qu'il faut penser ; heureusement il y en a de plus en plus, malheureusement il publie peu. Je lui ai envoyé mes *Vertueux*, il y a maintenant plusieurs années, il les a tout de suite acceptés, nous nous sommes rencontrés (sa maison est à côté des Chartes) – mais il m'a oublié, puis il a perdu le manuscrit, puis il m'a ré-oublié ; enfin, il m'a dit que s'il me publiait, ce ne serait « pas avant le printemps 2018 ».

Je vais passer une année, et peut-être un peu plus, en Gascogne, où je suis né, et où j'ai une maison. Avec mes économies, j'ai de quoi vivre quelques mois : je veux en profiter pour terminer les manuscrits que j'ai commencés, en publier deux (justement, chez Léo Scheer, on m'a envoyé un contrat cet après-midi : il semble bien que *L'Ivraie* va paraître – pourtant, je suis quelque peu embarrassé à l'idée d'être édité dans cette maison : leurs alinéas sont alignés, non rentrants, et ça me rebute : oui, je sais, je suis fou), et essayer de me pousser dans le monde. On verra où j'en suis dans un an.

Faute de temps, j'ai peu avancé dans ma lecture de votre *Surnuméraire*, alors que le tour inattendu pris par le récit, sa mise en abyme, a redoublé mon plaisir de lecteur, et j'enrage d'être occupé à d'autres tâches...

PJ. – « Trop satirique » est la réponse officielle, peut-être pensait-il « pas terrible », « décevant ». L'éditrice, elle, a considéré qu'il n'y avait pas matière à un roman avec des histoires de lycée. J'ai reçu le camouflet, et je suis passé à un autre roman (celui que je suis en train d'écrire, qui s'appelle *Tour d'ivoire* – et que je n'arrive pas à finir). Je pourrais le proposer à d'autres éditeurs, mais je préfère, pour l'heure, rester chez Rue Fromentin, lesquels (fors ce manuscrit) me soutiennent totalement. On verra plus tard. En tout cas, je me réjouis que *L'Ivraie* paraisse chez Léo Scheer, quand bien même les alinéas seraient alignés (je vous comprends) ! Cependant, je possède trois ou quatre livres de cet éditeur, et aucun n'est composé d'alinéas non rentrants.

Aujourd'hui même, j'ai reçu un mail hallucinant de l'académie de Nantes relayant un artiste à catogan proposant des cours d'écriture, de comédie, de mise-en-scène de soi, avec des phrases de ce genre : « Le projet est de permettre au jeune, d'une part d'assumer sa créativité, d'autre part d'être à l'écoute de celle des autres ». Bientôt on proposera l'intervention de cracheurs de feu et de punks à chien. L'an dernier, un professeur de philosophie que j'appréciais beaucoup, le *seul* (!) avec qui je pouvais, dans la salle des professeurs, parler vraiment de littérature, de musique, de la foi, ce professeur, donc, s'est fait casser la figure par un élève (un Maghrébin) : ce dernier a été exclu trois jours, sous la pression de professeurs (dont moi) ; quant à mon collègue, il n'est jamais revenu. J'aimerais, comme vous, m'échapper de cette souricière (même si j'apprécie souvent certains élèves).

J'envie votre maison de Gascogne et votre année de liberté et d'écriture. À mon sens, vos livres seront un jour reconnus à leur juste valeur.

BL. – « ... reconnus à leur juste valeur ». J'ai dû me rendre à l'évidence : vous avez parlé sans ironie. Le costume, évidemment, est trop ample pour moi. C'est moins, hélas, n'étant pas humble, l'effet de ma modestie, que le sentiment de mon illégitimité : voilà un sommet où ma poignée de livres n'atteint pas.

J'irai plus loin : quand j'étais jeune, j'étais convaincu d'être « écrivain » ; depuis quelques années, bien aidé par l'adversité, j'ai vivement ressenti toute l'imposture du terme s'agissant de moi : comment le serais-je, si Montaigne, Pascal, La Bruyère, Proust et tous les autres, le sont ? Aujourd'hui, je me suis réconcilié avec le mot : après tout, des écrivains, il y en a de toutes sortes, et notamment des bons et des mauvais, des grands et des petits – pourquoi pas moi ?

Au milieu des livres que j'encaisse en ce moment, je suis tombé sur des ouvrages de la maison Léo Scheer, et j'ai constaté, en effet, que les alinéas étaient rentrants. J'en ai d'autres, de la même maison, où ils ne le sont pas : peut-être certains auteurs ont-ils obtenu ce privilège en raison de leur talent ou de leur notoriété... Je vais demander à la directrice si elle accepterait de me l'accorder à mon tour (épitaphe possible : « Lafourcade : auteur qui, sur le plan de la recherche formelle, laissa pour seule trace son entêtement à demander des alinéas rentrants »).

Ce que vous me dites de ce professeur frappé et qui n'est pas revenu, de cet élève violent et qui a été *réintégré*, est évidemment désespérant : le renversement est tel que l'on a toujours l'impression d'assister, de quelque côté que l'on se tourne, au spectacle d'un pays *autophage*. D'ailleurs, la volonté de « permettre au jeune d'assumer sa créativité » est aussi une façon de pousser la société à se dévorer elle-même : comment créer *absolument*, sans culture, sans esthétique, sans filiation, sans rien d'autre que son misérable petit ego bouffi de suffisance ? J'adore la présentation de votre artiste : il « cherche à remuer le Son, la Parole et le Geste » [qui ne lui ont pourtant rien fait] ; « il rencontre le slam à Poitiers [« Bonjouuuuur, je m'appelle Slam, j'habite Poitiers, je connais très bien Grand Corps Malade »], mouvement dont il devient le champion de France [il existe bien un championnat de France du cri du cochon, pourquoi pas de slam ?] ».

Je me réjouis que vous ayez trouvé un éditeur qui vous soutienne, même s'il vous a refusé un manuscrit. C'est essentiel ; rien, même, n'est plus précieux : le combat est assez rude que l'on n'ait pas, en plus, à boxer contre son entraîneur.

De quoi parle *Tour d'ivoire* ? Et pourquoi n'arrivez-vous pas à le terminer ?

BL. – Bénies soient les insomnies ! L'une d'elles, cette nuit même, m'a permis de terminer votre roman – et je voulais incontinent vous exprimer mon enthousiasme, qui a réussi l'exploit alpiniste d'aller s'élevant jusqu'au Paradis, où, avec Méphistophélès, sont réunis Serge et Clément.

« À Bagneux, il se réveilla. »

Quelle fin !

Réveillé, je l'étais moi aussi, et solidement : vous avez un souffle romanesque, une richesse dans la création de personnages, un sens du portrait, que je vous envie. Je me demandais, après les deux premiers chapitres, très denses, si vous arriveriez à tenir le rythme et la distance, et comment. Vous y arrivez, et sans doute grâce à vos héros, car votre *Surnuméraire* prouve que, en dépit des coups portés contre ce genre depuis tant d'années, un roman, ce sont d'abord des personnages, et les vôtres, principaux comme secondaires, *existent* vraiment.

J'ai un attachement particulier pour (dans le désordre) Étienne Weil, philosophe bonhomme et sans illusions ; Chantal Beucher, figure héroïque de sainte dans un monde sans héroïsme ni sainteté, vouée à la « sexualité de compassion » (l'évocation de la masturbation des vieillards est parfaite, ni trop ni trop peu, et la scène de la défloration très émouvante) ; l'éditeur Gilles Langlois, que je n'arrive pas à trouver antipathique, parce qu'il n'est pas dupe : il feint de vouloir censurer Léa Lili et Cornevain, pour flatter leur « pose rebelle », avant de les « retourner ». Mais les antipathiques sont également crédibles : Cornevain, le Daeninckx de consommation courante ; l'idiote « lanceuse d'alerte » Léa Lili (le chap. III et son psychologisme d'époque est très

réussi) ; la vertueuse Sœur Jacqueline et ses contes pour enfants ; ou même, encore plus secondaire, Claude Herbert,
dont la morale s'arrête à ses intérêts ; et, peut-être au-delà de
tout, l'épouvantable Bérangère, la « bonne copine ».

Je m'attarde sur ces personnages parce que ce sont eux,
aussi, qui font tenir l'intrigue, comme dans les films des années soixante-dix les seconds rôles étaient indispensables aux
premiers ; il n'y a pas Belmondo ou Ventura sans Dalban ou
Guiomar.

Sans être un roman à thèse, votre livre est bourré d'idées,
et des stimulantes : il y faudrait dix pages... Il y a notamment,
bien sûr, celle d'une « littérature humaniste », avec ses romans « *rectifiés* », qui a le mérite de montrer que la même
source puritaine irrigue les cœurs des censeurs, qu'ils soient
religieux ou athées : ce qui compte pour eux, ce n'est pas la
vérité (ou la beauté, qui est synonyme), c'est la vertu (c'est-à-
dire l'idée controuvée qu'ils s'en font).

Vous avez raison : la littérature saisit le monde d'une façon qui échappe totalement à la façon dont la science, elle, le
comprend – et votre allégorie de la mammographie m'a fait
comprendre l'opposition entre Camus et Le Bras, dans un
récent *Répliques*.

Finalement, j'ai décidé que deux couples se faisaient face :
Serge et Claire, Clément et Lise, le premier augmenté de deux
enfants, le second de deux Corvec (ah ! vous avez vengé le
lecteur en les envoyant au Paradis, ces deux-là). Serge et Clément avancent de manière autonome, ils ont leur existence
propre, d'une importance égale, à laquelle on s'attache également, et qui se rejoignent finalement au bout de leur trajec-
toire pourtant distincte : la solitude – suicidaire, au début du
roman, chez Serge ; créatrice, à la fin, chez Clément, au chap.
VIII.

Et puis, un bon roman, pour moi, ce sont aussi des aphorismes, que l'on souligne, que l'on coche dans la marge – un,
parmi mes préférés : « En toutes choses, j'adoptais le point
de vue du survivant. »

J'arrête ces remarques écrites à la diable : il y aurait tant à dire, qui ne serait que paraphrases un peu sottes...

PJ. – Je vous remercie de votre lecture enthousiaste de *L'Homme surnuméraire,* de votre analyse précise des personnages et des thèmes du roman. (Il me semble d'ailleurs que la crise de la littérature, si crise il y a, est une crise de la lecture, du lecteur, plus qu'un tarissement créatif.)

Pour revenir à *L'Homme surnuméraire* : vous avez relevé deux des idées qui, en effet, me tiennent le plus à cœur : le scepticisme envers la vertu et la perception littéraire du monde (en contradiction avec la perception scientifique). Je pense que l'on doit s'appliquer la morale à soi-même mais ne pas la faire aux autres. Je crois que les sources de la morale pour les autres (il y faudrait des tirets heideggeriens) sont fétides et narcissiques. C'est pourquoi la fierté à se dire de gauche ou de droite m'a toujours été insupportable. Quant au combat entre la littérature et la science, c'est, chez moi, une véritable obsession. Il faut dire que j'observe, depuis des années, au lycée, le triomphe des « scientifiques », tous les bons élèves ne rêvent que de faire médecine, HEC, Polytechnique, etc. Dans ce roman que je n'arrive pas à terminer, *Tour d'ivoire*, un chapitre s'appelle « La généalogie d'une défaite » (celle de la littérature). J'écris ce roman depuis un an ; alors que j'arrivais aux dernières pages il m'a fallu arrêter d'écrire en raison des examens (bac, BTS), ensuite j'ai eu des problèmes avec un proviseur qui m'a viré des épreuves orales du bac (!), enfin l'été m'a enveloppé d'une langueur peu commune : et j'en suis là, n'abordant pas encore au rivage, alors que je l'aperçois, à quelques pages du dernier mot. Je dois subir aussi la reprise des cours, la mesquinerie de certains collègues, la médiocrité qui vous rapetisse (et il faut une dose de mégalomanie pour écrire).

J'en viens aux à-valoir [suite à une question, qui n'apparaît pas ici, posée par Lafourcade] : je n'en ai pas reçu pour *L'Homme surnuméraire*. Et Jean-Pierre Montal m'a envoyé le contrat alors que le roman était déjà sorti de l'imprimerie. J'ai eu des à-valoir pour *Les Structures du mal* et *Revenir à Lisbonne* : mille euros pour chacun de ces livres. Par ailleurs, mes trois précédents romans ont été publiés en poche, chez Pocket : mille cinq cents euros pour chaque livre. Des années d'écriture ne m'ont pas rapporté cinq mille euros : le dernier à-valoir de Pocket ne m'a pas été versé ! Je n'en veux pas à l'éditeur car je sais la fragilité de sa maison et, qui plus est, je leur fais perdre de l'argent. *Les Structures du mal*, en particulier, a été un flop retentissant (350 exemplaires vendus pour un tirage de 3000). J'approuve ce que vous expliquez dans vos *Derniers Feux* : l'écrivain est le seul, de toute la chaîne du livre, à ne pas vivre de ses livres. Gombrowicz dit qu'il y a un art pour lequel on est payé (comédien, danseur, chez d'orchestre, etc.) et un art pour lequel on paye (avec sa santé, son train de vie, sa peau) : je ne sais pas si je serai un écrivain qui comptera un jour, mais mon existence, malheureusement, n'aura pas été celle des Morand, Proust et autres Gide ! Pas de grand de train de vie ! Je suis invité lundi prochain à Paris pour une soirée littéraire, rue de Buci : je dois quémander à mon chef d'établissement la possibilité de ne pas assurer deux heures de cours (on m'ordonne de les rattraper) ; ensuite, il faut trouver un hôtel à bas prix pour ne pas mettre à mal mes finances. Mais, comme vous l'écrivez, je ne boxe pas contre mon éditeur ! Nous sommes même devenus des amis (si tant est qu'une telle relation soit possible entre un auteur et son éditeur) – et c'est déjà beaucoup.

Je vais faire tout mon possible pour écrire sur *L'Ivraie* : quels sont les thèmes de ce roman, son projet ? C'est une très bonne nouvelle qu'on puisse bientôt le lire ! Quand sera-t-il publié ? *Tour d'ivoire* raconte l'amitié de trois personnes autour d'une revue littéraire (le titre du roman) ; c'est un prétexte pour parler de littérature. Au début, le roman s'appelait *Lutte des classes*, mais je n'ai pas tenu le sujet. Parfois, j'ai le sentiment que c'est complètement raté ; et puis, heureusement, il m'arrive de changer d'avis.

Enfin, quelques mots sur *Le Chef-d'œuvre de Michel Houelle-becq*, roman que vous m'aviez recommandé et que je suis en train de lire : j'en suis à la moitié, mon jugement peut encore évoluer. Didier Goux est très drôle, son style recherché et précis. Le chapitre sur la manifestation contre les staphylo-coques dorés est un morceau d'anthologie. Plusieurs choses me gênent cependant : on sent trop l'influence de Renaud Camus dans de nombreux passages ; et je ne partage pas sa déception envers l'œuvre de Houellebecq. *Les particules élémen-taires, Plateforme* et *Rester vivant* sont, à mes yeux, des chefs-d'œuvre.

BL. – La force d'un roman tient au renouvellement des archétypes, à la façon dont les personnages représentent des types humains à la fois éternels et conjoncturels : votre Bé-rangère est une Brigitte Pian, l'héroïne de *La Pharisienne*, de Mauriac, qui aurait quitté la vertu de l'abbé Bethléem pour celle de l'abbé Plenel. Mouchette aurait pu s'appeler Chantal Beucher, si Bernanos avait connu notre époque. C'est aussi ce qui m'avait intéressé dans le roman de Didier Goux : le jeune Jonathan, par exemple, est, simultanément, archaïque et actuel.

Goux, c'est vrai, a beaucoup lu Camus, et il a sans doute du mal à se défaire de son influence ; mais j'avais plutôt été sensible chez lui à celle de Muray (les manifestations contre le staphylocoque doré ou les Brigades de clowns) : j'avais même pensé que c'était le roman que Muray n'avait pas su écrire (Muray était un génie, mais il n'avait pas celui du ro-mancier). En revanche, j'avais oublié que Goux minimisait Houellebecq, dont l'œuvre, je partage votre avis, comptera, et compte déjà.

Survenue à la fin de votre *Tour d'ivoire* (je coq-à-l'âne), votre « panne » n'est sans doute que passagère : mieux vaut douter à la fin plutôt qu'au milieu – en reprenant son manus-crit plus tard, on le voit mieux, et on le termine d'un coup d'un seul. Et puis il faut tenir compte du cafard des débuts d'année scolaire : pour l'avoir connu, je ne sais rien de plus inconfortable, de plus déprimant, de plus stérilisant – dîtes-vous que vous avez écrit *L'Homme surnuméraire* : j'en aurais l'ego regonflé à moins.

Je vous remercie de ces informations sur les à-valoir (je re-coq-à-l'âne) : elles me seront utiles, et peut-être assez vite : l'éditeur de *Sur le suicide*, dont je m'étais séparé fraîchement (il m'avait fait attendre des mois avant de se décider à refuser *Les Nouveaux Vertueux*), s'est soudain souvenu de moi, pour une raison qui m'échappe. « Avez-vous des manuscrits ? » *No kidding.* Je lui ai proposé ma *Littérature à balles réelles*, qu'il s'est empressé de refuser : « Votre Dico [*sic*] me parait plus adé-quat pour un site Web (le mien par exemple) [*sic*, bis] ». Je lui ai parlé d'un roman satirique sur la génération des trente-naires, *Ahmed le Magnifique*, que j'ai écrit avec une jeune femme très talentueuse ; d'un autre, écrit seul cette fois, sur un homme qui revient dans son village natal, en Gascogne, au moment où s'annonce un car de « migrants », *Saint-Mar-san* ; et du journal d'une année d'enseignement dans un centre de formation professionnelle, *Leur Jeunesse*. Il n'a pas encore dit non. On verra bien.

PJ. – Votre analyse des archétypes est très claire ; je pense aussi que les types humains se répètent : le décor change mais les êtres humains restent les mêmes, à peu de choses près. Quel plaisir, par exemple, de penser que beaucoup d'athées vertueux et bouffeurs de curés sont, en réalité, la réincarna-tion des curés sermonneurs d'autrefois ! Plenel, par exemple, dans une version antérieure de lui-même, a dû froncer les sourcils devant des jupes trop courtes ! Il existe un plaisir pervers à se sentir supérieur au nom de la morale. Pour reve-nir aux archétypes, les élèves en fournissent de bons exemples : j'ai le sentiment que chaque année les mêmes types humains reviennent, retour d'autant plus amusant que beaucoup, à cet âge, se croient uniques.

Le roman de Didier Goux m'a tout de même beaucoup plu (à mon tour de coq-à-l'âner) : il est merveilleusement écrit, drôle et intelligent. J'aime bien le désabusement du narrateur, cette façon qu'il a de dégonfler les poses avantageuses, de ne pas s'en laisser accroire. Si je devais relever une faiblesse à ce roman, ce serait le couple d'adolescents, si mignon, si gentil. Comme si Didier Goux, d'un naturel sceptique et misanthrope, avait cherché à contrebalancer la noirceur de son propos par deux personnages pleins d'allant, optimistes et sympathiques.

Si je vous comprends bien, les Éditions François Bourin viennent de laisser passer *Les Nouveaux Vertueux* et *La Littérature à balles réelles* ? L'argument du texte qui serait mieux sur un blog m'est incompréhensible. Votre éditeur oublie que des gens comme moi seraient très heureux de lire ces livres. Je ne dois pas être le seul. J'ai l'impression que beaucoup de lecteurs ne supportent plus toute la littérature édifiante (oxymore) qui pollue les présentoirs et les rayons des librairies. Avec un peu de chance, votre *Littérature à balles réelles* apporterait un air frais dans la littérature d'aujourd'hui, empuantie par le gnangnan. J'espère, en tout cas, que les trois autres livres seront publiés. Si ce n'était pas le cas, voulez-vous que j'en parle à mon éditeur ? L'inconvénient de Rue Fromentin tient au peu de livres qu'ils éditent : entre six ou sept par an seulement. En revanche, ce sont de vrais lecteurs et amateurs de littérature ; je crois pouvoir dire qu'ils sont de votre côté, de notre côté. Tout est une triste question d'argent.

Octobre

BL. – Une amie très chère est en train de lire votre *Surnuméraire* ; elle n'en est qu'au premier tiers et m'en a déjà dit tant de bien que je ne résiste pas au plaisir de lui servir de truchement : elle le trouve drôle, pertinent, attachant, certains personnages lui plaisent particulièrement, souvent les mêmes que ceux qui m'ont retenu, comme Corvec et Bérangère, elle a été très touchée par Serge, et nous trouve aussi beaucoup de points communs, à vous et moi : elle pense que nous avons la même façon de réfléchir, et j'en suis d'accord. Je vous en dirai plus quand elle aura fini votre roman.

D'autre part, est-ce que celui-ci n'est pas en train de devenir un bon petit succès ? J'ai l'impression que l'on en parle beaucoup : c'est peu de dire que je m'en réjouis pour vous. Chaque fois que je tombe sur un article ou une émission où il en est question, je me surprends à en éprouver une sorte de fierté, beaucoup plus que s'il s'agissait d'un livre de moi, et le journaliste qui en dit du bien peut être aussi malin qu'une tronçonneuse il a droit à toute mon estime de principe.

Je n'ai pas encore pu mettre la main sur *Les Structures du Mal* ni sur *La philosophie selon Bernard* ; je les avais commandés dans une librairie : j'y suis passé tous les jours, chaque fois on me demandait de repasser le lendemain, sans succès, et je soupçonne presque le libraire de ne les avoir jamais commandés. Pourquoi ? Mystère & Tapioca — et depuis j'ai quitté Lyon.

Les libraires versent peut-être dans l'inconséquence, ils n'y verseront jamais autant que les éditeurs et les journalistes. J'en ai encore eu deux exemples récents. Je vous parlais de celui qui avait refusé mes *Vertueux* (que j'ai envoyés à Rue Fromentin : on verra bien) ; il m'avait sollicité pour de nouveaux manuscrits, je lui en ai envoyé deux : au bout d'un mois, je lui ai demandé s'il en avait pris connaissance — pas de réponse ; et, comme je lui proposais de le voir à Paris la semaine prochaine, il n'a pas non plus jugé utile de me dire qu'il avait mieux à faire.

Davantage : un journaliste connu, à qui j'avais envoyé le même manuscrit, m'avait téléphoné, très enthousiaste : « C'est formidable ! Je vais publier votre livre en bonnes feuilles dans mon journal ! » Il avait même fait le « découpage », choisi les passages à publier en premier, se proposant de m'en commander d'autres : « Ça vous dirait d'écrire des articles tous les mois ? » Au milieu de l'été, il m'a indiqué qu'il était hospitalisé. J'ai pris de ses nouvelles : pas de réponse ; j'en ai repris : toujours rien. Je commençais à m'inquiéter. Et, la semaine dernière, j'allume le téléviseur – et qui vois-je, frais comme un gardon de l'Adour, causant de Macron dans le poste ? Eh oui. Je lui ai envoyé un message (« Je me réjouis que vous vous portiez mieux »). *Sin respuesta*, vous vous en doutez. L'inconséquence est toujours déroutante pour un esprit un peu frotté de logique. Pourquoi est-ce qu'ils se taisent – surtout le deuxième ? Pourquoi *son* idée de publier mon livre en bonnes feuilles a-t-elle avorté ? Parce qu'avec deux émissions de radio, des articles dans la presse, des participations à des émissions télévisées, des entrées chez tous les éditeurs de France, il a mieux à faire que d'aider un type qui ne pèse rien et, promis à s'alléger encore, lui restera à jamais redevable ? Non, évidemment. On lui a seulement coupé le téléphone. Comme tous les malheureux soixante-huitistes qui gagnent en un mois ce que je ne vais pas gagner cette année, il peine à payer ses factures.

Le nombre de faisans que j'ai rencontrés, bien installés, prodigues en promesses, enfants gâtés d'une société qu'ils ont contaminée de leur cynisme, aussi irresponsables que des phrases sans sujets et des canards sans tête, est stupéfiant, et déprimant. Dieu merci, ç'a fini par m'amuser, sinon j'étais bon pour la corde ou le puits. Il faudrait passer au-dessus de ces haies (éditeurs, journalistes, libraires), qui freinent et font perdre un temps fou. Tout le monde n'est pas Guy Drut, bordel ! Leur travail consiste à se servir de celui de l'auteur, et à s'interposer entre les lecteurs et lui. On ne devrait pas dépendre d'eux, pour lesquels, au fond, on finit dans ses bons jours par éprouver de la compassion, parce qu'ils sont médiocres et parce qu'on les soupçonne de le savoir.

PJ. – Le jugement de votre très chère amie me fait grand plaisir, d'autant qu'il relève une proximité entre nos façons de penser, à vous et moi, proximité qu'une amie à qui j'avais prêté *Derniers feux* m'avait déjà fait observer : « c'est incroyable, j'ai l'impression de t'entendre parler ». J'espère que les deux-tiers suivants ne la décevront pas.

Je vous remercie pour *L'Homme surnuméraire* : certains amis m'en parlent à peine ; une seule collègue (sur les quatorze professeurs de lettres de mon lycée) a acheté le roman ; et quatre ou cinq sur les deux cents professeurs de l'établissement. J'ai deux frères : aucun des deux n'a lu un de mes romans. Pire : un de mes collègues (qui heureusement vient de partir en retraite il y a dix jours) me poursuivait de sa hargne, ne cessant de dire que j'écrivais mal et allant, un après-midi, jusqu'à lire dans la salle des professeurs un extrait des *Structures du Mal* dans lequel le narrateur se moquait de l'inculture des professeurs : il cherchait à me déconsidérer aux yeux de ceux qui auraient encore eu la naïveté d'avoir pour moi un genre d'estime. C'est peu de choses, bien sûr, mais on finit par se poser cette question : pourquoi la publication d'un livre provoque-t-elle l'animosité des gens qui vous connaissent ? Quant au succès de *L'Homme surnuméraire,* je ne sais pas ce qu'il en est. Jean-Pierre Montal (mon éditeur) m'a téléphoné vers la mi-septembre, il était enthousiaste, et dans son emportement il m'a confié : « Patrice, vous êtes riche ! » Son propos était sans doute un peu ironique, mais, surtout, je crois que lui-même était un peu « pompette » : il avait déjeuné avec Olivier Maulin et je suppose que le repas avait été bien arrosé. Il est vrai, néanmoins, que le roman connaît un succès d'estime, on me demande des entretiens, j'ai reçu quelques lettres et mails enthousiastes. À ce propos, j'ai répondu aux questions d'Eugénie Bastié pour le *Figaro-Vox.* Dans cet entretien, je parle de vous à deux reprises, je cite notamment votre nom dans une liste d'écrivains qui, à mes yeux, sont ceux qui comptent aujourd'hui. J'ignorais que vous aviez envoyé les *N.V* à Rue Fromentin : en tout cas, Jean-Pierre Montal et Marie David ont vu l'importance que je vous accorde.

Vos aventures avec ce journaliste, si pénibles et révélatrices qu'elles soient, ont l'avantage d'être amusantes, du moins dans votre façon de les raconter : j'aime beaucoup la réapparition surprise de ce personnage (soi-disant alité) dans le poste de télévision, « frais comme un gardon de l'Adour ». Pour le reste, je comprends votre agacement et votre compassion pour les entremetteurs du livre. Quand j'ai envoyé mes premiers manuscrits à des éditeurs, j'ai d'abord accepté sans m'en plaindre leurs verdicts négatifs. Puis j'ai fini par changer d'avis : ces gens-là me prenaient de haut alors que le catalogue des livres qu'ils publiaient n'avait rien de folichon. Par exemple, j'ai envoyé un roman, en 2004, au Dilettante, puis un autre en 2007 (*La France de Bernard*) : l'éditeur a justifié ses refus. Très bien. Mais à quoi bon jouer aux esthètes si, dans le même temps, on publie Anna Gavalda ?

J'ai terminé, samedi, le roman que j'avais commencé en septembre 2016. J'hésite entre deux titres : *Tour d'ivoire* ou *Thomas Dabrowski et la politique*.

BL. – J'étais à Paris quand l'amie dont je vous parlais m'a appelé, une heure avant que vous ne m'écriviez :

« Patrice Jean te cite dans *Le Figaro* – et deux fois encore, à côté de Matzneff, Millet, etc. !

— Arrête...

— Puisque je te le dis ! »

Au téléphone, elle m'a lu l'entretien ; puis je l'ai lu à mon tour, incrédule, grâce au lien que vous m'avez envoyé. C'est stupéfiant : apparaître au milieu d'une théorie de noms célèbres, ça donne l'impression d'avoir une existence. Je me suis dit aussi : « Il ne devrait pas : il va se déconsidérer... On ne mêle pas un sans-dents aux dentures impeccables... » Bon, j'ai l'air de faire la fine bouche, mais je n'en reviens toujours pas : comment vous remercier ?

Les questions faussement naïves de Mlle Bastié (qui n'en pense pas moins) m'ont beaucoup fait rire : « Avez-vous le sentiment que la littérature est de plus en plus gagnée par l'idéologie ? Qu'il existe une littérature "politiquement correcte" ? » (Noooooon, si peu...)

L'interview est d'ailleurs passionnante, très consistante, remplie d'intuitions et d'images remarquables :

« La naissance d'un personnage romanesque ne doit rien à la pureté » ; « le concept de grand écrivain est démocratiquement douteux » ; « la pensée littéraire n'éduque plus les sensibilités » ; « dans le roman, l'idée marche toute nue » ; « le yoga dressé, avec son armée de lotus, comme dernier rempart contre le matérialisme ».

J'ai beaucoup aimé aussi que vous parliez des « révoltes bien coiffées » ; et de la science, « rigoureuse et précise », mais « loin des tristesses ».

Je pense aussi comme vous que l'époque sur le plan littéraire est loin d'être médiocre : quand j'entre dans une librairie, je suis frappé par le nombre de livres qui m'intéressent, sans doute plus élevé que celui des livres qui ne m'intéressent pas. Il y a là un foisonnement tout à fait frappant. J'en avais déduit que les civilisations mourraient peut-être dans une dernière et formidable flambée – leurs *derniers feux*.

Le surlendemain, Serge Le Chenadec et Chantal Beucher étaient le sujet d'une conversation entre cette amie, qui finit votre *Surnuméraire*, et moi. Je l'ai d'abord questionnée sur la scène de la défloration, qu'elle a comme moi trouvée remarquable. Puis elle m'a longuement parlé de Serge :

« Ce qui est fort dans ce personnage, c'est qu'il a du relief alors qu'il est la normalité même... Il n'est pas *la* figure attendue de l'anti-héros, il est ordinaire : il subit de façon ordinaire, comme on pourrait tous le faire, et c'est en quoi on se reconnaît en lui. »

Et comme j'ajoutais que la dépression de Serge était logique, compréhensible étant donné le rapport que ses proches ont avec lui, et la glu où il est pris, elle a rebondi :

« Justement ! Le suicide qu'il envisage momentanément ne lui correspondrait pas : ce n'est pas le bon client... Il l'aurait sorti de sa normalité... »

Elle a aussi insisté sur le fait que ce héros « subissait », sans que l'on ait totalement pitié de lui.

« À part dans les premiers chapitres, il n'est pas *pathétique*, on ne se dit pas que c'est un pauvre type : socialement il a une situation stable, professionnellement il a même l'air d'avoir réussi. Et puis il n'y a pas de manichéisme en lui, et on aime qu'il n'en ait pas, qu'il ne soit pas parfait, ni totalement victime, ni vraiment bourreau : avec Chantal, on ne se dit pas qu'il se conduit comme un salaud. Moi, j'ai même pensé qu'il avait été gentil avec elle, et presque qu'il lui avait fait un *cadeau*. D'ailleurs, *le* personnage pathétique du roman, c'est Chantal. »

(Aparté : peu après cette conversation, j'ai été pris en otage par le mari d'une autre amie, qui m'a choisi comme confesseur, Dieu sait pourquoi, le temps d'une soirée improvisée ; or j'ai pensé, tout le temps qu'ont duré ses confidences vineuses, à Serge – situation professionnelle et familiale comparable, désabusement général, perte du goût de vivre, fausses tentations suicidaires, etc. Il n'y a rien comme le roman pour mettre en relief le monde où l'on vit.)

Puis nous avons évoqué les personnages féminins, qu'elle trouve moins nuancés que les masculins.

« Tu plaisantes ! Ses gonzesses sont tellement réalistes ! J'aimerais tellement les avoir créées... Des Bérangère, des Claire, ce sont les archétypes des bonnes femmes d'aujourd'hui, qui sont souvent elles-mêmes des caricatures... »

Elle a fini par l'admettre, pour avoir la paix, avant de déclarer, pour ne pas me laisser le dernier mot, que nous étions, vous et moi, deux foutus misogynes.

« Aooooh ! Kamaaan [francisation nasillarde du *come on* américano-hollywoodien] ! Tu es plus misogyne que Patrice Jean et moi réunis ! Seulement les femmes ont seules le droit d'être misogynes, comme les Arabes ont seuls le droit d'être racistes... »

Et c'est ainsi que j'ai eu le dernier mot (provisoirement).

Puis nous sommes revenus au roman.

Michel Chauvin a trouvé en nous deux grands fans, parce qu'il est beauf (je me reconnais dans les beaufs), et sans psychologie (vive la cuisse, on réfléchira plus tard).

Puis il fut question de Clément :

« Ce qui fait beaucoup dans la qualité du personnage, a-t-elle dit, c'est qu'il n'est pas la figure inversée de Serge... Il sait qu'il est en train de rater [je crois qu'elle parlait de sa vie professionnelle], et il s'en fout.

— Ce qui est aussi intéressant, ce sont les rapports entre Clément et Étienne : le premier n'est pas cynique, le second l'est davantage, et pourtant Étienne n'est pas du tout déplaisant, il est très attachant, au contraire...

— Parce que c'est un désabusé : il souffre de son intelligence parce qu'il n'a aucune illusion sur le rôle de la culture dans la civilisation... »

Nous avons aussi parlé de la *haine* de certains professeurs pour la littérature, et les écrivains.

Je me suis longtemps refusé à l'idée de tout ramener, systématiquement, à l'aigreur. Il faut pourtant bien reconnaître qu'un des ressorts les plus agissants, chez les malfaisants, c'est l'envie : dès qu'ils croisent le talent, particulièrement le talent littéraire, la vocation créative, le don imaginatif, ça leur tord l'estomac :

« Moi aussi, je sais écrire ! Et mieux ! Qu'on me donne huit semaines et j'en remontrerais à n'importe qui ! Mais entre Jules qui a encore raté son bac, Suzanne qui s'est fait tatouer *fuck me* sur le cul, la fuite dans la baignoire et les vacances dans le Lubéron, j'ai pas une minute à moi... »

Ils feignent de ne pas comprendre que la volonté d'écrire, ça ferme tout le reste : Jules, Suzanne, la baignoire et le Lubéron. Une vocation, c'est la mort des prétextes – tout est subordonné au livre à écrire. Il entre donc, dans le jugement littéraire, un sentiment rarement frontal, volontiers insidieux, qui se manifeste souvent par la condescendance – si désabusé que l'on soit, on n'y est jamais assez préparé. Mais c'est encore aux siens que l'on se heurte le plus : la famille, c'est le nid du dénigrement, du mutisme, de l'incompréhension (là-dessus, j'ai d'épastrouillantes anecdotes, mais je me tiendrai courtement la bride.)

Votre article a paru comme j'étais à Paris, donc, où j'ai rencontré Léo Scheer, son chien, sa directrice et son assistante. *L'Ivraie* paraîtra à la fin du mois d'août (« Avec des alinéas rentrants, on est bien d'accord ? ») ; et il semblerait – on m'en a tant promis que je prends cette promesse avec de grosses pinces à feu – que l'on veuille des extraits des *Vertueux* et des *Balles réelles* pour *La Revue littéraire*.

« Ça permettrait de vous faire connaître un peu avant *L'Ivraie*. »

Aooooh ! Kamaaan ! On me cite dans *Le Figaro*, et je devrais encore me faire connaître ?

PJ. – Votre long message, très détaillé sur les personnages, m'a beaucoup plu et intéressé ; je vous en remercie. De même, je vous remercie de l'article critique (très réussi) que vous avez posté sur votre blog (si j'ose dire, puisque, par contrecoup, on pourrait croire que je me vante moi-même : soit, allons-y !). Jean-Pierre Montal et Marie David (Rue Fromentin) m'en ont d'ailleurs dit grand bien.

Je comprends ce que votre amie veut dire à propos de Serge Le Chenadec qui n'est pas « l'anti-héros » attendu, qui est simplement « ordinaire ». C'est ce que je voulais faire : l'anti-héros à la Meursault, à la Beckett, c'est trop : on est presque dans l'inverse symétrique d'Achille ou de James Bond. Et puis, depuis quarante ans, l'homme ordinaire a pas mal morflé : on en a fait un Dupont-Lajoie, un raciste, un sexiste, un minable, pétri de petites ambitions mesquines ; il me plaisait de renverser les choses, de montrer que cet homme ordinaire avait sa grandeur (et ses misères). Je conçois aussi que votre amie trouve mes personnages féminins « moins nuancés », c'est aussi ce que pense Marie David, elle m'a répété, à plusieurs reprises, que j'étais misogyne. Étrangement, je ne crois pas l'être. D'abord, comme je l'ai dit dans l'émission de Finkielkraut, je revendique la satire : pourquoi diable les femmes échapperaient-elles à la critique ? Ensuite, je crois qu'on y est si peu habitué qu'on s'en effarouche (je ne pense pas à votre amie, mais à d'autres personnes). Enfin, comme vous l'écrivez, ces gonzesses sont *réalistes* : j'en connais beaucoup des comme ça ! Elles sont « les archétypes des bonnes femmes d'aujourd'hui ». Tenez, cette semaine, une jeune collègue de lettres m'a dit, sans ambages, que Finkielkraut était un « véritable crétin », qu'il « n'était pas un intellectuel, puisqu'il n'existe pas d'intellectuels de droite ». Bérangère (ma Bérangère) aurait pu dire cela. Dans une salle des professeurs, ce genre de propos ne cesse de tomber de la bouche des « bonnes femmes », il suffit de se baisser pour en ramasser par poignées. Cette générosité fait toute mon admiration… Quoi qu'il en soit, je vous remercie tous les deux pour votre lecture attentive, diserte et enthousiaste.

Hier, avant l'enregistrement de *Répliques*, figurez-vous que Finkielkraut m'a parlé de vous : intrigué par ce que je disais de vous dans l'entretien avec Eugénie Bastié, il a cherché à commander *Derniers feux*, mais ne l'a pas trouvé sur Internet. Il m'a posé des questions sur ce livre, et sur vos livres. Je l'ai renseigné comme j'ai pu. Quand je lui ai dit que j'étais en relation « épistolaire » avec vous, il m'a demandé, alors, de vous joindre pour que, si vous le souhaitiez, vous lui envoyiez un ou plusieurs de vos livres. L'émission s'est déroulée (j'ai fait ce que j'ai pu ; j'ai regretté, après celle-ci, de n'avoir pas développé telle ou telle idée… l'esprit d'escalier) – bref, après l'émission, alors que nous étions à discuter, sur le trottoir, tous les deux, Finkie et moi, nous sommes revenus sur Bruno Lafourcade. Il m'a donné son adresse mail et son adresse tout court : il serait ravi de lire un de vos livres. Par ailleurs, il m'a confié qu'il souhaitait donner plus de place à la littérature dans son émission. Je lui écrirai demain et je lui dirai, entre autres choses, que je vous ai informé de ses souhaits. J'écrirai aussi à Jean-Pierre Georges pour les mêmes raisons (sauf que cette fois, j'ai dû, contrairement à ce qui s'est passé pour vous, prendre les devants pour promouvoir le poète de Chinon).

Je suis très content que *L'Ivraie* soit publié ! J'ai hâte de le lire ! La publication, dans *La Revue littéraire*, d'extraits des *Vertueux* et des *Balles réelles* me réjouit également. C'est peu de dire (une fois de plus) que je suis impatient de lire ces deux œuvres salutaires. À ce propos, un ami, sur ma recommandation, a lu votre essai sur le suicide ; il m'en a dit grand bien : un livre, en substance, ironique et profond.

Enfin, pour la bonne bouche, un autre collègue de lettres (agrégé, comme il se doit), apprenant que j'allais chez Finkielkraut, commente ainsi l'information :

« Moi, je ne crois plus à la littérature, ni aux écrivains...

— Ah ? Tu crois en quoi ?

— Aux gens qui réussissent à faire de leur vie une marche vers le bonheur. »

Kamaaaan !

BL. – Finkielkraut, je le lis et l'écoute depuis longtemps. J'admire son courage, son honnêteté, et son refus de simplifier, sa volonté de se maintenir à une hauteur telle que, même dans les débats-de-plafond, on n'a pas honte d'être devant le poste. Je lui dois notamment d'avoir découvert, vers vingt-cinq ans, Péguy. Je me rappelle très précisément l'émotion, qui m'a surpris moi-même, en apprenant, le dix avril 2014, qu'il venait d'être élu à l'Académie française, au premier tour, par seize voix sur vingt-huit... « Alors, tout n'est pas foutu ! » Et j'ai envoyé ce texto au seul de mes amis qui partage mon admiration : « Finkielkraut académicien ! Mort aux vaches et à ceux qui les traient ! » Dans *La littérature à balles réelles*, il y a d'ailleurs une entrée « Finkielkraut, Alain ». Malheureusement pour lui, je vais le prendre au pied de la lettre et lui envoyer *Derniers feux*.

Vous avez été très bien dans l'émission : le sens de votre roman apparaissait clairement, « Poème en ligne droite » était parfait, et d'ailleurs très émouvant, les mots vous venaient avec naturel (« On veut bien de la littérature, à condition qu'elle baisse la tête »), et on sentait que Duteurtre avait sincèrement aimé votre livre. Voilà qui aidera votre *Surnuméraire* à poursuivre sa course ascendante : vous serez, bientôt, ce que la presse appelle « la bonne surprise de la rentrée ». (Voilà comment je vois les choses – je suis connu, auprès d'une foule d'une personne dont moi, pour être un stratège indépassable : votre *Tour d'ivoire* bénéficiera du succès de votre précédent roman, le dépassera, vous vaudra plusieurs émissions télévisées, aura un prix littéraire, et là, Cap Canaveral, fusée, réacteurs, allô-Houston, cent mille exemplaires !)

À ma nanoscopique échelle (je suis resté sur Terre), j'essaie de placer un article sur vous dans plusieurs journaux ; j'ai aussi proposé « Patrice Jean, le romancier des hommes en trop » à Millet (qui semble avoir aimé certaines de mes *Balles réelles*) ; je voudrais enfin écrire un texte, plus long, plus fouillé, sur le *Surnuméraire* et *Les structures du mal* – que je vais bientôt recevoir, et lire dans la foulée (ma note de lecture sur la nouvelle attaque contre le bon goût de Camille Bost, *L'amour est un marin sans étoiles*[3] (« Aoooh ! kamaaaaan, Camille ! ») devra patienter). C'est ridiculement rien, évidemment, d'autant que la dette que j'ai contractée auprès de vous est d'ores et déjà impossible à solder.

Voilà : je voulais sans attendre vous exprimer ma gratitude et vous serrer la main.

PJ. – Je comprends que Millet apprécie vos exercices de tir... Pendant longtemps, je n'ai pas prêté d'attention à tous les mauvais livres qu'on publiait, je répétais le discours des éditeurs (« grâce aux best-sellers, on peut publier des textes plus confidentiels, de la "littérature" »), mais aujourd'hui, je me demande si cet amoncellement de platitudes n'est pas en

---

[3] Afin de ne pas heurter la sensibilité de certains lecteurs, le nom de cet auteur et le titre de son livre, comme plusieurs autres tout au long de ces pages, ont été modifiés.

train d'empêcher tout bonnement les écrivains de talent de se faire connaître et même d'être publiés. Je pense à Millet justement, ou Camus ; je pense à vous, à Jean-Pierre Georges, etc. On me dit : « ç'a toujours été comme ça, rien de nouveau sous le soleil » : sans doute, sans doute. Mais existe-t-il d'autres cas semblables à celui de Renaud Camus ? Un écrivain reconnu, publié chez de grands éditeurs, auteur d'une œuvre que tout amoureux des lettres ne peut qu'admirer, un écrivain de *race* (pour reprendre un terme cher à Camus) a-t-il été, en de plus anciennes époques, privé de ses maisons d'édition, pour cause de déviation idéologique ?

Je partage votre enthousiasme à propos de Finkielkraut. C'est pourquoi je me réjouissais de le rencontrer tout en m'inquiétant de ma « performance » : je vous remercie de me rassurer à ce sujet. Finkielkraut semblait plutôt content. Deux techniciens ont applaudi à la fin de l'émission, ce qui, selon Finkie, n'est pas si fréquent. Ce dernier était très détendu, chose rare également selon sa secrétaire. Il n'avait pas dormi de la nuit : la veille, il avait participé à une émission de télévision où il s'était retrouvé devant deux cruches du féminisme tout excitées par « balance ton porc ». Je venais de lire ses entretiens avec Élisabeth de Fontenay, et, pour faire écho à ce qu'il me racontait, je lui ai rappelé que son « amie », dans sa dernière lettre, lui reprochait de n'avoir pas réussi à « faire son autocritique ». Finkie avait oublié qu'elle employait cette expression, il en était abattu. Cela dit, je crois avoir perçu, chez lui, un goût du combat, voire de la provocation. Je suis certain qu'il va aimer vos livres !

Puissiez-vous être de bon augure pour ma *Tour d'ivoire* et pour *L'Homme surnuméraire* (quoique les émissions télévisées ne me disent rien du tout) : le succès serait, pour moi, synonyme d'une délivrance de la salle des professeurs. Et cette libération équivaudrait à du temps pour écrire, sans être interrompu par des cours, des conseils de classe, des copies ; sans subir la fatigue du travail, mais aussi celle de ces conversations ineptes qui finissent par vous rendre plus sot que vous ne l'étiez avant de pénétrer dans ce temple du Savoir. Plus sot, et usé, lassé, ratatiné. Je crains que *Tour d'ivoire* soit vraiment inférieur à *L'Homme surnuméraire* à cause de son écriture sans cesse remisée, sans cesse suspendue. Le roman vivra-t-il l'existence éphémère de la navette Columbia, explosion salutaire pour la littérature ?

Jean-Pierre Montal m'a informé, la semaine dernière, que Pocket me « lâchait », faute de ventes suffisantes. Il semblerait que Le Rocher lance une édition de poche qui pourrait recueillir mon *Surnuméraire*. En tout cas, je vous remercie beaucoup d'essayer de placer des articles sur ce roman. Ne vous inquiétez pas, il n'est pas ici question de dette contractée, je n'ai fait que vous citer dans un entretien, et cela me faisait plaisir de le faire.

PS : *Les structures du mal* est un roman moins ironique que ce que j'ai l'habitude d'écrire. Il m'a valu des critiques négatives de certains amis. Je ne sais plus quoi en penser. Les éditeurs étaient plus qu'enthousiastes (« vous pourriez avoir le Goncourt ! on dirait un inédit d'Aragon ! »), mais le flop a calmé tout le monde.

BL. – Si, cher Patrice, il y a une dette, et elle est morale, la plus impossible à solder.

Richard Millet publiera mon petit article sur le *Surnuméraire* dans *La Revue littéraire* – c'est peu, pour l'instant (mais je commence dans la carrière, moi).

Oui, le succès, c'est la seule chose qui compte. J'ai connu une femme qui me reprochait, il y a vingt ans, de l'espérer, avec l'argent qui l'accompagne.

« Ça me déçoit de ta part...

— Écoute, moi, contrairement à toi, je ne suis pas un intellectuel, je suis un prolo, et les boulots merdiques, je les connais : quand tu vas dans ton Trois-Étoiles, l'assiette dans quoi tu bectes, je l'ai lavée, tes couverts, je les ai passés au Mirror, tes tubercules à la sarladaise, je les aies épluchées, et les gogues où tu descends, je les ai récurées – alors, s'il te plaît, ne viens pas me parler de Pureté, d'Art, ni d'aucuns machins majusculés ! Merdalors ! On est une espèce de démocrate et on vient m'écraser les raisins pour en tirer du jus conifiant ! Alors que ça ne sait même pas que le travail, c'est d'abord horrible ! horrible ! horrible ! Quand on veut écrire, ce qu'il faut, c'est de l'artiche, de la maille, du blé, de la caillasse ! Rien d'autre. Si tu ne sais pas ça, tu ne sais rien, ma pauvre fille... »

Bon, cette tirade, je l'ai surtout pensée. Je ne suis pas suicidaire.

Mais je comprends très bien tout ce que vous me dîtes de la besogne salariale. J'ai enseigné un peu. Ce qui m'a étonné, c'est l'état d'épuisement nerveux où me laissait ce travail, avec ces élèves insupportables, ces vagues de copies abrutissantes et incessamment écopées : j'ai rarement vu un métier aussi usant. Il y a aussi un petit mystère : pourquoi tant d'aveuglement conformiste chez les professeurs, alors qu'ils sont les mieux placés pour connaître la réalité, pour savoir à quoi ressemble la jeunesse, et ce qu'elle nous prépare ?

Je supportais mal, également, d'être entouré de femmes, de *mamans* plus exactement, toutes insupportablement caquetantes ; et d'être dirigé par des trentenaires. J'assistais même au « cumul des mandats » : la *jeune maman dirigeante*. Ma vanité en souffrait.

Avez-vous pensé à demander une bourse au Machin du Livre ? Je ne l'ai jamais fait en ce qui me concerne, mais je crois que j'essaierai l'an prochain. Cette année, j'avais bâti un petit échafaudage économique pour m'assurer une année sabbatique ; aujourd'hui, l'échafaudage est ébranlé et je ne suis pas sûr qu'il tiendra un an (j'ai d'ailleurs anticipé un possible effondrement en trouvant un travail dans une sorte de clinique pour infirmes mentaux : je pourrais y entrer dans six mois – comme employé, pas encore comme patient – si l'ensemble a effectivement croulé).

Pocket vous « lâche », donc : ce milieu est entièrement tenu par des « commerciaux », bien frileux malgré leurs clichetons sur le « risque », la « conquête des parts de marché », etc. : des risques, ils n'en prennent jamais, ils ne font toujours que relayer les succès déjà acquis. Ces Panurgistes donnent envie de produire du bon gros best-seller de supermarché pour le plaisir de les voir rappliquer et de les envoyer ailleurs pâturer !

J'ai reçu *Les structures du mal,* j'en ai lu un tiers, d'une traite, avec beaucoup de plaisir (ce début m'a replongé dans mon année de service militaire) ; j'en arrive à la lettre de Henri Berg, je suis impatient de connaître le secret du bonhomme.

Peut-être *Tour d'ivoire* vous paraît-il inférieur par opposition à la structure parfaite de *L'Homme surnuméraire* ? J'avais eu la même impression avec un livre que j'avais appelé *Le Portement de la Croix* : je pensais que, à l'avenir, je n'arriverais jamais à égaler la construction de ce roman, où des faits très éloignés parvenaient à se rejoindre, et finalement coïncider. Mais la construction n'est pas tout : d'autres éléments entrent en jeu dans la réussite d'un roman ; ou plutôt il y a des romans où les personnages et les situations sont moins nombreux, ou plus simples, ou moins amples, et où conséquemment l'ambition ne passe pas par la construction.

PJ. – La publication de votre article dans *La Revue littéraire* me réjouit : nous serons ainsi associés dans les siècles des siècles (les semaines des semaines). Si jamais dette il y avait, celle-ci est réglée.

Complètement d'accord avec vous : si l'on veut écrire il faut du temps, et le temps c'est de l'argent. Quand j'ai repris le chemin du lycée, après une année d'abstention pédagogique, ce n'était pas de travailler à nouveau qui m'assommait, j'étais en proie à une tristesse plus profonde, quasi-ontologique : je ne pourrais plus écrire, j'étais mort. On voulait bien me plaindre, mais personne ne comprenait ma détresse. Je venais de finir *L'Homme surnuméraire* ainsi qu'une pièce de théâtre (*La résurrection d'André*), et, soudain, j'étais empêché, par le travail scolaire, de me livrer entièrement à l'écriture.

Dans mon entourage, on ne me comprenait pas, l'entente était de surface : « Eh, p'tit bonhomme, ne te plains pas, t'as déjà eu la chance de rien foutre pendant une année : t'auras qu'à écrire pendant les vacances, vous en avez du temps libre dans l'Éducation nationale ! ». Que répondre à ça ? On se promène avec ses mortifications, comme tout le monde. Cette année, j'ai pris un « temps partiel » (comme dit l'administration), je n'ai pas cours le mardi ni le jeudi. Je gagne moins d'argent, mais ce sera compensé, j'espère, par les ventes du roman. Alors oui, le travail c'est horrible, trois fois horrible, et, pour écrire, il faut de la caillasse !

J'ai fait une demande de bourse au CNL, il y a deux ans (pour échapper à cette reprise castratrice), mais la réponse fut négative. Il faudrait peut-être que je réessaie un jour. Il y a aussi les maisons d'écrivains, la France en est couverte. On vous invite pour quelques mois, avec à la clef un pécule mensuel ; en échange, il faut se tartiner des soirées culturelles, montrer sa bouille dans des établissements scolaires, et parfois (le pire !) créer des projets littéraires cuculs régionaux. Je me souviens qu'à Sils-Maria ou à Recanati, j'ai longuement rêvé d'être employé dans l'un de ces centres d'études : j'aurais alors passé une année, voire davantage, à lire Nietzsche et Leopardi. Ça me paraissait un bon plan d'existence : étudier les *Canti*, nager dans l'Adriatique, et penser à Giacomo, loin de chez moi (sentiment d'exil, donc poésie et tout le bazar). Je crois que j'en parle dans *Les structures du mal.*

Je reviens à l'aveuglement des professeurs. Je suis d'accord avec vous sur ce triste constat. C'est un milieu majoritairement de gauche, et cette position idéologique les empêche de voir que ce qui advient (donc le sens de l'histoire) ne va pas dans le sens du progrès : les élèves aiment le rap ? Qu'à cela ne tienne, c'est que le rap est une nouvelle forme d'art ! La jeunesse est sanctifiée, elle ne peut déchoir. Les grèves sont l'occasion, pour moi, de me bidonner : il suffit que les élèves défilent en défendant de vagues mobiles progressistes pour que des professeurs, soudainement, vantent la maturité de petiots dont, pendant l'année, ils ne cessent de fustiger l'immaturité et la paresse. « On a beau dire, ils sont vachement mûrs politiquement, tu vois… » L'autre raison de l'aveuglement, selon moi, est plus dramatique : la moitié (au moins) des professeurs sont eux-mêmes peu cultivés. Il y a des cours, j'en suis sûr, où personne, pas même le professeur, n'a lu et n'aime l'auteur qui fait l'objet de la leçon. Une idiote m'avait parlé, par exemple, après que j'avais proposé un sujet de bac blanc réunissant Bernanos et Mauriac, de « [m]on devoir de fachos ».

Pocket prétendait s'ouvrir à la littérature française contemporaine (d'où ma présence dans leurs collections – présence flatteuse pour moi). Ces imbéciles ont exigé qu'on change le titre *La France de Bernard* en *La philosophie selon Bernard*, qu'ils pensaient plus vendeur. Puis, ils ont voulu « mettre le paquet » sur les *Structures* : le bide. Je ne connais même pas les chiffres de vente de *Revenir à Lisbonne*. Rue Fromentin avait hésité entre Pocket et 10/18 ; je préférais la deuxième maison d'édition. Comme Pocket s'est décidé avant 10/18, Jean-Pierre Montal leur a donné la préférence. Il pensait que Pocket bénéficiait d'une « force de frappe » sans commune mesure avec ce que lui pourrait faire.

Dites-moi sans ambages ce que vous pensez des *Structures* : il est possible que le roman soit raté sur certains points.

J'ai relu le premier chapitre de votre essai *Sur le suicide* : quelle rage ! On est déjà dans *La littérature à balles réelles* ! Le suicide, ici, est une méthode pour dézinguer tout ce qui vous horripile. Et ça tombe bien, nous avons les mêmes têtes de turc. Avez-vous envoyé ce livre à Finkielkraut ?

J'ai fini, hier, *Le triomphe de Thomas Zins* (de Matthieu Jung) : c'est un grand roman. Le relatif silence qui entoure sa sortie condamne notre époque.

PS : j'avais des choses à dire au sujet du suicide de Serge Le Chenadec (suicide que votre amie juge trop extraordinaire pour l'ordinarité du personnage, mais cela m'entraînerait trop loin. Une prochaine fois, peut-être.)

Novembre

BL. – Ma lecture des *Structures du mal* a pâti d'incessants allers et retours : j'ai dû l'interrompre pour lire plusieurs livres.

Ce nouveau *Paul et Virginie* m'a beaucoup plu : il n'y a pas la mise en abyme du *Surnuméraire*, mais la structure est aussi riche, avec les deux épisodes amoureux, à des années de distance, entre Paul et Virginie, et les secrets de Berg, avoués dans les mêmes périodes. Tout se croise très bien. Encore une fois, je me suis dit : les personnages, les personnages, les personnages ! Il n'y a que ça ! On peut avoir les meilleures idées du monde, un roman, c'est d'abord un héros, ou deux, ou dix ! Les observations sur la jeune génération sont très justes : Sarah, l'agrégative pintade qui n'arrive pas à trouver l'entrée du poulailler, est sans doute ma préférée. J'aurais aimé, je crois, en savoir davantage sur la mère de Virginie : pourquoi en veut-elle à Paul, à qui elle n'a rien à reprocher ? Est-ce qu'elle veut seulement pour sa fille un mari qui soit, comme David, rassurant de pragmatisme ?

Je me suis beaucoup agité sur les *rézoos*, en publiant des extraits de manuscrits que j'ai presque oubliés à force de ne les montrer à personne. C'est étonnant d'être lu quasi instantanément : on publie, on vous lit, on vous commente, c'est extraordinairement gratifiant – mais il est déjà gratifiant, pour moi, d'être seulement *lu*.

À peu près tout, dans la vie, est une affaire de volonté. Longtemps, je n'ai pas *voulu*. Ainsi, je pensais que Facebook, Twitter, les blogs, ce n'était pas pour moi, que j'y serais trop inhabile qu'ils me fussent utiles. J'y suis venu. Le blog que je viens d'ouvrir, où je publie toutes sortes de textes, connaît une petite progression : je suis passé d'une dizaine de « visiteurs » à une centaine par jour ; ce n'est rien, j'en ai conscience, mais c'est un début intéressant. Accepteriez-vous d'y répondre à des questions sur le *Surnuméraire* et *Les structures du mal* ?

J.-P. Montal m'a répondu : il n'édite que des romans, pour l'instant, commercialement plus avantageux, me dit-il.

J'ai une idée de roman, justement ; non, plus exactement : j'ai une idée de personnage. Je voudrais un livre aussi épais que *L'Ivraie* : je m'y mettrai l'an prochain, quand j'aurai terminé la dizaine de manuscrits qui n'attendent que moi pour que je les termine. Il me prendra plusieurs mois, et je voudrais pour lui plusieurs intrigues, sur plusieurs continents. [Ce roman paraîtra finalement sept ans plus tard, sous un pseudonyme.]

Vous serez, je crois, le 18 novembre, à la librairie de la rue Paul-Sisley, en face de mon ancien appartement : une de vos lectrices (et une des miennes), dont je vous ai parlé, y sera, elle aussi, et viendra vous y saluer, et vous assurer de mon amitié et de mon admiration.

PJ. – Je suis très touché par tout ce que vous faites pour moi, sur votre blog, dans les revues littéraires ou webmatiques. Alors, bien sûr, je serai ravi de répondre à vos questions sur le *Surnuméraire* et *Les structures du mal*.

Votre jugement sur *Les structures du mal* me fait plaisir et me rassure tout à la fois. On ne m'a pas dit que du bien de ce roman. Quand on écrit, il faut avoir le cuir épais ; en général, je l'ai, mais quand des amis proches font la fine bouche, je tangue un peu.

Je suis désolé pour Rue Fromentin : j'imaginais déjà des soirées ensemble autour de Jean-Pierre Montal pour fêter votre succès et celui de la maison d'édition ! Peut-être pourriez-vous lui proposer d'autres livres, moins difficiles à publier pour un petit éditeur qui ne veut pas se fâcher avec le Paris littéraire ? Si vous le souhaitez, je peux jouer les intercesseurs...

Je suis très impressionné par tous les extraits que vous publiez sur votre blog, vraiment. La qualité du style, le rythme, la richesse des images – toujours inattendues –, la variété des registres, la précision de la pensée, la drôlerie, la violence, tout est remarquable. (*Le Portement de la Croix* me plaît beaucoup, je vous en reparle une fois le roman terminé.)

Je serai ravi de rencontrer l'amie dont vous me parlez, à Lyon, le 18 novembre, après la présentation de *L'homme surnuméraire*. C'est dommage que vous ayez quitté la ville ! Nous aurions pu dîner ensemble...

PJ. – Je viens de terminer la lecture du *Portement de la Croix*. Le dénouement vous laisse groggy. La lettre qui clôt le roman, celle de l'abbé Lapeyre, consacre la victoire du Mal et du diable. Que le Mal ait besoin de l'avenir et que nous ne soyons « jamais charpentés que par l'idée, vaillante et progressiste ô combien, que l'on peut changer le cours des choses, et que la conduite de chaque vie dépend de soi seul – le diable aime cet enthousiasme », cette idée, profonde, prend à rebours toute l'idéologie de notre époque et même tout l'optimisme qui nourrit notre civilisation depuis les Lumières. Tout le roman conduit à cette conclusion, toutes les lignes narratives aboutissent à cette évidence tragique. Le roman est très complexe, dans sa narration, ses idées, ses types de texte (insertion de versets bibliques, d'encarts publicitaires, de citations latines), je ne saurais, en quelques phrases, le cerner complètement. Votre veine satirique, présente dans certains dialogues, est souvent tenue en bride. Il y a un refus définitif du monde moderne. Le chapitre sur les brimades entre adolescents : la scène où Jérôme, une laisse au cou, pantalon aux chevilles, obligé de déféquer devant ses camarades, croise le regard du narrateur est une scène saisissante, on a rarement peint la honte avec autant de cruauté. Vous ne serez pas surpris que j'évoque Bernanos et Mauriac, on retrouve cette atmosphère, très française, provinciale, où les âmes sont à vif, à deux doigts de tomber dans le gouffre, certaines ne résistant pas au péché. Roman religieux et philosophique. Comme je défends la littérature qui ne refuse pas la pensée, j'ai lu avec grand intérêt les développements plus théoriques sur les activistes viennois, les adulescents, l'effondrement dans

l'instinct et l'animalité, le péché originel, etc. La complexité
du roman, sa profondeur, son caractère intempestif, sa reli-
giosité, tous ces éléments ne sont pas pour plaire à l'époque.
Mais je suppose que tel n'est pas votre projet. En tout cas, je
suis admiratif ! Il me tarde de lire *L'Ivraie*. Vous évoquiez,
également, une possible parution de vos pamphlets en janvier : qu'en est-il ? Avez-vous eu des réactions de Finkielkraut à vos livres ?

Nous avons une même vision de l'existence, même si la
vôtre, assurément, est plus chrétienne que la mienne. Le
christianisme propose une métaphysique de la Chute que je
partage, mais je n'ai pas encore été touché par la foi. Chaque
fois que je rentre dans une église, chaque fois que je lis Pascal
ou la Bible, chaque fois que je pense aux morts, j'aspire à
devenir chrétien. Mais, sans une véritable foi, ce serait, je
crois, se mentir à soi-même : tant que la foi en la résurrection
ne sera pas, pour moi, une évidence, je ne me dirai pas chrétien au sens fort du mot. Un de mes amis, professeur de philosophie et chrétien (celui qui s'est fait tabasser par un élève)
me reprochait de ne pas sauter le pas, il y voyait une tiédeur
coupable, ce à quoi je lui répondais ce que je viens d'écrire.

Revenons à des sujets plus terre à terre : la semaine prochaine, je dois aller à Paris de jeudi à samedi midi, puis prendre le train pour Lyon avant de revenir, le dimanche, à Guérande. Je rencontrerai Duteurtre, P.-G. de Roux, Eugénie
Bastié, Vincent Trémolet et mes éditeurs ; peut-être Olivier
Maulin. Et donc, les libraires de Lyon, ainsi que l'amie dont
vous m'avez parlé. Il semblerait qu'à Lyon une comédienne
lira des passages de *L'Homme surnuméraire*. Enfin, le week-end
suivant, je serai à nouveau à Paris, au festival du livre de Radio France : deux cents auteurs invités ! Je n'ai pas vraiment
envie de faire le tapin derrière ma petite table, mais Jean-
Pierre Montal a insisté pour que, cette fois, je m'y plie.

BL. – Comment[4] ? On me dit que vous ne trouvez pas Despentes « subversive » ? Est-ce possible ? En revanche, on vous a trouvé très patient, très éloquent et très aimable (« Beaucoup plus que toi, entre parenthèses »). Et puis on a appris au moins deux choses : d'abord que la scène de la jeune fille surprise, nue, par Serge [dans *L'Homme surnuméraire*], vous avait été inspirée par un professeur amoureux d'une de ses élèves ; ensuite que des individus exercent la profession de « détecteur de "faux pas" littéraire »... On a seulement regretté les questions un peu trop longues du libraire. D'autre part, on s'excuse d'avoir dû partir tôt : on avait une soirée d'anniversaire.

PJ. – Désolé pour Despentes, je ne recommencerai plus. Libraires sympathiques – qui détestent Finkielkraut...

Je suis désolé de n'avoir pu parler davantage avec votre amie, des lecteurs me retenaient, je n'arrivais pas à m'en débarrasser. C'est un vrai regret... Je vous écris plus dans les jours qui viennent.

BL. – Je vous remercie de votre lecture attentive de mon *Portement*. J'ai longtemps pensé, notamment en ce qui concerne sa construction, que dans les romans ultérieurs je n'arriverais pas à l'égaler ; j'avais raison. La scène de la « laisse », dont vous parlez, est en effet centrale, ainsi que celle du « baiser », près des tables de ping-pong. L'ensemble du récit repose sur la mort du catholicisme, vue sous l'angle esthétique, dont le prétexte et l'allégorie sont un portement et un chemin de croix, découverts par hasard. Je regrette cependant d'avoir laissé trop de passages « théologiques » ; aujourd'hui, j'en ferais sauter plusieurs.

S'il est un vœu que je forme pour vous, c'est que cette année, et celle qui vient, soient le vrai début de la

---

[4] Message envoyé après le passage de Patrice Jean à la librairie de Lyon.

reconnaissance médiatique, où le grand public découvrira vos livres, et stimulera votre créativité pour les prochains. Dans *L'Ivraie*, deux personnages s'interrogent sur la génération de ceux qui frappent à la cinquantaine, et sur ce qu'elle va laisser : la précédente a eu Houellebecq, Duteurtre, Millet, Noguez, d'autres encore ; mais la nôtre ? J'avais moi-même tendance à penser : presque rien ; aujourd'hui, je crois que je me trompais : il y a vous, Maulin, Lapaque, pour le peu que j'en ai lu, Jung, aussi, dont je suis en train de lire l'épais roman, et forcément d'autres que je ne connais pas. J'en suis soulagé, bizarrement, moi qui ne croyais pas, jusqu'ici, à ces histoires de générations.

Je me suis lancé dans une entreprise consistant à terminer plusieurs manuscrits, souvent brefs, apparemment éloignés les uns des autres par le genre, le ton, les idées. Le premier ne devrait pas dépasser cent cinquante mille signes, et il n'est pas tellement fait pour être publié ; c'est une sorte de récit familial, assez bizarre pour moi, parce qu'il est sans psychologie ni ironie. Le second est ce texte que j'ai appelé *Une jeunesse les dents serrées*, dont le genre est indéfinissable, un peu dans l'esprit d'*Aden Arabie*, bien que le livre de Nizan ne soit pas frais dans ma mémoire ; là aussi, le récit sera court, pour garder jusqu'au bout cette manière d'écrire « les dents serrées » qui m'est venue spontanément. Ces deux manuscrits seront finis avant Noël. Ensuite il y aura un roman, j'espère.

Finkielkraut ne m'a pas répondu, et c'est normal – sans exclure, évidemment, dans un coin du grenier qui me sert de cerveau, que mes livres aient pu lui paraître *prétentiards*.

PJ. – J'ai vu Élisabeth Lévy cet après-midi. Malheureusement je n'ai réussi à parler ni de mes projets ni à parler de vous : c'est un rouleau compresseur. À peine commence-t-on une phrase qu'elle reprend la parole. Avant de s'en aller elle m'a demandé de lui écrire pour que je lui en dise plus. Cette fois, je pourrai faire un éloge plus argumenté de vos talents d'écrivain. J'espérais avoir des nouvelles concrètes à vous transmettre. Je suis vraiment désolé que ce ne soit pas le cas.

J'ai dit à P.-G. de Roux que vous étiez un écrivain de premier plan. Il était d'accord. J'ai vanté votre style, votre lucidité, votre drôlerie. Il a évoqué deux livres de vous qu'il doit publier. Je n'ai pas très bien compris si c'était certain ou possible.

Encore une fois, je suis déçu et désolé de n'avoir pu parler comme je l'aurais voulu de vous à Élisabeth Lévy. Elle est insaisissable. Je vais me rattraper.

BL. – Je vous imagine sous les vagues de copies incessamment écopées : j'ai connu ça, et ce sentiment désespérant que l'on ne maintiendra jamais au sec le bateau, ce temps qui coule. Vous en reste-t-il pour écrire ? Un roman en demande ; il en faut devant soi pour avoir l'esprit dégagé. L'enseignement ne le permet vraiment qu'en été : c'est de cette façon que j'écrivais, quand j'étais moi-même de la tribu enseigneuse. Y réussissez-vous mieux que moi ?

Je n'ai pas oublié mon idée d'interview : je vous ai préparé une série de questions, qui accompagnent cette lettre, elles seront précédées d'un texte résumant votre *Surnuméraire*. Si vous avez le temps et l'envie d'y répondre, je serais heureux de placer cet entretien où je peux. Battons le fer ! (Je me suis rendu compte que c'était tout un art, de questionner, c'est-à-dire de poser des questions sur un roman que l'on a beaucoup aimé, en donnant envie de le lire.)

La chère Laurane Rivet, que vous avez rencontrée dans la librairie lyonnaise, m'a fait le compte rendu détaillé de votre interview ; elle n'a pas tari d'éloges sur votre bienveillance. Elle m'a fait beaucoup rire, comme souvent :

« On peut dire qu'il est patient ! On lui a quand même parlé de Despentes ! Il a bien esquivé le truc. Toi, avec tes gros sabots de sanglier, tu n'aurais pas été aussi endurant... »

Elle exagère (à propos de mon manque d'endurance).

Je vous remercie encore des efforts que vous avez déployés pour moi : c'est la volonté de Sisyphe qu'il vous a fallu ! J'aime bien Lévy, sans l'avoir jamais rencontrée, mais ce que vous m'en avez dit ne m'étonne pas : en général, on parle et on s'écoute parler. Le monde est rempli de monologues. Les conversations ne sont plus qu'intransitives. Il paraît que des chercheurs ont trouvé que les fruits de mer « entendaient ». Multiplions les bassins à huîtres : ils nous aideront à supporter les soliloques.

Décembre

PJ. – Je répondrai avec plaisir à vos questions, d'autant que ce questionnaire a pour but de promouvoir le *Surnuméraire* : attention dont je vous remercie sincèrement. Je vais prendre le temps de ne pas dire trop de banalités et sitôt qu'à tort ou à raison j'estimerai avoir rempli cette mission, je vous enverrai les réponses. Je ne sais pas si elles pourront intéresser un journal, un site internet, un magazine. Je ne suis pas très vendeur (comme on dit).

Je n'écris pas beaucoup en ce moment, j'écope les copies (pour reprendre votre image que tout galérien de l'Éducation nationale ne peut qu'approuver), je rencontre des « parents d'élèves », je vais bientôt subir le passage des conseils de classe ; et puis, en plus de ces réjouissances, il y a les week-ends parisiens et même lyonnais, destinés à la publicité du roman, et, disons les choses, à rencontrer certaines personnes plus ou moins influentes dans le « milieu ». Je fais ce que je peux en ce domaine, mais, sans être un sanglier à gros sabots, les mondanités ne sont pas mon fort. Je vous en dis quelques mots cependant, cela peut être intéressant d'un point de vue *pratique* : Pierre Huisman me semble un jeune homme sérieux, pour ne pas dire grave. J'ai déjeuné avec lui ; il adore *L'Homme surnuméraire*, mais parle surtout de politique. Il m'a proposé son aide pour la publication d'*À bout portant* (le roman sur l'EN). Je lui ai demandé s'il désirait publier un article que j'ai écrit sur Matthieu Jung. Il était d'accord. J'ai envoyé l'article il y a deux semaines. Depuis, plus rien.

Quant à Élisabeth Lévy, comme je vous l'ai dit, elle parle beaucoup, elle est chaleureuse. Mais j'ai été en dessous de tout : elle m'a demandé si cela me plairait de travailler dans une maison d'édition en tant que lecteur, ce qui me permettrait d'écrire plus aisément, subodorant en moi « un grand lecteur ». Et savez-vous ce que j'ai répondu ? « Oh, je ne suis pas un si grand lecteur que ça, etc. ». Bête à manger du foin. Devant mon manque d'enthousiasme, elle s'est exclamée, pendant la conversation : « Mais vous voulez le vendre ou pas, votre roman ? » J'avais prévu quatre types d'articles possibles pour *Causeur*, je n'ai pu parler que des deux premiers ; soudain, elle s'est levée, elle devait partir pour RTL. Je n'ai pas eu le temps de lui parler de vous. Je me suis rattrapé en lui écrivant un mail où je disais, en substance, que vous feriez merveille dans ce magazine, que vous étiez un véritable écrivain, j'ai joint l'adresse de votre blog. Par ailleurs, je lui ai envoyé (c'était la semaine dernière), deux textes et lui ai proposé une idée de feuilleton (un personnage – dans le genre de Plume, à la manière de Marcel Aymé – qui reviendrait à chaque numéro). Elle a répondu laconiquement, mais en se disant enthousiasmée par mon idée. « Nous devons, écrivait-elle, en causer. » Depuis, plus rien. Ces journalistes ont une vie bien remplie, un agenda « surbooké », ils pensent à vous deux ou trois jours, puis vous êtes recouvert par le nouveau sujet à la mode, la nouvelle interview.

Comme je vous l'ai également écrit, j'ai dîné avec Pierre-Guillaume de Roux. Nous avons parlé de vous. J'ai évidemment fait votre éloge. L'éditeur était d'accord. Je pense qu'il a une certaine estime pour moi (mais je peux me tromper). J'ai rencontré aussi Steven Sampson (un essayiste américain, fasciné par Roth, qui voulait que l'on dîne, le soir même, avec Roland Jaccard (je ne pouvais pas)), un libraire de Gallimard, une jeune professeur de philosophie ; j'ai déjeuné avec Duteurtre, sympathisé avec la romancière Alice Ferney (lors du salon du livre), j'ai enregistré une émission pour TV Libertés avec l'équipe d'*Éléments* (ce qui va, à mon sens, me valoir des inimitiés), rencontré des lecteurs enthousiastes, j'ai subi une heure de mitraillage photographique dans les rues du 16ᵉ, etc.

Et je suis allé à Lyon ! Les libraires étaient très sympathiques ; néanmoins, j'ai senti, avant même l'entretien public, qu'entre nous, il y aurait des discordances. Ils détestent Finkielkraut ; et Zemmour, à leurs yeux, est un « malade mental ». Je m'entendais davantage avec la comédienne qui a lu les extraits du roman. Je ne sais pas si j'ai été trop bienveillant envers le lecteur de Despentes, j'avais presque des remords de l'avoir si franchement contredit : « après tout, me disais-je, ce type s'est déplacé un samedi soir, pour m'écouter, et moi je l'envoie balader... » J'aurais beaucoup aimé discuter avec votre amie, Laurane Rivet (donc), j'essayais d'expédier les lecteurs qui voulaient une dédicace, mais ils s'installaient, bavardaient, contestaient. J'étais pris au piège. C'est dommage que votre amie ait eu une autre soirée : elle aurait pu nous accompagner au restaurant, le libraire offrait le repas à tous les convives (nous fûmes cinq). Nous aurions pu, elle et moi, discuter de littérature et en particulier de vous et de vos livres. C'est un véritable regret.

Je ne parle que de moi (excusez-moi) : je vais finir par ressembler à votre soliloqueur, celui que les huîtres vont à l'avenir réduire à zéro.

Vos *Nouveaux vertueux* vont donc paraître en janvier ? Chez Pierre-Guillaume de Roux ? Jean-Pierre Montal m'a confié que ce dernier avait fait relire un de vos manuscrits par un avocat : quel titre de gloire ! Si vous avez des romans à publier et que vous êtes intéressé par Rue Fromentin, n'hésitez pas à passer par moi : je ferai le forcing pour que nous ayons le même éditeur. (J'ai trouvé un autre éditeur pour les éditions de poche : les éditions du Rocher, lesquelles vont sans doute « prendre » *L'Homme surnuméraire*. C'est une nouvelle collection. Il y aura aussi Olivier Maulin. Je ne connais pas encore directement les gens de cette maison.)

Ces dernières semaines, je n'ai écrit qu'un texte (assez long) sur ce que j'appelle « la morale littéraire ». Je vais le proposer à *L'Atelier du roman* (Lakis Proguidis). Mon projet, dans les mois qui viennent, est de réfléchir à la place de la littérature dans notre société a-littéraire, de la confronter à la morale, à la politique, à la science, à la philosophie. Bref, d'écrire une sorte d'essai sur la littérature[5].

PS : Le *Surnuméraire* se vend bien, mais pas au point de mettre le feu à mon cartable.

BL. – Votre dernière lettre m'a d'abord fait rire : je m'imaginais très bien à votre place, en face d'une journaliste toute fulminante : « Mais vous voulez le vendre ou pas, votre roman ! » Inutile de dire que j'aurais été tout à fait capable de me montrer mêmement morose : « M'ouais, boh, moi, vous savez... » Puis, j'ai éprouvé, en lisant la relation de votre rendez-vous avec Huisman, une colère sourde. « Depuis, plus rien. » On fait des promesses de maquignon béarnais, et on oublie l'heure suivante à quoi on s'est engagé. On est ferme comme du beurre fondu. On dit admirer les écrivains qui n'écrivent pas de livres périssables, mais on se fout de sa propre responsabilité, qui est d'être un *passeur*. Et nous, naïfs, nous croyons sincèrement que l'on ne nous méprise pas... J'ai furibondé tout autant en lisant une lettre que m'a envoyée un éditeur, à qui j'avais fait parvenir un manuscrit (*Leur jeunesse*) : « Ce journal d'un professeur dans un centre de formation professionnelle m'a paru intéressant, vigoureux, pertinent et bien écrit. Je devrais donc le publier. Pourtant je ne vais pas vous le proposer, toutes mes dernières expériences de publication concernant l'Éducation nationale, sous une forme ou sous une autre, s'étant conclues par des échecs.

---

[5] L'essai en question deviendra *Kafka au candy-shop* (Léo Scheer, 2024).

Mais je tenais à vous dire tout le bien que je pensais de ce texte, à titre personnel. Si vous souhaitez me parler de nouveaux projets, n'hésitez pas à le faire j'y serai toujours attentif. » On serait tout prêt à vous éditer, n'est-ce pas, à condition que vous écriviez autre chose, autrement.

Las d'attendre P.-G. de Roux, j'ai confié aux éditions Jean-Dézert mes *Nouveaux Vertueux*, qui paraît aujourd'hui, pour le solstice d'hiver, dans une version non-censurée (des passages avaient été caviardés par un avocat). Le volume est désormais disponible à la vente, c'est-à-dire qu'on ne le trouvera pas dans les librairies : on pourra l'acheter sur un site. Comme vous l'avez vu, j'ai annoncé la bonne nouvelle à Rome et au monde, par le truchement des *rézoos*. Je vous l'enverrai, si vous me le permettez.

Je ferai un « service de presse » à la mesure des moyens *dézertiques*, c'est-à-dire réduit à la poignée de journalistes et assimilés que je connais un peu et qui ne sont pas susceptibles de jeter mon livre sans le lire.

J'ai terminé le premier manuscrit (*Tombeau de Raoul Ducourneau*) que j'avais inscrit sur ma liste ; et j'arrive au bout du deuxième (*Une jeunesse les dents serrées*), qui est très court. Je me jetterai bientôt sur le troisième, qui sera un roman : *Le Christ aux outrages* [roman qui n'a pas été publié], une sorte de suite, ou de dérivé, de *spin-off*, comme disent les Américains, du *Portement de la Croix*. Il ne devrait pas dépasser les deux cent mille signes. De là, je voudrais sauter sur un roman plus épais dont j'ai déjà le titre. Enfin, ça, c'est théorique – on ne sait pas où peut nous mener la fiction. On verra où j'en serai au printemps.

Je me réjouis de votre idée d'essai sur la littérature : vous pourriez y développer les analyses ébauchées dans votre *Surnuméraire*.

PJ. – Je partage votre avis à propos du manque de responsabilité des journalistes, ils donnent l'impression d'être les maîtres du jeu : « Tiens, si j'aidais le petit Jeannot, pour voir. Oh, et puis non, je l'ai déjà oublié. » Ce doit être grisant d'accorder ou non l'existence médiatique (et donc l'existence tout court pour un écrivain) à qui l'on veut. Il doit naître en vous un sentiment de toute-puissance. Ce sont eux, au fond, qui dessinent la carte littéraire de l'époque : un Olivier Adam leur doit sa gloire ; un Renaud Camus son opprobre. Dans le même genre, on a les jurys littéraires improvisés : une amie, pas littéraire pour deux sous (je veux dire qu'elle ne lit que les romans de chaque rentrée), participe à des jurys et croit que son jugement signifie quelque chose. Et je ne parle pas de tous ces crétins sur internet qui interviennent pour expliquer que *Madame Bovary*, c'est nul, que Tolstoï, c'est trop long ou que Nietzsche est incompréhensible. Mais, j'arrête, Étienne Weil (dans mon roman) dit la même chose...

Pour revenir à Élisabeth Lévy, elle a écrit un article élogieux sur *L'Homme surnuméraire* dans Causeur.

Je n'ai rien à reprocher à Huisman, c'est lui qui m'a contacté et qui a désiré déjeuner avec moi. Je pense que c'est un gars bien (comme on disait autrefois). Il a proposé de m'aider pour *À bout portant*, il a fait en sorte que Louise Monnier écrive un article sur mon roman, article qui relève d'ailleurs de l'éloge empoisonné : Monnier se demande s'il s'agit d'un grand roman, puis semble en douter. Pour quels motifs ? Trop de personnages, trop d'histoires, trop de thèmes. Comme s'il y avait, ai-je eu envie de lui répondre, trop de personnages secondaires dans *Illusions perdues*, trop d'histoires entrelacées dans Proust, trop de thèmes dans *L'Éducation sentimentale*... Je veux bien que mon roman ne soit pas un grand roman, mais qu'on m'épargne ce genre de conneries. De même pour Vincent Pierrefitte, qui me réduit au rôle du sous-Houellebecq, le même Pierrefitte qui, dans son dernier roman, reproche à Houellebecq de n'avoir jamais écrit un chef-d'œuvre... Quand j'ai lu sa critique, je me suis dit : « je ne serai jamais compris, ma proximité avec Houellebecq me jouera des sales tours », or j'étais *moi-même* (si la notion a un sens) bien avant de connaître Houellebecq, j'ai découvert

Schopenhauer à vingt ans, je crois que cette source philosophique commune, à Houellebecq et moi, brouille la perception, chez certains, de ce que j'écris. Je n'ai jamais voulu imiter Houellebecq et donc jamais cherché à *rater* cette imitation... Mais je m'égare. Nietzsche disait que rien ne consume plus vite que le ressentiment. Je dois faire attention.

La lettre de l'éditeur que vous citez a peut-être une autre explication : le mépris universel pour tout ce qui touche de près ou de loin à l'enseignement. Je crois, au fond, que le refus, par mon éditeur, de publier mon roman sur l'EN relève, en partie, de ce mépris. Même les disciples de Pierrefitte m'accusent d'être un « néo-prof ». Je dis souvent que, dans une soirée, si l'on veut draguer, il vaut mieux éviter de dire qu'on est professeur : truand, boulanger, avocat, footeux, architecte, etc. – mais professeur ? Autant se tirer une belle dans le pied (ou dans la bite). Certes, il y a beaucoup de professeurs insupportables, niais, stupides, tout ce que vous voulez, mais sur les huit cent mille professeurs, il en existe tout de même des recommandables... Par ailleurs, l'argument de l'éditeur selon quoi les livres « concernant l'Éducation Nationale » seraient tous des échecs est d'une bêtise sans nom : on publie un auteur, pas des « sujets », pas des « livres sur ». Refuserait-il, cet idiot (excusez-moi, je m'emporte), un manuscrit de Proust au prétexte qu'il y serait question d'élèves et de professeurs ? Dirige-t-il une maison littéraire ou un magazine « sociétal » ? De telles réponses donnent envie de se passer d'éditeurs ! J'ai commandé vos *Nouveaux Vertueux* (envoyez-moi le livre seulement si cela ne vous coûte rien) ; j'ai hâte de le lire. Si je comprends bien, les coupes opérées par Pierre-Guillaume de Roux ont fini par vous impatienter... Peut-être pouvez-vous aussi joindre Élisabeth Lévy, je lui ai parlé de vous (j'ai son numéro de téléphone et son mail, si vous êtes intéressé). Quant à moi, je pourrais tenter de placer un article sur ces salopards de *Nouveaux Vertueux* (quel bon titre !). Il faut espérer que votre essai soit la tête de pont qui assurera la renommée des prochains livres : *Une jeunesse les dents serrées* (titre que seul un véritable écrivain pouvait inventer), *Tombeau de Raoul Ducourneau*, sans oublier *La littérature à balles réelles*.

Je vous passe les réunions avec les parents d'élèves, les conseils de classe, les ragots, les copies, toute la vie sans intérêt dans un lycée d'une ville de province. Mais je ne vous passe pas cet acte vertueux : une amie, qui désirait acheter *L'Homme surnuméraire* dans une librairie de Saint-Maur-des-Fossés, s'adresse à un vendeur. Celui-ci se renseigne : le patron de la boutique, n'ayant pas aimé le roman, l'a, lui-même, remis dans des cartons pour le réexpédier à l'éditeur.

2018

Janvier

BL. – Eh bien, Cher Patrice, ne lisant jamais les journaux, moins encore les blogs, tout ça m'avait échappé : je veux parler de Pierrefitte et de Louise Monnier. Je n'ai pu lire que le billet du premier : sa condescendance, d'autant plus stupéfiante qu'elle se fait au nom d'un rapprochement, facile et faux, avec Houellebecq, m'a scandalisé. Je ne vois aucune espèce de rapport entre Houellebecq et vous, je n'y ai pas pensé une seule seconde en ce qui me concerne – mais est-ce que désormais on ne pourra plus rien dire de l'homme contemporain sans être mesuré à ce que Houellebecq en a dit ? Tout ça pue d'autant plus la paresse que Pierrefitte avoue lui-même qu'il ne lit aucun auteur d'aujourd'hui, sinon Houellebecq, justement (à qui il reproche, en effet, de ne pas avoir écrit de chef-d'œuvre !). – Houellebecq, évidemment, n'est pas responsable de ce que l'on dit de lui : je l'ai lu, souvent avec plaisir, et il ne m'a pas du tout influencé ; c'est un bon romancier, à défaut d'être un grand artiste : à aucun moment, par exemple, je n'ai été époustouflé par sa *phrase*, comme on peut l'être par celle de Flaubert. Mais, encore une fois, ce n'est pas Houellebecq qui est en cause.

Quant à Louise Monnier, je n'ai pas été jusqu'à lire son article, d'abord parce qu'il est « réservé aux abonnés » (je ne cotise pas aux Vieux-Gants, l'amicale des anciens boxeurs de Saint-Marsan, ce n'est pas pour m'abonner à un journal), ensuite parce qu'il m'ennuie à l'avance.

C'est toujours la même guerre, incessamment recommencée, entre le livre et le journal, toujours la même paresse chez les uns, la même incompréhension pour les autres – mais ce que les journalistes ignorent, c'est qu'ils perdent *toujours* : ils disparaîtront, c'est la loi. On ne retiendra rien d'eux, les bons écrivains seuls resteront, qui savent qu'ils doivent ne pas se fier totalement à la presse, à l'édition, à la librairie, dévorés de parasites. Je crois depuis toujours à la grande conjuration des impuissants contre les créateurs : « Le monde ne veut pas que j'écrive, disait à peu près Kafka, mais moi, je dois. » D'ailleurs, grâce à vous – vous en avez parlé à plusieurs reprises –, j'ai pris conscience qu'il existait, *underground*, une poignée de romanciers et d'essayistes français qui, sans former une école, sont réunis par d'identiques dégoûts et commencent enfin à percer ; vous en faites partie.

Tout ça est assez contrariant et j'imagine que vous en êtes contrarié ; à votre place, je crois que ça m'aurait fichu un sacré bourdon – mais seulement une journée ou deux : Dieu merci, il y a toujours, qui envoient dans le néant les Pierrefitte et les Monnier, un magret à déguster et un cul à caresser. Je mange comme je bande, ça me bloque le cerveau, qui n'est plus irrigué. Je ne suis plus qu'une bête. Je me jette sur la femme et le steak indifféremment.

Mes *Nouveaux Vertueux* n'intéressent pas grand-monde : peut-être Roland Jaccard fera-t-il un article.

Votre interview est parfaite, mais je n'ai pas réussi à la placer : ça aussi, c'est contrariant ; je suis le maître du fiasco. Je la mettrai au moins sur mon blog.

J'ai quand même réussi à écrire quelques lignes sur vous, et *L'Homme surnuméraire*, dans une revue en ligne... L'article s'appelle « Une nouvelle Carmen »...

Nous sommes à l'heure des vœux, et vous vous doutez de ce que je vous souhaite.

PJ. – Cher Bruno, je vous remercie beaucoup pour cet article. La fin est parfaite : « Ce qu'ils appellent liberté, nous l'appelons soumission. » On m'avait informé de cette réécriture de *Carmen*. Je ne connaissais pas le discours de Céline

Piques. C'est tellement bête. Pour le coup, j'aurais envie de la zigouiller à la place de Carmen. L'humanité a toujours beaucoup donné dans la bêtise, mais en ce moment elle se surpasse.

J'ai lu vos *Nouveaux Vertueux* avec grand plaisir, le plaisir que l'on prend à voir remis à leur place les imposteurs de tout poil, mais surtout, en l'espèce, du poil lustré et postiche de l'animal vertueux. C'est un livre de vengeance : vous *nous* vengez de l'engeance des donneurs de leçons, engeance qui, comme vous l'écrivez de Diallo, « fait carrière dans la vertu ». Mais au-delà des baffes rhétoriques, ce qui m'a réjoui, c'est la précision et le caractère démonstratif de vos analyses : vous avez à cœur de justifier vos dégoûts. Je crois au caractère puissant et créateur de la vengeance (contrairement à ce que disait François Truffaut – que j'aime beaucoup nonobstant).

J'ai offert votre livre à Michel Marmin (du moins devrait-il le recevoir dans quelques jours), qui fut à l'origine du magazine *Éléments*. Et j'ai proposé à Pascal Eysseric, qui en est l'actuel directeur, d'écrire un article sur votre essai : il a accepté. Le magazine est plus politique que littéraire, mais j'espère vous gagner quand même quelques partisans. Eysseric est enthousiasmé par ce qu'il a lu sur votre blog : « Bruno Lafourcade semble être un auteur bigrement intéressant ! » m'a-t-il écrit. Enfin, j'ai cité votre nom pour un projet de livre collectif dont m'a parlé Michel Marmin, un essai cynique dans le genre de Swift qui ferait semblant de prendre le parti des outrés à propos de classiques de la littérature (chaque auteur écrirait sur deux ou trois livres de son choix). Je ne suis pas certain que le livre se fera, ni même que l'idée soit rémunératrice. D'ailleurs, une des choses qui me surprend le plus c'est qu'on ne paie jamais les articles : mon « beau-frère », intermittent du spectacle (guitariste), est payé pour le moindre « concert » dans un café où se traîne un public clairsemé, plus intéressé par l'alcool que par la musique.

Vous avez raison : on ne pourra plus rien dire sur l'homme contemporain sans être mesuré à ce qu'en a dit

Houellebecq. Tout cela relève de la paresse. Je suis étonné qu'un Pierrefitte pour lequel j'ai tout de même de l'estime tombe dans le panneau (mais je ne serais pas étonné que des motifs plus troubles comme le dépit – l'échec commercial de son propre roman houellebecquien – fussent à l'œuvre dans sa condescendance pour *L'Homme surnuméraire*). Un hebdomadaire y est allé lui aussi de son allusion perfide à Houellebecq, mais surtout à Flaubert : la critique des universitaires aurait déjà été faite dans *Bouvard et Pécuchet* et Serge Le Chenadec serait une copie de Charles Bovary ! À ce niveau de généralités, tout est dans tout et réciproquement. Cela dit, l'article ne m'a pas foutu le bourdon : le journaliste trouve le livre « hilarant » (il ne faut pas exagérer) ; et puis ma peau s'épaissit. (J'aime beaucoup la phrase de Kafka que vous citez.)

J'ai lu, la semaine dernière, le roman de Marion Messina, *Faux départ*, roman d'une noirceur absolue, racontant l'ennui d'une jeune femme dans notre société aux abois, où tout se traîne, où tout est faux. Un Bourdieu qui serait devenu nihiliste.

Je n'écris pas beaucoup, mon essai est au point mort. Je prends quelques notes, c'est tout.

Enfin, Rue Fromentin publiera en janvier 2019 (je ne crois pas vous l'avoir dit) mon prochain roman, celui que j'ai eu du mal à finir en septembre et en octobre. Le titre n'est pas arrêté. Je le crois moins réussi sur le plan romanesque, il y a moins de personnages (Louise Monnier devra trouver une autre approche critique), je développe des idées d'une façon plus directe.

PS. Il n'est pas très étonnant que vous n'ayez pas réussi à placer mon interview, ce n'est pas votre échec. Je serais très content que votre blog l'accueille.

BL. – Oui, je sais : *Éléments* est politiquement à droite. Mais la droite, la gauche, les néo-païens et les archéo-zadistes, je m'en cogne la coquillette. Il se trouve que, récemment, pour ma *Jeunesse les dents serrées*, je me suis replongé dans l'histoire de la Nouvelle Droite, et de ses relations avec le *Figaro Magazine* et Louis Pauwels. C'est celui-ci, d'abord, qui m'intéressait : j'avais trouvé déjà tout à fait réjouissant son plus fameux article, « Le Monôme des zombies », paru le 6 décembre 1986, où l'on trouve l'expression « sida mental » pour décrire le panurgisme étudiant contre Devaquet. J'étais moi-même étudiant à ce moment-là, comme vous l'étiez vous-même. Venant d'une famille tout à fait *frère-farouche*, j'étais une sorte de communiste : j'avais fondé la section française du SOI (le Spartako-Ouvriérisme International), tendance Liebknecht-Kropotkine, qui compta deux membres, dont l'un, le lendemain, provoqua la scission du parti en créant le MOI (Mouvement pour l'Ouvriérisme Intégré) tendance Guy Debord-Rosa Luxemburg. Or, voyez comme j'étais déjà inconséquent : Pauwels, qui était pour beaucoup l'affreux, le salaud, le collabo, à cause du *Figaro*, de Hersant et de ce « sida mental », faisait toute mon admiration pour n'avoir pas hésité à se mettre à dos la gauche, la presse, les étudiants, la jeunesse, l'université – tout le monde.

J'ai lu, plus tard, *Les Orphelins*, un roman que Pauwels avait fait paraître au milieu des années quatre-vingt-dix, et qui a pour cadre les lendemains de Mai 68 : je l'avais trouvé bon, âpre, sans rien de sympathique, surtout pas les personnages. Je suis en train de le relire aujourd'hui, et je continue de le trouver bon, sa phrase est bien ferrée, même si je regrette parfois l'abus de nominales, ou de subordonnées jouant le rôle d'indépendantes : un peu, c'est bien ; beaucoup, ça sent le journal.

À la fin des années soixante-dix, Pauwels avait sympathisé avec Alain de Benoist et avait fait entrer les idées de la Nouvelle Droite dans le journal que Hersant lui avait donné les moyens de créer : *Le Figaro Magazine*. Pauwels, que j'imaginais, pour l'avoir un peu lu, aussi ferme que sa phrase, apparaît à cette époque, selon les témoignages des anciens d'*Éléments* et d'Alain de Benoist lui-même, assez flou, indécis, au fur et à mesure que les attaques contre la Nouvelle Droite se font plus assassines ; ça m'a un peu surpris. – Je ne sais pas pourquoi je vous raconte cette histoire, dont j'ai tiré un paragraphe pour *Une jeunesse les dents serrées*, un manuscrit lui-même très bref. Ah ! si, je sais : *Le Figaro Magazine* a connu, dès les premières semaines, un succès si phénoménal, que toute la presse de gauche s'est déchaînée (avec des *centaines* d'articles !) contre Alain de Benoist – réduit à du « pagano-fascisme », à peu près. Peu de gens, je crois, ont encore en mémoire cette campagne de presse absolument délirante (qui ressemble assez à celles qui touchèrent en leur temps Koestler et Kravtchenko) : elle a culminé avec l'attentat de la rue Copernic, en octobre 1980, quand toute la gauche bernard-henri-leviste exigeait que la police orientât ses recherches vers l'extrême droite, quand un Jean-Pierre Bloch pouvait tranquillement dire que les idées de la Nouvelle Droite avaient armé les terroristes, alors que les services secrets avaient su tout de suite qu'il s'agissait d'un crime commis par l'extrême gauche pro-palestinienne, moyen-orientale et pro-bablement libanaise.

J'étais trop jeune pour m'intéresser à cet épisode de la *fièvre* qui, en France, ne cesse jamais vraiment de brûler – ni à ses implications idéologiques, qui contenaient les braises qui ont depuis ravagé l'opinion. Or cette histoire commence à faire lentement son chemin en moi : j'ai en tête, depuis quelque temps, une histoire dont j'ai le titre, et qui mettra en scène, à notre époque, trois hommes, jeunes, auxquels je voudrais donner les mêmes chances « narratives », si je puis dire : un nationaliste, un antifa, un djihadiste – et là-dessus, donc, un attentat, peut-être inspiré par celui de la rue Copernic, mais surtout par les effets que cet attentat a produits. Je voudrais en faire une sorte de thriller social et politique – un peu dans le genre de ceux que publie Mancini, si Mancini écrivait au-trement qu'avec une pelle. Toute l'époque pourrait y entrer. J'aimerais me lancer là-dedans quand j'aurais terminé mon petit *Christ aux Outrages*, auquel je n'ai pas touché depuis une semaine, et qui ne sait toujours pas où il va – ce qui commence à m'inquiéter un peu.

Je continue de fournir des articles à deux organes qui ont l'inconvénient d'être mal écrits et assez laids. Le rédacteur en chef de l'un des deux m'a téléphoné avant-hier : il est très chaleureux et sympathique, et voulait me proposer de devenir « rédacteur régulier », c'est-à-dire bénévole – cette question de l'argent, comme vous le disiez, est tout à fait symptomatique. Les écrivains inconnus sont *impayables* à merci. Or, si je veux bien écrire des articles, je ne suis pas un militant, et, surtout, je n'aime pas le ton, la forme et assez souvent les idées des articles que l'on publie dans ces deux journaux.

Je crois au suicide social : un pamphlet contre les vertueux, un abécédaire contre les littérateurs, un roman déplaisant sur l'École, sans compter les manuscrits que j'ai en cours : si je m'en relève, c'est à n'y rien comprendre.

Je pars pour Lyon, puis j'irai dans l'Ain vendre mon potage. Une « manifestation culturelle », lancée par une association, réunit des peintres, des sculpteurs et trois auteurs, dont moi. J'y serai avec Laurane Rivet, que vous avez rencontrée : elle fera des photos, un petit film, une interview et je « posterai » l'ensemble sur les *rézoos* ; j'espère au moins que ça sera amusant.

PJ. – Vous connaissez mieux que moi l'histoire de la Nouvelle Droite. J'avais lu, dans les années 90, quelques numéros d'*Éléments*. Je n'ai eu de réel contact avec cette revue qu'il y a deux ans, lorsque Michel Marmin a réalisé un entretien pour *Revenir à Lisbonne* (mon troisième roman), et comme Marmin habite à L., nous nous voyons de temps en temps. Je suis aussi en lien avec quelques collaborateurs de la revue. J'ai conscience que ma participation épisodique à *Éléments* ne va pas sans risques. Qui sait, peut-être que Pocket m'a laissé tomber pour cette raison ? Et puis *Livres-hebdo* qui avait soutenu mes trois précédents romans n'a, pour *L'homme surnuméraire*, rien écrit du tout. C'est incroyable mais c'est ainsi : on fait payer à des auteurs des amitiés ou des complicités que l'on juge coupables, en dehors de toute considération sur la qualité littéraire supposée. Et, inversement, on remercie (on paie) d'autres écrivains pour leurs bonnes fréquentations. Mathieu Paoli (avec qui je corresponds) m'a brossé un portrait apocalyptique du monde de l'édition, allant jusqu'à parler de « salopards » (« un mécanisme de sélection met les affreux aux postes de pilotage, il est donc dominé par des salopards »). Selon lui, « quand vos idées ne plaisent pas à la dominante de gauche, vous êtes barré. » – Ah, j'y pense : j'étais invité dans une grande librairie parisienne, mais on ne m'en parle plus, ou plutôt la librairie n'est plus intéressée (il faut, en cette partie, tenir la bride à sa paranoïa, sinon on est foutus).

Il faut espérer que vos prochains livres ne seront pas une forme de suicide. Vous aurez témoigné des métamorphoses du mal, de ses travestissements inédits et – ce n'est pas le moins important – vous en aurez peint le ridicule. Votre idée de thriller social arc-bouté sur trois parcours (antifa, nationaliste, djihadiste) est excellente. Elle est ambitieuse. Dostoïevski, dans ses *Possédés*, a peint les maladies (sataniques) de l'engagement politique révolutionnaire. *Eadem sed aliter*. Pour l'heure, je suis plutôt tenté par le retrait de toute politique, c'est un peu le sens de *Tour d'ivoire*. Je sais bien que cette attitude a sa part d'erreur, mais un repli du côté de la littérature est aussi la seule résistance politique que je veux mener.

Oui, j'étais dans les rues de Nantes, en 1986, à brailler contre la loi Devaquet ! Je ne regrette pas ces simagrées, j'ai beaucoup appris. Je me sers même d'un épisode peu glorieux de cette époque dans *Tour d'ivoire* (je m'étais moqué, lors d'une manifestation, d'un étudiant resté sur le bord de la manifestation, comme on reste au bord d'un fleuve – je n'en suis pas fier). Cela dit, j'étais déjà sceptique, beaucoup moins fanatisé que bon nombre de mes camarades. J'étais même fasciné par la transformation de certains étudiants très sérieux en meneurs d'amphi et hurleurs de porte-voix.

Je regarderai avec grand plaisir le film et les photos de Laurane Rivet.

Je vous laisse car le temps me manque. Je vais écrire le petit texte sur Valéry ; ensuite, je dois répondre à une interview pour la revue *Philitt* : il me faut plancher sur trente questions à propos de *L'Homme surnuméraire* !

Février

BL. – Cher Patrice, j'ai le plaisir de vous faire une révélation. Pierrefitte, avec qui j'ai pris langue, et à qui j'ai fait part de mon regret qu'il ait pris votre roman de haut, a répondu ceci : « Vous avez sans doute raison, à propos du roman de Patrice Jean : je crois avoir été, sinon injuste, du moins expéditif. Et je me dis que ce sont peut-être les "points de ressemblance" que vous notez entre nos deux livres qui ont souterrainement agacé mes dents et titillé ma jalousie ; constatation dont je ne sors pas grandi à mes propres yeux... »

PJ. – Cher Bruno, je vous remercie de rapporter ici les propos de Pierrefitte. De toutes les critiques négatives qui ont été écrites à propos de *L'Homme surnuméraire*, c'est la sienne qui m'a le plus marqué. On supporte facilement les moqueries quand elles viennent d'inconnus ou de gens qui vous indiffèrent. Or je sais que Pierrefitte est un véritable connaisseur de la littérature, un esprit libre, dès lors son mépris ne m'a pas laissé indifférent.

Je change de sujet : je croyais qu'Élisabeth Lévy m'avait oublié, mais elle m'a appelé la semaine dernière, elle veut absolument que j'écrive pour *Causeur*. Je devrais bientôt déjeuner avec elle : ce sera pour moi l'occasion de faire votre publicité, et cette fois, je ne la laisserai pas parler sans intervenir. Je reste persuadé que vous écririez des textes bien meilleurs que les miens. Ce n'est pas de la fausse modestie. Je connais mes limites : je sais écrire des romans, des aphorismes, des textes de réflexion, mais je n'ai pas votre verve ni votre talent pour fixer les ridicules du jour. Il faut au moins qu'elle prenne connaissance de ce que vous écrivez.

BL. – Ah ! Patrice, il y a tant de choses à faire, il y faudrait dix vies ! Il y a quinze jours que je me propose de vous écrire, et quinze jours que je n'ai pas commencé – enfin, m'y voici.

Comme vous le savez, j'ai passé un samedi et un dimanche entiers dans une petite ville, près de Lyon, et j'en ai tiré un petit récit qui vous est dédié : j'ai pensé que vous y seriez chez vous – tout ce que j'ai éprouvé, je sais que vous l'auriez senti comme moi. Je n'ai rien inventé : la petite inculte qui écrivait un nouveau *Seigneur des anneaux* en cinq volumes, la folle qui me disait voir son amie morte en rêve, une femme choquée parce que j'avais écrit que je n'aimais pas mes élèves, son mari frustré que je ne parle pas de James Ellroy, les bibliothécaires qui nous regardaient en coin et ne nous adressèrent pas un mot, sauf pour confesser qu'elles souffraient de fuite urinaire – non, d'infection –, les rapins du dimanche et des jours fériés plus médiocres que ceux de la place du Tertre, une autre démente qui menaçait de m'écrire pour me dire ce qu'elle avait pensé d'un livre de moi – tout était *hénaurmissime*. J'ai quand même vendu une douzaine de livres.

Il y eut aussi une femme, venue parler d'elle, comme tout le monde aujourd'hui, et d'abord comme tous les lecteurs (elle n'a pas même effleuré un seul livre). C'était *une cheffe* d'établissement. Elle nous a dit très tranquillement (elle était très aimable, très souriante), à Laurane et à moi (je ne sais plus par quel détour elle en est arrivée là), qu'un professeur (de mathématiques, je crois) avait traité une de ses élèves de « petite conne ». « J'ai essayé de le faire virer, je m'y suis reprise plusieurs fois, par tous les moyens, je n'y suis pas arrivée... » Elle parlait du professeur ; elle nous prenait à témoin, cherchait la connivence. Je lui ai quand même demandé ce que cette fille avait fait pour mériter cette insulte. L'élève était insupportable, nous dit-elle, tout le monde s'en plaignait ; puis elle a eu un geste évasif et elle est revenue à son idée fixe : « J'ai vraiment tout essayé pour le faire virer… » Pas un instant, elle n'a envisagé que nous puissions ne pas être d'accord avec elle. Je me suis tu, elle est partie – mais je regrette de ne pas l'avoir mouchée. Un professeur insulte une élève, ce n'est sans doute pas ce qu'il y a de mieux à faire, mais c'est un professeur qui *craque*. Est-ce que l'on peut croire qu'il se laisserait aller, gratuitement, à *une* insulte, sans avoir été poussé à bout ? Bien sûr, un professeur doit être un exemple ; c'est ce qui se passe dans les sociétés qui roulent harmonieusement, où les homoncules sont silencieux, studieux et polis – mais dans la nôtre ? Et cette espèce de *cheffe*, de quoi se vantait-elle, tout sourire, auprès de nous, intérieurement effarés ? D'avoir tout fait pour obtenir son renvoi.

J'écris beaucoup pour mon blog, en ce moment. Un texte, « Contre les chats », a fait un microscopique ramdam, aussi ridicule que son sujet. C'est toujours le littéral contre le littéraire.

Comment va le *Surnuméraire* ? Êtes-vous content, dans l'ensemble ? Montal aussi ? (L'autre jour, en regardant un rutabaga à la télévision, je me disais qu'un metteur en scène serait bien inspiré d'adapter votre roman pour le cinéma, ou pour le théâtre : il y a à la fois des éléments visuels, et des dialogues, qui feraient merveille sur un écran ou sur les planches – sans compter celle à billets…) Et votre *Tour d'ivoire* ? Je suis impatient de le lire !

BL. – Je viens de recevoir la « préparation de copie » de la première partie du manuscrit que je dois publier en août. C'est effarant. Je ne parle pas des italiques (le correcteur en met aux noms de café, par exemple, ce qui n'est pas l'usage, il me semble), ni de ce genre de choses ; non : il a *supprimé* des paragraphes, changé des mots, des expressions, de sorte que tous les effets de style disparaissent – c'est épouvantable. J'espère pour lui, et pour l'éditeur, qu'il faut considérer ça comme des « propositions », et que ces braves gens vont vite rétablir la version originale. Je dois avoir le massacreur au téléphone, lundi ; d'ici là, je vais lui envoyer, à tête reposée, un e-mail pour lui ordonner de ne toucher à rien s'il ne veut pas que je lui écourte l'existence. Ça m'a fichu un coup. Est-ce que c'est l'usage ; et est-ce que ça vous est arrivé vous-même – pour *chaque phrase* ?

PJ. – Non, ce n'est pas l'usage. Même s'il m'est arrivé qu'on ajoute des fautes à mon manuscrit. Difficile de vous en dire plus, je suis au lycée, et pire : j'écris avec mon téléphone, ce que j'ai beaucoup de mal à faire.

PJ. – C'est incroyable, votre histoire (j'écris à nouveau sur l'ordinateur.) Pour *Revenir à Lisbonne*, le correcteur proposait de supprimer la plupart des imparfaits du subjonctif, mais il n'allait pas au-delà des propositions, j'avais « la main ».

Une élève, aujourd'hui, lors de son oral, m'explique qu'elle ne voit pas l'intérêt d'étudier des textes poussiéreux (Marivaux) et que le bac est une chose vieillotte. Or, le midi, à la cantine, la *proviseure* vient s'asseoir à côté de moi ; pour détendre l'atmosphère, je raconte cette anecdote. Eh bien, quelle fut sa réaction : elle estime que l'élève a fait preuve d'ouverture et d'indépendance d'esprit. Et je ne vous livre pas le reste de notre dispute : votre *cheffe* d'établissement doit être du même tonneau.

BL. – Cher Patrice, j'en suis d'abord resté interdit, avant d'en être dévasté – puis de m'en remettre peu à peu.

« Je vous joins ici la préparation de copie de la première partie de votre manuscrit. Si cela vous convient, nous en discuterons lundi prochain par téléphone à partir de 10h, ou à partir de 14h. Nous prendrons le temps pour vos questions et vos remarques concernant les corrections et propositions *réalisées par mes soins.* »

70

Tout est si absurde dans ces « propositions » que l'on croirait une plaisanterie. Ainsi, l'expression « secoua les troncs comme des cous » devient « fit ployer les troncs comme des nuques » (?!) ; « frôlait les volets » : « faisait battre les volets » (elle ne voit pas la différence ?) ; « dans un silence et une obscurité impeccables » : « parfaits » remplace « impeccables » — pourquoi ? Mystère & tapioca.

Quand on s'ennuie, on me fabrique des fautes : « Il découvrit le tramway, qui n'existait pas quand il habitait Bordeaux » devient « Il découvrit le tramway, qui n'existait pas quand il y habitait », comme s'il avait habité le tramway ; « Il jeta enfin un coup d'œil sur les listes des noms d'élèves, qui lui firent gravir le troisième échelon de son abattement » : « Enfin un coup d'œil sur les listes des noms d'élèves conclut le troisième mouvement qui devait l'abattre ». Le sommet, c'est le cinquième chapitre, où *tout est piétiné*. Et le type ne m'a envoyé que cent cinquante mille signes ! Il en reste encore trois cent cinquante mille !

Je vais leur dire qu'ils doivent prendre mon manuscrit tel que je l'ai écrit, ou bien aller se faire camisoler burqalement par la dynastie Al Saoud ! Ah, nom de Dieu ! Ce qu'il aura fallu endurer ! Se battre contre ceux qui sont chargés de vous défendre ! Foutue vie !

PJ. — Il est gratiné, ce correcteur ! Un professeur démago pourrait s'inspirer d'elle pour « mettre ses élèves en activité » : « Réécrivez cet extrait du *Temps retrouvé* pour qu'il soit plus facile à comprendre ». Je n'en reviens pas. Ses corrections sont grotesques.

Néanmoins, une bonne nouvelle s'est glissée dans cette comédie, vous publiez un roman au mois d'août prochain ! Un roman où il sera question de l'Éducation nationale (si j'en crois certains passages). Mon propre roman ayant été refusé, je m'en remets à vous pour corriger les fâcheux qui peuplent cette noble institution. Cette semaine est consacrée à ce qu'on appelle des oraux blancs, j'interroge donc les élèves de mes collègues : tous ont étudié Laurent Gaudé (je n'en peux plus !), plusieurs la fameuse Kerangal, réparatrice de vivants, et Daeninckx, le défenseur des cannibales. Quand je demande aux élèves ce qu'ils ont préféré, les trois susnommés remportent la palme, loin devant les Marivaux, Flaubert et Rousseau. Je reviens chez moi et je me dis : tout est foutu, le monde va finir, le dernier homme a gagné, fermez le ban. Oui, quelle vie !

Je vous remercie de m'avoir dédicacé votre récit inspiré du salon littéraire, près de Lyon. Certains « lecteurs » m'ont rappelé des gugusses déjà croisés en ce genre de manifestations. Pourquoi diable la littérature attire-t-elle des imbéciles de ce calibre ? À côté de chez moi, chaque été, un grand festival du livre est organisé, on me demande d'y participer depuis plusieurs années, et depuis plusieurs années j'invoque les vacances pour ne pas m'y rendre. Il faut dire que des écrivains aussi importants que Richard Bohringer président les cérémonies : on comprend que ce sont eux, les Bohringer ou les Claude Sérillon, que le public attend. Lors de mon passage au salon de Radio France, fin novembre, j'étais assis non loin d'une jolie jeune femme qui vendait des livres pour enfants, augmentés d'un disque de chansons : elle a écoulé son stock en deux heures. Flaubert écrirait aujourd'hui, à la place de la scène des comices agricoles, une satire des salons du livre. Emma embrasserait Rodolphe (dans la pénombre d'un studio déserté) pendant qu'on entendrait Orsenna, au micro, raconter des blagues et rire de ses blagues.

J'ai écrit samedi dernier une toute petite nouvelle pour Élisabeth Lévy ; je vais en écrire une seconde, dimanche, et je les enverrai ensuite toutes les deux à la dame. Si elle n'en veut pas, je pense que ma collaboration avec *Causeur* aura vécu. Je ne suis pas à mon aise pour parler de l'actualité, j'ai besoin du recul romanesque ou conceptuel (si ça ne fait pas trop pédant). En outre, figurez-vous que Mathieu Paoli s'est mis en tête qu'il fallait que j'écrive dans son journal. Il m'a demandé s'il pouvait parler de ce projet avec le directeur de la rubrique, lequel n'est personne d'autre que Louise Monnier. Je lui ai répondu qu'à mon avis celle-ci ne serait pas enchantée par cette idée (sans la détourner de son projet) : eh bien, Monnier n'est pas contre ! Nous devons bientôt déjeuner ensemble pour en parler (en présence de Paoli). Je suis dubitatif, mais gagner un peu d'argent en écrivant sur la littérature me tente assez.

Quant à *L'Homme surnuméraire*, je ne connais pas le chiffre exact des ventes. Je pense que Montal est satisfait. Le roman est en lice pour le prix des Hussards (dans le dernier trio). Quant à *Tour d'ivoire*, Babeth voulait le lire tout de suite : je lui ai dit qu'il fallait d'abord que je le corrige (mais pas à la manière de votre « préparateur de copie »).

Où peut-on trouver *Ahmed le magnifique* ?

Mars

PJ. – Dans mon dernier *e-mail*, j'écrivais : « Où peut-on trouver *Ahmed le Magnifique* ? » Eh bien, dans ma boîte à lettres : je vous en remercie. Le roman m'a réjoui. Je l'ai lu en deux soirées, j'ai ri plusieurs fois, j'ai souri presque tout le temps. Il me semble que le roman prend son envol (si tant est qu'un roman puisse voler) à partir des chapitres 5 ou 6, pour la raison qu'il faut d'abord se familiariser avec les personnages : je vous avoue que je me suis un peu perdu, je ne savais trop qui était qui, je mélangeais Ahmed, Aymeric, Claire, Camille. Les dialogues sont très efficaces, drôles, intelligents. Vous passez à la moulinette presque tous les ridicules de notre monde (en état de mort cérébrale et qui, pourtant, continue d'avancer, de crier, de fanfaronner). Le personnage de Déméter m'a beaucoup amusé. Et le dénouement – reprise des premières lignes – est bien trouvé. La soirée de la remise des prix (chapitre 34) est très drôle, constamment ironique. Je pense que certains lecteurs ne saisiront pas cette ironie, tant elle suit de très près la réalité. D'autres chapitres sont plus directement satiriques. Et quel art de la formule, de l'image drôlissime ! Du grand Lafourcade et du grand Rivet !

J'ai bien quelques remarques plus critiques à formuler, mais je ne suis pas sûr de leur légitimité, au sens où l'on ne peut reprocher à un romancier ce qu'il a consciemment voulu faire : les personnages ne sont pas perçus comme des doubles fictifs de personnes, ils sont au contraire la concentration, pour chacun, d'une somme de défauts représentatifs de notre temps. Claire, par exemple, n'a pas d'autre existence que sa passion pour les cosmétiques et pour Aymeric. Camille est plus étrange, à la fois narratrice révoltée contre la bêtise et idiote elle-même, narcissique. Vous êtes, au fond, plus proche de l'esthétique d'un Rabelais, d'un Swift que de celles des romans réalistes. L'histoire, gratuite, improbable, confirme, me semble-t-il, cette analyse. Le roman est une pochade baroque, et, en ce sens, il est extrêmement original.

Le caractère policier du roman m'a moins intéressé, mais vous n'êtes pas en cause, c'est lié à mon expérience de lecteur : sitôt qu'un flic ou un truand apparaissent dans un roman, je m'endors.

Je n'ai pas deviné qui avait écrit quoi. Vous féliciterez de ma part Laurane Rivet, ce n'est pas rien que d'écrire une prose proche de la vôtre !

J'ai trouvé sur internet un site « Camille Caron » [pseudonyme de Lafourcade et Rivet], c'est une bonne idée. J'ai moi-même intégré un personnage du même nom dans une petite nouvelle écrite pour *Causeur*. Je la joins à ce message. La nouvelle devrait paraître en juin. Les deux premières histoires ont plu à Élisabeth Lévy de sorte qu'elle a décidé que son magazine en publierait une par numéro. Je les ai écrites très rapidement, je croyais que Lévy allait me dire que je me foutais d'elle (ou peu s'en faut), du moins qu'elle avait espéré quelque chose de mieux, eh bien non, elle en est très satisfaite. Celle que je vous envoie est, je pense, un peu mieux que les deux premières. Ce qui est plaisant avec cette publication, c'est que je serai payé. En revanche, Louise Monnier a disparu. Je vais à Paris la semaine prochaine, je dois dîner chez Mathieu Paoli et déjeuner avec Babeth (ou prendre un verre).

BL. – Je vous remercie de votre e-mail, si aimable et si réconfortant. Je me suis permis de lire à Laurane vos lignes sur *Ahmed*.

« Qu'il est sympathique ! Les compliments, venant de lui, sont vraiment très agréables ! »

Elle aurait dit également, mais cette déclaration est apocryphe :

« Quel dommage que tu ne sois pas aussi sympathique ! »

Ça n'a pas freiné mon élan, et je me suis permis de lui faire lire votre nouvelle (excellente, cette idée de récits brefs : vous pourrez les regrouper plus tard en volume – elles formeront un *Plume* d'aujourd'hui).

« Son histoire est très juste, tout à fait dans l'esprit de nos conversations : tout le monde *voudrait* écrire ; certains, finalement, le font, trouvent la gloire en copiant le style grandiloquent et attendu de tel ou tel, puis vient la désillusion... D'ailleurs, cette idée que le récit se vend parce qu'il est soporifique est excellente ! Et le "Mystère & tapioca, comme dirait Lafourcade", ça, je dois dire, fallait oser ! »

D'ailleurs, Laurane, encore elle (quand elle commence aucun train ne pourrait l'arrêter), m'a demandé :

« Pourquoi on ne l'a envoyé à personne, le manuscrit de notre *Ahmed* ?

— Faux, bougresse, nous l'avons envoyé à Harlequin... »

Oui, Harlequin : ce roman, au départ, se voulait une parodie de roman sentimental, mais il est devenu ce que vous avez lu – or, contre tout bon sens, je l'ai quand même envoyé à Harlequin, qui l'a refusé, bien entendu, à mon étonnement relatif.

« Ça prouve que tu n'as aucun sens commercial.

— Ou qu'il est plus difficile d'être édité par Harlequin que par Léo Scheer, bougresse.

— Comment s'appelle l'éditeur de Patrice Jean ?

— Rue Fromentin.

— Voilà : on n'a qu'à l'envoyer à Rue Fromentin. »

Avant de l'envoyer à quiconque, je crois que l'on doit surtout refaire les premiers chapitres : il y a du « jeu », là-dedans.

J'entretiens avec la maison Léo Scheer des rapports mélangés : Millet, qui dirige la revue, a publié des morceaux de ma *Littérature à balles réelles* que David, la directrice des éditions, veut publier en volume, à condition que je raccourcisse les entrées les plus longues ; Millet entend publier les premières pages d'*Une jeunesse les dents serrées*, mais David veut d'abord que je l'allonge. C'est usant : je devrais être en train d'écrire *Le Christ aux Outrages* et je dois réécrire des manuscrits composés il y a des mois.

D'autre part, David ne m'a rien dit du roman que je lui ai donné il y a un an : *Saint-Marsan*. Elle ne l'a pas lu, ou ne s'en souvient pas, ou l'a trouvé anodin ; on n'a pas spécialement envie non plus de lire les cinq récits que j'ai écrits à la fin de l'an dernier, *Tombeau de Raoul Ducourneau* : j'ai fait plusieurs appels du pied – pas de réponse. Ce n'est pas du tout *viagresque*. On débanderait à moins.

L'Ivraie sera peut-être le seul roman de moi que cette maison publiera. Je vais proposer mes histoires à d'autres – à Montal, je n'ose pas trop : j'ai peur qu'il soit gêné, *because you*, quand il devra les refuser.

J'en étais là quand j'ai reçu, ce matin, *La Revue littéraire*, où j'ai eu la joie de voir votre nom, et le mien ; ça m'a fait bougrement plaisir. Et puis ! Votre article ! Je ne l'ai pas encore fini, mais il donne une envie furieuse de lire Jung. C'est ça, ce que j'aurais dû faire pour votre roman : une étude de fond... – Je le ferai pour votre *Tour d'ivoire*.

PJ. – J'ai reçu moi aussi *La Revue littéraire* et, comme vous, j'étais ravi que nos signatures se lisent dans le même numéro.

Vos tirs *à balles réelles* sont ce qu'il y a de mieux dans ce numéro : j'ai lu plusieurs fois les entrées, parfois même à voix haute pour des ami(e)s de façon qu'ils puissent à leur tour profiter du carnage. Chez Paoli, j'ai répété de mémoire ce que vous écriviez sur Clémentine Pelletan et Richard Bourdet : je ne savais pas qu'il les connaissait bien ; « Clémentine », a-t-il dit, a pris la grosse tête et « Richard » n'a écrit qu'un bon roman. Tout le monde se connaît à Paris : éditeurs, écrivains, attachés de presse, journalistes : on arrive peut-être à mille individus vivant dans un petit périmètre. Quant à *La Revue Littéraire*, je la trouve un peu ennuyeuse. J'ai lu avec plaisir la monographie de Nicolas Gilbert (avec un poème que je cite dans mon prochain roman !), quelques notes critiques, les articles sur Bergounioux et Jaenada ; et le journal de Millet. Le reste...

Pourquoi Millet veut-il publier uniquement les premières pages d'*Une jeunesse les dents serrées* (quel titre !) ? Je comprends que l'idée de sabrer dans vos manuscrits ne vous réjouisse pas. En général, on me demande plutôt l'inverse : augmenter la taille des romans. Je regrette d'ailleurs de ne l'avoir pas (ou peu) fait pour *Les structures du mal* et même pour *Revenir à Lisbonne* : je n'ai qu'une excuse, j'étais parti dans d'autres projets et je rechignais à retravailler des textes qui appartenaient au passé. Il est tout de même étrange que David ne dise rien du *Tombeau de Raoul Ducourneau* ni de *Saint-Marsan* : il me semble qu'à votre place je lui poserais directement la question. C'est un peu comme les histoires d'amour, il est préférable de savoir à quoi s'en tenir au risque d'essuyer un refus.

BL. – Cher Patrice, la préparation de copie de mon roman tourne au cauchemar. « Enfin, ai-je écrit au correcteur, je vous redis que je ne veux pas que l'on change ma ponctuation. Je prends, par exemple, page 180, la phrase suivante : "Effectivement, se disait Jean, on a réuni toutes les conditions pour que la guerre ait lieu ; mais, de même que nul n'avait pensé que La Secque, à l'époque de l'installation de la gravière, pût un jour sortir de son lit pour recracher sa boue, nul n'avait imaginé, à l'époque du regroupement familial et des débuts de l'immigration massifiée, qu'un jour on *halalise-rait* les mœurs, les rues, les piscines et les supermarchés, que de jeunes fous d'Allah, brûlant pour des tueurs et leurs vidéos d'égorgements, haïraient assez les Français et les juifs qu'ils en souhaitent la décollation." Ici, vous avez remplacé la virgule après "supermarchés" par un point-virgule. Or il y a un point-virgule, plus haut, avant "mais" : c'est ce point-virgule et ce "mais" qui conduisent le reste de la phrase et lui interdisent d'avoir un autre point-virgule – qui aurait la même valeur que le précédent, ce qui est impossible parce que le nœud de l'idée, celle qui conduit donc la phrase, est introduite par " ; mais".

Un autre exemple : "Le professeur ne reconnut rien du tout – bien que dans son for l'humiliation fût bien dans ses intentions : oui, il avait voulu rabaisser Éric Pompidole ; oui, il y était parvenu ; et oui, il y avait pris un immensurable plaisir." Vous avez déponctué cette phrase pour la reponctuer ainsi : "Le professeur ne reconnut rien du tout : bien que dans son for l'humiliation fût bien dans ses intentions – oui, il avait voulu rabaisser Éric Pompidole, oui, il y était parvenu, et oui, il y avait pris un immensurable plaisir." Il est évident que les deux-points après "rien du tout" sont un contresens ; ils n'ont un sens que placés avant "oui, il avait voulu". »

Je lui ai cité quelques autres exemples, mais ce sont toutes les phrases qui sont ainsi déponctuées, pour être, de mon point de vue, fautivement ponctuées : quand on touche à la ponctuation, on touche à la structure, et c'est tout le sens qui s'effondre.

Est-ce moi qui débloque, et ma ponctuation qui est fausse ? (Pour le moment, Angie David, la directrice, prend parti pour son assistante ; ça aussi, c'est bien emmerdant.)

PJ. – Cher Bruno, votre ponctuation me semble parfaite, et même si elle ne l'était pas, après tout, elle est la vôtre. Si elle était grammaticalement fautive, la correctrice pourrait insister pour la corriger, mais ce n'est pas le cas. Je ne comprends pas que vous n'ayez pas « la main » sur ce point. Pour être plus précis, il me semble qu'on ne peut pas mettre un point-virgule après « supermarchés » car la proposition suivante « que de jeunes fous... » est commandée par « nul n'avait imaginé » (est-il possible d'écrire un point-virgule entre le verbe et son complément d'objet ?). Pour le deuxième exemple, il me semble également que le correcteur a tort : les deux-points annoncent une explication (une cause ou une conséquence), pas une concession (« bien que »).

Je change de sujet : le numéro d'*Éléments* où vous avez écrit un article paraît aujourd'hui. Vous y trouverez aussi (je l'espère !) mon article sur *Les Nouveaux Vertueux*. Je n'ai pas reçu le numéro, je ne sais pas s'ils vont nous l'envoyer.

BL. – Je vous remercie infiniment : oui, je ne l'avais pas précisé, mais il me paraît contraire à la logique de mettre deux-points avant « bien que », qui n'annonce pas une cause mais une concession.

Ce n'est pas du tout d'avoir tort qui me dérange, presque au contraire : c'est qu'on m'ajoute des fautes !

Ici, boum ! renversement de perspective : David, à qui j'ai fini par demander d'arbitrer cette situation intenable (après tout, c'est son rôle), m'écrit : « Je comprends très bien votre problème, et connais votre souci de la langue. Il ne faut pas vous inquiéter, le préparateur va rétablir votre ponctuation. Et nous verrons au moment des épreuves ce que la correctrice proposera. Je lui expliquerai bien ce problème en amont. »

J'en ai été soulagé comme rarement ! Putain de Dieu ! Publier un livre, c'est de la boxe !

Je vais essayer de trouver le numéro d'*Éléments* : c'est la deuxième fois que nos deux noms apparaîtront dans le même sommaire, c'est bien agréable...

PJ. – Eh bien, l'éditrice est revenue à la raison ! Quant à *Éléments*, Pascal Eysseric vient de m'écrire : il aimerait avoir votre adresse pour vous envoyer le dernier numéro de la revue. Par ailleurs, il ajoute ceci : « Alain de Benoist a beaucoup apprécié le texte de Bruno Lafourcade, c'est même celui qu'il préfère parmi les six textes que nous avons publiés. Comme à vous, nos colonnes lui sont grandes ouvertes. » Dont acte. Si jamais vous avez des idées d'articles...

Juin

PJ. – Cher Bruno, je viens de finir *L'Ivraie* et je vous écris aussitôt, même si un couple invité par ma compagne viendra interrompre ma « lettre » dans quelques minutes ; je la reprendrai demain (la lettre), et c'est peut-être préférable : il est difficile de parler d'un tel livre sans recul, alors que je suis encore sous le coup d'une lecture éprouvante (dans ma bouche, l'adjectif est un compliment). Avant de réfléchir, il faut se relever, épousseter son costume, reprendre ses esprits et accorder ses jugements. Le titre est bien trouvé, mais *Le grand effondrement* aurait pu convenir également. J'ai pensé aux lettrés qui à Athènes, Rome ou Constantinople, plus tard à Paris ou Berlin, assistèrent à la chute de leur civilisation : votre Jean Lafargue est le témoin d'un écroulement identique, ou plutôt d'un affaissement mesquin de la grandeur : tout craque et des failles jaillissent des coulées de boue et de bêtise.

Je ne sais pas par quel bout prendre le roman : les thèmes, les personnages, les allégories, le style ? Comme vous l'écrivez à la page 294 : « tout rentrait. » Et, en effet, vous faites tout entrer dans votre roman, tout ce qui, dans notre monde, est infesté par la crétinerie et la perversité. Il s'agit d'un dossier à charge contre l'époque. Comme je suis en accord avec beaucoup de vos constats, je ne saurais deviner l'effet qu'un tel roman produira sur un lecteur moins conciliant : le rejettera-t-il ou sera-t-il envoûté ? Je trouve que *L'ivraie* est un grand roman, où, une fois de plus, vous tirez à balles réelles sur l'époque. Mon jugement est-il orienté par la proximité de nos visions ? Je ne peux pas plus le savoir que le baron de Münchhausen ne peut se soulever lui-même par les cheveux (l'image est de Schopenhauer, je crois — ou du baron lui-même).

Donc, oui, on étouffe. Tout s'effondre. Il n'y a que l'humour et le souvenir de la grandeur pour ne pas désespérer totalement. J'ai ri à plusieurs reprises : mais moins que dans *Ahmed le magnifique*. Le propos est plus grave. Bien évidemment, je me suis identifié à Jean Lafargue. Vous dépeignez avec précision les petitesses de l'enseignement : si mes élèves ne sont pas aussi nuls que les vôtres, j'ai reconnu cependant la paresse et l'incuriosité qui sont le propre de beaucoup. Et la bêtise des profs ! Et celle de l'administration !

Il me semble que votre thèse est la suivante : la vérité s'en va, et des élèves nuls en grammaire jusqu'aux critiques littéraires (Savigneau) ou aux « récentistes », nul n'en a cure. Plus personne n'est en mesure de discerner le vrai du faux, le bon grain de l'ivraie. Les théories du complot pullulent, l'ignorance croît, le monde se défait. La fange de la 3ᵉ partie emporte tout vers le pire. La Secque « remue sa boue et ses graviers », la syntaxe se désassemble, la transmission échoue, l'amour s'effiloche, les bibliothèques deviennent des médiathèques, l'islam gagne du terrain : tout se tient. Les fautes de syntaxe sont parentes des fautes morales, intellectuelles et esthétiques.

Le personnage du vieux professeur Dinemandi est emblématique : cet érudit lettré perd la tête, ne se rase plus, se met à voler, et l'unique modèle revendiqué par Lafargue s'écroule à son tour.

Votre roman est le grand roman du recouvrement de la vérité par la masse. À vous lire, l'idée m'est venue à l'esprit que la consécration de la littérature et de l'art n'aura duré que quelques siècles : nous retournons petit à petit dans les catacombes, les monastères, le silence, la marge. Le savoir, à la Renaissance, a quitté les cloîtres, s'est invité – par influence (Machiavel, Vinci, Raphaël, etc.) – dans la composition des modes de vie ; au XIXe et au XXe siècles la littérature a connu un prestige inégalé (bien que concurrencée par la science) : aujourd'hui, la pacotille noie, dans sa bêtise, tout ce qui dépasse. C'est pourquoi l'allégorie de la boue qui recouvre tout correspond intimement à notre situation.

On peut alors se poser cette question (et on vous la posera) : ce pessimisme est-il justifié ? Il existe toujours, à chaque époque, des écrivains et des philosophes pour considérer que leur temps est le plus stupide qui fut jamais : pensons à Saint-Simon, à Voltaire, à Flaubert, etc. Cette objection, je me la fais à moi-même. Je la propose (in petto) à Renaud Camus ou à Richard Millet. À mes yeux, la marginalisation de la littérature ne fait aucun doute, mais doit-on, pour autant, considérer que nous vivons les temps les plus stupides de l'histoire ? Une décadence *totale* ? Ma vision est à la fois plus pessimiste et plus rassurante : le monde est infesté par le mal, vivre est un mal, le péché originel n'a jamais épargné l'humanité, le mal et la bêtise sont de tous les temps, de toutes les sociétés ; il n'y a jamais eu un âge d'or, pas même un âge d'or de pacotille : en ce sens, je ne suis pas réactionnaire, et à peine conservateur. L'utopiste qui bée après l'avenir ne ressemble-t-il pas au réactionnaire qui espère dans le passé ? Encore une fois, ces questions je me les pose à moi-même car ma pente est semblable à la vôtre : je n'aime pas mon époque, du moins je n'aime pas les valeurs que l'on consacre ni la place exiguë que l'on octroie à la littérature, cette réserve d'indiens.

Je reviens au roman d'une façon plus précise : notre proximité est si forte que nous inventons les mêmes situations : par exemple, les pages que vous consacrez à la médiathèque avec le débat organisé par Plenel font écho au dernier chapitre de *Tour d'ivoire* ! Mon passage est plus court, mais on retrouve mon « héros » dans une médiathèque ludique (où l'on ne rencontre que des enfants) et le soir, Edwy Plenel y donne une conférence sur « le racisme des Français » ! Autre idée que je développe dans ce roman, celle de la misère spirituelle des banlieues considérée comme plus grave et décisive que la pauvreté, cette idée vous la soutenez à votre tour dans *L'Ivraie*. (Edwy Plenel est né à Nantes : j'ai un point commun, donc, avec ce sympathique moustachu.)

Alors que faire pour le succès de ce roman ? Il me semble qu'il faudrait orienter la critique du côté de Bernanos, souligner la parenté avec *Monsieur Ouine* (je préfère votre roman, mais peu importe) : il y a aussi le scandale. Il faut espérer qu'un vertueux s'indigne, qu'il reproche à *L'Ivraie* son islamophobie, son sexisme, son élitisme. Léo Scheer a-t-il prévu un bandeau ? On pourrait lire sur icelui : « un crachat contre l'époque », ou bien « le roman que Plenel va détester », etc. Bien évidemment, le succès reposerait en partie sur un malentendu.

Je vais maintenant, cher Bruno, formuler une critique, j'espère que vous ne m'en voudrez pas : si Lafargue est écrasé par la médiocrité, sa réflexion, en revanche, surpasse celle de tous les autres personnages, il ne doute pas d'être dans le vrai : même son histoire d'amour avec Tina, il pressent qu'elle finira mal et la réalité lui donnera raison. Or le roman n'est-il pas l'art de mettre sa pensée en jeu ?

Enfin, je vous remercie pour la page 81... (Je vous cite, comme vous le savez, dans *Tour d'ivoire*.) J'étais si surpris de voir mon nom et mes romans que j'ai dû interrompre ma lecture !

Je sais que vous avez d'autres œuvres en préparation. J'attends impatiemment Votre *Littérature à balles réelles*. J'espère que *L'Ivraie* va consacrer votre talent. Vous aurez à vos côtés toute une partie de la presse de droite, et contre vous la presse de gauche, du moins si cette dernière s'intéresse à votre roman, ce qui n'est pas sûr, car elle peut jouer aussi l'indifférence (ce qu'elle a fait avec *L'Homme surnuméraire*, à part le *Canard enchaîné* et *Le 1*). Cette politisation de la littérature me navre, mais c'est un fait. Comme je vous l'ai écrit, je proposerai une critique de *L'Ivraie* à *Éléments* (à moins que Marmin s'en charge). Paoli pensait que Monnier m'intégrerait dans son journal pour la rentrée de septembre, mais il ne me contacte pas. En outre, j'ai donné un entretien à ce même organe il y a peu : comme le dernier paragraphe de l'entretien a été supprimé (j'y attaquais Claudel et Édouard Louis), j'ai écrit un mail (très courtois) à la journaliste (Sylvie Ollivier) pour en connaître la raison : elle n'a pas daigné me répondre. Ce silence discourtois n'augure pas d'une proposition prochaine de travail.

J'irai sans doute dans l'Ariège les deux dernières semaines de juillet : si vous étiez chez vous, entre le 17 et le 20 juillet ou début du mois d'août, je pourrais m'arrêter à Saint-Marsan pour dîner avec vous, ou déjeuner, ce serait l'occasion de poursuivre notre conversation toulousaine...

BL. – Je ne sais comment vous remercier de ce que vous dites de ce roman, qui ne mérite pas tant d'éloges, évidemment...

Votre lettre vient après celle d'un lecteur, inconnu de moi, qui a lu *L'Ivraie* avant sa parution officielle. « Ça méritait d'être lu », a-t-il commencé, avant d'ajouter que « deux ou trois choses [l'avaient] agacé ». Trop modeste, il ne disait pas que ces deux ou trois choses, c'était à peu près tout, dans le livre. Ah ! ces « affèteries », ces « personnages qui ne servent à rien », ces « scènes inutiles »... Par exemple, il ne voulait pas trop de « scènes de professeurs », parce qu'il déteste ça, les « scènes de professeurs »... Et qu'est-ce que je fais ? Je lui en mets deux, trois, quatre ! Comment j'ai pu lui faire ça ? Et cette « conférence "récentiste" » ? À quoi ça sert ? « En plus c'est même pas rigolo. »

En démocratie, l'inégalité, et même la supériorité, entre le lecteur et l'écrivain, allait toujours à peu près sans dire. En hyper-démocratie, la situation s'est entièrement retournée : le lecteur est un consommateur, un client-roi, comme on sait, et dont l'auteur est le sujet et le servant.

J'essaie de rester critique à l'égard de ce livre. Je ne pense pas, par exemple, que ce soit un « grand roman », comme vous le dites si gentiment. Il lui manque précisément ce que vous avez remarqué – de la nuance. Mon héros a *trop* raison, je n'ai pas su lui donner tort, sans doute parce qu'il est proche de moi. Il m'en reste, des progrès à faire, avant d'être romancier !

Est-ce que « nous vivons les temps les plus stupides de l'histoire » ? Non, je ne crois pas, pas du tout. D'ailleurs, je ne réfléchis pas en ces termes : je pense davantage par « cycles ». Les civilisations naissent, vivent, atteignent leur apogée, déclinent et meurent, tuées par une autre et par elle-même ; et, dans ces cas-là, il y a bien eu un « âge d'or » : c'est ce que pensait Spengler. Ça n'exclut pas du tout la présence du Mal, qui traverse tous les cycles de toutes les civilisations. Évidemment, j'ai tendance à penser que la nôtre en est à son dernier stade – et que le rôle des auteurs est de montrer cette mort qui s'avance. De ce point de vue, c'est paradoxalement une chance pour les écrivains : il n'a pas été donné à tous de vivre des mutations aussi considérables que celles qui ont lieu en ce moment même, sous nos yeux.

Mais il est fort possible que je me trompe, bien sûr. Je regardais les informations, à midi : un ingénieur français parlait des lunettes qu'il avait mises au point – ultra-perfectionnées, elles sont équipées de micro-caméras intégrées, capables de pallier, par un procédé que je suis incapable d'expliquer, toutes les formes de dégénérescence maculaire inguérissables. Est-ce là le signe d'une civilisation menacée de disparition ? Une civilisation en train de mourir serait-elle capable d'exceller dans des domaines aussi pointus ?

Mais il est possible que je me trompe plus profondément encore, que l'Histoire soit non des suites de cycles mais un seul et même fil, sans début ni fin, apogée ni décadence ; qu'elle connaisse seulement des mutations, des évolutions successives : révolutions technologiques, changements de mœurs, mutations anthropologiques. D'ailleurs, même si je dis que « c'était mieux toujours », je ne le pense pas du tout : chez moi, la *réaction* est un état d'esprit, une façon de juger les temps présents, beaucoup plus qu'une envie de revivre le passé. Pour rien au monde je n'aurais voulu avoir la vie de mon grand-père maternel, gemmeur, mort de la tuberculose à trente-six ans, ni même celle de mon père.

Quelle que soit la vérité, il est indispensable que les écrivains soient mécontents de tout, par préjugé esthétique et moral ; qu'ils détestent, *par principe*, leur époque, et ses fondements. Depuis deux cents ans, tous les grands écrivains ont haï leur temps, et toute la littérature a été réactionnaire. Ce n'est pas un hasard, c'est un principe. Si l'on est satisfait de son époque, on se condamne.

Pendant un mois et demi, je n'écrirai pas de textes brefs, sur mon blog ni les réseaux sociaux : je veux me consacrer à un roman que j'ai en tête, et j'ai besoin d'avoir « du temps de cerveau disponible ». On verra ce que ça donnera.

Je suis bien désolé que Monnier ne vous ait pas fait de proposition : des articles dans un journal à grand tirage, c'est l'assurance d'imposer son nom, auprès des éditeurs, des libraires et des lecteurs. D'un autre côté, je ne suis pas sûr que le silence des journalistes signifie ce qu'il signifierait chez des écrivains. Ils ne sont pas comme nous attachés au poids des mots et de la parole. Il n'est pas du tout impossible que Louise Monnier pointe son œil mouillant et sa truffe humide au mois d'août pour vous demander si, par hasard, vous lui feriez l'honneur d'écrire dans son journal.

Je regrette beaucoup la politisation des livres, c'est-à-dire l'impossibilité pour la presse de lire sans lunettes déformantes, grossissantes ou rapetissantes ; un écrivain ne pense ni ne lit comme ça. On nous pousse vers des extrémités où l'on ne se reconnaît pas. Je regrette d'ailleurs la politisation, en général, la politisation de tout, et même de la politique. J'ai par exemple de la sympathie pour les zadistes : est-ce que ça fait de moi un homme de gauche ? Je n'ai aucune affinité avec le pro-palestinisme : est-ce que ça fait de moi un type de droite ? Cette politisation, je commence à peine à en prendre la mesure : des étudiants en « communication », dans le cadre de « travaux pratiques », m'ont filmé, photographié, interrogé, ont interviewé par téléphone David à propos de *L'Ivraie*, etc. : je devais mettre les vidéos en ligne sur une chaîne YouTube. Or un de leurs professeurs, que je ne connais pas, et qui n'a rien à voir avec le cours, s'est renseigné sur moi, a décidé que j'étais affreux, et a fortement déconseillé (c'est un euphémisme) aux élèves de « travailler » avec moi. Je ne recevrai donc pas les photos ni les vidéos, pour lesquelles je me suis déplacé deux jours à Lyon.

Août

BL. – Cher Patrice, je cherche du travail (j'aurais passé ma vie à changer de métier) : l'élevage des anatidés, tel que je le pratique, est un métier de meurt-la-faim. J'ai envoyé ma candidature à un centre de formation, où l'on m'a fixé rendez-vous.

L'établissement est formé de quatre cubes gris foncé ; il se trouve près de la prison : la directrice (cheveux courts grisonnants, la cinquantaine) a prétendu que ça n'avait pas de rapport. Ce fut une des rares réponses où elle ne fut pas évasive : j'ai dû lui retirer les informations une à une, comme on arrache des peaux d'orange avec les dents. « Quel est le salaire, et le type de contrat ? D'accord... Combien avez-vous d'élèves par classe ? Hum... Et les élèves ? Comment sont-ils ? Hum... Et le salaire ? Et combien avez-vous d'élèves par classe ? Hum... D'accord... Et quelles classes aurais-je ? Très bien... Mais vous ne m'avez pas encore donné le salaire... » Elle a fait semblant de fouiller dans ses papiers. « Vous avez le salaire, vous ? » a-t-elle demandé à l'assistante qui l'assistait.

Elle doit croire que ce genre de trivialités n'a pas lieu d'être dans un métier aussi noble. Il est ressorti de ces vingt minutes de conversation que l'heureux élu aura vingt-et-une heures de cours, trois ou quatre classes de CAP, de vingt-cinq à trente élèves chacune, un contrat à durée déterminée de douze mois – et quatorze cents euros brut. « C'est négociable ? – Non, les salaires ne dépendent pas de nous : ils sont fixés par la Chambre de Commerce... »

En sortant, j'avais l'impression que j'avais obtenu le poste ; j'en doute à présent que je repense à la fuyante façon dont elle me répondait, ou à la manière dont il fut, très brièvement, question de mon expérience auprès des homoncules, ou à son inintérêt pour les autres professions que j'avais exercées – ce qui n'a aucune importance, puisque je vais refuser ce poste. « Je vous donnerai la réponse ce soir », m'a assuré l'assistante. Et ma propre réponse, elle intéresse quelqu'un ?

PJ. – Si je devais expliquer votre style à une classe de 1re, j'attirerais leur attention sur le caractère inattendu de vos images : vous commencez par une description du CFA par des teintes grises, des arêtes coupantes, et au lieu de poursuivre dans le même registre gris foncé, vous passez à l'orange vif, tout en restant dans le thème du tranchant (« on arrache des peaux d'orange avec les dents ») – pour le reste, je comprends que cette proposition ne vous tente pas.

PJ. – Cher Bruno, je vous remercie pour vos compliments dans la dernière livraison de vos entretiens[6].

J'ai écrit pendant tout le mois d'août : le roman est reparti sur d'autres rails que ceux de juillet, pour tout dire, c'est un autre roman.

---

[6] Ces entretiens ont paru sur le blog, aujourd'hui fermé, de Bruno Lafourcade.

Je m'apprête à retrouver les ternes bâtiments de mon lycée, presque aussi moroses que la tête de nombreux professeurs.

Demain, j'irai à Paris pour une émission sur *L'homme surnuméraire* (encore !). J'ai envoyé un article sur *L'Ivraie* à *Éléments*, j'espère qu'il sera publié au prochain numéro, ou au suivant.

BL. – Vous reprenez le chemin des écoliers avec un roman relancé, c'est très bien. Vous arriverez à le poursuivre pendant l'année scolaire ? D'autre part, je trouve encourageant que le *Surnuméraire* soit encore présent, dans les médias, un an après sa parution. On n'en a pas fini avec votre agent immobilier...

Il y a quinze jours, je lisais une interview d'une « primoromancière » de vingt-cinq ans ; elle y confessait ingénument qu'elle avait bénéficié de ses relations (c'est une chanteuse fameuse, apparemment) pour être éditée. Je connais celui qui l'a publié. Le jour où j'ai rencontré ce monsieur, qui est dans nos âges, il m'a tenu ce discours : « Un tiers des livres publiés se passent dans trois arrondissements, c'est écrit par des gens qui n'ont rien vécu et qui sont tous nés dans le milieu de la presse, de l'édition, de la culture, alors que vous, ben, c'est tout le contraire, c'est ça qui est bien, c'est là-dessus que votre éditeur devrait communiquer, et faire du *story telling* [oui, oui, ces mots-là furent prononcés]... »

J'ai appris qu'Olivier Maulin voulait consacrer à *L'Ivraie* un article, assez long paraît-il ; et même qu'il l'écrirait *contre* la malheureuse romancière précitée... Toujours est-il qu'un article de Maulin, ce serait épastrouillant ; avec le vôtre dans *Éléments*, ceux de Jean-Claude Hauc dans *Les Lettres françaises* et de Christopher Gérard dans *Service littéraire*, j'espère que le livre sera lancé. S'il ne l'était pas, j'aurai eu la joie d'être remarqué par quatre mousquetaires ; ça me suffira. J'aurai aussi cinquante minutes sur une petite radio de Toulouse.

L'éditrice de *L'Ivraie* m'a aussi annoncé la parution, comme nous en étions convenus, de *La littérature à balles réelles* : j'en corrigerai bientôt les épreuves. Ça aussi, c'est pour moi une très bonne nouvelle : il a toujours fallu que j'attende des années entre deux livres, la frustration en était insupportable ; mais, en conséquence, mon roman, auquel je pense tous les jours à défaut de l'écrire, va devoir attendre – et c'est peut-être mieux comme ça, inutile de se précipiter.

PJ. – Ne pas avoir trouvé de nouvel employeur, ce n'est pas grave, en effet ; je vais reprendre le chemin du lycée, vendredi matin, avec un désir qui avoisine le zéro et même qui doit être au-dessous du zéro. Il y a une atmosphère étrange à ce qu'on appelle une pré-rentrée, un mélange de décontraction et de groin studieux ; j'avais essayé dans *À bout portant* de décrire cette catastrophe.

Venons-en aux choses sérieuses : votre roman. J'ai reçu cet après-midi la confirmation que l'article écrit par moi sur *L'Ivraie* serait publié. D'autre part, lors de l'enregistrement d'une émission de radio, j'ai évoqué *L'Ivraie*, en termes flatteurs, bien entendu. Vous pouvez écouter ce passage, c'est en fin d'émission (à dix minutes de l'extinction des feux, environ). Quant à mon article, il compte cinq mille cinq cents signes, je reprends certaines idées que j'avais déjà exposées dans mon précédent mail, j'en ajoute d'autres. La critique que je formulais (sur Lafargue et son absence de doutes) est supprimée : le but est de donner envie aux lecteurs d'acheter le livre ! J'ai modifié le titre de l'article : je l'avais d'abord intitulé « L'effondrement de la civilisation européenne », mais c'était pompeux, j'ai préféré : « La victoire de la boue ».

L'article de Maulin est une excellente nouvelle ! L'an dernier, c'est une critique de lui qui avait lancé *L'homme surnuméraire* ; et je lui dois l'entretien avec Eugénie Bastié, par exemple. Le mieux, évidemment, serait que Finkielkraut vous invite à *Répliques*.

Je suis ravi et tout excité à l'idée de bientôt lire *La littérature à balles réelles* : ce livre ne laissera personne indifférent ! Même si je crains que les offensés ne choisissent le silence pour éviter les balles : s'il prenait l'idée à l'une des cibles de répondre, et de répondre longuement, le succès du livre serait assuré ! En ce cas, il faudra peut-être s'attendre à une réponse musclée, tous les tireurs à deux balles (pas réelles) tenteront de se défendre : un vrai western ! Et comme dans les westerns, vous aurez du renfort pour contrer les malfaisants, renfort auquel je me joindrai avec plaisir.

Je connais aussi la frustration de l'attente. Même *L'Homme surnuméraire* a été publié deux ans après que j'ai fini de l'écrire.

De mon côté, je réfléchis à la conférence de Chinon, le thème en étant : « L'identité contre la liberté ». Nous sommes onze « intervenants », un professeur de la Sorbonne (normalien), d'autres universitaires : je me demande ce que je fais là.

Le roman va bon train. J'essaie d'écrire autre chose, mon « héros » est plus ambitieux que ceux de mes précédents romans, plus jeune : il est possible que ce soit une erreur complète.

Sursum corda !

BL. – Cher Patrice, l'auto-promotion, à l'échelle locale, c'est un travail de casseur de cailloux ; et à temps plein. Mais j'ai beaucoup appris en quelques jours, et notamment sur le fonctionnement du parcours du livre (identique en fait au circuit parisien et national : il n'y a que la taille qui change, et d'ailleurs non, même pas, puisque dans les deux cas ce n'est jamais qu'une poignée de gens à connaître), qui va de l'article dans la presse régionale à la vente du livre, avec séance de dédicaces dans les médiathèques ou les librairies (un localier m'a très bien expliqué chaque étape). C'est très instructif, et ça me servira. J'ai rencontré, avec des fortunes diverses, les princes de la culture départementale (responsables de bibliothèque, journalistes de canton, libraires de supermarchés, gérants d'espaces culturels exposant des feuilles de vigne automnales (véridique), etc.). Ces gens devraient nous servir, puisqu'ils vivent de nous, et n'auraient pas de raison d'être sans nous, et sont pourtant tout étonnés de voir qu'on leur demande de nous être utiles.

David m'a demandé si elle pouvait m'envoyer les épreuves de *La littérature à balles réelles*. J'ai voulu une semaine pour relire le manuscrit et en livrer une version définitive. Elle y consent ; elle m'a laissé jusqu'à la semaine prochaine, « dernier délai ».

Je serai bientôt à Lunel, où je dédicacerai des livres (vœu pieux) ; et le lendemain je serai interviewé par Bercoff, à Sud Radio.

PJ. – La pré-rentrée déprimante est derrière moi, elle a tenu toutes ses promesses. Le métier de professeur se transforme, on demande à ce dernier de participer aux choix d'orientation des élèves ; et, pour ce faire, il faut qu'il devienne un caïd en informatique. Même les copies de français doivent être corrigées selon des grilles (des « échelles descriptives »). J'ai envoyé promener une collègue qui voulait que je me plie à cette façon.

Septembre

PJ. – Quel article de Maulin ! Trois pages : j'espère qu'elles sont le début du succès. – J'ai écouté l'émission de Bercoff : excellent ! Influencé par ce que vous disiez à propos de Napoléon et de Louis XIV, j'ai demandé à des élèves de 1re S (l'*élite*, n'est-ce pas), le lendemain, s'ils pouvaient les situer dans le temps. J'ai eu le droit au XIVe siècle pour le Grand Roi et au XVIe pour l'Empereur. La bonne réponse n'a été donnée qu'au bout de cinq ou six tentatives.

Si Finkielkraut consacre une émission à l'école, vous n'allez pas y couper ! Ou à la littérature et la critique de la gauche.

BL. – L'article de Maulin est un miracle – d'autant plus qu'il informe aussi les autres journalistes, qu'il me rappelle indirectement à leur souvenir. Ce qui est bien aussi, c'est qu'il n'y a pas de roman qui sorte de la masse, en tout cas, c'est ce que tout le monde s'accorderait à dire. Le mien pourrait en profiter. J'ai demandé à Sangars s'il comptait faire quelque chose dans *L'Incorrect*, il m'a dit que Matthieu Falcone s'en était chargé ; ça paraîtra au mois d'octobre, et ça sera mitigé (« morceaux de bravoure » mais « trop didactique »), même si, m'a dit Sangars, l'article donne envie de lire le livre. Authier en fera peut-être un, également.

C'est amusant, toutes ces histoires d'articles à espérer, de journalistes à contacter... Si certains savaient ce que je vais publier en janvier... Je viens d'envoyer ces *Bullets* à David : ça va donner un petit livre amusant et saignant.

PJ. – Il m'arrive d'être fatigué par tous ces réacs prétendument passionnés par la littérature, la pensée, et qui, en réalité, ne sont pas très calés. Ce n'est pas le cas des critiques et journalistes d'*Éléments* qui eux sont des érudits. – Oui, votre livre à balles réelles sera un grand moment. Et le moment sera d'autant plus grand que *L'Ivraie* aura eu du succès.

BL. – Ah ! oui, les réacs, les « natios », les Déroulède à béret, les Toto-patriotes, les nostalgiques du 6-février, sont-ils assommants...

PJ. – Oui, les Toto-patriotes se moquent bien de la littérature ; ce qu'ils veulent c'est une version littéraire de leur mauvaise humeur. Il y a un danger pour *L'Ivraie* : qu'on le réduise à la question de l'école. Or l'école, dans votre roman, est une métonymie de notre civilisation. Pour certains, ce sera du petit lait : ils vont pouvoir taper sur les « profs ». Cela dit, tout succès repose (aussi) sur un malentendu.

BL. – « ... une version littéraire de leur mauvaise humeur » ! Gardez-le, c'est très bon, et exact ! – J'avais une ambition plus grande, en commençant *L'Ivraie*, que celle d'écrire un livre de plus sur l'enseignement. Je ne sais pas si on le sent, mais il n'est pas impossible que ce soit ces éléments qui paraissent didactiques. Bon, ça n'a pas d'importance.

PJ. – L'école est au centre du roman, mais on comprend bien que le mal vient de plus loin, qu'il déborde de partout. Je ne trouve pas que le roman soit didactique, c'est le récit d'un effondrement. Le mot « didactique » ne signifie pas grand-chose. Les critiques doivent le sortir de leur casquette sitôt qu'un roman est ambitieux.

Un critique, par exemple, m'a dit que *L'Homme surnuméraire* était un roman à thèse. Or je n'avais aucune thèse à défendre quand j'en ai commencé l'écriture. Seulement des personnages, des agacements, des situations narratives. Je préfère parler de romans où l'on trouve des idées.

BL. – Le « roman à thèse », c'est bien daté, tout ça. Le problème des gens cultivés, c'est qu'ils ne le sont pas. Je suis sûr qu'ils n'ont pas lu Pierre Courtade... Pff... Bande d'amateurs... *La Place rouge*, ça c'est du bon gros roman didactique, à thèse et à ressort, avec du soviétisme et du drapeau rouge. S'il y a bien un roman qui ne l'est pas, à thèse, c'est bien le vôtre. Alors, oui, un roman où l'on trouve des idées, c'est bien, d'une part parce c'est mieux que de ne pas en trouver, et d'autre part parce que tous les bons romans ont des idées : chez Balzac, chez Flaubert, ça n'arrête pas de réfléchir...

PJ. – Aïe, pas encore lu Courtade... Mais je ne suis pas très cultivé, j'ai des obsessions, des auteurs dont j'ai lu tous les livres, des passions ; mais je n'ai toujours pas fini de lire *Don Quichotte* et je n'ose pas mettre le nez dans *Guerre et Paix*. – Je suis d'accord avec vous, les bons romans ont des idées. En plus, ils ne sont pas hermétiques à l'humour.

PJ. – Il me semble, à lire les articles qui sont publiés sur *L'Ivraie*, que votre roman ne passe pas inaperçu ! Ce n'est qu'un début, continuons le combat !

BL. – Oui, le livre a obtenu plusieurs articles positifs ; l'éditrice parle de « réassorts », de libraires qui commandent le livre, au point qu'elle a décidé de retarder la parution de *La Littérature à balles réelles*, qui devait voir le jour en janvier : elle craint que le pamphlet ne soit écrasé par le roman. Ce qui aurait pu faire boule de neige se transformerait en verglas. – Comment se passe l'année scolaire ?

PJ. – Quelle bonne nouvelle ! J'ai acheté moi-même *L'Ivraie* à la librairie de ma petite ville (malheureusement, il n'y avait qu'un seul exemplaire, j'espère qu'ils vont en commander d'autres).

Cette semaine, j'ai étudié un texte de Pascal (sur les deux infinis) : deux élèves, à la fin du cours, sont venues me parler, elles désiraient savoir si on continuerait à étudier des textes aussi intéressants. J'étais content ; mais l'après-midi, avec une autre classe, j'ai vu les élèves se décomposer parce qu'ils n'arrivaient pas à comprendre le même texte.

J'ai écrit hier et aujourd'hui mon intervention pour les rencontres de Thélème : j'ai défendu la notion d'identité, et même celle d'identité nationale. Je ne suis pas sûr que ce soit au goût de tout le monde.

BL. – Cher Patrice, je n'aurais jamais cru qu'un article, sur un livre de moi qui plus est, pourrait m'éloigner de mon nombril ; votre texte, « La victoire de la boue », était si bon, littérairement, écrit sans trembler, avec une sorte de lyrisme contenu, que j'ai réussi à le lire indépendamment de son sujet : l'exploit n'est pas mince. Mon nombril, et sa force centripète, est d'ailleurs mis à rude épreuve : à force de lire des articles sur *L'Ivraie*, ma tendance à ne parler que de mes intérêts va s'aggravant – la preuve : je m'en aperçois.

Après avoir tué mes derniers poulets [Lafourcade est à ce moment éleveur de volailles], au début du mois, j'ai cherché du travail. J'ai manqué de peu un poste de formateur à Bayonne, avant d'être pris à Bordeaux : j'enseignerai le résumé et la dissertation pendant six mois, dans une école de préparation aux concours paramédicaux. Me voilà momentanément débarrassé de cette aberration consistant à chercher du travail, pour mieux retomber dans cette autre aberration consistant à travailler.

Il y a quelques mois, j'avais proposé le manuscrit d'un roman, *Saint-Marsan*, à un éditeur de littérature régionale (Terres de l'Ouest), qui lit mon blog et m'avait contacté pour me commander *Les Nouveaux Vertueux* ; je ne croyais pas du tout que mon récit pût convenir à sa maison – il vient de m'écrire qu'il publierait ce livre au mois de mars (sa parution devrait coïncider avec celle de *La Littérature à balles réelles*). Pour moi, l'avantage sera triple : d'abord, j'aime l'idée de ne pas dépendre, ou de ne pas être à la merci, d'une seule maison ; ensuite, TDO est très bien diffusé localement, organise beaucoup de « rencontres » dans les librairies, participe à tous les salons de la région ; enfin, cet éditeur a une collection de « polars régionaux » – or, depuis que j'ai vingt ans, je rêve d'écrire un cycle de dix courts romans sombres, cyniques et sociaux (dans le genre de celui que j'avais appelé *Etché*), dont le héros serait un trentenaire au chômage, qui occuperait des postes subalternes dans différents domaines (les musées, l'hôtellerie, etc.), et pour différents milieux (associatifs, municipaux, etc.). Ce serait une occasion inespérée de mener à bien ce projet.

Je n'ai pas encore mis au courant l'éditrice de *L'Ivraie* de la publication de *Saint-Marsan*. Dans un e-*mail* récent, après m'avoir parlé de « réassorts » (elle adore ce mot), elle ajoutait : « N'hésitez pas à me parler des autres livres sur lesquels vous travaillez. » Ben, justement, je lui ai envoyé *Saint-Marsan*, rien n'en est sorti (c'est pour ça que j'ai proposé le roman à TDO) ; je lui ai aussi envoyé le manuscrit d'*Une jeunesse les dents serrées*, Millet en a publié quelques pages dans *La Revue littéraire*, et puis bernique – il n'a plus du tout été question d'une éventuelle publication. Ce n'est guère engageant.

Après votre article, elle m'a écrit : « Ça nous fait plaisir de voir que certains comprennent notre démarche. » Elle a le pluriel généreux.

Je me heurte d'ailleurs ici à un problème moral.

Je ne sais pas si j'aurais le courage d'écrire un jour ce que je pense d'un certain journaliste qui me veut du bien. J'ai lu quelques-uns de ses romans. Il a l'œil, c'est incontestable (les sujets, le sens des personnages, et celui de l'intrigue), mais il n'a aucune oreille : il y a des mots ou des expressions que l'on *ne peut pas* écrire quand on a conscience de sa langue. Quand on veut écrire proprement, on n'utilise pas « investir » ou « initier » dans le sens moderne. « C'est juste pas possible », comme dirait Laurent Wauquiez. Et puis il monte dans des subordonnées qu'il pilote mal, et qui l'obligent à se poser en catastrophe, souvent dans un champ de navets. Il n'est pas assez virtuose pour réussir des loopings ; et quand on n'est pas un virtuose on apprend à ponctuer, ça compense – mais il n'a pas le savoir-faire, ni la modestie, du bon ponctueur.

J'ai demandé une bourse régionale ; mon « interlocutrice privilégiée » (comme elle dit) m'a appris que, l'an dernier, sur les trente auteurs et illustrateurs qui l'avaient demandée, quinze l'avaient obtenue : j'ai une chance sur deux, donc.

J'ai pensé que nous pourrions faire un entretien pour la sortie de *Tour d'Ivoire*, que je proposerai à *La Revue littéraire* : qu'en pensez-vous ?

Octobre

PJ. – Cher Bruno, excusez-moi de vous répondre un peu tard. J'étais à Chinon depuis vendredi pour les rencontres de Thélème, organisées par Lakis Proguidis (*L'Atelier du roman*).

Ce fut mouvementé : d'un côté les « progressistes » ; de l'autre les « réacs » pour qui l'identité est une notion à défendre, notamment l'identité nationale. J'y ai tout de même rencontré des gens cultivés et intéressants.

J'observe que les articles sur *L'Ivraie* continuent de tomber (celui de Lucien Portalis était injuste (j'en reparlerai)).

BL. – Je donne raison à Portalis : je ne montre pas assez, j'ai trop envie de démontrer, je veux toujours avoir raison (c'est aussi le cas dans la vie courante) – je crois que c'était aussi ce que me reprochait Falcone. Il faut que j'en profite pour m'améliorer. Matthieu Falcone, justement, vient de publier un roman : *La Revue littéraire* m'a demandé d'en rendre compte. Et c'est ici que se pose un petit problème moral. Si je le trouvais mauvais ? Je serais obligé de *ne pas* écrire d'article, ce ne serait pas *fair-play*. Mais la morale ne demanderait-elle pas, au contraire, que j'en publie exactement ce que j'en pense, sans craindre que l'on juge mes intentions impures ? Bon. Je l'ai commencé et je le trouve de mieux en mieux – et voilà résolu un petit problème qui a eu à peine le temps de se poser.

J'ai enregistré, vendredi, une émission d'une heure sur une radio locale. La journaliste s'emmêlait les crayons entre les scènes, les personnages, m'appelant tour à tour Jean Lafourcade, Benoît Lafourcade, Jean Lafargue, me coupant la parole, me demandant des comptes sur mon héros, coq-à-l'ânait moralement à mort (« Votre misogynie est d'un autre siècle », « Quand on n'aime pas enseigner, on change de métier », etc.) – c'était *épique*. Je pense avoir été assez mauvais dans l'ensemble, un peu meilleur vers la fin. « Vous auriez dû écrire un autre livre », m'a-t-elle dit, hors micro, parce que je n'avais pas parlé des parents d'élèves dans mon roman.

PJ. – Il me semble, en effet, que Lafargue est trop sûr de lui, il manque de fébrilité ; néanmoins, Portalis n'insiste pas assez sur toutes les autres qualités du roman : la drôlerie, le style, la violence, l'allégorie, la puissance du mal, etc.

BL. – Vous savez mon admiration pour Olliéric. Il a publié quelques lignes laudatives sur *L'Ivraie*, dans un magazine. Je lui ai écrit pour l'en remercier, et lui témoigner mon estime. Il m'a répondu en me donnant du « Cher Confrère ». J'ai eu l'impression qu'il se foutait de moi. Je ne me suis pas du tout son confrère : j'élève des poulets.

PJ. – Je comprends ce que vous vous voulez dire à propos de votre scepticisme concernant les expressions « Mon Cher confrère » : on ne sait jamais trop ce que l'on écrit, et l'on est surpris quand des gens que l'on admire avouent leur admiration pour nos écrits. Olliéric ne plaisante pas, j'en suis certain. Vous comme moi avons mis du temps avant d'être reconnus par nos pairs, il nous restera toujours le sentiment que nous ne sommes pas totalement légitimes. À Chinon, j'ai rencontré des écrivains qui avaient été publiés avant trente ans. Comme tout doit sembler différent en ce cas !

Je suis fatigué, mon roman en panne, et je me noie sous les copies. De surcroît, j'ai vécu une prise de bec avec la proviseure adjointe du lycée, mercredi, au motif que je refusais d'aller dans la cour – alors qu'une alarme incendie avait retenti – parce qu'il pleuvait à verse. Pour cette idiote, mes élèves et moi devions attendre sous la pluie battante plutôt que dans le hall ! Je n'ai pas cédé. – Avez-vous commencé votre nouveau travail « alimentaire » (comme on dit) ?

BL. – Oui, l'illégitimité est un sentiment central. J'imagine qu'il s'atténue quand on a publié des livres avant d'avoir trente ans : il entre là-dedans des histoires de reconnaissance sinon de succès, mais aussi, dans le cas que je connais le mieux, qui est sans conteste le mien, la classe sociale.

Oh ! votre roman n'est pas en panne, j'en suis sûr : il est seulement freiné par des copies et des proviseurs remplis d'adjointes, d'alarmes et de pluie battante. Le mien aussi est en panne, un peu pour les mêmes raisons, qui sont opposées, simultanément : je travaille dans un centre de formation privé, et privé de tout, et de directeur en premier lieu. C'est l'absolu bordel ! Mais le travail reste beaucoup plus prenant que je ne l'aurais cru : je n'ai même plus de temps pour écrire de petits textes sur mon blog... J'ai quand même trouvé le temps de lire, sur épreuves, le roman de Matthieu Falcone, *Un Bon samaritain* (je ne sais pas où mettre les majuscules). Les quatre-vingts premières pages sont parfois pénibles (un mélange de style direct et indirect libre, et aussi d'afféteries et d'argot), lentes et ressassant tout au point que j'ai manqué abandonner ma lecture. Et puis ça se décoince à partir du second tiers, et le roman devient très bon, les personnages féminins sont particulièrement bien vus. La fin a de multiples rebondissements qui auraient peut-être gagné à être limités. Je vais lui faire un article positif, en gommant mes réticences, d'autant que je ne suis pas sûr que celles-ci ne soient pas dues à une mauvaise lecture de ma part (encore que j'aie lu certains morceaux à une amie qui les a trouvés incompréhensibles).

PJ. – Falcone publie ce premier roman chez Gallimard : ça doit vous caresser la légitimité dans le sens du poil !

Oui, il faut du temps pour écrire, même quand on n'écrit pas (le temps de penser à ce qu'on va écrire, le temps de réfléchir à tout)... Mathieu Paoli ne travaille pas, il possède un appartement-bureau au-dessus de chez lui ; Steven Sampson a hérité de ses parents et depuis l'âge de 40 ans n'a jamais connu les joies du salariat : il s'est acheté un appartement place des Vosges... Je ne me plains de rien : si je commençais à envier leurs positions, je ne ferais plus rien. Mon destin n'a pas été le leur, ce n'est pas grave... Étonnamment, je ne pense plus à ma classe sociale d'origine. J'ai rompu (spirituellement (donc illusoirement ?)) avec elle.

BL. – « Cher Bruno, Je suis désolée d'avoir mis autant de temps à prendre une décision, mais il est vrai que j'ai beaucoup hésité devant le manuscrit d'*Une jeunesse les dents serrées*... Ce texte est absolument brillant, très juste et admirablement écrit, comme tout ce que vous faites, mais cette deuxième lecture me confirme dans ma première intuition : nous ne sommes pas, chez Léo, bien placés pour publier un tel texte. Le côté pamphlétaire en fait un instrument politique que je ne peux pas assumer, cela ne m'intéressant pas (je ne parle pas du texte, qui est passionnant, mais de la position de l'éditeur qui pense agir dans le champ politique). Pour *L'Ivraie*, c'est très différent, puisqu'il s'agit d'un roman, et d'une satire, et le sujet occupe une place importante dans la réception du livre [je ne comprends pas bien ce qu'elle veut dire]. Tant qu'il s'agit de littérature seule, je peux assumer toutes les opinions, même les plus éloignées des miennes, mais dans le cadre d'un libelle, j'ai l'impression d'être à côté de mes pompes. Cela me pèse de refuser ce texte, parce que je n'ai pas envie de vous perdre comme auteur, mais je préfère être honnête avec vous là-dessus. Est-ce que nous ne pourrions pas travailler sur un autre projet, et laissez [sic] celui-là à un éditeur plus à même de le défendre, comme par exemple [sic], P.-G. de Roux ? »

C'est une lettre de David.

Elle y confond un peu « littérature » et « roman » – un « libelle » peut être autant de la littérature qu'une fiction, il me semble. Mais je n'ai pas à discuter son choix. Après tout, c'est ce que l'on demande à un éditeur. Elle a fait le sien et je le respecte. J'ai pour devises : « La vie est l'ensemble des forces qui résistent à la mort » (Bichat) ; et « Dis oui à qui te nie » (Lafourcade).

À qui d'autre, à votre avis, pourrais-je envoyer ce manuscrit (tout petit, cent pages) en dehors de Pierre-Guillaume de Roux ? C'est une sorte de court récit autobiographique sur les années quatre-vingt, une charge contre les *soixante-huitistes* et une réflexion sur la filiation. J'ai l'impression que ce qu'il y a de strictement politique, c'est ce que j'écris de Pauwels, de la Nouvelle Droite, d'Alain de Benoist (ça doit occuper cinq pages). Mais je me trompe peut-être. Je suis mauvais juge.

PJ. – Cher Bruno, j'ai lu dans *La Revue littéraire* les premières pages de votre *Jeunesse les dents serrées* : c'est remarquable ! Je ne comprends pas pourquoi un éditeur qui publie Richard Millet hésite à publier votre manuscrit. Le mieux serait de passer par des médiateurs. Il me semble, par exemple, qu'Olivier François pourrait proposer votre manuscrit aux éditions du Rocher (je crois que je vous avais transmis son e-mail) : il m'avait demandé, à plusieurs reprises, des manuscrits pour le Rocher. Je lui ai d'ailleurs promis une préface pour la réédition d'un roman de Pierre Gripari. Je ne connais pas les grandes maisons, mais si des noms me viennent à l'esprit, je vous les donnerai. Je ne suis pas sûr, par exemple, qu'un Duteurtre pourrait passer le manuscrit à Gallimard. J'ai sympathisé, le dernier week-end, avec un auteur de Flammarion, mais mon intervention, le dimanche matin, l'a refroidie (je crois). Sinon, il y a aussi Rue Fromentin (mais ce n'est pas une grande maison), je peux en parler à Montal quand je le verrai. (La dernière fois qu'on s'est vus, fin août, il m'avait demandé si Léo Scheer était votre éditeur de référence. Je lui ai répondu que c'était le cas.) Sinon, il y a Olivier Maulin qui connaît bien le monde de l'édition... *L'Ivraie* devrait certainement vous ouvrir des portes ! Ou alors, c'est à désespérer (mais c'est à désespérer...). Ah, j'y pense, il y a aussi Alice Ferney et Actes sud (mais je crains que cette maison, anciennement dirigée par notre ministre de la Culture, ne soit pas le public idoine pour votre *Jeunesse les dents serrées*).

BL. – Je vous remercie infiniment pour ces bons conseils : je vais essayer Le Rocher, avant P.-G. de Roux. Ce qui m'embête, c'est que le dossier de bourse dont j'ai réuni les pièces, auxquelles il manquait le contrat ou la « lettre d'intention » de David, reposait sur mes *Dents serrées* : soit je trouve un autre éditeur pour ce manuscrit, soit je trouve un autre manuscrit pour le dossier.

J'ai lu le texte de votre conférence. C'est épatant, drôle et riche, d'un ton léger, mais d'une portée profonde, sur la dialectique identité-liberté, avec des remarques très justes, comme ce que vous dites de Nietzsche : « Quand il ne signe plus Nietzsche, il a perdu sa liberté » ; ou bien l'idée de prendre en contre-plongée des photos de capitales, où l'on serait bien en peine de distinguer Dubaï de Detroit, mais aussi Turin de Lyon ; ou encore l'histoire des plaques minéralogiques : j'ai compris en vous lisant pourquoi ça me gênait cette histoire d'immatriculation « à la carte » ; ou enfin l'anecdote de la jeune fille qui se plaint de ne pas avoir d'« origine ». Sur ce point, une élève m'avait un jour demandé :

« Vous avez des origines ? »

Dans son esprit, « origine » et « étranger » étaient des synonymes, « origine » et « Français » des oxymores...

PJ. – Merci, votre jugement est une récompense. J'espère que le texte passera l'épreuve d'une deuxième lecture. – J'ai repris mon roman, sans savoir où je vais. (La pichonnerie n'est pas longue, Élisabeth Lévy impose moins de 7000 signes).

Ah, je viens de lire votre texte sur les Camelots et les Taiseux : excellent, comme toujours. Il y aurait peut-être un roman à écrire sur les salons du livre, les festivals de la lecture, l'inflation des auteurs.

BL. – Je pense à votre texte depuis hier, il est très inspirant, je trouve : je crois que je vais moi aussi dire deux mots sur l'identité et la liberté, dans un texte pour mon blog.

Ah ! le salon du livre dont j'ai parlé, c'était quelque chose... Le clou du spectacle, c'était une petite romancière brune en forme de chauve-souris, avec des croix renversées dans le cou, des piercings aux lèvres et des tatouages de toiles d'araignées sur les coudes ; elle écrit des « récits vampiriques » et va peut-être recevoir un prix de brasserie (Les Deux-Magots, Lipp ou Le Flore, je ne sais plus), grâce au soutien de Dominique Moretti.

Je ne sais pas si je vous en avais parlé, mais j'ai commencé un recueil de nouvelles, que j'aimerais bien terminer un jour (mais quand ?) : *Les Écrivains.* Je pensais que ce serait un roman, mais non, ce sera un ensemble de courts récits, dont le sujet sera un livre, de son écriture à sa recension dans la presse, en passant par les festivals, les salons, les prix, l'insuccès ou la gloire. Mais, pour chaque nouvelle, ce sera un livre et un auteur différents – par exemple : l'écriture du livre (Jean Lafargue, pour un roman réaliste) ; la recherche d'un éditeur (Maëlys Duval, pour une romance) ; l'édition elle-même (Vladimir G. Tepes, pour un roman cyber-punk) ; etc. Ce serait aussi l'occasion de faire un portrait des différents milieux littéraires : institutionnels (Radio France, *Le Monde*, les colloques officiels, Étonnants voyageurs, etc.) ; marginaux (les revues sans lecteurs, les petits éditeurs, les radios amateurs) ; la para-littérature (les salons tatouages et *heroic fantasy*, les fanzines, les prix ultra-spécialisés) – les livres de développement personnel, etc. Il me semble que ça pourrait faire quelque chose d'assez amusant. D'un autre côté, j'ai peur de me disperser et de mourir avant d'avoir fini tout ce que j'ai à écrire.

PJ. – Très bonne idée, ce roman sur la littérature ! De la conception aux salons du livre, de l'écriture à la publication. – J'ai entendu, ce matin, Dominique Moretti, sur France Culture, faire l'éloge de votre chauve-souris (je n'arrive malheureusement pas à voir l'entretien), les autres chroniqueurs semblaient goguenards. Moretti apprécie le côté « rave, drogue et fête nocturne ». Je suppose que l'imaginaire de cette jeune fille n'a rien à voir avec l'histoire de la littérature : on a dû l'élever avec du manga, de la série et du roman *gore*.

PJ. – Michel Marmin s'est mis en tête que je ressemblais à Jacques Laurent : cette semaine, comme il lisait *Stendhal* *comme Stendhal,* il m'a écrit pour me demander : « Quand écriras-tu ton *Flaubert comme Flaubert* ? » Depuis, je suis perturbé par cette invitation. Mon roman se traîne, j'aurais peut-être dû alterner l'écriture de celui-ci avec un essai sur Flaubert, Cioran, Pessoa, Léopardi. Avec un titre bernanosien : *La littérature contre les robots.*

Ah, j'oubliais : ces phrases d'*Une Jeunesse les dents serrées* pourraient me servir d'épigraphe si j'écrivais une autobiographie : « Mais nous n'entendions pas mourir ; nous voulions vivre, et lui survivre. Nous trouvâmes notre salut dans ce qui nous restait de pur : le chagrin et la mélancolie. » Pas mieux, comme on disait aux *Chiffres et aux lettres.* Magnifique, comme il faut dire.

BL. – J'ai enfin lu votre Pichonnette ! L'ensemble formera un petit roman satirique très enlevé, entre Duteurtre et Marcel Aymé. Les passages qui me plaisent le plus sont vers la fin, quand Pichonneau demande à Sabine si elle ne serait pas un peu raciste, à ne pas vouloir adopter un petit noir. « Sabine répondit qu'elle était prête à coucher avec Charlemagne, son collègue de bureau, un Antillais "noir de chez noir", si ça pouvait le rassurer. Notre Jean-Mi se rendit à l'évidence : son épouse était une chic fille. » Et aussi : « ... la Pichonnette et lui veilleraient à ce que Bébé, dès son plus jeune âge, s'ouvrît aux autres : ils ne lui achèteraient pas de petits soldats, ni de panoplies guerrières, encore moins des billes et des Tortues Ninjas ; ils l'habilleraient de rose si c'était un garçon et de bleu si c'était une fille, c'est qu'on n'avait pas froid aux yeux chez les Pichonneau ! Ils liraient au bébé des histoires d'ours citoyen, de panda antispéciste, de souris *no border,* de chatons LGBT. Ils lui parleraient en toutes les langues, du moins celles qu'ils connaissaient (ce qui revenait au français et à un simili d'espagnol – mais c'est l'intention qui compte). Enfin, les soirées pyjama seraient multiculturelles et équitables. »

PJ. – J'aimerais réunir une vingtaine de pichonneries (ou plus) de façon à publier un petit roman satirique. J'ai commencé de lire, hier soir, *En marche !* de Benoît Duteurtre, c'est dans le même esprit ironique et sarcastique que mes petites pichonneries. Le programme de Muray, en quelque sorte : faire savoir à ce monde que l'on rit de lui parce qu'il est risible.

Novembre

BL. – Cher Patrice, que diriez-vous de lire ma petite correspondance avec Léo Scheer ?

Cher Bruno Lafourcade,

Ce petit mot pour vous exprimer notre joie et notre fierté d'avoir publié *L'Ivraie* qui est un magnifique roman et qui reçoit ce très bel accueil de la critique, des libraires et du public.

J'avais remarqué que la publication d'extraits de *La Littérature à balles réelles* dans *La Revue Littéraire* avait beaucoup amusé les lecteurs, je soutenais donc l'idée que nous publiions un recueil de ces pastiches.

Le succès de *L'Ivraie* m'a conduit à réfléchir à ce projet. Le recueil trouve une part de sa drôlerie dans le point de vue de son auteur présenté comme un écrivain raté tel qu'il se décrit lui-même dans l'incipit. Après *L'Ivraie*, le message devient difficile à faire passer. Le livre change de sens dès lors qu'il est porté par un écrivain reconnu par le milieu littéraire pour son talent et pour son style d'écriture. Ne risque-t-on pas le reproche d'un règlement de compte hautain et de perdre un peu de son côté irrésistible de drôlerie ?

Je serais heureux de vous inviter à déjeuner, avec Angie et Aliénor, pour fêter ce succès et pour parler de tout ça, de notre désir de continuer à travailler avec vous ; j'aimerais vraiment que nous puissions publier vos livres à partir de l'impulsion purement littéraire donnée par *L'Ivraie*.

Amitiés.

Léo Scheer

Cher Léo Scheer,

Je n'ai pas de manières : ne m'en veuillez pas si je m'épargne les formes.

Je vous remercie de ce que vous me dites, que je crois faux : *L'Ivraie* n'est pas un « roman magnifique » ; c'est un roman dont la facture n'est pas médiocre, et qui sera oublié dans six mois, comme tous les livres – et ce n'est pas plus grave que ça. Je ne me prends pas pour un écrivain, j'écris parce que ça me fait plaisir : si les éditeurs veulent de mes manuscrits, très bien ; sinon, tant pis.

Comme c'est la première fois que vous m'écrivez, j'étais sûr que vous veniez m'annoncer que vous étiez conscient que la lumière de mon génie faisait concurrence aux étoiles, mais que vous ne vous vouliez pas de ma *Littérature à balles réelles*. C'est à peu près ça, moins la lumière, le génie et les étoiles. J'exagère un peu en disant que vous refusez mon ours : vous avez plutôt l'air de vous demander si vous devez le refuser ; ou s'il est de bonne stratégie de le publier, ce qui revient au même.

Je n'ai *jamais* discuté les raisons que l'on avait de refuser un de mes manuscrits, surtout si je les désapprouve : je ne crois pas à l'échange d'idées, et je suis ennemi de tout dialogue ; le « débat », c'est de la psychologie pour les puceaux, et les lectrices de *Elle*. Pour le dire autrement, si une femme me dit non, je n'insiste pas, bien qu'il soit objectivement scandaleux de ne pas être ébloui par la lumière de mon génie dans son rapport concurrentiel aux étoiles. Vos expressions (« faire passer des messages » ; être « reconnu par le milieu littéraire », « risquer le reproche d'un règlement de compte »), si loin de moi, m'ont conforté dans l'idée que nos points de vue se heurteront sans se convaincre.

Je suis flatté que vous souhaitiez continuer à publier des livres de moi ; après le refus d'*Une jeunesse les dents serrées* et celui, qui n'a pas encore dit son nom, de *La littérature à balles réelles*, avouez que ça n'en prend pas le chemin.

J'espère que mes façons de sanglier ne vous auront pas heurté : je les regrette d'autant plus que j'aurais voulu vous exprimer ma reconnaissance pour avoir publié *L'Ivraie*, et vous prier de me croire

votre obligé,

Bruno Lafourcade

Cher Bruno Lafourcade, je note notre divergence d'opinion sur la qualité de *L'Ivraie*, ce qui ne nous empêche pas de nous voir pour évoquer la publication d'un de vos prochains livres chez nous.

Quand vous voudrez.

Amitiés

Leo Scheer

PJ. – « L'impulsion purement littéraire donnée par *L'Ivraie* » : voilà pourquoi Léo Scheer renonce aux autres publications, elles débordent (ces publications) ce qu'il définit comme du « pur littéraire ». Sauf que le « pur littéraire » n'existe pas : Chateaubriand dans *Les Mémoires d'outre-tombe* décrit l'effondrement de la monarchie, la révolution, l'Empire et la restauration. Proust relate l'affaire Dreyfus, etc.

Votre réponse est parfaite, un soufflet avec des gants. Il n'y a qu'un point que je contesterais (comme Scheer) c'est l'absence de qualité de votre roman. En revanche, comme vous, je ne crois pas aux débats. Et comme vous, si une femme me dit « non », je bats en retraite. Sur ce point (féminin), c'est peut-être à tort.

Décembre

PJ. – Cher Bruno, comment vous remercier pour votre critique de *La France de Bernard* ? Cette fois, mon compte est bon : je vous suis redevable. (Comment avez-vous réussi à le trouver ? Moi-même je n'ai plus qu'un seul exemplaire.) Ce roman fut à l'honneur, ce week-end, à La Baule, car Stéphane Hoffmann m'a interrogé à son propos (de sorte que le roman s'est bien vendu, il n'en restait plus un seul). Pour le reste, journées plus mondaines que littéraires. Bernard Werber semble croire aux vies antérieures, et les fils Servan-Schreiber sont fort sympathiques.

BL. – Il y avait longtemps que je voulais lire *La France de Bernard*, et puis, chaque fois, j'étais retardé par d'autres lectures... C'est votre lettre d'octobre, où vous me disiez avoir écrit ce livre pour vous « venger », qui m'a décidé à chercher un exemplaire sur Amazon. Qui était l'objet de votre vengeance ? Une Christine ? Une Corinne ? Oui, j'ai plutôt pensé à une femme. J'ai d'ailleurs pensé que le voyage en Grèce, où Corinne recherche « des petits restos sympas », reposait sur des éléments réels.

La construction m'a beaucoup plu, avec ses chapitres aux titres pince-sans-rire, et une légère désinvolture d'ensemble à laquelle je suis sensible : ici, l'histoire s'arrête pour laisser parler le narrateur, ou l'auteur ; là, au chapitre 15, il s'interrompt pour laisser deux philosophes parler du héros, qui lui-même s'indigne de ce que l'on peut dire de lui. C'est une fantaisie, une mise à distance à la Diderot, que j'apprécie particulièrement (il faudrait inventer un mot pour expliquer l'importance, dans un roman, de « l'insérieux », quand le romancier laisse entendre qu'il n'est pas dupe de lui-même, ni de son propre récit).

J'ai relevé plusieurs phrases, que je n'ai pas mises dans mon petit texte, qui correspondent à cette désinvolture : « C'est au moment où il se vit dans le reflet blanc du frigo, une petite cuiller en main pour avaler son yaourt périmé depuis trois jours, qu'il considéra, pour la première fois, l'évolution du monde occidental avec pessimisme » ; « le dernier visage que Bernard lui avait présenté [était] ses fesses » ; etc.

Bien entendu, j'ai été aussi sensible à des remarques telles que : « Bernard, lui, ne put réprimer une grimace de dégoût quand il mordit dans une tablette de "chocolat citoyen", et il se dit que, "tout compte fait, ce n'était pas si facile d'être un intellectuel de gauche" » ; « En gros, la thèse de Le Berre était que le sexe ne devait être qu'un appendice de l'amour, au risque, sinon, "d'une négation de l'autre, conçu comme un objet-sujet du désir totalitaire, image du Phallus, lui-même incarnation de l'autoritarisme patriarcal". »

Un mystère demeure : pourquoi Christine couche-t-elle avec Bernard ; puis le bat froid ? Il fallait oser laisser la question en suspens – mais peut-être que je me trompe : je n'ai peut-être pas été assez attentif. Ce n'est pas un reproche, puisque c'est tout à fait justifié : je sais d'expérience que les femmes, si « tête-près-du-bonnet » qu'elles se croient, se lancent, surtout en amour, dans des actes qui n'ont aucune espèce de rapport avec la raison raisonnante. L'homme pense avec sa bite, c'est entendu, et c'est une façon comme une autre de réfléchir (je parle d'expérience) ; peu de femmes admettent qu'elles sont également dictées par leur vagin.

Ce qui m'a surpris, finalement, c'est que vous ayez osé vous moquer d'un *beauf.* Je n'aurais jamais pu : le *beauf* est mon sur-moi. J'ai d'ailleurs constaté sans déplaisir que je préférerais toujours les Bernard aux Christine et aux Michel Le Berre. (Accessoirement, j'ai vu que vous aviez placé dans ce roman votre passion du football, et je me suis rappelé (mon frère aîné était abonné au magazine *Onze,* au début des années quatre-vingt : on y voyait Platini, Rocheteau, les Verts de Saint-Étienne, mais aussi (les noms me reviennent) Johnny Rep et Kevin Keegan) des noms que je croyais avoir oubliés : Dominique Rocheteau ! Didier Six ! Didier Six,

mother fucker ! Il n'avait pas été détesté pour avoir raté un pe-
nalty décisif, dans un match important ?)

Il y a quand même des coïncidences frappantes : en 2013,
vous aviez inventé Les Brigades Philosophiques (« De la
cité », le chapitre 17, est un de mes préférés) ; trois ans plus
tard, Didier Goux décrivait les Brigades de Clowns dans les
rues de Montcosson ; et j'avais moi-même pensé, je ne sais
dans quelle histoire, aux Milices du Rire – que je vais peut-
être reprendre pour un film.

Oui, un film, parce que je suis en train d'écrire une comédie avec un cinéaste. Le synopsis a été plutôt apprécié par un
producteur. J'en suis aux dialogues. Il est possible que l'on
reçoive un contrat et un chèque. Comme j'ai quitté mon boulot d'imposteur dans la boîte de préparation aux concours
d'infirmier, où j'impostais depuis septembre, ça tomberait
plutôt bien.

Et *Tour d'ivoire* ? Où en est-on ? En ce qui me concerne, je
n'ai plus de nouvelles de P.-G. de Roux : je sens que mes
Dents serrées vont finir dans une poubelle. C'est lassant.

BL. – Ah ! David m'écrit... « Cher Bruno, je voulais vous
dire que Richard m'a transmis la nouvelle [« Cahors »] que
vous lui avez envoyée, et je l'ai trouvée formidable. C'est une
veine à laquelle j'avais songé, pour un roman. Et j'aimerais
beaucoup pouvoir en parler avec vous. Est-ce que vous seriez d'accord pour venir à Paris afin qu'on en discute de
visu ? Je souhaite qu'on continue à travailler ensemble, et je
sais, et comprends, que vous étiez [sic] déçu qu'on ne publie
pas *La Littérature à balles réelles*, finalement, et [ni] *Une jeunesse
les dents serrées*. Mais ce serait dommage d'en rester là, entre
nous. »

Millet m'a écrit, lui aussi, à propos de « Cahors » : « Merci
pour ces deux textes – surtout pour "Cahors", qu'il me
semble avoir connu, dans ma Corrèze natale, non loin du
Lonzac (et non de Lonzac). »

Une jeunesse les dents serrées est donc un manuscrit mort et enterré – en tout cas chez Léo Scheer. Je pense que je vais envoyer un manuscrit à David *Tombeau de Raoul Ducourneau*, histoire d'avoir quelque chose sur quoi discuter.

PJ. – L'enthousiasme de Millet sait se tenir. C'est le Buster Keaton de l'éloge !

BL. – Vos élèves bloquent votre lycée, j'espère ?

PJ. – Les lycéens ne bloquent pas le lycée : on ne peut plus compter sur personne.

BL. – Vous les avez menacés de les mettre à genoux, les mains sur la tête ?

PJ. – Ah non ! Cela nous rappellerait les heures les plus sombres de notre histoire !

BL. – Je préfère les histoires les plus heureuses de nos ombres – sinon l'histoire de nos ombres sœurs.

PJ. – Cette après-midi, une collègue, agrégée de lettres : « La droite, c'est l'homophobie, le racisme, l'antisémitisme et le sexisme. » Et hier, une autre, scandalisée, parce que j'ai dit que l'écriture inclusive était une « invention de féministes hystériques »... Le quotidien de l'EN.

BL. – Oh ! la vache... L'amusant est que c'est en partie le ton du scénario que j'écris avec le réalisateur... Le prétexte est celui d'une grosse comédie populaire, mais à l'intérieur on trouve des personnages caricaturaux qui s'exprimeront comme vos collègues... Je m'amuse beaucoup en l'écrivant : le réalisateur rit aussi en me relisant, avant de dresser la liste de ce que je dois ôter... « Non, ça, ça passera pas, ça non plus... »

PJ. – On me reproche, parfois, d'exagérer, mais je ne fais qu'observer. Des idiotes comme celle de cette après-midi, j'en ai plein le magasin. Si votre film les met en scène, ce sera une grande réussite. *Castigat ridendo mores.*

BL. – En fait, le vrai sujet d'aujourd'hui, le seul, c'est l'identité transformée. La nourriture, le langage (écriture inclusive), les métiers, la trans-sexualité, et donc la morale : tout est transformé. Le monde post-moderne, et donc post-humain, est hallucinant. J'ai écrit un texte là-dessus : « Le camembert de Singapour »...

PJ. – Très bon texte ! Vive le camembert de Singapour (le texte, pas le produit). L'écoulement de tout et la modification du monde sont inéluctables, mais les transformations doivent être limitées, sinon les « substances » deviennent autres qu'elles-mêmes. Je me souviens de cette phrase de Leibniz (à peu de chose près) : une *chose* doit être *une* chose. Le piège tendu par les apologistes du n'importe quoi, c'est qu'en effet le changement est vital : ils s'appuient sur cette donnée pour exterminer les identités.

PJ. – Pichonneau, lui, ne verra pas la nouvelle année : Élisabeth Lévy vient de m'écrire pour lui signaler son renvoi. Je suppose que le bonhomme ne plaisait pas beaucoup. Elle doit m'appeler samedi pour m'en parler, et, dit-elle, évoquer d'autres formes de collaboration. Mais à part la critique littéraire, je ne vois pas ce que je pourrais faire. Ce n'est pas grave, mais on se sent renvoyé comme un gueux. Je m'apprêtais à écrire « Pichonneau et les gilets jaunes ». Tant pis. Lakis Proguidis aimerait que j'écrive une nouvelle pour L'Atelier, je pourrais répondre favorablement à sa proposition.

2019

Février

BL. – J'ai relu *Revenir à Lisbonne*, j'en ai tiré un texte que je publierai demain ou après-demain. Je vous ai écrit, aussi. Je vous enverrai cette lettre demain. J'ai beaucoup aimé votre roman, comme les autres, d'ailleurs. Ce passage, particulièrement, a trouvé un écho en moi : « Les vérités de la nuit ne sont pas celles du jour. Vers trois heures du matin, le néant de sa vie lui compressa la poitrine, il eut envie de sauter par la fenêtre pour mettre un terme à son épuisante quête du bonheur. »

PJ. – Oui, les vérités de la nuit. Je me souviens de ce film de Bergman, *L'heure du loup*. J'avais failli me fâcher avec la fille qui m'accompagnait pour voir le film (à Paris) parce qu'elle ne l'avait pas aimé, elle ne comprenait pas le désespoir, en particulier le désespoir de certaines nuits : à quoi bon rester ensemble ? me disais-je.

BL. – Il faut rompre avec toutes les filles qui ne comprennent pas Bergman. Mon préféré, c'est *Les Communiants*, et puis, évidemment, *Les Fraises sauvages*, et puis *Persona*, et puis *Le Silence* (mon premier Bergman), et puis *Scènes de la vie conjugale*, et puis tout.

PJ. – Il y a longtemps que je n'ai pas vu *Les Communiants*. Oui, tout Bergman. *Jeux d'été*, *Cris et chuchotements*, *Fanny et Alexandre*. J'ai longtemps soutenu que Bergman était l'un des rares cinéastes, et même le seul, à aller aussi loin qu'un Proust ou un Dostoïevski. Il n'y en pas beaucoup (mais il n'y a pas beaucoup de Proust non plus).

BL. – On ne sait jamais quoi dire dans ces cas-là[7], et sans doute parce que tout ce que l'on pourrait dire paraîtrait dérisoire – mais, enfin, toutes mes condoléances pour votre tante. J'ai vécu plusieurs fois la même scène que vous rapportez : la liturgie imbécile, les textes profanes lus par des laïcs, et l'assistance si peu capable de mesurer où elle est que l'on a envie de la gifler. Il y a une scène au début de *Gran Torino*, qui m'a beaucoup frappé : Walt Kowalski enterre sa femme, et il est éberlué par le sermon infantile du prêtre, par l'attitude de ses propres enfants – je me souviens de son regard de haine quand il voit sa petite-fille le nombril à l'air, et piercé. En ce qui me concerne, dans des circonstances analogues, on ne me demande pas d'écrire un texte, mais d'en lire un, tiré de brochures paroissiales pour bigotes. Je me suis fait avoir une fois : on ne m'y a plus repris.

Je suis content d'apprendre que votre cinquième roman avance avec l'assurance du train qui sait qu'il ira au bout de ses rails – et, si j'en crois le nombre de signes que vous vous êtes fixé, ce sera un livre bien épais : je m'en réjouis. En attendant de le lire, et de lire *Tour d'ivoire*, je suis revenu à Lisbonne. Avant, je voulais terminer *Body Snatcher* et *Les Bêtes*, le premier et le troisième roman de Martin Vaucours (respectivement quatre-vingts centimes et un euro quarante par le truchement amazoniste : le papier vierge, même d'occasion, doit coûter plus cher).

J'ai lu un quart du premier et un tiers du second et, décidément, ce n'est pas pour moi. Ce sont des romans sans doute ambitieux, mais ils n'ont pas les moyens de leur orgueil. C'est tiré à la règle, et d'autant plus attendu que c'est uniquement descriptif : il n'y a aucun dialogue, ce qui ne

---

[7] Lettre envoyée à la suite de l'annonce d'un décès, dans la famille de Patrice Jean.

116

facilite pas le romanesque. Surtout, ce qui manque à l'auteur, c'est le simple sens de la langue, de la suite logique, de la cohérence grammaticale, de la sévérité sémantique, ne parlons pas de virtuosité. Ses phrases se suivent sans se ressembler : il en commence une avec un sujet qui est un verbe à l'infinitif, il continue par une relative, puis surgit une nominale qui se demande ce qu'elle fait là – nous aussi. Il y a autre chose qui me surprend beaucoup : on a parlé de satire sociale, à propos de ces deux romans. Ce n'est pas du tout satirique, tout simplement parce que ce n'est jamais drôle. Je me demande où les gens vont chercher leur sens de l'humour. Et puis, j'ai écouté une ou deux interviews de Martin Vaucours : c'est qu'il ne se prend pas pour la moitié d'une olivette...

Je l'ai donc lâchement abandonné pour *Revenir à Lisbonne* – cette satire rattrapée par la métaphysique. J'ai eu à la deuxième lecture la même impression qu'à la première : dans la partie lisboète, je me suis demandé si Gilles ne rêvait pas ses mensonges. Mais j'écrirai un article pour mon blog sur ce livre, et je n'en dis pas plus – sinon que vous excellez, comme toujours, dans les portraits féminins : Armande, et l'éphémère Ophélia, sont à vagir de vérité. La satire des cultureux aussi : on revient toujours plonger son seau à cette inépuisable citerne.

Pierre-Guillaume de Roux m'a appelé, très désireux, m'at-il dit, de publier *Une jeunesse les dents serrées*. C'est Olivier François qui lui a transmis le manusse. Il estime inutile de « gonfler » le manuscrit, ce qui m'arrange : je voudrais lui conserver sa brièveté, et son fouet. Il y a deux ou trois paragraphes qui l'inquiètent, sur le plan juridique : il fera relire l'ensemble par un avocat.

De Roux m'a surtout brossé un portrait apocalyptique de l'édition, et de sa propre maison :

« Je suis interdit dans les journaux, les libraires refusent mes livres, je survis grâce à Amazon... À aucune autre période en France, on n'a connu une censure pareille... C'est un combat de tous les instants... On est en face de militants, et de censeurs, pour qui le style ne compte pas... J'ai publié *Les bâtards de Sartre*, de Benoît Rayski : il a été refusé dans plusieurs librairies... Donc les livres ne se vendent pas... Pour le pamphlet de Rayski, on en est à quatre cent cinquante exemplaires... Je publie un écrivain qui s'appelle Louis Jeanne : son dernier livre, *Clairières*, s'est vendu à soixante-quinze exemplaires... À ce stade, je suis un mécène... Quand un livre dépasse mille exemplaires, c'est un miracle. »

Ces chiffres m'ont fait tomber de la branche où je vis perché en tenant dans mon bec une absence de fromage. Déjà, j'avais été surpris d'apprendre que Martin Vaucours avait vendu seulement mille exemplaires de son roman, dont on a pourtant beaucoup parlé, et que Monnier, qui est tout de même quelque chose dans la presse, n'a jamais vendu plus de deux mille exemplaires de chacun de ses livres. Je ne pensais pas que les gens dont on parle, dont on connaît le nom, qui ont parfois des rubriques dans les journaux, avaient aussi peu de succès que moi – et parfois même moins.

Je ne voyais pas pourquoi mes ventes satisfaisaient tout le monde : je comprends mieux, à présent. En ce qui me concerne, j'étais parti, avec mon casque, ma bite et mon couteau-baïonnette, à la conquête de la Côte des Trois-Mille. Je suis arrivé à mi-pente, et le colonel Léo Sheeridan me dit qu'il en est satisfait : je ferme donc ma gueule, mais je ne peux pas m'empêcher d'être déçu. J'avais cru un petit succès possible parce que tout le monde m'avait poussé au cul : vous, Maulin, *Le Figaro*, *L'Express* – mais non, mon gros cul n'a jamais vraiment décollé. Le comble, c'est que l'État-Major a l'air d'attacher moins d'intérêt aux ventes réalisées qu'aux articles obtenus – celui dans *L'Express*, par exemple, a très favorablement impressionné le colonel : avant, on n'était pas sûr que j'étais artilleur, désormais je le suis, j'en suis, j'y suis, et reconnu par la soldatesque, c'est Jérôme Dupuis qui l'a permis.

J'ai profité de cette grimpette sur les barreaux de l'échelle littéraire (changeons de pelote de fil métaphorique) pour jouer les monte-en-l'air, et arracher, à la pince-monseigneur, un à-valoir aux dents léonines-scheeriennes. Après deux manuscrits refusés, la maison a en effet accepté *Tombeau de Raoul Ducourneau*, un court roman, qui est aussi un recueil de récits, qu'elle publiera en septembre (si, d'ici là, elle n'a pas changé d'avis, comme elle l'a donc déjà fait à deux reprises). Cette année, je republierai *Ahmed le Magnifique*, chez un petit éditeur (Le Bretteur) ; *Saint-Marsan*, ou le retour de Jean Lafargue dans son village natal, chez un autre (Terres de l'Ouest) ; *Tombeau*, donc ; et, peut-être, mes *Dents serrées*. Ce n'est sans doute pas une bonne idée d'en publier autant la même année, mais ça n'a pas d'importance : ça ne se vendra pas, de toute façon.

J'ai rencontré Olliéric pour la deuxième fois, au début du mois de janvier. C'était dans une sorte de conférence, où je venais faire l'apologie de mon *Ivraie*. Olliéric m'a fait la même impression, très déroutante, que la première fois : avec lui, le dialogue ne « prend » pas, parce qu'il ne veut pas qu'il prenne, la conversation ne s'installe pas, parce qu'il ne veut pas qu'elle s'installe, il ne vous pose aucune question, ne « relance » rien, ne saisit aucune perche par vous tendue, répond par « oui » ou « non », et laisse s'installer un malaise palpable – alors, on sourit d'un air couillon, on reste ballant, au milieu de ses mots, et on tourne les talons. J'ai rarement vu un être aussi impoli à force de distance. On est devant un papillon dont on efface la couleur en effleurant l'aile. C'est d'autant plus déroutant que, à l'écrit, il est spontané, drôle et naturel. Sa spontanéité est *écrite*, et non vécue – toute vie non-écrite, pour lui, n'est sans doute pas tout à fait de la vie, et perd de ses couleurs au contact de la réalité.

Je ne fais pas que mener une vie littéraire frénétique, je chevauche la chimère scénaristique : je veux y croire, mais je ne suis pas rassuré par mon avenir de parasite. J'ai écrit avec un cinéaste une comédie populaire, où tous les angles un peu incorrects ont été vaillamment usés – tout est bien poli, désormais. Ce qui reste du scénario est entre les mains d'un producteur et des agents des comédiens. J'ai écrit d'autres scénarios et synopsis (notamment une série de science-fiction où le Bien a enfin triomphé). On verra où tout ça me mènera. Nulle part, sans doute. On ne vit que d'espoirs : vendre quelques exemplaires de plus, obtenir une bourse, placer un scénario. On est un mélange de Gilet-Jaune et de Gilles Ménage, qui sait que « les vérités de la nuit ne sont pas celles du jour » : « Vers trois heures du matin, le néant de sa vie lui compressa la poitrine, il eut envie de sauter par la fenêtre ». Ah ! le néant de sa vie, celui de trois heures du matin, quand on se réveille le cœur fou, ou celui de trois heures de l'après-midi, quand on marche dans les rues, plus seul que le diable, comme un insensé… Foutue vie !

PJ. – Cher Bruno, je viens de lire votre magnifique critique de *Revenir à Lisbonne* : je vous en remercie sincèrement, c'est la meilleure critique qu'on ait publiée sur ce roman. Vous êtes le seul à évoquer, par exemple, que l'Armande du roman rappelle la femme de Molière (tous les personnages, y compris Ménage, sont liés à l'Illustre Théâtre). Je suis vraiment très touché par votre critique : on lit tellement de fadaises sur ce qu'on écrit !

BL. – Je me doutais bien qu'il fallait chercher du côté du théâtre. Il y a ces « masques » et ces « mystifications » qui me faisaient penser à Marivaux ; et cette satire sociale, qui m'évoquait plutôt Molière. La partie portugaise change la donne : tous ces fantômes, cette Ophélia, ce Pessoa-Davila (je ne sais pas si vous pensiez plus ou moins à eux en écrivant votre roman : j'y ai vu aussi un peu de Caraco, pour le désespoir), le château Saint-Georges, font basculer le récit dans l'onirisme métaphysique, et la quête du bonheur, la recherche de soi ; Ophélia peut bien n'être qu'une inconstante et Armande une incohérente, elles sont *relatives* au regard de ce que Gilles Ménage a appris au Portugal. Votre roman paraît moins ambitieux que les suivants parce qu'il est mince, alors qu'il a des richesses à chaque page, une variété de ton et de thèmes, qui ont réveillé en moi des échos insoupçonnables.

PJ. – Vous avez raison : Marivaux et Molière sont les figures tutélaires du roman. J'ai consciemment cherché une intrigue qui rappelle Marivaux, un marivaudage d'aujourd'hui. Le roman est né de cette façon. Quant au personnage de l'écrivain misanthrope, il est en effet un mélange de Pessoa et de Davila ; les maximes sont inspirées par Balthasar Gracian (que je lisais pendant l'écriture du roman). Mon regret est de n'avoir pas multiplié les nuits entre Gilles et l'écrivain. Vous avez également raison sur le changement de ton, l'onirisme métaphysique : je voulais échapper à la satire.

PJ. – Je réponds enfin à votre lettre.

J'ai rencontré, l'an dernier, Martin Vaucours, lors d'une soirée parisienne et littéraire. Il est venu vers moi, il avait lu *L'Homme surnuméraire* et aimé le roman, à quelques réserves près. Je lui ai dit que je voyais qui il était, mais j'ai menti sur un point : je lui ai caché que j'avais lu *Body Snatcher*, au motif que j'avais totalement oublié de quoi il retournait. Je me souvenais seulement d'un ennui tenace, et d'une surprise : pour quelle raison la presse célébrait-elle, avec des mots invraisemblables (balzacien, satirique, intelligent, ambitieux), un roman dont l'intérêt m'échappait ?

Votre dialogue avec Pierre-Guillaume de Roux est édifiant. En décembre, une libraire de Batz-sur-Mer (une petite ville de bord de mer à côté de chez moi) était toute fière de me dire qu'elle « choisissait » ses livres, elle y voyait comme un point d'honneur. En me promenant dans sa minuscule librairie je me suis aperçu qu'en tout cas on n'y trouvait pas de Lafourcade, pas de Jung, pas de Schopenhauer, pas de Millet, etc. Elle me conseilla le dernière livre de Yvan Barthelemy, je lui ai répondu : « C'est trop gnangnan pour moi, trop gentil, trop lénifiant », je crois qu'elle n'a pas bien compris ce que je voulais dire. Les libraires ne se mouchent pas du pied (et le plus extraordinaire, et le plus embêtant, c'est qu'elle est fort gentille et aimable, cette femme) !

Il me semble qu'existent plusieurs catégories à propos des chiffres de vente : comme vous, j'ai été un peu surpris de ne pas vendre plus d'exemplaires de mon dernier roman. Mon éditrice, en août, m'a dit : « vous vous rendez compte, vous en êtes à quatre mille deux cents exemplaires, on peut espérer les cinq mille... Vous êtes notre meilleure vente ! », puis elle s'est ravisée : « non, il y a Jasma, on a vendu quinze mille exemplaires de son roman... Mais c'est un Américain, ce n'est pas pareil. » Ah bon, et pourquoi ? Michel Marmin est impressionné par « mes ventes », et beaucoup d'autres les trouvent estimables – dans certains milieux seulement. Dans d'autres, je ne suis rien du tout. J'ai rencontré Bernard Werber avec ses vingt millions de fourmis, ou même Alice Ferney qui, dès son premier livre, avait atteint les cinq mille. Dorénavant, chacun de ses romans ne descend pas en dessous des cinquante mille. En décembre, j'ai dîné avec une journaliste de France 2 (« Je suis très connue », m'a-t-elle dit – je ne savais pas du tout qui c'était), elle avait vendu deux cent mille exemplaires d'un texte sur la mort (horrible, dans un incendie) de ses deux filles. Bref, selon les cercles où l'on se place, la mesure n'est pas la même. Hier, à la Fnac de Nantes, je me disais : « à quoi bon écrire ? Ces milliers de livres qui ne trouvent pas de lecteurs... » Tout le monde a son mot à dire, son histoire à raconter, son analyse à donner. Et puis, je me suis ressaisi. D'abord en sortant de la Fnac. Ensuite, en me disant que j'avais tenu (et tenais) le coup grâce à des auteurs qui, pour la plupart, n'ont jamais vendu beaucoup de livres. L'essentiel est ailleurs. Connaissez-vous le mot de Gombrowicz : « Il y a des arts pour lesquels on est payé (chanteur, pianiste, acteur, etc.) et des arts pour lesquels on paie (avec sa santé, avec l'obscurité, le mépris). »

J'essaierai d'écrire quelque chose sur vos prochains livres (quatre en 2019 !) et je me réjouis de les lire (pour l'heure, je ne sais trop quelle revue pourra accueillir une possible critique).

Mon présent est occupé par l'écriture d'un roman (je vous en ai déjà parlé), mes vacances en entier (ou presque) y furent consacrées. Si j'ai en tête le plan général du roman, en revanche, le chemin reliant les étapes, ne m'est pas connu. Et comme le projet est ambitieux en termes de pages (la même carrure que *Le Rouge et le Noir*, à défaut, dira-t-on, du génie), je n'hésite pas à conserver des passages que j'aurais peut-être supprimés avec un projet plus modeste. Je me dis, parfois, que c'est une faute, peut-être même une faute morale, et qu'en conséquence, le roman sera catastrophique. Et d'autres jours, je pense l'inverse : il faut revenir aux « sauts et gambades », aux promenades pour rien, à la flânerie littéraire.

Tour d'ivoire est publié en mars (vers le 15). J'espère que cette publication me donnera l'occasion de vous rencontrer dans les mois qui viennent, lors d'un passage à Paris.

Pour le reste, vous avez raison : foutue vie ! Et demain, foutu lycée ! (Au moins vous évitez les sournoiseries de l'Éducation nationale.)

Mars

BL. – Je « signais » dans une librairie parisienne. Il y avait Henri de Boysson, Damien Peeters, Jérôme Demoigne, Roland Mimbaste, Pierre Huisman, Latifa Laaroussi, d'autres encore. Boysson s'est montré particulièrement chaleureux. Je lui ai demandé si sa compagne allait venir. « Non, nous nous sommes séparés, il y a une semaine. » Puis je me suis tourné vers Peeters, à qui j'ai parlé de son frère, m'étonnant qu'on ne le voie plus à la télévision ni au cinéma. « Il est mort. » Chaque fois que je vais quelque part, je me dis : cette fois-ci, tais-toi. Au bout d'un quart d'heure : « Votre compagne ? — Elle m'a quitté. — Votre frère ? — Il est mort. » Quel schpountz ! Quel schmuck ! Une amie à qui je racontais ça m'a dit : « Mais à vous on pardonne tout ! » Si seulement...

Jérôme Demoigne, à qui Roland Mimbaste avait fait lire ma *Littérature à balles réelles*, m'a dit que ça intéresserait « cinq personnes, dont Roland Mimbaste ». Il m'a conseillé d'élargir mon « champ de vision ». Il a acheté mes *Vertueux*. Je lui ai déconseillé de le lire. « Pourquoi ? — Parce que ce n'est pas avec ce livre que le champ de vision que vous avez de moi s'élargira. »

J'ai rencontré aussi un certain J.-P. Montal, qui édite Patrice Jean. Notre sujet de conversation porta essentiellement sur la littérature johannique, dont nous avons dit le plus grand mal, surtout moi. Il y avait là un lecteur, devant qui nous avons rivalisé d'alacrité, considérant, d'un commun accord, que le *Surnuméraire* était *déjà* un classique. Puis j'exigeai du susnommé Montal qu'il m'envoyât sur-le-champ *Tour d'ivoire* ; sous la menace, il céda.

Autre chose. Il y en a que la Chine inquiète ; moi, c'est *Saint-Marsan* : la couverture que lui réserve son éditeur correspond à du roman régionaliste ; c'est déjà déplaisant. (Inversement, je trouve parfaite la couverture de mes *Dents serrées* chez de Roux.) Ensuite, je n'ai pas pu relire ce roman avant la correction, de sorte que pas mal de fautes sont restées. Surtout, j'ai reçu le volume, j'en ai lu une partie, et cette lecture m'a déçu : c'est un peu faible, sans être inconsistant ; ça tourne autour de son sujet comme un chien autour de son os : on ne sait pas quand ça va commencer à ronger.

PJ. – J'aborde le chapitre 12 de *Saint-Marsan* [dont Patrice Jean lit les épreuves]. Et c'est tout de même un sacré roman ! Les portraits du frère, de la mère, de Bernard Lannelongue, d'Isabelle Pereira, etc., sont impressionnants de maîtrise. J'ai pensé aux *Vies minuscules*, en moins tape-à-l'oeil poétique, en plus drôle. Je vous en parlerai dans mon prochain mail.

BL. – Un de mes amis préfère les idées à la littérature ; moi, c'est l'inverse. Je préfère un curieux, un passionné, un enthousiaste à un de ces monstres froids qui regardent la littérature comme on regarde des laitues, en se débarrassant des limaces, avant de nettoyer les feuilles. Et les limaces, c'est le style. Les idées sont accessibles par l'esprit ; le style, par le goût. C'est d'autant moins conciliable que, les idées, ça tue d'abord le goût ; après, ça tue l'esprit. Il y a un trait également significatif, et très attendu, chez les lecteurs qui n'aiment pas la littérature, c'est Céline. Ils le mettent au-dessus de tout. Neuf fois sur dix, ils aiment Céline comme on aime Van Gogh quand on ne connaît pas la peinture, et les huîtres à Noël quand on n'a pas d'imagination.

Je suis impatient de lire *Tour d'ivoire*.

PJ. – J'ai fini la lecture de *Saint-Marsan* hier soir. Je vous assure, c'est un roman de grande valeur. Certes, il ne commence jamais (votre chien qui tourne autour de l'os), mais quelle importance ? Il y a des pages magnifiques sur le vieillissement, sur la tristesse d'avoir dépassé l'âge où l'on peut séduire les jeunes filles, sur le ressentiment, sur l'angoisse, ou sur la mort du cochon. Le roman est moins ambitieux que *L'Ivraie*, il n'en est pas moins profond et brillant.

Demoigne m'a dit un jour qu'il serait incapable d'écrire un roman comme *L'Homme surnuméraire*, qu'il n'en avait pas la force et que moi, en l'écrivant, je pariais sur l'avenir : il voulait dire qu'il ne se voyait pas dépenser du temps dans l'écriture sans la certitude d'en retirer un gain immédiat. Du moins l'ai-je compris comme ça.

BL. – Je vous remercie beaucoup de ce que vous dites de *Saint-Marsan*. J'espère que vous avez raison.

Beaucoup de gens ne se figurent pas, ne comprennent pas, ce qu'implique une vocation. Ce qui est gênant, chez Demoigne ou chez d'autres, ce n'est pas qu'ils soient des progressistes, c'est qu'ils soient des militants. On ne peut pas écrire le *Surnuméraire* si l'on est un militant. D'ailleurs, les vrais militants sont souvent de bons débatteurs, notamment quand ils ont le sens de la formule. Ce ne sont pas des qualités d'écrivain. Un bon écrivain ne doit pas trouver ses mots.

PJ. – Et le cinéma ? J'ai de mon côté obtenu une bourse du CNL qui me délivrera de l'enseignement pendant cinq mois. Je n'en revenais pas.

BL. – Quelle excellente nouvelle ! (J'attends le résultat de la mienne.)

En ce qui concerne le scénario que j'ai co-écrit, la maison de production l'a refusé d'un coup d'un seul, sans proposer d'aménagements, de modifications de scènes ou de personnages. Ce fut un non catégorique, buté, un non qui n'en a pas démordu, un non à front de taureau, in-négociable, patronal, sans dialogue social, sans lendemain qui chante ni fontaine-je-boirai l'eau de la joncaille… Foutue vie ! Évidemment, c'est « bien écrit, drôle, mais trop intelligent pour de la comédie populaire », et surtout « un peu facho ». Le milieu du cinéma est plus impénétrable que celui de l'édition, à cause des enjeux financiers, bien entendu. On attend d'avoir la réponse des comédiens pressentis (dont Gaspard Proust) avant d'aller voir Canal+. Je n'y crois pas, évidemment. Il ne faut jamais y croire.

BL. – J'ai freiné autant que j'ai pu la lecture de votre *Tour d'ivoire*, où chaque chapitre se lit comme une nouvelle – et puis j'ai dû me résoudre à quitter Antoine et Thomas. J'y ai retrouvé tout ce que j'aime dans vos livres, et, particulièrement, votre goût des personnages (et le personnage, c'est la vertu du romancier), dans toutes leurs variétés, des insupportables Martin aux touchants Bertaux. J'aime les noms, dans vos romans : celui qui n'aurait jamais lu du Patrice Jean, en tombant, dès le début, sur Louis Hochecorne, fermier normand, ou plus tard sur Stéphanie Bouillot, directrice de médiathèque, ou encore sur Sandra Berno, éditrice chez Grasset, saurait qu'il entre dans la réalité. Le nom, c'est le premier effet de réel ; avec le vêtement : la faluche d'Eugène Rémy, c'est « la peau de bique » de Cripure. L'effet de réel, d'ailleurs, est constant, dans *Tour d'ivoire* : à chaque nouveau personnage, c'est la réalité qui entre comme dans un moulin, comme Jimmy au 86 rue Mozart.

Il faudrait donc parler de la symbolique des noms et des prénoms : Hélène, celle qui a été enlevée, ou qui s'est enlevée d'Antoine ; Antoine, tenté, comme le saint ; Thomas, qui ne croit que ce qu'il voit, et ce qu'il voit, c'est la fin de la littérature : il ne cherche pas à se voiler la face, il admet la réalité, et, s'il en tire de la tristesse, c'est sans amertume (c'est Antoine, l'optimiste – d'un autre optimisme que celui des progressistes, certes –, qui n'admet pas tout à fait la fin de la littérature) ; Blandine, « sainte et martyr », qui choisit les Lettres, et la revue de son père – c'est-à-dire la relégation : la littérature se fond avec le déclassement, elle suit la pente sociale (la page 41, sur la responsabilité morale et existentielle que Antoine ressent à l'égard de sa fille, est très importante).

Mais un bon roman, ce sont aussi des lieux : Dieppe, et la maison familiale dans la campagne normande ; Rouen (cette ville d'écrivains pour écrivains : *Tour d'ivoire* est d'ailleurs un roman flaubertien au moins dans un sens toponymique et onomastique : Rouen, Antoine et sa tentation, etc.) et l'immeuble de la Grand'Mare, au nom plus vrai que la vérité ; La Tranche-sur-Mer, et la Vendée de la frustration ; Antony, cet autre échec.

Et puis, un bon roman, c'est l'écho des œuvres que l'on cite avec celle que l'on compose : le livre de Rancé et « l'abstinence verbale de La Trappe » ; le tableau de Le Sueur ; le roman d'Antoine, sa *France de Bernard*. Ah ! si j'étais intelligent, je montrerais les correspondances entre cet ensemble et les aspirations de vos Ivoiristes.

On retrouve la même abondance de thèmes que dans vos précédents livres : la défaite de la littérature devant les sciences ; l'ensevelissement du livre dans le divertissement, dans l'infantilisation (« L'adulte ne sera bientôt plus qu'un souvenir »), dans les « smileys » (« Aujourd'hui, pensais-je, tout finit en smiley »), et dans les médiathèques transformées en parcs à thème ; le sérieux contre la littérature, puisque « le sérieux est l'approbation de l'univers » ; l'utilisation, par le capitalisme, de la culture et de la technologie, pour abêtir et infantiliser ; les « racismes autorisés » ; la solitude de l'homme de fond, la méfiance à l'égard du nombre (« Il y a dans toute foule un principe satanique ») ; le désert de l'amour ; l'argent limité à la richesse, cette tautologie ; le « génocide *conceptuel* du peuple français » ; « les gardes rouges de l'air du temps » et la « pègre vertueuse » ; la mise au ban au nom de la vertu ; les ratés (et sa définition orthodoxe : qui a échoué matériellement ; et l'hétérodoxe : qui a échoué spirituellement), bien que, à titre personnel, je préfère parler de *vaincus* ; cette façon qu'ont les femmes de se blanchir la conscience, de se javelliser avec la serpillère des « menteries féminines » (formidable page sur Caroline et sa façon de s'abuser).

Bien sûr, on retrouve aussi, intact, votre goût moraliste de la satire, de la critique sociale fondée sur le don d'observation, comme on disait dans le *Lagarde & Michard* de notre adolescence : les « papattes » (une vraie trouvaille), la médiathèque Arthur Rainbow (ça, fallait oser l'oser) ; le « théâtre pour les bouts de chou » ; les Blancs de la Grand'Mare qui rétrécissent à proportion qu'ils se diversifient ; la mièvrerie « des phrases piochées » chez des auteurs comme Barthelemy, et « postées » sur Facebook (« ... en gros, disaient-ils, la vie est difficile, parfois douloureuse, mais il faut savoir rester un enfant, ne pas abjurer ses rêves, croire en l'avenir et en l'amour. Pas très Pascal, pensais-je ») ; et tant d'autres choses encore.

Je n'oublie pas votre tropisme callipyge, avec cette chère Magalie penchée sur le vide-ordures (passion que l'on retrouve pp. 77, 119, 122, 144, 194 – je ne sais pas qui doit consulter : vous pour votre tropisme, ou moi pour l'avoir relevé).

L'écho, en moi, a été continu : pas seulement la passion des beaux culs, mais aussi le déclassement ; la frustration : on baise des Caroline parce qu'on est amoureux des Chloé (à la place d'Antoine, je crois que je serais passé à l'attaque de la forteresse Chloé, qui n'a pas l'air imprenable, et puis, merde, on n'a qu'une vie, comme disent les cons qui ont toujours raison) ; l'intuition que « le Mal agit par la matière » ; la fin de la littérature, puisque la revue *Tour d'ivoire* est la métaphore de toutes les morts, de toutes les ruines : c'est un roman très noir, le plus noir peut-être que vous ayez écrit – et on ne le quitte pas sans être violemment ému par sa fin, qui est aussi celle d'Eugène Rémy.

J'ai bien conscience de n'avoir rien dit du roman, et notamment d'un de ses thèmes principaux : l'opposition entre Antoine et Thomas, la lutte du scepticisme contre l'optimisme, mais aussi du scepticisme contre le pessimisme (qui est, comme on sait, une autre forme d'optimisme) ; de l'objectivité contre la révolte ; de l'idéal contre le compromis. Je n'ai rien dit de la différence entre Antoine et Thomas, mais surtout de celle entre Antoine, Thomas et Eugène – le troisième, pour moi, est sans doute le personnage le plus émouvant du roman.

Qui est-on : Antoine ou Thomas ? On a été l'un et l'autre, tour à tour, au cours de sa lecture. Doit-on « baisser son pantalon » ? N'est-ce pas « au-dessus de sa condition » ? On n'a pas encore décidé.

J'essaierai d'en faire un article et une interview, si *La Revue littéraire* le veut bien.

Ma foi, tout ça commence à ressembler à une œuvre, Monsieur Patrice Jean.

PJ. – C'est un grand plaisir, vous vous en doutez, que de lire une analyse comme la vôtre (à propos de *Tour d'ivoire*), plaisir que j'ai déjà renouvelé quatre ou cinq fois. Vous avez relevé tous les thèmes du roman et, à la différence de Louise Monnier, vous ne semblez pas me reprocher cette abondance. À mon avis vous serez le seul à comprendre la symbolique des noms, l'importance des lieux et des œuvres citées. Grâce à vous, j'éprouve la petite vanité de l'auteur qui découvrirait les essais qu'on écrit sur son « œuvre » : ce n'est pas désagréable, je l'avoue. Et jusqu'à mon tropisme callipyge, vous avez tout perçu et compris. J'aurai donc eu au moins un vrai Lecteur.

L'écho que le roman a suscité en vous ne m'étonne pas pour la raison que *Saint-Marsan* a produit, sur moi, le même effet. Il y a entre nous, au-delà de l'appartenance à la même génération, une proximité de sensibilité, d'idées, de désillusion et de revanche à prendre. Votre personnage de Jean Lafargue est, me semble-t-il, une sorte de double de l'auteur, comme Antoine et Thomas sont proches de moi. Disons que mes personnages varient (il y avait Le Chenadec et Clément Artois dans *L'Homme surnuméraire*) alors que vous reprenez votre Lafargue ; c'est, si l'on veut, la différence Proust/Flaubert (toutes proportions gardées). Un autre point nous sépare, sans doute, c'est celui de la campagne, de la ferme, des bêtes tuées sous le couteau (pages admirables du treizième chapitre), autrement dit un type de vie que je n'ai pas connu. Mais nous aimons les *vaincus*, ces êtres qui n'ont pas eu la chance de se déployer comme ils l'auraient souhaité, ou même sans comprendre que d'autres vies étaient possibles. Dans votre roman, les personnages de Bernard Lannelongue, d'Isabelle Pereira, du frère et du père ne s'oublient pas. Il suffit d'ouvrir le livre à n'importe quelle page et je tombe sur une phrase que j'aurais aimé écrire : « l'idée de la mort l'entêtait, sans doute, et saoulait en lui ce que le vin ne grisait plus, mais ne l'effrayait pas le moindrement, et même l'aimantait » (p. 61) : on dirait *Le feu follet* ; ou bien le paragraphe sur l'humiliation (« L'humiliation, je la reconnais de loin, je connais son visage : c'est elle qui a écrit mes livres, choisi mes amours, structuré ma vie, avec la déception, et la défaite, et la frustration, certes, ses voisines, qui les ont peuplés aussi, qui ont occupé quelques petites pièces dans cette vaste maison »), etc. Si l'on n'y prenait garde, on pourrait citer la moitié du livre. C'est le roman d'un moraliste, quelque chose du Grand Siècle mélangé à la couleur de l'époque, à sa bêtise, à sa poussière. Bref, du grand art. Ce roman qui ne commence jamais, c'est l'essence même du roman, tout ce qui nous importe vraiment dans cet art qui, par nature, s'interroge sur ce qu'il est. *Tristram Shandy*, par exemple, n'est pas autre chose qu'une histoire que Sterne se propose d'écrire et qu'il n'écrit jamais. Si on compare *Saint-Marsan* à *L'Ivraie*, le premier, me semble-t-il, est certes moins ambitieux, mais je le crois plus fraternel que le second, comme si vous aviez abandonné (un peu) de la superbe de Lafargue pour nous le rendre plus proche, encore plus proche. – D'ailleurs, lors de mon dernier séjour parisien, je n'ai cessé de vanter à la ronde « le dernier roman de Bruno Lafourcade ». Et pour vous dire l'estime qui est la vôtre, en ces parages, tous m'ont répondu : « Oui, cela ne m'étonne pas. Lafourcade est un sacré écrivain » (pardon pour le hiatus). Seule petite ombre au tableau, Flore de Groot, l'éditrice, semblait se demander s'il n'était pas prématuré de publier *La littérature à balles réelles*.

Quant à ma passion des beaux culs, passion qui nous est commune, je dois dire qu'elle perd tout de même de son intensité avec l'âge. Et même plus globalement, les femmes que j'idéalisais à quinze ans, à vingt ans, n'ont plus le même pouvoir sur moi : de déesses elles sont devenues de simples êtres humains.

BL. – Vous avez vu, je crois, ma dernière entrée sur Facebook, constituée des remarques que m'a envoyées un lecteur. Si je les ai placées là, ce n'est pas qu'elles m'affectent (ma capacité d'indifférence est une forme d'impolitesse), c'est qu'elles illustrent plusieurs des thèmes de votre *Tour d'ivoire*. Ce lecteur est le type même du Lecteur Hyper-Démocrate (LHD), celui qui a passé un accord entre son opinion et lui-même, qui l'oblige à écrire à l'auteur pour qu'il s'améliore (en l'appelant par son prénom, alors que l'auteur ne le connaît ni d'Olivier ni d'Adam). À quoi servent ces subjonctifs imparfaits, cette pédanterie ? Ça l'agace, au LHD, ça le diminue, ça l'exclut : on ne l'a pas consulté ; or, en hyper-démocratie, l'auteur n'a pas le droit d'exclure, il a le devoir de *consulter* le LHD, ce médecin de la fiction. Et pourquoi ce thème, l'école ? Comme dit LHD, « bien des études, bien des rapports » nous ont déjà tout dit sur la situation scolaire. L'AHD (l'Auteur Hyper-Démocrate) sait qu'il est impossible pour lui d'être écrivain : en hyper-démocratie toute littérature, qui supposait une inégalité entre l'écrivain et le lecteur, et la supériorité fatale du premier sur le second, est finie, puisqu'elle est coupable.

Olivier François vient de m'appeler. On a aussitôt parlé de *Tour d'ivoire*. Il pense, comme moi, qu'Eugène est le personnage le plus attachant (« un personnage célinien », a-t-il dit), que la fin du livre n'en est que plus émouvante, que le couple des Martin, Jimmy & Magalie, augmenté de Black Jimmy, est parfaitement effrayant (François me disait qu'il en a un, dans son immeuble, de Jimmy, aussi vrai que le vôtre). Il était d'accord pour considérer avec moi qu'une des scènes les plus marquantes était celle où Antoine se fait casser la gueule par Black Jimmy : elle est écrite sur un ton distant de pantomime atroce, qui la rend inoubliable. J'ai ajouté que ce qu'il y avait de notable, dans le couple des Martin, c'était, aidé par le *shit* et l'alcool, la totale déstructuration de leur esprit, qui entraînait des inconséquences dangereuses dans les actes : Jimmy peut promettre de casser la gueule à celui qui couche avec sa femme, puis dire qu'il s'en fout, puis proposer au même de coucher avec elle, puis avec elle et lui ; mais ce n'est qu'un exemple : tout ce que dit ou fait Jimmy se contredit deux pages plus loin.

PJ. – Les imparfaits du subjonctif sont devenus les hommes à abattre de la conjugaison. Les correcteurs de mes romans me suggèrent, à chaque nouveau manuscrit, de les supprimer ou d'en réduire la nuisance. Je ne sais plus pour quel roman un LHD avait, sur Internet, rapproché mes imparfaits du subjonctif du Front National, espérant que j'allais bientôt cesser de les employer, sinon mon compte était bon.

Votre analyse de la déstructuration du couple Martin pourrait être mise en relation avec le refus de l'identité : si nous sommes tous traversés par des contradictions, certains ne s'en avisent même pas, parce que la seule cohérence qu'ils revendiquent c'est la fidélité à l'humeur de l'instant. L'identité oblige à surmonter ses humeurs, à tenter l'impossible cohérence d'un individu au-delà des tiraillements.

Pour Eugène Rémy, je me suis souvenu d'un factotum que je fréquentais au Havre : il vivait dans une cabane, au milieu d'un jardin ouvrier ; et il lisait ! Figurez-vous que le chef d'établissement m'avait reproché de fréquenter « les agents d'entretien » : « on vous voit trop avec eux ». J'étais un jeune professeur à l'époque, je fus naïvement surpris qu'on puisse m'adresser de tels reproches (j'allais de temps en temps boire un verre avec eux, dans une sorte de cagibi où ils cachaient des bouteilles de vin).

Avril

BL. – Oh ! mon Dieu, pourquoi les lecteurs sont-ils si – les mots me faillent. Je reviens d'une « rencontre » dans une médiathèque chapeautée d'un toit d'usine vert, contrastant avec l'intérieur, conforme à tous les intérieurs en plexiglas de médiathèque sans âme : moquette beige, baies vitrées, tables rondes, tables basses, bacs à bédés, présentoirs à journaux, toilettes pour « personnes à mobilité réduite », patio, « puits de lumière », partout du blanc de clinique, sauf le coin acidulé pour les enfants avec fauteuils-poufs, le tableau des pompiers et le petit bonhomme rouge qui court vers l'« issue de secours ». De loin en loin, des rayonnages, avec, plus ou moins, des livres. Pas de bois. Pas de vie. Une petite plante protestait en se laissant mourir dans son pot. Il y avait quinze lecteurs, qui étaient des lectrices : « Hééééé ! s'est réjoui le bibliothécaire (charmant). Tout ça ! D'habitude, c'est moins... ». J'ai eu droit à celle qui trouve que Jean Lafargue est un lâche parce qu'il abandonne la petite Noria, et à celle qui trouve que je suis trop rabougri et insuffisamment « *open* » (« Alors moi, je voudrais dire, je vous écoute depuis tout à l'heure, là, mais faut s'ouvrir, quoi, vous êtes trop-trop fermé »). En plus, c'était la plus mignonne – la guigne. Bon, cependant, c'étaient les deux seules à vouloir gâcher un peu l'ambiance, plutôt chaleureuse. J'ai pu faire mon numéro, organiser ma claque. Il y eut des rires. On m'applaudit. C'est un *one-man-show* que je devrais écrire.

PJ. – Je corrige l'immonde bac blanc (pourquoi « blanc » ? encore de la discrimination), et je tombe sur une copie qui s'en prend à Pascal et Diderot, parce qu'ils ne font que « donner leur opinion », sans donner la parole à d'autres. Par conséquent, explique notre garde rouge en herbe, ce procédé ressemble « à la propagande nazie ».

PJ. – Les extraits de votre polar[8] sont excellents, je me doutais qu'il s'agissait du « roman en cours ». En ce qui concerne mon roman [*La Poursuite de l'idéal*] stendhalien (par la taille, on est stendhalien comme on peut), je n'y ai pas touché depuis le mois de février, tant les cours et la publication de *Tour d'ivoire* m'ont accaparé. Mon personnage (Cyrille Bertrand) va être bientôt confronté à des milieux d'extrême gauche, révolutionnaires. Je vais tenter de ne pas trop les caricaturer. Grâce à la bourse du CNL, je pense que le roman sera fini vers la fin de l'année, ou, au pire, en janvier.

---

[8] *Le Hussard retrouve ses facultés* (éd. Auda Isarn, 2019).

BL. – J'ai écrit un article sur *Tour d'ivoire*, que j'ai proposé à *La Revue littéraire*, avec une proposition d'entretien, mais je n'ai pas reçu de réponse de David, ni de Millet. Je crains le pire, puisqu'il est toujours sûr.

Je terminerai la semaine prochaine mon simili roman policier (sans policiers, ni coups de feu, ni enquête, et avec un seul mort), qui m'a beaucoup diverti. Et je pense à un livre plus ambitieux, dont je vous ai déjà parlé, je crois, que je veux écrire cet été : une partie se passera à Vitrac-les-Saligues, et une autre au Congo, ou à Madagascar, en Guyane ou en Nouvelle-Calédonie (je crois que ce sera l'occasion pour moi de me renouveler) ; je voudrais y mettre le meilleur de moi-même, parce que j'ai le sentiment que je n'aurai plus beaucoup l'occasion d'écrire un bon roman.

La bourse que j'espérais m'est passée sous le nez, et pour le moment les scénarios que j'ai co-écrits n'ont pas été tournés. Donc, depuis quelques jours, je travaille dans un centre médical pour handicapé : je porte des malades du lit au fauteuil, du fauteuil au réfectoire, et ainsi de suite. Ce n'est pas un poste fixe : on m'appelle quand on a besoin de moi – ça me va bien comme ça.

Je suis sûr que vous allez nous faire un grand roman. Pour l'écrire, il faut de l'énergie et de la volonté. On doit en avoir d'autant plus que l'on ne peut s'appuyer sur des journalistes, sur des « passeurs ». Ils existent, mais ils ne nous aident pas, ou très peu. Tous ces gens n'aiment pas la littérature, malgré qu'ils en aient. Ils se paluchent sur Kundera, mais interviewent Marie Duval, qui n'a jamais rien publié, absolument rien, et dont les deux seules qualités sont l'agrégation et son père, rédacteur en chef à la télévision. En ce qui me concerne, je ne suis pas de taille, je soulève des infirmes et je leur mets la bite dans des urinoirs, mes chances sont trop minces, et mes tirages, c'est d'abord une invitation à me taire. J'ai publié sur mon « mur » une photo montrant Bellamy, Houellebecq, Bastié, Villiers et Zemmour : personne n'a l'air de voir le négatif de ce cliché, l'absence qui me saute aux yeux, celle de la génération née dans les années soixante, évidemment, une nouvelle fois niée.

PJ. – Vous avez raison, il faut beaucoup de détermination pour écrire un long roman, et cette détermination doit être soutenue par ce que vous appelez des « passeurs ». En ce moment, quand j'écris *Apostasie*[9], il m'arrive de perdre courage : à quoi bon passer mes jours avec ce roman si personne ne l'attend ? Il aura trois ou quatre articles, et l'on passera à autre chose. C'est impossible. Ou alors il faut croire à sa postérité, s'inventer des *happy few*.

Notre génération (celle née au milieu des années 60) hérite d'une société qui ne veut plus transmettre, qui ne croit plus à elle-même. Les soixante-huitards ont pourtant soutenu quelques-uns d'entre nous : Despentes, Moretti, Montreynaud, etc. Il me semble que c'est (étrangement) plutôt du côté des Hussards, des réacs, des anarchistes de droite (etc.) qu'il n'y a pas eu de solidarité avec la génération suivante. Ils préfèrent leurs petits-enfants.

BL. – J'ai relu mes *Dents serrées* : au moins, j'aurais écrit ce petit livre, qui ne se cache pas derrière l'ironie. Il n'est pas drôle, il est méchant, enlevé et rempli de rancœur – exactement comme je le voulais. Parfois, je me suis même surpris à être ému – je ne suis pas sûr que ce soit bon signe. La fin dit ceci : « L'espoir est toujours sûr, pourtant, et depuis que nous avons commencé d'écrire, les dents serrées, cet *Aden Arabie*, en mémoire des grands rêves de notre jeunesse que vous avez humiliés, nous vous voyons mieux qu'autrefois : vieux beaux de la réalité aux chairs tendues qui refusent la mort, déformés, botoxés, tirés jusqu'aux oreilles, avec le sourire permanent et démoniaque des cadavres, vous souriez du néant que vous avez dispersé autour de vous. Nous n'attendons plus

---

[9] Premier titre de *La Poursuite de l'idéal*.

que de vous voir crever – mais nous l'attendons sans joie, comme tout ce que nous avons espéré ici-bas. »

PJ. – « Il n'est pas drôle, il est méchant » : le ton méchant est rare aujourd'hui, tant les écrivains n'ont qu'une ambition : montrer à quel point ils ont une belle âme. Les gens qui réussissent ont beau jeu de n'avoir pas de rancœur, pas de ressentiment. Je vous l'ai déjà dit, mais je crois à la vengeance comme moteur créatif, j'entends par vengeance, quelque chose de spirituel : monter plus haut que les pignoufs qui occupent le terrain. Il faudra, quand le livre sortira, bien montrer le côté générationnel.

Mai

BL. – J'étais à T., hier, pour rencontrer l'éditeur du polar que je viens d'écrire, et répondre aux questions d'une journaliste, à la radio, à propos de *Saint-Marsan*.
Elle n'était pas d'accord.
« Alors là, je ne suis pas d'accord… »
Elle trouvait cette idée fausse, une autre approximative, la troisième juste.
« Alors là, oui, je suis d'accord… »
Je n'ai quand même pas écrit un essai… Et le ton, le style, l'humour, la mélancolie, les principales figures du roman (et surtout Bernard, le personnage autour duquel le roman est construit), la *sauveté* ? Nib. Un traité sur la production conchylicole aurait entraîné chez elle les mêmes réactions :
« Ah non, les méthodes d'élevage des palourdes n'ont pas changé, je ne suis pas d'accord ! »
Le plus tordant, ou le plus pathétique, ce fut le moment où j'ai cité la phrase centrale du livre :
« C'est la mort qui protège de la mort. »

Quand un village est mort, il continue de vivre : ses paysages sont préservés ; quand on veut lui « redonner vie », le
tourisme le dévaste.

« Il suffit d'un camping pour tuer un village.

— Mais c'est bien, le camping, quand on ne peut pas aller
à l'hôtel ! »

Cette dame, je le sais par un ami commun, est une *bour-
geasse* qui n'a jamais dormi sous une tente, évidemment. Ce
sont toujours les rupins qui font la leçon aux prolos qui passent quinze jours au Camping des Flots Bleus.

Elle a aussi beaucoup insisté sur le fait que « Jean Fourcade, euh non, Benoît Lafargue, Jean Fourcade c'est vous »,
était « aigri », parce qu'il n'aime pas le monde moderne.

« Il veut le retour des femmes au lavoir ? »

Je n'ai même pas eu la force de soupirer.

L'éditeur de mon polar est, lui, d'une grande gentillesse,
et tout à fait jovial. Il m'a cité ce mot de deux filles, qu'un de
ses amis avait dragué en disant d'un air mystérieux :

« Vous savez : il y a deux hommes en moi...

— C'est possible, mais on veut coucher avec aucun des
deux. »

BL. – Bernard Werber donne des conseils d'écriture par
vidéo (14 vidéos pour 119 euros l'abonnement). Je crois que
je vais m'abonner : mes propres *Conseils* [sous-titre d'un livre
de Lafourcade intitulé *Derniers feux*] ne m'ont pas rapporté
autant.

PJ. – Oh, ce bon Bernard... N'oublions pas qu'il a vendu
trente-cinq millions de livres. Si l'on convertit son chiffre
d'affaires en infirmes à porter du lit au fauteuil, on doit arriver à quelques cliniques. Cela dit, il a eu le courage d'écrire
des conneries, ce n'est pas donné à tout le monde.

Juin

BL. – Cher Patrice, il y a longtemps que je n'ai pas pris de vos nouvelles : comment allez-vous, et qu'en est-il de *Tour d'ivoire* ? Et *Apostasie*, vous avez eu le temps d'y toucher ? Et l'année scolaire, avec ce demi-poste qui s'annonce propice à la littérature johannique ? Qu'avez-vous décidé, à propos d'Actes Sud ? Oui, ça fait beaucoup de questions, mais je ne lis pas les journaux, je ne suis au courant de rien.

J'ai attiré l'attention d'une journaliste de LCI et de quelques groupes de progressistes : la première a relevé que j'avais écrit sur les *rézoos* que Schiappa était une « pouffe », une « pouffiasse », et même qu'elle « pouffiassait tout ce qu'elle touchait » ; les seconds ont remarqué que j'étais un « ultra-réac », et l'auteur d'un texte dégueulasse sur Clément Méric.

Je n'ai même pas le temps ni la force d'écrire une vraie lettre : quand je rentre du travail, assez fatigué, je me contente de corriger les manuscrits qui vont bientôt paraître.

PJ. – L'année scolaire se termine. Je donnerai mes derniers cours demain. Je finis toujours par un discours d'un quart d'heure, pour chaque classe, sur l'importance de la littérature. Les élèves applaudissent. C'est émouvant (je suis ému pendant quelques secondes). Ensuite, j'affronterai les épreuves du bac, orales et écrites. Je retournerai dans le lycée nantais de mon adolescence, lycée que je n'ai pas visité depuis l'année du bac. Je m'attends à ce que des fantômes m'accompagnent le long des couloirs, dans les salles de cours : des filles-fantasmes, des copains de classe, l'ennui, les professeurs, etc. Du côté de la littérature, peu de choses : *Tour d'ivoire* se vend beaucoup moins que *L'Homme surnuméraire* ; il y a eu six ou sept articles, tous enthousiastes, sauf celui du magazine *Lire*, un rien ironique, me décrivant comme « un chauve goguenard » et grognon, trop pessimiste (ces amabilités étant compensées par une comparaison avec Flaubert et *L'Éducation sentimentale*).

Quant à *Apostasie*, je n'ai rien écrit depuis sept semaines : je dois d'abord digérer ce demi-échec. Marmin et Alice Ferney m'avaient dit : « il est plus difficile de passer de 500 à 5000 exemplaires que de 5000 à 15 000 », j'espérais autre chose, naïvement. Je reprendrai le roman en juillet, j'aurai quelques mois de liberté, ce sera plus facile que d'écrire le jeudi et le samedi, entre les cours. Enfin, je songe à publier mon bref roman satirique sur l'Éducation nationale : soit aux éditions Rue Fromentin, soit ailleurs.

Lakis Proguidis m'a une nouvelle fois invité à Chinon pour les journées de Thélème : je dois écrire un texte sur le corps et la liberté. Cette question ne m'inspire pas.

J'attends impatiemment de lire *Une jeunesse les dents serrées*. J'ai offert votre *Saint-Marsan* à deux reprises : à chaque fois, le roman a récolté l'enthousiasme ! Je me répète : c'est un grand livre. Je n'aurai qu'une critique à vous faire : la brièveté du roman. Plus abondant, *Saint-Marsan* se serait imposé comme votre chef-d'œuvre (à la façon de *Ma vie parmi les ombres*) : ce personnage qui retourne sur la terre de son enfance, de sa jeunesse, au bord du bilan, il y a là une profondeur existentielle, historique, poétique. Des drames auraient pu se nouer, des morts remonter à la surface, des vies se perdre dans le rien ou, au contraire, être transfigurées par la foi ou le bonheur. Qu'importe, même bref, *Saint-Marsan*, est l'un des grands romans de cette année. Croyez-moi.

BL. – Je suis bien désolé pour *Tour d'ivoire*. « Il est plus difficile de passer de 500 à 5000 exemplaires que de 5000 à 15 000 » : je n'y avais jamais pensé de cette façon. C'est sans doute vrai : à partir de cinq ou six mille, la force d'inertie doit jouer, comme un souffle qui ferait tourner la roue toute seule, sans hamster ; à quatre ou cinq mille, on est sous le vent, et on retombe. C'est rageant, mais ce n'est pas fatal : il suffit de continuer à pédaler – et vous serez emporté. Je crois à la volonté, au vitalisme, mais aussi à la fatalité, et plus généralement à la mécanique des fluides : le succès est un fleuve aux crues soulevées par des tempêtes objectives et mystérieuses, comme celles du bonheur, ou de la mort. On est heureux ; le lendemain, désespéré. Le lundi, on est vivant ; le mardi, on meurt. On est à quatre mille ; un livre plus tard, à dix mille. Mais une fois lancé, le succès, c'est comme le désespoir et la mort, on n'en revient pas. Ceux qui n'arrivent pas à dépasser les cinq mille, alors qu'ils ont, comme vous, assez de dons pour y parvenir, sont ceux qui n'essaient plus, qui se sont résignés, ou qui n'ont pas réuni, volontairement ou non, les conditions du succès : un bon roman, un bon éditeur, un bon service de presse, une bonne couverture chauffante médiatique, un bon bouche-à-oreille, un bon réseau... Oui, je sais : j'en parle comme l'eunuque de bandaison.

Si *Apostasie* a la même richesse de tons, de thèmes, de personnages que vos deux derniers romans, et si vous êtes décidé à passer de cinq à quinze mille, peut-être faut-il sérieusement penser à vous tourner vers Alice Ferney et ses réseaux actes-sudistes et sud-agissants.

Je suis très étonné de ce que vous me dîtes de *Saint-Marsan*, et je soupçonne votre gentillesse de m'induire en erreur : j'aurais donc écrit un bon roman alors que ce livre me répugne littéralement, à commencer par sa couverture, que je ne peux même pas regarder tant elle me dégoûte ? « Ce personnage qui retourne sur la terre de son enfance, de sa jeunesse, au bord du bilan »... Justement, « si ma vie était un bilan, ce serait un dépôt » (Laurane Rivet). D'ailleurs, j'écrirai peut-être (rien n'est moins sûr), avant le gros roman que j'ai commencé et qui menace d'être long et difficile à composer, un court récit, peut-être intitulé *La rue assise*[10] (le titre ne me convient pas vraiment, mais il est provisoire). Il serait fondé sur un épisode de ma jeunesse, après mes études. J'étais clochard : je n'avais plus d'appartement, pas d'argent, je faisais

---

[10] Ce roman n'a pas encore paru.

la manche, je volais dans les supermarchés et je dormais dans
une sorte d'asile de nuit, un foyer pour SDF, comme on commençait à dire alors. J'y avais rencontré un jeune Arabe, Ahmed, qui était aux Beaux-Arts, et gagnait sa vie comme
« crayeur » : il dessinait sur les trottoirs, à la craie. Il était
d'Angoulême. On avait vendu des calendriers pour les
aveugles, ensemble. On avait aussi fini plusieurs fois au
poste. C'est là qu'un adjudant de gendarmerie m'avait appris
qu'un régiment d'artillerie attendait que je voulusse bien accomplir mes obligations militaires. Je n'ai plus jamais revu
Ahmed, ni eu de ses nouvelles.

Autre chose. J'ai reçu un coup de téléphone de François
Bousquet. Olivier François lui avait envoyé le fichier de mes
Dents serrées : Bousquet a lu le manuscrit et lui a trouvé tant
de qualités qu'il m'a proposé « une chronique régulière dans
Éléments : six mille signes tous les deux mois ».

Il veut du saignant, mais du saignant gratuit. Je suppose
que je dois être conscient de l'honneur que l'on me fait en
me proposant d'écrire dans *Éléments*. J'ai dit oui.

Je serai à Paris le jeudi 4 juillet ; si vous y êtes aussi,
voyons-nous. Je participe à un salon du polar, où je dois
prendre la parole, avec d'autres (dont Jean Tulard). Le lendemain, en revanche, je dois partir à Lyon, où je suis invité par
une association pour un dîner-débat et une signature...

PJ. – Je commence par la fin de votre lettre : le 3 juillet,
je participe à une sorte de conférence-débat, devant un parterre composé de retraités qui se demanderont quel est le
« chauve goguenard » qu'ils ont en face d'eux : le monsieur
de la météo ? Un footballeur des années 2000 ? Un acteur de
film porno pour niches « mature » ? Cette conférence se dé-
roulera à l'hôtel Ibis de Pornichet (une station balnéaire à
côté de chez moi). Pour cette raison, je ne pourrai malheureusement être à Paris le 3 juillet. Le 4 juillet, nous pourrions
boire un verre avant votre « dîner-débat ». Ce serait rapide.
Mais pourquoi pas.

Remontons la lettre : j'ai vécu une histoire semblable à la vôtre avec Alexis Jouve, il y a deux ans. Nous étions dans un café, vers les Grands Boulevards, à discuter de possibles articles que je pourrais écrire pour son journal.

« Combien vous voulez ?

— Oh, l'argent n'est pas le plus important...

— Mais je ne parlais pas de rémunération ! Je vous demandais combien vous vouliez de signes pour votre article ! Alors là, c'est in-cro-yable ! »

Pour Alexis Jouve, que j'aie pu imaginer qu'on me paierait relevait du « fantastique », de « l'inédit ». Cela dit, l'homme est sympathique.

Je vous accorde que la couverture de *Saint-Marsan* donne dans le régionalisme. Cependant, oui, c'est un vrai et beau roman. Le thème du retour chez soi, après un « long voyage », aujourd'hui, dans la France dévastée, est traité d'une façon originale et sans précaution.

Eh bien, quelle vie que la vôtre ! Votre *Rue assise* promet beaucoup. Mais pourquoi ne pas écrire une autobiographie complète, ou semi-complète ? Quand je songe à ma vie bien tranquille, professeur depuis vingt-sept ans, je me fais l'effet d'un petit enfant. D'ailleurs, l'écriture d'*Apostasie* est aussi en panne car mon personnage doit travailler dans un supermarché, or je n'ai connu que deux professions : le professorat et – l'été – la banque. J'ai peur qu'il manque le petit fait vrai nécessaire au romanesque...

Oui, vous avez raison, il faudrait dépasser la zone du succès (les cinq mille), cette zone d'où l'on ne revient plus. Je ne me cache pas la vanité d'un tel souhait. D'un autre côté, il est difficile d'enterrer ce type de rêveries quand elles ont failli s'incarner pour de bon, quand des diables vous persuadent que le succès est, pour vous, une évidence. Et, comme je vous l'ai déjà dit, je suis à bout de mon métier de professeur. Je l'exerce en roue libre, la roue tourne toute seule, comme vous l'écrivez, par la force de l'habitude. Je ne souffre pas. Je n'en jouis pas non plus.

PJ. – Cher Bruno, le facteur vient de glisser *Tombeau de Raoul Ducourneau* dans ma boîte à lettres. Je vous remercie vivement de cet envoi, et de la dédicace. Vous êtes le Lucky Luke de la publication ! L'incipit (comme on dit en milieu scolaire) est excellent. Je m'en vais le lire sur-le-champ. Et je pars dans quelques minutes à Nantes : à partir de demain et jusqu'à mardi prochain j'interrogerai soixante-et-un élèves de la série ES pour vérifier leur sensibilité littéraire. Je m'en pourlèche les babines. Une fois cette corvée accomplie, je ne ferai plus qu'écrire jusqu'en février.

Des lecteurs, dimanche, l'air engageant et con, me disaient : « Allez, votre prochain roman, il faut qu'il soit optimiste, hein ? Vous me promettez ? », comme on parle à un malade.

Vous êtes toujours dans votre établissement pour handicapés ?

BL. – Yes ! Tout l'été, je pense. L'avantage, c'est que l'on peut arranger son emploi du temps : travailler huit jours et avoir trois jours et demi de récupération...

PJ. – J'imagine un roman de Lafourcade se déroulant dans ce type d'établissement. Quelque chose de grotesque et d'effrayant. – Je suis invité ce soir chez un ami. Il recevra *Saint-Marsan* en forme de remerciement.

BL. – Oui, ce serait une bonne idée. C'est assez effrayant et grotesque, en effet, avec des gueules de monstres de foire tout bavant et pelotant les aides-soignantes. Ce serait une fin de roman : le héros se retrouverait là-dedans. Bon, il faudrait encore que je me justifie auprès des lecteurs qui me demanderaient comme à vous de l'optimisme…

J'ai participé par téléphone à une émission de Thomas Hennetier – qui a cité votre nom parmi les meilleurs écrivains d'aujourd'hui. Plus tard, j'ai dit à David Desgouilles : « Si je me permettais de vous insulter, je dirais que vous êtes un optimiste. » C'était le mot de la journée.

PJ. – Je concours à un nouveau prix (je veux dire : *Tour d'ivoire*) que vient de créer Frédéric Beigbeder (le prix de la Maison Rouge). C'est Frédéric Schiffter qui a imposé le roman. Si je l'obtenais, ce serait peut-être plus facile de trouver une maison d'édition qui me convient. Le prix est donné le 21 août à Biarritz. Dans le jury, on trouve aussi Philippe Djian (jamais lu) et Isabelle Carré. Schiffter m'a dit qu'il aurait aimé écrire l'*HS* et *Tour d'ivoire*. Quant à Beigbeder, selon Schiffter, il trouve TI excellent. Cela dit, je ne m'attends pas à l'avoir. J'étais persuadé que j'allais décrocher en 2018 le prix des Hussards, et ma chute, en finale, a confirmé mon profil de perdant. C'est bien aussi, perdant.

BL. – Oui, c'est bien, de perdre, mais vous gagnerez bientôt, je le sens. – Qu'est-ce que vous pensez de se retrouver devant chez Lipp ? Pas pour y déjeuner, hein, parce qu'on y mange très mal, ni pour y jeter des capotes d'eau sur la tête à Toto Sollers (ah non, lui, c'est à La Closerie qu'il mange ses œufs mimosas), non, juste pour s'y retrouver avant de rejoindre un bistrot où se remplir de lard sans se vider le larfeuille... *What do you think* ?

Juillet

PJ. – Oui, très bien, devant chez Lipp. Restera à trouver quelque chose de pas trop cher (ce qui me fait penser aux Mange-pas-cher de Thomas Bernhard).

BL. – Jean Tulard, de l'Institut, 85 ans, est absolument charmant, très distingué, et, bien sûr, extrêmement érudit. Il a tenu plus d'une heure sur Napoléon et le roman policier :

Napo contre Fu Manchu, *Douze balles dans Napo*, *Edgar Allan Napoe*, *Napo et les os* – il sait tout sur l'Empereur : ses bicornes, ses chevaux, son Marengo (pas la bataille, le veau, et les différentes façons de l'apprêter). Le lendemain, je repartais pour Lyon, et un dîner-débat (dont le thème était les causes et les conséquences de l'effondrement de l'école), suivi d'une signature, organisée par une association, dont le président m'a appelé tour à tour Foucade, Fourcade, Lafoucade, enfin, tentant le grand saut, Lacoufarde, provoquant chez moi, successivement, un sourire, un soupir, un bouton de fièvre.

PJ. – Enfin, j'ai reçu *Une jeunesse les dents serrées*. J'en ai lu les deux tiers : violent, désespéré, brillant. Je vous en parlerai (dans un mail). J'ai offert le livre cet après-midi à deux amis professeurs de philosophie (dont un lecteur enthousiaste de *L'Ivraie*), et tous deux de 1966... Je vous souhaite du courage pour retourner dans la Maison où les vieillards tâtent les fesses des infirmières.

Ma décision est prise de tenter Gallimard en premier, Rivages en second et La Table ronde en troisième. Un tiercé comme un autre.

Je dois aller à Nantes cet après-midi : grande réunion dite d'harmonisation des notes du bac (écrit). Je m'attends au pire.

BL. – Si vous voulez mon avis éclairé de *winner* du super *steeple-chase* de la *loose* : c'est un bon choix. Il faut tenter Gallimard en premier, parce que c'est Gallimard.

PJ. – Je partage votre avis (sur Gallimard), c'est un truc à tenter, une fois dans sa vie, comme on saute un jour en parachute.

J'avais bien raison d'imaginer le pire pour la remise des copies : nous étions deux (sur une soixantaine de professeurs) à obtenir une moyenne inférieure d'un point à la moyenne générale (9,5 alors que la MG est de 10,8). On m'a demandé de hausser les notes, d'ajouter un point aux meilleures copies, aux plus mauvaises, etc. J'ai tenu bon (si l'on ne me tient pas rigueur d'une humeur massacrante). Je joins une écriture d'invention : il fallait écrire un poème qui célèbre la nature. Ne me remerciez pas, ça me fait plaisir.

PJ. – Cher Bruno, je me suis précipité, dès mon retour à Guérande, sur *Une jeunesse les dents serrées* (je vous remercie de l'envoi). Je l'avais déjà trouvé à la Fnac rue de Rennes, me lestant de deux exemplaires (que j'ai depuis offerts) : il faut propager la rage. Tout au long du pamphlet, vous ne faiblissez pas, le ton est rageur et implacable. C'est un constat, une accusation, une condamnation. Le plus impressionnant, outre la violence, tient au rythme : le lecteur est comme sous le feu d'une rafale qui ne s'arrête pas. Je me souviens qu'Henri Meschonnic prétendait que le style se définissait par le rythme, votre *Jeunesse* donne raison à cet universitaire trop abscons. Et puis l'on retrouve le sens de la formule fulgurante, de l'aphorisme exterminateur : « Vous étiez des juifs allemands, nous fûmes tous des enfants d'immigrés. » Tout est dit en deux propositions. L'ironie en plus.

Votre intuition selon quoi la génération 68 après avoir tué ses parents s'est repue de ses propres enfants m'oblige à regarder autrement ma propre existence. Si j'avais dû écrire une critique de votre pamphlet, je l'aurais intitulée : « Œdipe et Médée ». Nous en avions parlé à Paris. Je n'ai pas pour habitude de réfléchir par génération, mais c'est un tort : au fond, nous ne sommes vraiment contemporains que de notre génération. Celle qui nous précède comme celle qui nous suit, indifférentes à nos espoirs et nos échecs, ne pourront jamais nous comprendre pleinement, et nous ne pourrons pas les entendre à notre tour. Vous mettez à jour le stratagème de la génération 68 : des tueurs déguisés en éternelle jeunesse ; derrière les visages de liberté et de transgression qu'ils affichaient nous n'avons pas su lire les traits du criminel, de l'assassin gentil qui nous étouffait lentement, dans un grand éclat de rire Canal +. Vous nous aidez à voir l'assassin.

Le Fatum décide de toutes choses. Cette génération d'après-guerre, sentant en elle bouillir le sang de la consommation et les désirs de vie facile afférents, frustrée de l'héroïsme de la Résistance, grisée par le nectar révolutionnaire, cette génération, donc, avait-elle les moyens d'être ce ramassis d'anarchistes rigolards et sympas qui allait bouffer sa marmaille ? Elle a cru libérer l'humanité de ses fers, alors qu'elle l'emmaillotait dans le nihilisme de la consommation et du Rien. Ces crétins à tête de Polac croyaient vraiment qu'ils œuvraient pour le Bien. Régis Debray a montré la ruse de la raison financière à l'origine de Mai 68 : la consommation exigeait qu'on abandonne le capitalisme puritain, arc-bouté sur le christianisme, la famille et la patrie, le Produit réclamait l'hédonisme, le horsolisme, le monde liquide. En croyant combattre le nihilisme de la marchandise nos pères accéléraient son avènement.

Je n'aurai qu'une critique à adresser à votre *Jeunesse* : à partir du troisième tiers, vous laissez tomber (plus ou moins) les années quatre-vingt, vous retournez au présent, à *Charlie-Hebdo*, à l'Islam, aux Pride de tous poils et à poil. Certes, nous sommes dans les effets, après la raison des effets. Je crois néanmoins que l'effondrement trouve son origine dans les années soixante-dix et quatre-vingt, dans ces années où nous étions des enfants, des adolescents et de jeunes hommes qui, comme vous le dites magnifiquement, trouvèrent le « salut dans ce qui [leur] restait de pur : le chagrin et la mélancolie. »

Quoi qu'il en soit, ceux de notre génération qui ne sont pas encore morts vous sont reconnaissants d'avoir craché au visage de nos pères.

Pour le reste : je n'ai pas encore repris mon roman, ni cherché une nouvelle maison d'édition (mais comme je vous l'écrivais, je vais commencer par Gallimard). Quant aux vacances, elles se passeront à Pézenas du 20 juillet au 1er août ; puis quelques jours en août du côté de la Touraine. Si vous êtes libre en dehors de ces dates, n'hésitez pas à voyager jusqu'à Saillé, où une chambre vous attend.

Pas de nouvelles du Prix de la Maison Rouge.

BL. – « Monsieur, vous avez bien voulu nous faire parvenir un dossier de demande de bourse d'écriture et illustration 2019, que nous avons étudié avec la plus grande attention. Après examen attentif de votre dossier et malgré tout l'intérêt qu'il peut présenter, j'ai le regret de vous informer que nous ne sommes pas en mesure de lui réserver une suite favorable. En effet, compte tenu de l'enveloppe allouée et du nombre de dossiers reçus, votre demande d'aide ne pourra pas aboutir. »

PJ. – Nouvelles éditoriales : j'ai été contacté par Bertrand Lacarelle, écrivain publié chez Pierre-Guillaume de Roux et éditeur chez Gallimard. Il se propose de lire mes manuscrits et d'essayer de les publier dans la collection blanche. Je vais dire oui, évidemment.

BL. – Excellente nouvelle ! J'ai lu le livre de Lacarelle sur Vaché, quand je préparais mon livre sur le suicide... Je croise les orteils pour vous. Vous allez lui proposer le roman que vous êtes en train d'écrire, ou d'abord le roman sur l'école ?

PJ. – Je vais lui proposer le roman sur l'école (*À bout portant*[11]), puis celui que je suis en train d'écrire, quand il sera terminé (à moins qu'il veuille en lire le début). J'ai aussi d'autres romans en souffrance, un recueil d'aphorismes et même une pièce de théâtre. J'avais écrit en 2014 un roman satirique : *Comment P'tit Louis est devenu poète*[12]. – Que pensez-

---

[11] Roman publié depuis sous le titre *Rééducation nationale* (Rue Fromentin, 2022).
[12] Roman publié depuis sous le titre *Louis le magnifique* (Le Cherche Midi, 2022).

vous du livre de Lacarelle sur Vaché ? Je vous remercie pour le croisement d'orteils !

BL. – Dans mon souvenir, c'était un bon livre, fasciné par son sujet, très bien informé, soucieux, je crois, de démentir le suicide de Vaché, à l'Hôtel de France – thèse officielle depuis Breton. Dans mon esprit, il complétait, sur le même sujet, le livre d'un auteur de Nantes, Stéphane Pajot.

PJ. – Jacques Vaché ne s'est donc pas suicidé ? Vous avez donc tout lu, même des auteurs nantais que je ne connais pas ?

BL. – Pff... Je viens à peine de découvrir Émile Goudeau (*La vache enragée*, 1885), Henri Pollès (*Les Gueux de l'élite*, 1935) et François Marchand (*Nager dans les dollars*, 2018)... Vaché s'est enfermé dans une chambre de l'Hôtel de France, à Nantes, avec plusieurs amis, pour fêter leur démobilisation. Lui et un autre soldat sont morts de surdose, mais selon les témoignages il semble peu probable qu'ils aient voulu se tuer. C'est Breton qui a fait courir ce bruit, qui lui semblait conforme au nihilisme de Vaché. Je comprends très bien la fascination que l'on peut éprouver pour Vaché, pour Cravan (sur lequel Lacarelle a également écrit) ou pour Crevel. Un autre me fascine, cependant, et il n'a même pas le prétexte d'une œuvre. C'est le père de l'écrivain Pierre Herbart, Maurice, surnommé Ravachol par les ouvriers du port de Dunkerque... Mais c'est une autre histoire, et je dois aller soulager les infirmes...

PJ. – Le père de l'écrivain Pierre Herbart ? Une autre histoire, sans doute, mais intrigante. – Il est fort possible en effet que Breton ait transformé un accident en suicide : c'est son côté littérateur. L'Hôtel de France existe toujours (je crois) en haut de la rue Crébillon, la rue qui rejoint les deux grandes places de la ville, la Royale et la Graslin. – Des suicidés de la société (comme les appelait un ouvrage 10/18), c'est Jacques Rigaut qui m'a le plus marqué, je l'ai lu et relu, avant de ne plus du tout le lire, le connaissant par cœur.

BL. – Cher Patrice, la belle Leïla Kaddour ne l'a pas annoncé au journal télévisé, pourtant je tiens l'information pour sûre : les gens sont fous – insensés, impossibles, déments, hallucinés, fous à lier, à se pendre, à se les mordre. Je sors d'une « conversation » téléphonique (un monologue, évidemment, d'une heure sans débander) avec une Briviste (la Briviste est longue au débandage) ; elle a lu un de mes livres, elle en est sortie estourbie, estomaquée, concassée et tourneboulée : elle veut en acheter cent exemplaires, les offrir, organiser des lectures, des soirées, des salons, louer un aéroplane et jeter des publicités par le hublot, convaincre des libraires, menacer des journalistes et s'immoler devant l'Académie française. Grosso modo. Bon, dans la réalité, son éloge a duré trente secondes, puis elle est passée aux choses sérieuses : elle, sa vie, ses opinions, sa franchise, sa droiture et son courage.

« Je viens de découvrir l'entretien "Lettre ouverte aux parasites de la génération Mitterrand", m'écrit un autre lecteur, et me suis réjoui de voir la statue de François Mitterrand recevoir quelques lourdes chiures de pigeon et refléter enfin la vérité du personnage. Dommage que les sept dernières lignes de l'entretien n'invalident ce qui les précède : comme si les chiures vous avaient éclaboussé et aveuglé – espérons que ce n'est que momentané, il suffit d'un geste (il peut vous coûter beaucoup, mais je ne suis pas dans votre tête...) pour être dessillé et retrouver votre gaie, sagace et réconfortante lucidité. »

J'adore les conseilleurs et leurs précieux conseils, augmentés d'une pointe d'agressivité rentrée : vous ne pensez plus comme moi, vous perdez votre lucidité – à l'avenir, essayez de ne pas me décevoir. Ô Lecteur Hyper-Démocrate...

Bon, intrigué, j'ai quand même cherché les sept lignes d'éclaboussures qui m'aveuglent la lucidité. Olivier François me demandait si l'on pouvait « déceler dans notre présent quelques germes de renaissance ». J'ai répondu par l'affirmative : « les Hongrois, les Polonais, les Tchèques, les Slovaques, les Italiens refusent leur obsolescence programmée. Nous ne sommes pas seuls. *"No man is an island ; every man is a piece of the continent"*. C'est peut-être le macronisme, cet abolissement systématique des frontières géographique, culturelle et physique, qui sera bientôt isolé. Je viens du peuple et je veux croire à son sursaut : il ne se laissera pas enterrer vivant. "Le populisme ou la mort", comme dit Olivier Maulin. »

Qu'est-ce qui, là-dedans, « invaliderait » ce que je dis des « années Mitterrand » ? Mystère & Tapioca.

J'ai répondu à ce lecteur :

« Cher Monsieur, *no man is an island,* comme disent John Donne (*Devotions*) et Sylvester Stallone (*Paradise Alley*). Je vous remercie donc de vos conseils. Suffiront-ils à me faire recouvrer ma lucidité ? Dieu seul le sait. »

Sinon, j'ai progressé dans l'art de répondre aux questions de journalistes qui n'attendent pas de réponses. Je me sens assez à l'aise, et bafouille moins. Il y a cependant un moyen, simple en théorie, moins en pratique, de s'améliorer : le Tupperware.

« T'as encore oublié ton manger », me disent les aides-soignantes en me voyant sortir, à midi, pour acheter un sandwich.

Elles, ce sont des femmes à Tupperware : elles préparent la veille « leur manger » et jamais elles ne l'oublient. Il faut faire comme elles : la veille des entretiens, il faut préparer quelques idées simples, relevées d'humour persillé et de paradoxes citronnés, et servir l'ensemble coûte que coûte, dans un grand saladier – *malgré* le journaliste. Changeons d'image : il faut devenir perchiste, s'entraîner à sauter par-dessus les questions. Les interviews les moins frustrantes, pour moi, ont été celles où mes réponses tenaient compte le moins possible des questions.

PJ. – Cher Bruno, je vous remercie pour votre lettre. J'y répondrai lorsque je serai revenu sur mes terres salées. J'ai reçu un SMS de Michel Marmin : « Viens de lire mon premier Lafourcade, *Tombeau de Raoul Ducourneau.* Impressionnant, implacable. »

Août

BL. – Cher Patrice, avez-vous des nouvelles du prix Maison Rouge ?

PJ. – Cher Bruno, oui, j'ai des nouvelles, j'ai reçu un appel hier de Schiffter pour me dire que le prix avait été donné à Alexandre Labruffe (éditions Verticales) ; selon lui, mon roman aurait emporté la mise s'il avait paru en septembre.

Pour Gallimard, il faudra attendre octobre pour connaître le verdict du comité de lecture. Bertrand Lacarelle est enthousiasmé par le roman (sur l'EN), il va le défendre. – Continuez-vous votre travail d'infirmier ou êtes-vous délivré du mal (salarié) ?

BL. – Eh oui, je torche toujours de l'infirme, du nécrosé, du trépané – jusqu'en février, je pense. Après, il faudra que je trouve quelque chose de moins harassant : j'ai trois manuscrits sur le feu, que je n'arrive pas à finir, à cause de la paresse, et de la fatigue. Quand je veux m'y mettre, la force me manque. Il y a aussi que je dois finir un petit manuel scolaire. Je devrais avoir terminé ça dans une dizaine de jours ; et ça me rapportera un peu d'argent. Mais là, tel que vous ne me voyez pas, j'ai sorti un roman de Mauriac, *Le Désert de l'amour,* que je m'en vais relire, allongé sur mon plume – où je vais m'endormir comme un con.

PJ. – Je reçois aussi des mails ou des lettres de lecteurs qui expédient en quelques mots l'admiration qu'ils portent à *L'Homme surnuméraire* pour retracer, par le menu, l'histoire de leur vie, la folie de leurs parents, le sort de leur fils, etc. Je crois que nous ne sommes que des prétextes : ils se disent : un écrivain ! Y'a bon Banania ! c'est un spécialiste des choses de l'âme, des histoires, et des histoires, et de l'âme, j'en ai à revendre. Et c'est parti pour un tour ! J'essaie d'analyser (brièvement) cette maladie dans le roman en cours. Je ne crois pas la saisir complètement. Et puis, s'agit-il d'un invariant anthropologique ou d'un phénomène d'époque ? La bourgeoisie avait imposé un code de politesse qui réfrénait l'égocentrisme des bavards, ce code a explosé, les miettes de bavardage salissent toutes les conversations, aucun balai n'en viendra à bout.

Ce thème, vous le traitez aussi dans votre *Hussard*, et très drôlement. Cette Bénédicte, amoureuse des arbres, qui casse les pieds de son interlocuteur, puis, avant de se séparer de lui, s'exclame : « Ça m'a fait plaisir de bavarder avec vous. Nous devrions nous revoir : la prochaine fois, je vous parlerai de moi. » – Tout le roman est réjouissant. On lit les premières lignes sourire aux lèvres, on le termine avec le même rictus de satisfaction. Votre description des étudiants (ou pseudo-étudiants) qui occupent les locaux de la fac est une façon de chef-d'œuvre : rien n'est exagéré, la dialogues sont plausibles, mais la présence de Julien, avec son ironie discrète, en souligne l'infinie bêtise.

Le côté policier m'a moins intéressé, mais vous n'êtes pas en cause : je n'arrive pas à suivre (et même à comprendre) les histoires policières. Je crois que la force du roman est ailleurs : c'est un roman comique déguisé en roman policier. Évidemment, on ne retrouve pas la profondeur de *Ducourneau* ou le frisson lyrique d'*Une jeunesse*, mais qu'importe, la drôlerie est un plaisir que je ne boude pas, qu'il m'arrive même de considérer comme l'essence de la littérature.

Comme je vous l'ai dit, le Prix Maison Rouge m'est passé sous le nez. Schiffter m'a appelé pour m'en informer, il semblait sincèrement déçu. Selon lui, le roman avait séduit tous les membres du jury, mais Beigbeder et Djian tiennent à leur coup médiatique : couronner, avant les prix d'automne, un roman de la rentrée (et *Tour d'ivoire* a été publié en mars). Il est difficile de savoir si Schiffter, en insistant sur le succès rencontré par mon roman, dit la vérité ou si ce succès d'estime a pour fonction de faire avaler la pilule de l'échec.

J'ai repris l'écriture d'*Apostasie*, avec entrain. Quant à Gallimard, je saurai en octobre si le comité de lecture accepte de publier *À bout portant*. Bertrand Lacarelle est enthousiasmé par le roman (du moins le dit-il), il a rédigé une note élogieuse à son propos. Si jamais Gallimard refusait le roman, je leur proposerais *Apostasie*, qui est plus ambitieux (à tout le moins en nombre de pages). Je dois rencontrer Lacarelle, vendredi prochain, à Angers, en la compagnie de Michel Marmin. Et, se joignant à nous, il y aura aussi Matthieu Falcone.

Il m'arrive, dans mes rêveries diurnes, d'imaginer qu'après ma publication chez Gallimard, des auteurs comme Lafourcade, Matthieu Jung, Montal, Maulin me rejoignent de sorte que la grande Maison retrouve ses couleurs littéraires...

Septembre

PJ. – Cher Bruno, j'ai écouté ce matin votre interview à la radio. C'était très bien. Vous avez pu développer vos idées. La journaliste semble sympathique. Néanmoins, elle n'a pas pris la mesure, ai-je eu l'impression, de ce que vous écrivez, ou alors, sa mesure n'est pas la mienne. Elle n'a fait que relever ses points d'accord, parfois de désaccord, avec *Une jeunesse les dents serrées*, sans voir l'unité de votre livre. En tout cas, il me semble qu'on parle beaucoup de vous, de vos livres.

Gallimard a refusé mon roman sur l'Éducation nationale : il y a d'abord eu deux lectures très favorables, puis une troisième très mitigée. Enfin, un comité de lecture, où le lecteur le moins convaincu a imposé sa façon de voir : le roman ne serait plus d'actualité ! Il rejoue la querelle des anciens et des modernes (mais non, gros bêta, les modernes ont gagné depuis longtemps). Enfin, le plus grotesque, le « héros » est embauché comme professeur en partie à cause d'un handicap : il a une troisième couille. Cette couille surnuméraire n'a pas plu. Je redonnerai malgré tout *Apostasie* (le roman en cours) à Gallimard quand il sera terminé. S'ils n'en veulent pas, j'abandonnerai définitivement l'ambition d'être publié dans cette maison. Ainsi va la vie.

BL. – La putain de guigne – et, comme toujours, on est stupéfié par les raisons données : un livre doit être ou non d'actualité (a-t-on entendu plus anti-littéraire que ça ?), et les couilles des héros doivent marcher par paire. Ça donne vraiment envie de tous les gilet-jauner du gland, les bi-couillus !

Voyons les choses autrement : vous avez franchi deux *check point* sur trois. *Apostasie* partira avec un préjugé positif. Et puis, si j'ai bien compris, ce roman est plus ambitieux qu'*À bout portant* : il conviendra peut-être mieux aux comités de lecture de G. D'ailleurs, que va devenir *À bout portant* ? Il n'y a pas que Gallimard, et vous aviez en vue d'autres éditeurs...

PJ. – Oui, c'est la guigne pour moi depuis quelques mois, entre la fin de Rue Fromentin, l'échec du prix Maison Rouge, le refus de Gallimard, et je ne parle pas du relatif échec de *Tour d'ivoire* (enfin si, j'en parle). On verra ce qu'il advient d'*Apostasie*. Il est plus ambitieux, au moins dans le volume ; et le héros est pourvu de la paire de couilles réglementaire. Je ne sais trop quoi en penser. Je pense qu'il y a des pages bien tournées, des passages réussis, mais je ne sais ce que donnera la totalité ; je ne sais plus où j'ai lu cette réflexion, mais elle me semble juste : un romancier ne peut jamais lire ses romans (il faudrait lui laver le cerveau avec l'eau du Léthé pour qu'il puisse découvrir ce qu'il a écrit).

Où en êtes-vous de vos projets littéraires ? Et vos scénarios ? Excellent, le sketch sur le racisme [à propos d'un court métrage co-écrit par Lafourcade] ; d'ailleurs, ce comédien noir a beaucoup de talent.

BL. – Oui, c'est vrai, le romancier ne peut pas lire son roman, surtout si celui-ci est ample. Un proverbe cyclo-poulidorien le dit : le nez sur le guidon fait disparaître la route. Ce qui est pénible, la plupart du temps, c'est que les critiques ne la voient pas davantage, la route.

Combien de temps vous faudra-t-il pour terminer votre *Apostasie* ? En ce qui me concerne, j'ai plusieurs manuscrits que je ne peux pas mener à bien, pour le moment, faute de temps. J'ai dû terminer le petit manuel scolaire que je fais tous les ans et qui me rapporte un peu d'argent (il va m'en falloir si je veux me mettre au vert six mois, à partir de février) ; puis réécrire des séquences du scénario (je ne sais pas si je vous ai dit que le long métrage dont je vous ai parlé sera tourné, finalement, cet hiver) pour y donner un rôle à une star de la Toile, un YouTubeur, qu'il faut maintenant convaincre (tout le monde travaille gratuitement et sera payé si le film arrive à être amorti). Tout est un peu agaçant, parce que ça me freine. De toute façon, tout m'agace, et tout me fatigue : tel éditeur est un fantôme, tel autre l'ombre d'un fantôme, et moi la silhouette d'une ombre – j'ai même disparu de la vitrine de Léo Scheer, entièrement vouée aux best-sellers de la maison, ceux de la compagne du patron.

PJ. – Je comprends votre fatigue. Le plus étrange aura été de voir tant de lecteurs de *L'Homme surnuméraire* ne montrer aucune curiosité pour *Tour d'ivoire*. Même des proches, ou des connaissances, me disent : « Ah non, là, je l'ai pas lu ton bouquin... Donne-moi des arguments pour le lire ! ». Mais je m'en fous, mon gros, que tu le lises ou pas. Je ne suis pas l'homme-sandwich de mes romans.

Je finirai *Apostasie* en décembre ou janvier, même si je n'ai pas atteint le nombre de signes que je me suis fixé. Pour l'heure, il a 600 000 signes. Lacarelle, l'éditeur de Gallimard, m'a écrit ce matin pour me dire que, selon lui, les motifs grotesques qui ont été mis en avant pour ne pas publier *À bout portant* seraient, en vérité, des prétextes. La véritable raison : le roman ne va pas dans le bon sens, le sens du Bien et du Progrès. Cette interprétation (que je n'avais pas écartée non plus) ne me rassure pas quant au sort d'*Apostasie*. Tout est solidement cadenassé. Les journalistes parlent peu de vous, les grands éditeurs vous écartent et voilà pourquoi Foenkinos est grand !

BL. – Je crois me rappeler que la première version de *L'Ivraie* comptait 650 000 signes ; l'éditrice m'avait demandé d'en enlever 150 000, et le roman y avait gagné, il me semble.

Les raisons que l'on nous donne pour ne pas publier un manuscrit sont toujours fausses – c'est pour ça qu'elles ont l'air grotesques : les gens préfèrent passer pour ridicules plutôt que d'avouer qu'ils sont lâches, et être honteux plutôt que de ne pas publier Foenkinonosse. Les lecteurs, eux, ont très peu de curiosité, et quand ils en ont, elle n'est pas durable. Et il y a les éditeurs...

L'an prochain, je voudrais réunir mes chroniques en volume, puis éditer *La Littérature à balles réelles*. Mais qui les voudra ? Léo Scheer a refusé le second, Bartillat aussi. Il vient un moment où tout finit par peser. Il faudrait écrire pour son seul plaisir, entasser les manuscrits toute sa vie, sans se préoccuper du reste. Malheureusement, la vanité est plus forte que l'orgueil.

Dans les sociétés inversées, retournées, les artistes sont guitaristes de bar ou metteuses en espace. C'est une des raisons qui expliquent mon refus et mon dégoût du mot « écrivain », en ce qui me concerne. Le mot est répugnant, un peu comme l'andouillette quand on l'associe à la merde (ce n'est qu'une image : j'adore l'andouillette). Un ami ne comprenait pas que j'ose dire que je n'étais pas « écrivain » ; ça le révoltait presque. Comme j'ai rompu avec lui, brusquement, mais non sans raisons, cette révolte en lui s'est réveillée. On me montre les textes qu'il écrit sur moi, sans me nommer, et qui m'amusent plutôt (« plouc », « phrase stéréotypée », « style dégoûtant », ou « scolaire », etc.). Il y revient sur la « manie », la « coquetterie », que j'ai à répéter que je ne suis pas « écrivain ». Il ne comprend pas. Ça le dépasse. Ma rupture avec ce mot-là m'a pourtant soulagé, et libéré.

PJ. – Je viens de recevoir un mail d'un lecteur, il aime bien *Tour d'ivoire* mais il trouve que je « reste dans ma zone de confort » !

Je dois retourner à Chinon, début octobre, et préparer une intervention de vingt minutes sur le thème du corps et de la liberté. Il y aura à nouveau des normaliens, des universitaires, etc. Quand je leur dis que je suis professeur, ils me demandent : « Dans quelle université ? ». Je réponds que je travaille dans un lycée. Inévitablement : « Ce doit être passionnant. »

BL. – En ce moment, j'ai réécrit des scènes d'un scénario pour y insérer un célèbre YouTubeur, finir un manuel scolaire, écrire ma chronique (saignante) pour *Éléments* et un conte anti-animaliste pour un livre collectif. Je n'ai donc pas pu me mettre à des manuscrits plus longs. Je vais peut-être arrêter les textes pour mon blog, d'ailleurs : il me semble que j'y ai dit tout ce que j'avais à dire. Je dois sortir de ma zone de confort (Dieu que les lecteurs sont cons !).

Chez Léo Scheer, on a fait donner le ban – l'avant et l'arrière – pour tonitruer le best-seller maison, avec des articles paroissiaux de tous les amis du patron, dans *Le Point*, *Paris Match*, *Marie Claire*, *Le Parisien*, *Le Figaro* sous les trois espèces (*Figaro*, *Littéraire* et *Madame*), sans compter France Info, RTL, les journaux télévisés, *Vivement dimanche*, l'émission de

Drucker – jusqu'au Bulletin de Montenescourt et Duisans (qui couvre l'Artois et n'hésite pas à déborder sur Courchelettes).

Octobre

PJ. – Je reviens de trois jours à Chinon, pour *L'Atelier du roman*. Un western moins violent que celui de l'an passé, mais quelques poupées dans le *saloon* qui ont joué les fiérotes (deux normaliennes), quittant la salle parce qu'un « intervenant » (un vieil universitaire roumain) avait cité Pétain, sans rappeler, au préalable, qu'on avait affaire à une ordure.

BL. – Cette fois-ci, on se croirait dans *L'Ivraie*. Je suis dans un salon du livre qui ressemble à celui dont je parle dans mon best-seller international. Et tout à l'heure je dois faire un speech d'un quart d'heure avec les sept autres candidats d'un prix littéraire local... La gloire... L'ombre du laurier m'enivre, comme dit l'autre.

PJ. – La littérature, j'en suis persuadé (mollement), a le pouvoir de divination, ce qu'on écrit finit par arriver d'une manière ou l'autre. J'espère que le prix est bien doté, et que vous allez l'avoir ! – Michel Marmin se demandait si vous pratiquiez le Furetière, ou plutôt s'interrogeait sur l'édition qui est la vôtre. Il a lu *L'Ivraie*, et lira bientôt *Une jeunesse*. Commentaire : « Quel styliste, ce Lafourcade ! »

BL. – Il est sympathique, Marmin... Oui, j'ai beaucoup pratiqué le *Furetière*, avec délectation, avant de l'oublier pour être lisible, et le *Littré*, le *Dictionnaire de l'Académie*, et, mais alors passionnément, le Dubois (*Dictionnaire du français classique*)... J'ai d'ailleurs composé un manuel pour mon usage personnel, classé en trois parties : vocabulaire, syntaxe, fautes.

Bon, eh bien, je n'ai pas eu le prix... Le lauréat est un auteur auto-édité, Roland Collignon. Deux femmes, membres du jury, sont venues me demander si mon roman était du premier ou du second degré. J'ai répondu que je ne comprenais pas ce qu'elles voulaient dire.

PJ. – Les grammairiens, me disait Jean-Pierre Georges dimanche dernier, ne font pas les grands poètes.

Ah la vache ! Je viens d'aller lire le blog du lauréat. L'accroche est, disons, parlante : « Des rencontres, des mots, des regards, des couleurs, un brin de folie, des sourires, des musiques, des soupirs, des rêves, des hésitations, des révoltes, des confidences, des rêves, des vies... La rédaction de biographies n'est pas seulement une démarche littéraire, d'écoute attentive et de retranscription, mais c'est, à chaque fois, une belle rencontre, une superbe aventure humaine, un torrent d'émotions partagées, des échanges précieux et inoubliables... Je m'y sens tellement utile, épanoui et profondément humain et me réjouis déjà de peut-être bientôt vous rencontrer. » – Quelle chance, vous l'avez rencontré !

BL. – Même dans *L'Ivraie*, on aurait trouvé ça excessif...

PJ. – Ce Collignon, sur son site, vend sa plume pour des gogos avides de tenir, dans leurs mains, leur biographie. Je vous conseille d'aller y faire un tour. Aujourd'hui, si t'as pas été membre d'un jury littéraire t'as raté ta vie.

Oui, tout est outré. La caricature grand-remplace le réel.

J'espère que votre travail avec les handicapés ne vous pèse pas trop.

BL. – Si, en fait, c'est assez pesant, et fatigant. Mais il y a aussi des avantages : le fait de pouvoir cumuler plusieurs jours de congé d'affilée, si l'on travaille de nuit. Ce n'est pas négligeable. Mais enfin, en mars, il faudra que j'aie trouvé autre chose...

Anyway. Où en est la *Chartreuse* johannique ? Celle au million de signes ?

PJ. – Le pays n'a pas de compassion pour ses écrivains. Il en choisit quelques-uns, comme à la loterie, pour les choyer et les dorloter, les autres doivent trimer. – Ma petite *Apostasie* en est à 750 000 signes. Si le roman est raté (ce qu'il m'arrive de penser), au moins ce sera un ratage volumineux. Et vous, qu'en est-il de vos projets ? Vendredi dernier, un ami (professeur de philosophie) m'a dit grand bien de *Ducourneau*. Et un autre (même profession) de votre *Jeunesse les dents serrées*.

BL. – Pardon, je n'ai le temps de rien, même pas celui de vous répondre... Oui, j'ai encadré ma liste avec *Tour d'ivoire* à la prouve et *Nous autres* à la poupe, pour parler comme les marins : je suis impatient de lire ces nouvelles, et le nouveau tome du journal de Muray – mais quand aurais-je le temps ? Je voulais relire la *Recherche*, cet été : je me suis essoufflé à la fin du deuxième volume. Au rythme où j'allais, j'en aurais eu pour un an. Et puis il y a tant à lire et tant à relire ! Sur ma table de nuit, il y a *Ibicus* d'Alexis Tolstoï, un russe un peu mineur, que j'aime beaucoup, *Gilles* de Drieu (je voulais relire les deux : au bout de quinze jours, je suis à la page vingt du premier et j'ai lu la préface, d'ailleurs passionnante, du second), sans compter le livre de Bousquet, celui de Maulin et dix autres, qui attendent les Cosaques et le Saint-Esprit. Le temps est le seul problème social, culturel et politique – il n'y en a pas d'autres. Tout lui est subordonné. J'ai trois manuscrits à peu près (très à peu près) au point : *La littérature à balles réelles*, *Les Cosaques et le Saint-Esprit* (les textes courts que j'ai publiés depuis deux ans sur mon blog) et *Sac de frappe* (les « pièces brèves », qui sont le plus souvent les « entrées » que je « poste » sur les *rézoos*). Qu'en faire ? Je ne meurs pas d'envie de les envoyer à de Roux : le malheureux, écrasé par la besogne, rejeté par les libraires, censuré par la presse, est un *ghost publisher* – mais à qui d'autre ? Je brûle de me lancer dans la fiction, mais tout est retardé : je croyais que je viendrais à bout de *Sac de frappe* en quinze jours, puisque tout est écrit – j'y suis depuis un mois et demi, peut-être deux, je ne sais plus, et ce n'est pas terminé. Je n'ai même plus le temps, ni d'ailleurs l'envie, de tenir mon journal – ce qui n'est pas bon signe. En revanche, je vois que vous êtes à deux cent cinquante mille signes du million. Je suis content pour vous, et suis impatient que vous soumettiez ce manuscrit à Gallimard. *Remember* : vous êtes l'espoir de la 66[13] !

Le bibliothécaire du village voisin, à qui j'avais parlé de vous, m'a dit tout le bien qu'il pensait du *Surnuméraire*, et de *Tour d'ivoire*, qu'il était en train de finir (« Je vous dois la découverte d'un romancier majeur ! »). L'éditeur de mon polar, lui aussi, est devenu un bon connaisseur de la littérature johannique. Malheureusement, comme beaucoup, il a tendance à vous ramener à Houellebecq : quand je le peux, je le mets en garde contre cette pensée-réflexe, qui empêche de voir votre singularité.

PJ. – Le temps nous manque, c'est vrai. Avec mon idée idiote d'atteindre le million de signes, j'écris tous les jours, fatigué ou pas, inspiré ou non, en me disant : les passages plus faibles mettront en valeur ceux qui sont censément plus réussis. Je sais qu'en février, je retournerai au lycée, je suis talonné par le temps.

Pour lutter contre la comparaison-réflexe avec Houellebecq il faudrait que j'écrive un texte pour montrer tout ce qui me sépare de lui, j'en suis empêché par le ridicule d'un tel projet : un écrivain méconnu qui expliquerait doctement que ses livres, malgré quelques similarités, sont d'une autre essence que ceux du célébrissime Houellebecq. Un point essentiel, par exemple : son rapport à la science. Houellebecq

---

13 L'expression « la 66 », qui revient plusieurs fois dans le livre, fait référence à la génération née au milieu des années soixante.

est un scientifique, il a une formation d'ingénieur agronome, et ses romans témoignent d'une confiance dans les solutions du clonage. De mon côté, j'ai écrit deux romans qui s'en prennent à la vision scientifique du monde que j'oppose à la perception littéraire de l'existence. Un autre point : je tourne autour de l'idée d'un déclassement de la littérature, or il ne me semble pas que Houellebecq en soit attristé.

Cinq éditeurs sont envisagés : Gallimard, Le Rocher, Séguier, Actes Sud et Albin Michel. J'enverrai à tous *Apostasie*. Et le temps passe...

Novembre

PJ. – Cher Bruno, j'ai bien obtenu le prix Kamikaze[14], je le recevrai demain, chez Colette, rue Daguerre. Vous qui êtes un habitué des prix, savez-vous s'il faut écrire un discours ? On m'a demandé de rester discret et de ne pas révéler que j'avais gagné haut la main, sans doute pour préserver l'effet de surprise que l'obtention du prix produira dans l'Europe entière.

BL. – Ah ! Très bonne nouvelle ! Le prix Kamikaze est plus valorisant que le prix du Suicide, je trouve. L'an dernier, voilà comment ça s'est passé : l'un des membres du jury (pour moi, c'était le génial Maulin) résume le livre, souligne son intérêt, et explique pourquoi il constitue une marche essentielle sur l'échelle qui mène à l'étage de la Littérature Universelle. Puis l'auteur se confond en remerciements, c'est-à-dire qu'il feint de ne pas voir qu'il a écrit un chef-d'œuvre. Vous gagnerez un magnum de champagne, que vous offrirez,

---

[14] Ce prix littéraire, qui s'était d'abord appelé prix du Suicide (que Lafourcade avait reçu l'année précédente), était décerné par le magazine *L'incorrect*.

si vous l'aimez autant que moi. En revanche, il y aura beaucoup de gens que vous connaissez et aurez du plaisir à revoir (Maulin, François, Sangars, Guillebon, Falcone, etc.). Le verre de bière est à sept euros, ce qui porte la gorgée à trente centimes.

PJ. – Je vous remercie pour cette présentation. Je dirai que je suis fier de succéder à Lafourcade. Je n'aime pas le champagne non plus (je n'aime pas les bulles).

BL. – J'y étais aussi à l'aise qu'un requin sur une chaise. Mais j'avais rencontré Christopher Gérard (qui recevait le Grand Prix), Jung et surtout Maulin...

PJ. – Demain je vois Flore de Groot. Mais je retourne à Paris la semaine prochaine pour plusieurs jours. Flore de Groot voudrait que je vienne dans sa maison d'édition. Elle me l'a écrit plusieurs fois. Je vais voir ce qu'elle propose. Il y a cinq éditeurs possibles. Pour l'instant, j'ai rangé *À bout portant* dans un tiroir. Vos projets ?

BL. – Mes projets, mon Dieu, eh bien, comme j'ai une tension proche de l'Everest, des maux divers et variés, j'ai pris la décision de consulter. Et quand on a mis un pied là-dedans... Je sors d'une prise de sang, si j'ose dire, j'ai des analyses à faire, un rendez-vous chez le cardiologue, et chez d'autres Diafoirus. Je n'ai jamais eu de médecin traitant, je n'avais même pas de carte Vitale... Donc, ça, c'est le premier projet.

J'ai plusieurs manusses qui attendent les Cosaques et le Saint-Esprit, c'est-à-dire Pierre-Guillaume de Roux, qui est injoignable ; et Léo Scheer, qui est invisible. Je vais sans doute me rabattre sur un micro-éditeur.

Ce que je regrette le plus au monde, c'est de n'avoir pas tenu de journal, entre 17 et 35 ans. Là, ma vie était passionnante. J'en ai barbouillé un, d'ailleurs, mais de façon si décousue, dans le chaos de ma vie d'alors, que tout s'est perdu. Il doit m'en rester dix pages. Je l'ai tenu sérieusement au moment où ma vie est devenue la plaine de Waterloo, morne et plane, morte et plate. C'est un de mes remords. Aujourd'hui, ce serait de loin mon meilleur livre. J'avais pensé le « reconstituer » à partir de mes souvenirs, mais on ne refait pas un journal. J'y ai pensé encore cette semaine en apprenant la mort d'un ami de jeunesse, dont j'ai fait le héros de mon premier roman.

Un copain, dont je n'avais pas entendu parler depuis des années, m'a appelé pour m'apprendre que V., donc, était mort. V. était grand, maigre et frisé ; il avait un drôle de visage allongé. Il avait six ou sept ans de plus que moi, qui étais officiellement étudiant en Lettres et Sciences humaines, après avoir été renvoyé de la khâgne de M. Ce n'était pas un de ces putains d'antifas fils de préfet qui seront attachés culturels ou conservateurs de musée quand papa le décidera. Non, c'était un prolo promis à la chaîne, comme son père, qui était coco. Il lisait beaucoup, il piquait des livres chez M., la grande librairie de la ville. Il m'avait offert *Champs, usines et ateliers* de Kropotkine. Il avait fui la pointeuse et les trois-huit pour faire du rock. À vingt ans, il s'est installé chez un de ses copains, un Normand qu'on appelait Grand-je-ne-sais-plus-quoi, et que j'ai souvent vu chez lui, rue J., la « rue aux putes », où nous habitions le même immeuble (j'habitais au-dessus de chez lui). Comme il avait appris sur sa guitare les trois accords d'ailleurs dispensables pour jouer, il avait créé, avec deux autres types, D., un autre gars dont j'oublie le prénom, et un basque dingue, I., un groupe de punk rock, l'anti-Noir Désir, l'anti-Trust, l'anti-Téléphone. Tout le monde là-dedans était à l'héro et avait le sida. Puis il a rencontré sa femme, avec qui il a eu un fils. Il a fait un peu de prison. Curieusement, c'est là qu'il a arrêté la poudre. Il est sorti du trou, il ne faisait plus grand-chose avec son groupe, mais je savais qu'il braquait. En revanche, je n'imaginais pas la tournure que ça prenait : j'en étais resté gentiment aux portières déverrouillées pour barboter l'autoradio. Un jour, à l'heure du laitier, les cognes ont défoncé la porte de son appartement, rue J. : il n'y avait que sa femme et son fils. La bande avait fait un coup énorme, de plusieurs millions (un fourgon de convoyeurs), avec des armes factices et de faux uniformes. Ils ont tous été retrouvés, coffrés, sauf V. Je n'ai plus eu de ses nouvelles. On m'avait dit qu'il était mort. Tout le monde était mort, de toute façon, et souvent du sida. V., qui était malade lui aussi, a été déclaré officiellement « disparu », au bout d'un certain nombre d'années.

Faute de mieux, je l'ai appelé Emmanuel et j'en ai fait le héros de mon premier roman – bien trop mince et naïf pour les années quatre-vingt, qui étaient noires et épaisses comme une fumée d'usine. J'en avais tellement conscience que je ne me suis résolu à le publier que bien des années plus tard, chez un éditeur confidentiel, et parce que je voulais commencer par un roman. J'ai appelé La Gabegie le groupe de la rue J., j'y ai mêlé les séparatistes d'Iparretarrak (j'ai laissé à I. le prénom qu'il portait dans la réalité, et j'en ai fait un fou, ce qu'il était). Mais tout ça, c'était une erreur. Le problème de ce roman, c'est que c'est du roman : j'ai eu le tort de romancer la ville froide, sale, pluvieuse et désespérante que j'ai connue, pleine de squats et de dope. J'ai fait du roman, j'ai fait le malin, je me prenais pour un écrivain, au lieu de raconter exactement ce que j'avais vu et vécu, incomparablement plus puissant que tout ce que je pouvais imaginer.

À la fin de mon roman, on voit V. tirer sur les cognes. En fait, il était tout bêtement en Espagne. Il a connu une femme avec qui il a eu un autre fils. Il travaillait dans le café de ses beaux-parents. Il avait une hépatite A, B ou C (il a eu sans doute toutes les lettres de l'alphabet), il avait perdu un œil et il avait peur de perdre l'autre (tout ça, je l'ai appris par la bande). Avant de mourir, il est revenu en France, il y a deux ans, pour voir son premier fils. Avec un avocat, il s'est rendu dans un commissariat : il pensait être incarcéré, et faire au moins cinq ans de prison. Pas du tout, il a pris cinq ans avec sursis (pas un coup de feu n'avait été tiré, pendant l'attaque « à main armée », puisque les armes étaient fausses). Aujourd'hui, je vois que la presse-purée parle de lui – quelle dérision...

J'aurais bien aimé le revoir, mais ça n'a pas été possible. Si j'ai aimé un homme, c'est lui. Et Ahmed, l'arabe crayeur. Enfin, voilà. C'était un autre siècle. Ce n'était pas la putain de bohème que se tricotent Arielle Dombasle, Léa Seydoux, Omar Sy et toute cette torcherie d'Arsène rupins. On ne parlait pas de la banlieue, de l'islam, les beurs buvaient de la bière tiède avec nous et on draguait leurs sœurs sans que ça fasse un drame. Il n'y avait pas de coke mais de l'héro. Il n'y avait pas d'antifas, il n'y avait que des prolos qui ne voulaient pas de l'usine.

Autre chose, Laurane Rivet (vous vous en souvenez ?) m'a envoyé un manuscrit, *Cervicales*, un petit récit, noir et drôle, sur ses aventures dans le corps médical et surtout paramédical, et très anti-développement personnel. J'aimerais bien lui trouver un éditeur. Peut-être que je pourrais l'envoyer à Flore de Groot ? Laurane a beaucoup de talent, une facilité d'écriture déconcertante, et elle est jeune, elle a encore le temps de réussir. Elle mériterait d'être poussée. En ce qui me concerne, ça ne sert à rien, c'est foutu et je m'en fous.

PJ. – Oui, je peux en parler à Flore de Groot.

À la Fnac, tous ses portraits de ringards qui en seront les prochains invités. Des types de la télé. Et le magazine *Lire* qui dresse la liste des meilleurs *feel good*.

PJ. – Je vous remercie beaucoup, Cher Bruno, pour votre très belle critique de *Tour d'ivoire*, j'en suis rose de confusion.

J'ai parlé de vous à Flore de Groot, elle est évidemment intéressée par vos livres, elle aimerait aussi vous rencontrer ; et j'ai parlé de Laurane, elle est d'accord pour lire son manuscrit.

BL. – J'ai fait mon petit texte de mémoire, avec les notes que j'avais prises, en marge du roman. Si j'avais relu *Tour d'ivoire*, j'aurais fait quelque chose de plus complet...

Flore de Groot serait d'accord pour lire le manuscrit de Laurane, donc... Merveilleux ! Je l'ai relu, et je le trouve très fort. Sans avoir l'air d'y toucher, il arrive crescendo jusqu'à une scène centrale extrêmement émouvante, avant de redescendre piano, dessinant un dos d'âne. C'est une construction parfaite, sans avoir été recherchée, puisque l'on sent qu'elle a été amenée par l'écriture elle-même. Je suis sûr que cette scène centrale n'avait pas été voulue a priori. Pourtant elle justifie tout le reste, autour d'elle tout s'organise. Laurane est vraiment douée. Si j'arrivais à faire accepter son récit par Flore de Groot, j'en serais plus heureux que s'il s'agissait d'un mien manusse. (Je ne lui dirai rien, pour l'instant : je sais la déception que l'on ressent quand tout foire.)

Merci : vous êtes le roi des agents.

PJ. – J'ai dit à Flore de Groot que je n'avais pas lu le manuscrit de Laurane, mais que vous m'en aviez dit grand bien ; j'ai ajouté, pour donner crédit à ma recommandation, que je l'avais rencontrée une fois, que c'était une fille brillante, intelligente, drôle. Et que j'avais lu *Ahmed le Magnifique*. Elle dit qu'il est trop tôt pour votre *Littérature à balles réelles*, mais elle veut discuter avec vous d'autres livres.

Apostasie avance. 850 000 signes. Si c'est raté, au moins ce sera un ratage copieux. Je ne recommencerai pas de sitôt. Je crois aussi que j'ai fait le tour de la question à propos de plusieurs choses qui me tenaient à cœur. Il va falloir que j'aille voir ailleurs, j'en ressens le besoin.

BL. – Cher Patrice, je vous remercie : j'ai parlé à Flore de Groot, qui m'a l'air très bien disposée. Elle m'a proposé que nous déjeunions (je dois être à Paris le 28) ; je lui ai envoyé par email le manuscrit de Laurane Rivet. Pour ce qui me concerne, je ne sais pas trop quoi lui montrer : ce n'est pas la peine que je lui refile des manuscrits que son comité de lecture refusera. J'en ai trois qui sont finis : le premier est impubliable parce qu'il est trop méchant (*La littérature à balles réelles*), le second parce qu'il est trop épais (*Les Cosaques et le Saint-Esprit*, un million de signes, comme *Apostasie*) et le troisième parce qu'il appartient à un genre qui ne se vend pas (*Sac de frappe*)...

Je vais peut-être faire le nègre pour un industriel (le genre à connaître Pinault, voyez-vous) qui veut raconter sa vie. Le type fait partie « des cinq cents plus grosses fortunes de France ». Je pense que je n'aurai pas de scrupule à lui demander dix mille balles. Je n'en suis pas encore là : il est par monts et par vaux (il revenait de Taïwan, il repartait en Allemagne), et il faut que l'on arrive à se voir ou à se parler quelques heures pour que je puisse écrire *sa-vie-son-œuvre*...

Je suis en train de lire l'autobiographie de V. Il parle plusieurs fois de moi (« Bruno », sans nom de famille), ça m'a fait drôle. (Il s'est trompé : il dit que les cognes sont venus chez moi après son casse, mais non – ils se sont arrêtés au deuxième étage.)

PJ. – Mes premiers textes étaient des aphorismes, des méditations, etc. Et j'ai bien compris que ce ne serait jamais édité. Au fond, j'ai écrit des romans pour, un jour, publier d'autres types de textes. Et on me les refuse encore. Cela dit, proposez les *Cosaques* en plus court, peut-être ?

Mardi soir, au restaurant, il y avait une femme charmante. Nous avons discuté après le repas et avons pris le métro ensemble. Après six ans comme professeur (à Paris), elle est devenue lectrice. Elle ne se rend qu'un jour par semaine dans la maison d'édition ; le reste du temps, elle travaille chez elle. Elle trouve que c'est mieux que professeur... Pourquoi ça n'arrive qu'aux autres ?

Apostasie approche les 900 000 signes. Dans un mois, ce sera fini. Je l'enverrai à Gallimard. Je suis discipliné, accomplissant mes 5 000 signes (au moins) tous les jours... J'ai le dénouement, il sera moins pessimiste que dans *Tour d'ivoire*. Plus volontaire. On ne pourra plus me dire : « Vous me faites peur. »

Décembre

PJ. – Cher Bruno, je vous remercie pour ce que vous dites dans l'émission de l'abbé Lorans. Je l'ai écoutée, hier soir, c'était passionnant, notamment les propos sur le style. Dans la foulée de l'émission, j'ai relu *Une jeunesse les dents serrées* avec la même admiration que la première fois. Tout se jouait dans ces années quatre-vingt et nous ne le comprenions pas, vous nous le faites comprendre. – J'ai reçu un message de Flore de Groot, enchantée par le déjeuner qu'elle a partagé avec vous. Elle m'a parlé d'un roman, pas encore écrit, une histoire d'amitié des années quatre-vingt à nos jours. Très bonne idée. Je ne sais pas ce qu'il en est des autres livres. Il faudrait écrire un roman sur la domination du roman, sur la botte romanesque qui écrase tous les autres genres.

BL. – Cher Patrice, je dois arrêter de parler du *Surnuméraire*, il faut que je passe à *Tour d'ivoire* : je vais finir par vous embarrasser. (Une amie de Montpellier m'a écrit que le premier lui avait beaucoup plu, notamment la performance « du roman dans le roman ». « Le chapitre VI est particulièrement touchant. Le style très soigné, les mots précieux et les imparfaits du subjonctif me ravissent. Surtout lorsqu'ils servent à tirer à vue sur un insupportable marigot de nouveaux vertueux. »)

Oui, je sais que Flore de Groot est sortie contente de ce déjeuner : j'ai beaucoup parlé, beaucoup trop, j'ai raconté des anecdotes, j'ai parlé de V., qui m'obsède en ce moment, j'ai dit que j'étais un anarchiste qui croyait à la propriété, elle a ri, je l'ai divertie, j'ai joué mon rôle.

Elle avait lu le manuscrit de Laurane Rivet, dont elle a dit avoir apprécié les qualités de narration, et de style. « C'est très bien écrit, très bien construit... » Donc, elle l'a refusé. « C'est trop court... »

On peut tout mettre dans un adjectif, sauf un argument.

Je lui ai fait valoir que c'était la rapidité et l'absence de graisse qui faisaient précisément l'intérêt, la noirceur et la drôlerie du récit. « Ça ne peut pas "s'étoffer", à moins de changer la nature même du livre. »

Elle n'a rien voulu savoir. Je lui ai parlé des nouvelles de Laurane – sans succès.

« Vous savez, si vous ratez cette fille, les autres éditeurs ne la rateront pas : elle a trente ans, c'est une romancière-née, elle est sûre d'avoir du succès un jour, et il sera trop tard pour vous en mordre les doigts de pied. »

Après Laurane Rivet, ce fut *me, myself and I*.

Elle a commencé par me « donner deux conseils », qui ont consisté à me déconseiller de publier plusieurs ouvrages la même année : « Attendez un an ou deux entre deux livres... » Elle prononçait souvent le mot « stratégie ». Son second conseil fut de me déconseiller de faire paraître *La littérature à balles réelles*. « C'est risqué. » Elle avait l'air de m'annoncer que je devais arrêter de fumer si je voulais échapper au cancer du poumon. Elle a fait de la main le geste de balayer loin devant elle : « Vous le publierez plus tard... C'est une question de stratégie... » Et sa main balayante disait : cinq ans, dix ans, jamais. En attendant, je dois renoncer au tabac, le temps que mes poumons se reforment. C'est une question de stratégie. Elle m'a dit aussi que je me ferais des ennemis en publiant ce livre, et que d'ailleurs je ne lui trouverais pas d'éditeur. Je n'ai pas relevé la contradiction. « Vous vous doutez bien que je vais me garder de suivre vos recommandations. »

Je lui ai proposé plusieurs manuscrits. Rien ne paraissait l'intéresser. « Ce que je veux, c'est un roman. » Je lui ai parlé d'un récit auquel je pense. « Ça, ça m'intéresse... Vous ne voulez pas le commencer tout de suite ? C'est si important, vos autres projets ? »

Au début, elle a aussi évoqué *Raoul Ducourneau*, dont elle a énuméré les défauts (« bien que je m'empresse de dire que j'ai aimé le livre »). Elle a beaucoup insisté sur le fait qu'il n'avait pas de succès (« J'ai regardé vos chiffres de vente »). Elle avait lu les *Dents serrées*, dont elle n'a rien dit, sans doute parce qu'elle n'en connaissait pas les chiffres de vente.

Et voilà.

Pour dire le vrai, je n'attendais rien, et je suis surtout déçu pour Laurane, à qui je voudrais éviter de ramer, et d'écoper sa déception à chaque manuscrit coulé.

PJ. – Cher Bruno, je répondrai plus longuement à votre mail, mais, puisqu'un 3 décembre, Bruno Lafourcade poussait son premier cri de révolte, dans une maternité des Landes, je lui souhaite un bon anniversaire.

PJ. – Cher Bruno, le compte-rendu de votre déjeuner avec Flore de Groot est très drôle. On imagine un début de roman (sur l'édition) qui s'ouvrirait avec ces pages.

Je suis vraiment désolé, et pour vous, et pour Laurane Rivet, je ne pensais pas que Flore de Groot passerait à côté de l'un et de l'autre. Je comprends qu'un éditeur s'inquiète de la vente des livres qu'il publie, mais je ne conçois pas qu'il n'ait que ça en tête. Des dizaines d'années de publications indigentes ont fini par réduire la littérature à une petite chose fragile, souffreteuse, que l'on accepte au compte-goutte, à qui l'on impose, dernière humiliation, de vivoter auprès d'imposteurs qu'on présente comme de la vraie littérature.

J'espère que votre repas avec Pierre-Guillaume de Roux aura été plus heureux. C'est sans doute l'un des derniers vrais éditeurs.

Voilà une semaine que j'ai terminé *Apostasie*. Depuis, je le corrige mollement. Il est très difficile, pour moi, de juger de sa valeur. Je vois bien les reproches qu'on pourra lui adresser : d'abord, celle d'avoir raté ce qu'est un jeune homme d'aujourd'hui. C'est fort possible. À cela, je répondrai qu'un roman n'est pas un essai de sociologie, qu'il privilégie le singulier plutôt que la statistique. N'empêche, un roman sur les jeunes gens des années quatre-vingt et quatre-vingt-dix aurait sans doute visé plus juste, rapportant des « petits faits » de cette époque, et montrant, plus largement, de quelle façon le personnage perd, avec l'expérience, de sa bêtise originelle. Dans *Apostasie*, mon « héros » acquiert trop rapidement la lucidité, il ne traverse pas assez d'expériences qui le font grandir, ce qui est embêtant pour un roman d'apprentissage. Toutes proportions gardées, Flaubert, quand il écrit *L'Éducation sentimentale*, évoque sa propre génération, pas celle qui a suivi. Mais ce n'est pas le cas, il est vrai, pour *Le Rouge et le Noir* (à ce propos, le roman compte 975 000 signes). En réalité, *Apostasie* est surtout un roman contre l'époque, un roman à la sulfateuse. Enfin, j'ai su, à la moitié du manuscrit, quel en serait le dénouement, j'en étais très content, je me voyais écrire un long chapitre provocateur et inattendu. Or, arrivé à cette ultime étape, l'inspiration n'était plus là : pas de long chapitre, pas d'inspiration, comme si j'étais exténué. Je crains que l'on critique ces dernières pages, comme l'on a déploré les derniers chapitres de *L'Homme surnuméraire* et de *Tour d'ivoire*, sauf que, pour cette fois, je suis moins sûr de la qualité de l'épilogue.

Il reste à trouver un éditeur. Je l'enverrai à Bertrand Lacarelle, pour Gallimard. C'est quelqu'un de bien. D'ailleurs, vous pourriez peut-être lui proposer, vous aussi, vos manuscrits ? Je peux lui en parler si vous le souhaitez. Ensuite, j'essaierai Actes Sud : Alice Ferney se donne beaucoup de mal pour que je signe chez eux. Enfin, il restera Le Rocher, Séguier et Albin Michel, si jamais Gallimard et Actes Sud jugeaient mon manuscrit indigne de côtoyer Foenkinos et Gaudé.

BL. – Cher Patrice, dans un de ces débats que l'on mène de soi à soi, à trois heures du matin, quand on tourne en rond dans sa nuit, les illusions diurnes ne brouillant plus la vérité, je me disais que j'avais cinquante-trois ans, un corps qui accusait les excès du passé, trois ou quatre cents lecteurs, pas vraiment d'éditeur et un avenir en forme de falaise. Or vous me montrez que c'est à nos âges que l'on est dans la pleine maîtrise de ses moyens, c'est maintenant que l'on peut donner ses œuvres les plus ambitieuses, et les plus accomplies, c'est maintenant qu'il faut les composer, avec ce que l'on sait de la vie. C'est pourquoi je vous remercie de votre lettre : que vous ayez terminé votre *bildungsroman* m'a causé une joie très profonde. J'en ai été si heureux que j'ai dû m'interroger sur un sentiment que je n'aurais dû éprouver que lointainement, puisque je n'en étais pas la source ni l'objet. Ce qui provoqua ma jubilation fut de savoir que cet énorme bloc, cette prouesse si prometteuse, ce monolithe à la Kubrick, avait été composé par vous, un romancier en pleine possession de son art, qui est un écrivain de mon âge : j'en ai été aussi heureux que si le cher Nicoletta remettait les gants et redevenait champion d'Europe.

La tentation à quoi le jeune écrivain ne doit pas s'abandonner, c'est de publier des romans. Cette ambition, il doit la réserver à l'âge où il aura tout appris de ce qu'il doit savoir : il doit brider sa fébrilité et la convertir en frustration. Tous les efforts qu'il aura mis à écrire à vingt-cinq ans des livres en forme de prétextes pour se pousser, il les paiera : on croit faire son trou, on y tombe. La force qu'il aura dispersée, il ne la retrouvera plus : tout ce qui est gaspillé est par nature perdu. Sa force, il faut la compter, la conserver, la concentrer : c'est à nos âges qu'elle doit servir. Elle est la patience qui endigue la vérité des nuits blanches et la victoire des *bibliophobes*. Elle fait du romancier un opposant, ennemi de tout ce qui fait que la société est ce qu'elle est, un repaire de reîtres prêts à le seriner, de négriers prêts à vendre sa force de travail, d'improductifs prêts à lui transmettre leurs épidémies de stérilité. Elle fait de lui un combattant, et c'est la puissance des impuissants qu'elle combat. Enfin, l'âge est venu : une vanne de la digue à peine ouverte, le torrent recouvre tous les cons glorieux – famille, voisins, patrons, collègues, lecteurs, éditeurs, libraires, tous, défaitistes et parasites, noyés, précipités comme l'armée de Pharaon, quand « les eaux revinrent, et couvrirent les chars, les cavaliers, entrés dans la mer après les enfants d'Israël ; il n'en échappa pas un seul. » Rien ne résiste à qui a été si fermement contraint.

Toute cette quincaille lyrique pour dire que votre lettre me pousse à réserver mes forces pour le roman et la nouvelle. Je continuerai sans doute à écrire de petits essais satiriques, parce qu'ils me *vidangent*, mais ils ne doivent pas me servir de prétexte à reculer devant la fiction. Les éditeurs veulent du roman, je leur en donnerai. Ce sera sans doute ma seule chance d'entrer dans le Sixty-Six Club. Mon seul problème, c'est le temps : j'en manque toujours, et j'ai toujours été un impatient ; rien ne va jamais assez vite : je veux posséder avant d'avoir conquis. C'est pour quoi j'ai écrit plusieurs livres brefs : le temps et les nerfs me pressaient. « Vous êtes un hyper-tendu », m'a dit le cardiologue. Il me faut donc moins de tension et plus de persévérance.

Divers ennuis de santé m'ont obligé à entamer largement la petite épargne de jours de congé que j'avais constituée pour me lancer dans mon nouveau roman et venir à Guérande. J'ai pu consulter et me soigner sereinement, mais il ne reste presque rien de mon petit capital. De même, je comptais ne pas renouveler mon contrat de travail en mars, mais les circonstances, la Sagesse des Nations et Mlle Cazade (« conseillère bancaire ») sont tombées d'accord pour ne pas être de mon avis. Enfin, nous verrons bien : la recherche d'un emploi m'a rarement inquiété plus de quelques jours.

Justement, si votre lettre m'a rasséréné, c'est que je rentrais, quand je l'ai lue, d'un rendez-vous foireux (« *La foirade*, le nouveau four de Bernard Lacouvade, consiste, comme les précédents, dans l'énumération de ses jérémiades », Josette

Savignale, *Le Monde des lyres*) avec un chef d'entreprise, riche à millions, dont je devais écrire la vie. Le bonhomme m'a fixé rendez-vous à deux cents kilomètres de chez moi, au milieu d'une zone industrielle où se trouvent ses bureaux.

Il est arrivé en voiture, et en est sorti avec *Une jeunesse les dents serrées* sous le bras.

« Je vous préviens : je ne l'ai pas fini... »

Nous sommes montés à son bureau. D'emblée, il m'a dit qu'il n'avait pas le temps d'écrire un livre, en tout cas pas avant d'avoir quitté son entreprise, ce qui n'arriverait pas avant cinq ans.

« Je dois tracer des perspectives pour l'avenir... Nous sommes en pleine croissance... »

J'ai à peine eu le temps de me demander ce que j'étais venu foutre là : le traceur de perspectives me racontait sa vie, qui se confond avec celle de sa société : l'affaire prit une heure. Je ne sais que retenir de son épuisant monologue, sinon que chaque étape était moins soporifique que la suivante.

Il a beaucoup parlé de son « sens des valeurs de la vie », car il croit à la famille, « son oxygène de vie » – d'ailleurs, il est très fier d'être « marié depuis quarante-huit ans avec la même femme ». Incessamment, il revenait sur ses « valeurs », son « humanisme », « sa philosophie où l'homme est au cœur de l'entreprise », car « c'est l'humain qui compte ». L'humain en face de lui regrettait que cet humanisme ne le poussait pas à offrir à son hôte un gobelet de café : après trois heures de route pour s'entendre dire qu'il était venu pour rien, il l'aurait apprécié. Ah ! et puis il est « du signe de la balance » : il « cherche toujours l'équilibre, ça aide, pour les comptes » ; c'était dit sans rire.

Dans cinq ans, peut-être, il écrira un livre, ou, plus sûrement, il « actualisera » le précédent, car il en existe déjà un, qu'il a en grande partie rédigé, et publié pour les « quarante ans de l'entreprise ».

« Je ne lis jamais, mais je passe ma vie à écrire, j'adore ça : j'envoie deux cents emails par jour... »

Puis il a désigné *Une jeunesse les dents serrées* :

« Je suis pas arrivé à le finir, je vois pas où ça va, je comprends pas ce que vous voulez dire... Ça se vend ? Vous en vivez ? Parce que notre bouquin, on en a vendu mille exemplaires pendant la soirée de lancement... Vingt euros pièce... Certains en ont acheté deux ou trois exemplaires... Il y a quelqu'un qui m'a téléphoné pour me dire qu'il l'avait lu dans la nuit... Les droits d'auteur ont été reversés à des associations : j'ai pas besoin d'argent... »

Il m'en a fait cadeau. J'y apprendrai sans doute à écrire.

On est sortis du bâtiment, il m'a serré la main, il est monté dans sa voiture et il est parti. Et moi, au milieu de la zone industrielle, je me répétais une de mes phrases préférées :

« C'est l'humiliation qui a écrit mes livres. »

2020

Janvier

PJ. – Reçu un mail de Lacarelle (Gallimard). Il a commencé *Apostasie* et il dit qu'il se régale : ouf ! Je suis soulagé, je finissais par me dire que le roman était nul. Il l'est peut-être, mais ça ne se voit pas. Alice Ferney m'a appelé hier en catastrophe, inquiète que je puisse signer au Rocher. Me voilà recommandé au Seuil. (Pardon : j'ai envoyé un smiley par erreur. Le smiley est la honte de l'espèce humaine (comme l'aboiement, selon Deleuze, est la honte du règne animal).)

Je viens de regarder l'émission, *Zoom*, vous êtes très clair, précis, intéressant. Il est vrai que votre temps de parole est mesuré, mais c'est la loi du genre. *Une jeunesse les dents serrées* est une réussite totale, à la fois violent et intelligent. Je ne m'en suis pas encore remis (au sens où je reviens toujours à cette idée de la génération 68 qui a voulu tuer la nôtre).

BL. – Il m'arrive quelque chose qui ne m'était jamais arrivé : comme on me dit du bien, en général, de mes chroniques, je les ai relues – je n'y comprends rien. Je n'exagère pas : où veut-il en venir ? C'est un effet très curieux, comme l'article que j'avais écrit sur les nouvelles de Montal et que j'ai supprimé, je crois : je ne voyais pas du tout ce que j'avais voulu exprimer...

PJ. – Oui, je comprends ce que vous voulez dire. Il m'arrive de ne plus saisir ce que j'ai écrit. Je suppose qu'à l'instant de l'écriture, dans notre esprit, tout est si clair que nous oublions de formuler certaines incises et explications qui, plus tard, manquent cruellement à la relecture. La clarté, pourtant, est l'une de mes principales préoccupations. Je me suis tellement abîmé la cervelle à lire des philosophes obscurs que j'ai toujours peur d'imposer au lecteur la confusion de mon esprit.

Février

PJ. – Cher Bruno, j'ai repris les cours lundi dernier et je reviens d'une journée « portes ouvertes ». Chose curieuse : j'ai passé sept heures en la compagnie de professeurs de français sans qu'il soit question (ou si peu) de littérature.

J'ai eu des nouvelles de Lacarelle : il est enthousiasmé par *Apostasie*, tout en proposant de couper des passages. J'ai répondu que je n'en voyais pas l'utilité. Et il a tout de suite abondé dans mon sens. Bref, le roman est transmis à deux autres lecteurs de Gallimard. J'ai fait accélérer les choses de façon qu'il soit publié en septembre. Sinon, *Apostasie* est en lecture chez Albin Michel et à Actes Sud.

BL. – Ah ! très bonne nouvelle. J'espère que Lacarelle arrivera à vous imposer... Dans le cas contraire, avec Albin Michel et Actes Sud, vous ne serez pas pris au dépourvu. Vous avez eu raison de résister aux coupes. Vous verrez bien comment réagiront les autres lecteurs.

Je tiens une rubrique sur mon « mur » : « L'humoriste du jour », où je collige, tous les jours, les déclarations les plus risibles. J'ai dans l'idée de la tenir un an pour en faire un volume : j'ai toujours rêvé d'écrire un livre dont je ne serais pas l'auteur, et qui, comme dit Floberthe, se tiendrait droit, tout seul, par la seule force du style des autres. Ce serait une anthologie contre notre époque, écrite par ceux qui la font.

PJ. – C'est une très bonne idée, en effet. La bêtise de l'époque exploserait « comme un lapin en plein vol » (Thierry Roland). À mon avis (humble, cela va de soi), il faudrait présenter le recueil sous la forme flaubertienne d'un dictionnaire (pour éviter l'indigestion).

BL. – Oh ! j'avais bien conscience de m'adresser ici à l'auteur de *Tout à fait Jean-Michel* (d'ailleurs, comment aviez-vous réussi à le faire éditer au Seuil ?)...

PJ. – J'avais envoyé le manuscrit au Seuil qui l'a tout de suite pris ! Sous une condition : il fallait trouver un dessinateur pour illustrer l'ouvrage. Un ami contacta Plantu (que je n'aimais pas beaucoup) : heureusement, ce dernier prétexta n'avoir pas de temps à consacrer à l'ouvrage. Sempé, au contraire, répondit avec enthousiasme et envoya quelques dessins. Sempé, c'était mieux. Il fallut aussi l'accord de Roland et Larqué : je les rencontrai à Nantes (avec l'ami qui m'avait aidé à concevoir le livre). Une photo atteste de la rencontre (j'espère qu'elle a totalement disparu).

Après la publication, il y eut cinq ou six plaisants autour de moi pour prétendre qu'ils étaient à l'origine de l'idée de ce livre. Mieux : un de mes amis a même signé le recueil il y a une dizaine d'années, se l'appropriant totalement au prétexte qu'il avait corrigé le nom des joueurs de foot. Mieux encore : devant moi, il a prétendu être l'auteur du recueil. Il a fallu que je lui rappelle qu'il n'avait strictement rien fait (fors quelques corrections patronymiques). Au début les amis trouvent votre idée épatante, ensuite ils donnent quelques conseils, et pour finir ils oublient qu'ils n'en sont pas les auteurs.

BL. – Ainsi est éclaircie la question de votre premier livre. Roland, Larqué, Sempé : vous vous étiez bien débrouillé... Il manque le plus intéressant : la caillasse ! La jonquaille ! Combien ?

Sinon, Paris est rempli de feignasses, de parasites et de
suceurs de moelle.

PJ. – L'à-valoir était de 30 000 francs, ce qui, à l'époque,
m'avait semblé extraordinaire, d'autant que j'étais au chômage, ou plutôt que je préparais le Capes, ce qui, financière-
ment, revenait au même (préparation qui avait suivi une année de chômage). Malheureusement, il avait fallu diviser cette
somme en trois (dans notre générosité nous avions fait profiter un ami d'une part égale à la nôtre). Mais cet argent m'a
bien aidé à ce moment-là. Il y eut même en 91 une consécration théâtrale lors d'un festival nantais... Bref, je fus confronté à l'époque aux prémices de Festivus, de sorte que les
livres de Muray vinrent poser des mots et des idées sur mes
dégoûts.

Ce ne sera pas Gallimard : j'ai reçu un mail de Lacarelle :
« Cher Patrice, Antoine Gallimard a rendu son verdict hier, il
trouve le manuscrit trop "volumineux" et l'a donné à sa sœur
qui dirige le Mercure de France et était très intéressée. »

BL. – Il n'y a pas de regret à avoir : Gallimard, effectivement, c'est un rêve de jeune homme, c'est le Normale Sup de
l'édition. Mais tout ça, ce n'est plus que des noms, des souvenirs, des mythes qui ne valent que pour nous, et seulement
pour nous. *Le Monde* et France Culture aussi sont des mythes,
et ils ne sont plus que l'ombre de ce qu'ils ont été. Il n'y a pas
de regret à ne pas y être lu, ni invité. N'oubliez pas que lorsque nous étions de jeunes hommes, Gallimard publiait déjà
Alexandre Jardin. C'était déjà fini. Ce n'est pas vous qui aviez
besoin de Gallimard, c'est Gallimard qui aurait eu besoin de
vous. Remettons la mosquée au centre du bled : ce n'est pas
l'éditeur qui fait le romancier, c'est le romancier qui fait l'éditeur. Vous étiez écrivain chez Montal, vous le serez chez Albin Michel, Actes Sud, Séguier, et n'importe où ailleurs. J'ai
dit.

BL. – À quels éditeurs rêvent les jeunes auteurs d'aujourd'hui ? L'Olivier ou Verticales, peut-être. Oui, ça ressemble assez à des éditeurs de jeunes romanciers. Je lisais un livre d'Olivier Todd, dernièrement, *Un fils rebelle*. Il y parle de sa relation à Nizan, à Malraux, et, surtout, à Sartre. Ceux qui sont nés à la vie de l'esprit à la mort de Sartre sont peut-être les derniers à avoir admiré, comme Todd avant eux, leurs aînés. Vers seize ans, j'avais Normale Sup pour mythe, à cause de la génération 1924 (Sartre, Nizan, Aron, Canguillhem). J'ai mis du temps à me débarrasser de ce fétiche.

Si Antoine Gallimard a laissé *Apostasie* à sa sœur, ça change la situation : au Mercure de France, vous seriez toujours chez Gallimard, et peut-être y seriez-vous mieux que dans la maison-mère, réputée pour soutenir en priorité les auteurs les plus fameux. Voyez ce qu'Albin Michel et les autres vous proposent. À vingt ans, je n'aurais jamais osé rêver d'être courtisé par Séguier, Le Rocher, Le Mercure de France, et d'autres. Vous, vous l'avez fait en quelques mois, avec le *bildungsroman* de la 66, écrit en six mois : c'est l'essentiel de ce qu'il faut retenir, le reste n'est rien.

Mars

BL. – À propos de l'écrivain qui fait l'éditeur et non l'inverse, l'exemple de Muray est frappant. Je suis en train de lire *Ultima Necat* III, qui est si brillant, le meilleur des trois volumes, pour le moment, à mon avis, un festival d'intuitions et d'intelligence, la centrifugeuse des futurs *Exorcismes spirituels*. Or, à la périphérie, que voit-on ? Un écrivain qui se construit contre ses éditeurs, contre Sollers, contre Lévy, et « fera » Les Belles Lettres. Qui, sinon, à part les étudiants en langues & civilisations gréco-latines, achèterait des livres des Belles Lettres ? C'est bien lui qui a fait cet éditeur, non l'inverse, de même que ce n'est pas Gallimard et P.-O.L. qui ont

« fait » Millet et Camus : ces deux-là se sont faits seuls, sans leurs éditeurs ; mieux : contre eux, surtout le second, comme en témoigne d'abondance son journal.

PJ. – Cher Bruno, je vous écris quelques mots pour vous informer d'un revirement : Antoine Gallimard rapatrie *Apostasie* en terre gallimardesque. Sa sœur, Isabelle, renonce à le publier au Mercure (alors que nous avions parlé une heure ensemble de sa publication, la semaine précédente), au motif que le roman conviendrait parfaitement à la maison d'Antoine G. Pour être franc, je n'y comprends pas grand-chose. Isabelle G. désirait changer le titre (peu conforme à son objet et pas assez vendeur), j'espère qu'Antoine G. le conservera tel quel. En revanche, il faudra couper certaines « digressions » (ce que l'on doit traduire, je suppose, par « longueurs »). Le roman sera publié en janvier 2021 (alors que le Mercure proposait septembre 2020, ce que j'aurais préféré).

BL. – Parfait ! Il vous serait resté un goût amer si vous n'aviez pas eu la possibilité de vous asseoir à la table de Gallimard. Mais, finalement, et c'est encore mieux, il se confirme qu'il n'a jamais été question que vous n'entriez pas dans la Gaston's family : si vous n'y étiez pas entré par la voie principale, vous y seriez entré par la voie annexe et mercuresque. Tant mieux. À présent, tout peut arriver, y compris le succès, le gros, avec articles, interviews, « grand prix » : rien n'est impossible. J'espère que l'on ne vous demandera pas de coupes claires : la valeur d'un *bildungsroman* tient aussi à son épaisseur.

D'autre part, mais c'est sans doute une hypothèse idiote, un éditeur défend peut-être mieux un livre dont la fabrication aura coûté cher et sur lequel il ne veut pas perdre d'argent...

Janvier 2021, donc. Oui, moi aussi, je préfère que les livres paraissent le plus vite possible, que l'on puisse penser à autre chose ; mais peut-être aviez-vous d'autres raisons, plus stratégiques : en septembre, c'est la grosse rentrée, on parle davantage des livres – enfin, je n'en sais rien, j'en parle comme si j'étais familier de la chose. En tout cas, si opaque que soit la raison de ce revirement, vous en tirez avantage, c'est l'essentiel.

Le volume de votre roman est le signe d'une ambition, et d'un souffle romanesque, également impressionnants. Peu de romanciers en sont capables. Les critiques pourront être sensibles à cet aspect-là des choses.

BL. – Sollers, dans le *Journal du dimanche* :
« Et ça ne vous rend pas mélancolique, qu'on ne lise plus ?
– Pas du tout ! Après moi le déluge ! »
Quel aveu... Ce type condense l'essentiel de ce que je reproche aux soixantuitistes.
« Après, dit-il un peu plus haut, est-ce que la planète sera encore habitable dans trente ans, c'est autre chose. Ça ne me rend pas mélancolique, il suffit de mourir et voilà. »
Ok. Crève, salope.

PJ. – « Après moi le déluge » : j'ose croire qu'il s'agit d'une provocation. Mais on peut formuler une autre hypothèse : Sollers, obsédé par sa postérité, se serait-il rendu compte qu'il aurait du mal à l'obtenir (malgré ses courbettes (ou à cause d'elles)), dès lors, cet espoir abandonné, plus rien ne l'intéresserait ? Et il ne veut pas qu'on le croie « mélancolique », ou pire « nostalgique » ! J'entendais, jeudi soir, un autre « grand écrivain » rejeter loin de lui l'idée qu'il pourrait être « nostalgique », il était, disait-il, « un homme fort » et la nostalgie serait « une forme d'apitoiement sur soi-même » ; on a évité de peu : « Je ne suis pas une tafiole. » Je lisais hier une critique, dans *Le Monde*, du roman goncourisé de Nicolas Mathieu, et la critique félicitait son auteur de n'avoir pas cédé à la nostalgie. Enfin, on me fit, au téléphone, la semaine dernière, le compliment suivant : « Il n'y a pas de nostalgie dans *Apostasie*. » Bref, la nostalgie est une valeur en chute libre, ou plutôt continue sa chute, les gens bien se proclament indemnes de cette maladie.

PJ. – Cher Bruno, êtes-vous soumis à un surcroît de travail à cause de ce maudit virus ? Par la faute d'une soupe de pangolin qu'un Chinois aurait avalée entre deux coups de bâton ? J'espère que vous allez bien, malgré tout. Je suis cloîtré chez moi devant l'ordinateur pour préparer des cours, les élèves font semblant de travailler. Le matin glisse vers le soir dans l'aliénation numérique. Et le soir, je lis. Dernièrement, *Le procès* m'a laissé perplexe.

BL. – Comment vais-je ? Eh bien, en tant que héros du quotidien qui tous les soirs à vingt heures part travailler sous les vivats, les applaudissements et les regards énamourés des femmes à leur balcon comme Gérard Philippe dans *Les Grandes manœuvres*, pas mal. Dans mon service, nous avons droit à deux masques et deux paires de gants par jour (alors qu'il faudrait jeter le premier au bout de trois heures, et la seconde en sortant de chaque chambre). Il n'est question d'un seul jour de congé pendant le mois qui vient, où le pic contagieux devrait être atteint (les mères de famille ont droit à deux journées de repos). C'est à ce prix que vous mangez du sucre en Europe, Monsieur Jean... Sinon, j'aime bien ce travail. Mon seul problème, qui expliquera que je ne ferai pas une année supplémentaire, ce sont les pouffes. J'aime bien les pouffes, la question n'est pas là, mais la concentration pouffiesque dans le travail, c'est un confinement dans le confinement.

Je me félicite de n'avoir pas publié de livres avant la parousie : deux amis me disaient que la promotion des leurs avait été arrêtée net... J'imagine que beaucoup de librairies et peut-être d'éditeurs ne vont pas s'en remettre. Avec tout ça, je n'écris pas. Et vous ? Après *Apostasie*, vous avez un manuscrit en cours ?

PJ. – Oui, j'ai appris que vous étiez devenu un héros ; et comme Drieu La Rochelle, vous devrez, après la guerre, vous habituer à ces regards énamourés des femmes devant le soldat, préludes à de plus tendres remerciements, si jamais la tendresse entre en quelque chose dans les histoires que l'on dit de fesses. Sans blague, j'imagine que cette cadence ne doit pas être bien agréable. À l'arrière, on n'a pas même pas accès aux veuves, ni aux jeunes épouses qui s'ennuient. La guerre, c'est plus vraiment ça. Donc je me promène dans les marais (pour échapper à la maréchaussée), et je donne des cours à mes classes, lesquels cours sont surtout des textes à expliquer, des synthèses de documents (vous connaissez), et pour ne pas être submergé par les copies j'ai le toupet de ne pas obliger la marmaille à m'envoyer leur travail. Je crains que les parents ne soient pas bluffés par le professeur de leurs enfants.

Je suppose que le monde de l'édition, parmi tous les petits commerces, va lui aussi souffrir de la situation. Montal, au téléphone, m'annonçait une hécatombe de petites maisons dans les années à venir, et, conséquemment, la concentration de l'édition en plusieurs gros groupes. Rien de très riant.

Aucun manuscrit en cours. Lacarelle voudrait qu'*Apostasie* subisse une cure d'amaigrissement : le roman, selon lui (et derrière lui l'Antoine), devrait passer à 800 000 signes, soit le 1/5e du roman. Je lui ai dit que c'était beaucoup trop. On en est là.

BL. – Dominique Noguez, qui est mort il y a un an, laisse un journal très copieux, tenu de 1963 (il en avait mis des extraits dans le livre qu'il avait consacré à Houellebecq). Personne ne sait quand il sera publié (les premières années, manuscrites, n'ont même pas encore été déchiffrées), ni par qui, mais Olivier François, qui a assisté à une soirée organisée par Guillaume Zorgbibe (des Éditions du Sandre), où en étaient lus des extraits, m'en a dit beaucoup de bien (« c'étaient des pages très écrites »). J'aimais beaucoup Noguez, et, comme il a connu à peu près tout le monde (Duras, Sollers, Camus, Art Press, Houellebecq, etc.), je suis impatient de lire ce journal. J'étais très amateur de ses fantaisies, comme *Lénine dada*,

Montaigne au bordel, *L'Origine des aphorismes*, *La Véritable Histoire du football*, ou de ses petits chefs-d'œuvre d'humour noir comme *Vingt choses qui nous rendent la vie infernale* ou *Comment rater complètement sa vie en onze leçons*. Sans compter *Amour noir*, un roman qui a beaucoup compté pour moi.

Avril

PJ. – Oui, ce journal devrait être passionnant. Je n'ai rencontré Noguez qu'une fois : il avait essayé de m'attraper le nez ! Oui, oui. Mes relations avec lui n'ont guère été plus loin que ce geste incroyable.

Partout autour de moi j'entends parler d'apéritifs par Skype. La vie se virtualise. On pourrait imaginer un roman de science-fiction où les humains, à force de vivre dans le virtuel, disparaîtraient dans le possible, l'irréel, l'absence, un monde parallèle de spectres et de miroirs.

BL. – Je viens de regarder la vidéo de Stoenescu. C'est dommage que l'émission ne soit pas « coupée » et « montée » : le résultat en serait meilleur. J'ai été choqué d'apprendre, au début de votre intervention, que vous ne connaissiez pas « Salut », de Joe Dassin (dernière période, la mélancolique) ; ni, à la fin de l'émission, *Pékin Express*, bien que cette émission, je le concède, ne soit pas du niveau de *Koh-Lanta*, ni, surtout, de la série des *Marseillais*, de loin ce qui se fait de mieux, depuis dix ans, en télé-réalité.

PJ. – Ah, mais pardon, le titre exact de la chanson de Joe Dassin n'est pas « Salut », elle s'appelle « Salut les amoureux », d'où ma surprise (bon d'accord, je suis long à la détente, il faut tout m'expliquer). Je concède mon ignorance à propos de *Pékin express* et des *Marseillais*. Je reste un nostalgique du *Bachelor*. Quant à l'un des Bachelors, natif de La

Baule, je le vis un jour au marché de la même ville, puis, un autre jour, boulevard Saint-Germain. C'était il y a quinze ans, en ce temps-là, le monde avait encore de vraies valeurs ! Sinon, j'ai lu le dernier roman de Jean Échenoz, *Vie de Gérard Fulmar* : un détective ringard dans le genre de Peter Sellers dans la panthère rose, détective dont les bourdes seraient racontées par Claude Simon. Je ne sais pas si on peut mieux se représenter la chose…

BL. – Humpf (soupir)… Vous confondez « Salut les amoureux » (« On s'est aimés comme on se quitte / Tout simplement sans penser à demain) et « Salut » (« Salut, c'est encore moi, comment tu vas ? / Le temps m'a paru très long / Loin de la maison »). En effet, M. Radu Stoenescu chantonne « Salut » et non « Salut les amoureux » ; ça me paraît incontestable.

Je n'ai jamais regardé *Le Bachelor* : à l'époque j'étais snob. Depuis, j'ai vu ce que la télé-réalité donnait de meilleur, et les deux aspects où ces émissions (*Secret story*, *Koh-Lanta*, *Les Marseillais*, *Moundir et les apprentis aventuriers*, *Les Anges*, etc.) ont devancé notre époque : le confinement et la survie.

PJ. – Vous avez raison : je me croyais meilleur en Joe Dassin. Et vous avez raison aussi à propos de la science divinatoire des émissions de télé-réalité. Les producteurs, reniflant la caillasse, vont droit à l'essentiel. Je me souviens que j'avais suivi *Loft story* (la 1ʳᵉ émission de ce genre) avec passion, le genre de fascination qu'on éprouve pour le vide, la bêtise, et surtout l'impudeur. Je me disais : mais comment acceptent-ils de vivre sous les yeux des téléspectateurs comme des sauterelles dans un bocal ? – Sans rire, vous aimez vraiment *Secret story* et compagnie ? C'était mon deuxième Échenoz, le premier ne m'avait pas convaincu.

BL. – Les émissions de télé-réalité sont l'avant-garde de notre monde : l'américanisation racailleuse des comportements et la blédardisation des mœurs et du langage sont évidemment notre avenir. Je ne suis pas du tout surpris, par exemple, que « frère », désormais, soit un signe de reconnaissance, également entre filles : je l'avais entendu il y a cinq ans dans une émission de télé-réalité. Je ne suis pas non plus surpris par les nouveaux verbes qui seront utilisés, j'en suis sûr, par le vulgum dans quelques années ou quelques mois : « nexter », « player », « loler », etc. Ou, mon préféré : « mamadouer », c'est-à-dire « amadouer une fille comme le fait si bien Mamadou ».

PJ. – Vous prenez de l'avance sur notre future régression. Ce jeu avec les verbes, Rimbaud, eût-il vécu à notre époque, aurait *nexté* à tout va et *lolé* à gorge déployée, non ? Peut-être pas, en effet. À ce propos, je parlais hier soir d'un cours mis en ligne sur le site de l'Académie de Nantes où l'on apprenait à rapper avec la poésie rimbaldienne. Le plus déprimant n'est pas qu'un professeur de français ait eu l'idée du cours (même si), non, le pire tient à l'approbation des hautes instances pédagogiques, lesquelles, au lieu de pleurer, ont sorti les pétards et les serpentins avant de publier cette connerie pour édifier les derniers grognards récalcitrants à l'art racailleux (dont je suis).

BL. – Qui nous délivrera des lecteurs ? Sous ma parodie de Slimarrieussecq (« La séquestrée, journal de Prune Lahourcade »), publiée sur Facebook par *Éléments*, je lis, d'un certain Louis Tixier (orthographe d'origine) : « Quelques idées mais c'es tellement caricaturale que ça en perd toute saveur. Rendez-nous Xavier Eman ! » Je voulais lui demander si Eman était séquestré, ou s'il était mort, j'y ai renoncé. Un autre commentaire, d'une Marjorie Lebourg : « La fin est bien : c'est super de dénoncer les conditions d'élevage des poussins. » Sur Messenger, un type totalement inconnu de moi, mais totalement hyper-démocrate, m'écrit : « Salut Bruno j'ai commandé ton livre. Je te donnerai mon avis. bon confinement ». (« Yannick Mortier ») Je passe sur le tutoiement, et sur cet « avis » que je brûle évidemment de connaître. Je lui ai quand même demandé de quel ouvrage il parlait. « Le dernier je crois..... il y a les dents dans le titre. Le sujet m'intéresse et la critique dans *Causeur* était bonne. » Quelques jours plus tard, grand retour du Mortier : « J'ai reçu ton livre, ...je déteste, désolé [ponctuation d'origine]... » Je lui ai demandé : « Qu'est-ce que vous avez le plus détesté ? » Il ne m'a pas répondu.

PJ. – Cher Bruno, oui, c'est vrai, il faut rendre tout de suite le petit Xavier à ses parents, ce rapt est scandaleux ! En revanche, je viens de relire votre chronique, je n'y ai vu aucun poussin, même pas une toute petite plume ensanglantée. Quant à ce Mortier qui tutoie et qui déteste, je n'ai même pas la force d'en parler. Les lecteurs sont souvent désespérants, même ceux qui aiment ce que vous écrivez. Je pensais que publier des romans était une façon de mettre les points sur les *i*, de ne rien laisser dans l'ombre. Ensuite, les lecteurs pourraient être d'accord ou non : les choses étaient dites. Il n'en est rien, le malentendu est partout et la justice nulle part (comme dirait Édouard Louis, ou Émile Louis). Je me souviens de ce sociologue qui m'avait félicité d'avoir écrit que la littérature représentait une « ouverture sur les autres » : je l'avais détrompé, ces paroles étaient ironiques puisque dites par un personnage ridicule (Corvec), etc. Il m'avait répondu : « Peu importe, vous l'avez écrit et c'est ça qui compte ! ». La littérature est mise en danger par tout ce qui vit autour d'elle : les lecteurs idiots ou idéologisés, les éditeurs (idem), les libraires (féminisés et idéologisés), les professeurs de lycée et de collège, les universitaires (et leur pseudo-scientificité), les critiques (entre pédanterie et frivolité).

J'ai retiré, pour l'heure, 8 000 signes d'*Apostasie*. Je vais encore essayer d'ôter deux mille signes. Je suis très loin des

180 000 signes. J'enverrai cette version à Lacarelle, en lui expliquant que je ne peux pas faire plus, et que cinq lecteurs du manuscrit n'ont pas ressenti cette lassitude dont il me parle. J'espère que ça suffira. Sinon, je supprimerai cinq pages où les employés d'un supermarché se mettent en grève : c'était l'unique passage de gauche (ou presque). C'est bien ma veine.

BL. – Bousquet m'a appelé hier pour me dire qu'il publierait une sélection de mes chroniques, et mes *Balles réelles*, à la rentrée pour le second manuscrit. *Tudo bem.* Cet après-midi, c'est Paucard qui m'a appelé. Au cours de la conversation, toujours passionnante avec lui, il me dit, impromptu : « Alors, comme ça, tu vas publier un livre chez Bousquet ? — Oui, depuis quand le sais-tu ? — Oh ! Trois semaines... » Ça m'a fait rire : je le savais depuis la veille, moi...

BL. – Eh bien, cher Patrice, figurez-vous que la soldatesque a été terrassée par Jojo le Corona, faute de fenestriers clapements (comme disent les Belges), de masques et de gants surtout ; en d'autres termes : « j'ai chopé le Covid ». « Pourquoi, me demandait quelqu'un, sommes-nous les pires parmi les pays développés dans la lutte contre cette pandémie ? » Peut-être parce que nous sommes parmi les meilleurs des sous-développés.

Comme les gens qui profitent de la maladie pour arrêter de fumer, j'ai profité de la mienne pour arrêter Facebook. Je n'y reparaîtrais que pour annoncer mes *Cosaques* ourbi et taurbi. Sur mon « mur », j'ai « posté », en *drama queen* rézoosociale, la photo d'un homme qui s'éloigne. « Les gens vont s'accrocher à mes ourlets, supputais-je. "Ne nous abandonnez paaaaaas !" » Mon départ rencontra la plate indifférence, dans le flux continu et le silence bruyant des textes, des citations et des photos de chatons. Mon homme qui s'éloigne rejoint l'exil où règnent dans l'azur hugolien les mouettes qui lui chient sur la tête. On est toujours plus petit que soi dans la foule des inintéressés.

PJ. – Ah mince ! J'espère que vous n'êtes pas trop tourmenté par cette saleté de fils de pangolin à la noix ! Et que vous allez l'écraser et l'écrabouiller comme il le mérite ! Cette histoire de corona tourne mal, décidément. Je me demandais, en effet, pour quelles raisons vous n'aviez rien mis sur Facebook depuis plusieurs jours (de mon côté, j'ai presque arrêté de « poster » depuis deux ou trois ans) ; la photo d'un homme de dos, en noir et blanc, était mystérieuse. Je me suis demandé ce qu'elle voulait dire (et sans doute n'a-t-elle pas été comprise comme un départ, sinon, j'en suis certain, vos groupies auraient protesté, pleuré et crié avec tant d'énergie qu'on aurait songé aux jeunes filles en délire devant les Beatles).

BL. – La question du travail, du métier, et plus généralement du blé, de l'artiche, de la caillasse, est la seule question *littéraire* essentielle : combien *Gil Blas* payait-il Maupassant ; combien *Le Sang noir* a-t-il rapporté à Louis Guilloux ; combien le Vieux-Colombier a-t-il versé à Audiberti pour *La Hobereaute* ? Les histoires de la littérature ou les biographies qui n'expliquent pas avec quel argent Koestler ou Queneau payaient leurs factures offrent pour moi un intérêt limité. L'argent *est* la création. Balzac aurait-il écrit autant de romans sans les huissiers, Flaubert si peu avec ces mêmes huissiers ? Il y aurait un livre à écrire sur l'argent des écrivains ; et un autre sur le lien entre l'argent et la honte.

PJ. – Oui, la caillasse est essentielle : sans elle, nous ne sommes pas libres de notre emploi du temps, et sans liberté, comment écrire ? Jeune étudiant, je me demandais de quelle façon Cioran réussissait à vivre rue de l'Odéon, en vendant si peu de livres. J'aurais aimé devenir Cioran à la place de Cioran. Il a eu tort, à mon avis, de n'en pas parler, se contentant de répéter que jusqu'à quarante ans il déjeunait au restaurant universitaire.

PJ. – *Les Faux-monnayeurs* m'a déçu, je m'attendais à un grand roman savamment construit, avec des mises en abyme, etc., et ce n'est qu'un pêle-mêle de réflexions entrecoupées d'histoires multiples.

BL. – Oh ! mais c'est que j'adore *Les Faux-monnayeurs*, moi. Comment est-ce possible ?

PJ. – Je saisis mal moi-même pourquoi *Les Faux-monnayeurs* m'ont tant exaspéré, mais l'exaspération est là, insistante. Quelque chose de faux, de discrètement et faussement modeste, des vapeurs de bourgeois, des provocations du bourgeois, que sais-je ? Surtout, il m'a semblé que d'un point de vue romanesque, ça ne tenait pas le coup, trop de personnages que l'on confond les uns avec les autres. Enfin, je veux bien être détrompé.

BL. – Ce qui est drôle, quand vous me parlez de votre exaspération, à propos des *F.-M.*, c'est le souvenir exactement contraire que j'en garde. La mise en abyme, que l'on présente souvent comme novatrice, paraît sans doute banale, et même assez faible, du point de vue narratif. Depuis, on a vu mieux, n'est-ce pas (spéciale cac'dédi au Chenadec)... Le plus novateur, je trouve, c'est les progrès de l'intrigue par croisement de scènes, avançant elles-mêmes par genres différents (monologue, journal, suite dialoguée, lettre, etc.). Je n'ai pas confondu les personnages, en ce qui me concerne, et certains, comme La Pérouse, le vieux et pathétique professeur de piano (qui m'a inspiré le Georges Dinemandi de *L'Ivraie*) sont, pour moi, inoubliables.

Je vois dans mon journal que j'ai relu ce roman en 2006 ; j'en ai tiré plusieurs pages de notes, dont celles-ci : « Au chapitre III de la 2e partie, l'opinion d'Édouard sur le "roman d'idées" (à réhabiliter, et à ne pas confondre avec le "roman à thèse"), c'est assez le projet de Renaud Camus dans

L'Ombre gagne (où les personnages sont, précisément, des idées).

« *Le Vase nocturne* d'Armand Vedel (chapitre VII, 3ᵉ partie), c'est exactement la mauvaise fleur, qui commençait de s'entrouvrir à l'époque de Gide, aujourd'hui épanouie, et dont j'ai parlé à propos du lien entre l'art, la merde et le Mal dans *Le Portement de la Croix*. L'auteur de la postface cite cet extrait du *Journal des Faux-Monnayeurs* : "Il n'est pas bon d'opposer un personnage à un autre, ou de faire des pendants (déplorables procédés des romantiques)." La remarque est d'autant plus paradoxale que *Les F.-M.* repose entièrement sur une addition d'oppositions : Édouard et Passavant, bien sûr, les deux écrivains ; mais aussi Bernard et Olivier, les deux amis ; Profitendieu et Molinier, les deux pères ; Sarah et Rachel, les deux sœurs ; Azaïs et La Pérouse, les deux grands-pères ; Laura et lady Griffith, les maîtresses successives de Vincent, etc. (Je me rends compte d'ailleurs que c'est le cas dans mon *Portement*, qui n'avance que par personnages rivaux : Plenel et Lapeyre, les deux curés ; Madeleine et Victoire, les deux mères ; Darrigade et Clément, les deux surveillants ; Jérôme et Bernard, les deux collégiens, etc.)

« L'image, chez Gide : "J'ai souvent remarqué, chez des conjoints, quelle intolérable irritation entretient chez l'un la plus petite protubérance du caractère de l'autre, parce que la 'vie commune' fait frotter celle-ci toujours au même endroit. Et si le frottement est réciproque, la vie conjugale n'est plus qu'un enfer." Ou bien, celle-ci, magnifique : "Je demeurai quelques instants encore à contempler le visage endormi de la vieille, dont la bouche plissée et rentrée semblait tirée comme par les cordons d'une bourse d'avare, instruite à ne rien laisser échapper."

« *Les F.-M.*, en somme, c'est pour moi du pur plaisir intellectuel, un mélange de joie devant une intrigue captivante, de surprise devant des personnages mystérieux, et d'admiration devant l'avancée romanesque par croisement de scènes. »

BL. – Le nombre de doux dingues (dans le meilleur des cas) qui tournent autour du livre est extravagant – Duriez, que vous connaissez, en fait partie, c'est certain. Quel autre nom donner à un type capable d'appeler d'affilée, en s'interdisant le plus possible de les écouter ou de s'intéresser à eux, cinq ou dix correspondants pour leur dire la même chose ? Il n'est pas antipathique d'ailleurs, mais, en interdisant de lui répondre, il fabrique chez son auditeur de la frustration comme les reins mal hydratés des calculs.

PJ. – Oui, le livre attire les doux dingues comme l'ampoule les moustiques ou l'adolescente les adolescents. C'est étonnant. Et aussi des bavards : on dirait qu'ils ne lisent que pour infliger, plus tard, aux auteurs leurs idées et les aléas de leur existence. J'ai écouté, il y a quelques jours, une émission de France culture de 1984, Kundera en était l'invité pour son roman *L'insoutenable légèreté de l'être* : eh bien, les deux animateurs ont monopolisé la parole, ils ont expliqué ce qu'ils avaient pensé du roman, et Kundera n'était là (j'exagère à peine) que pour confirmer ou infirmer les lectures de ces messieurs.

Je vous accorde que l'évolution de l'intrigue par « les croisements de scènes » est remarquable dans *Les Faux-monnayeurs* ; vous avez bien raison d'insister sur ce point et même de m'en faire prendre conscience. Certaines des citations que vous avez relevées, je les ai, à mon tour, soulignées d'un trait de crayon (celle sur le roman à idées, celle sur les conjoints). Cependant, quand on lit le journal de Gide, les pensées éparpillées du roman deviennent une matière exclusive. Peut-être n'ai-je pas aimé, non plus, les moqueries contre Jarry, ce fumiste de haut vol (et Lavallois de surcroît).

BL. – Comme j'ai raison de m'intéresser à la télé-réalité, cette avant-garde du lumpenprolétariat enrichi (devenu célèbre, on s'y enrichit en devenant « influenceur »)…

Comment, sans elle, connaîtrais-je cette profession : « technicienne en extension de cils »...

BL. – Il n'y a pas que Duriez dans la vie, il y a Latour. C'est un monologueur appartenant à une sous-espèce, « l'itérateur apodictique », ce qui ne veut rien dire, mais, comme scientifique refoulé, je trouve que, là, ça fait savantasse à mort. Dans le monologue, l'itération apodictique, caractérisée par le « retour du même », s'annonce avec une régularité métronomique par « jtaidéjàraconté », prononcé, mais seulement pour la forme, comme une question : « J' t'ai déjà raconté que ? ». (« Non, vous ne m'avez jamais dit que l'on avait refusé que vous entriez dans une librairie parce que vous aviez écrit un article sur Poutine, ni que vous aviez traité le libraire de fasciste, ni que celui-ci vous avez rétorqué que vous en étiez un autre, non, vous ne me l'avez jamais raconté... »)

Latour a le monologue décisionnaire et pète-sec : ses affirmations péremptoires décident du chemin à suivre, et changent brusquement de direction quand elles rencontrent l'anomalie d'une nuance. « Tu connais les films de David Lynch ? C'est nul. Hein ? T'aimes bien ? Ah bon. Par contre, j'adore les carottes râpées. » Il marabout-de-ficelle volontiers sans jamais cesser de ramener la conversation à ce qu'il connaît le mieux : « Tiens, à propos de carottes râpées, tu sais qui faisait le meilleur bœuf bourguignon de Paris ? Danièle Gilbert. Tu sais que je l'ai sautée ? »

PJ. – « L'itérateur apodictique », l'expression est bien trouvée, on entend le bonhomme itérer, itérer, jusqu'à plus soif. J'en connais des comme ça. L'âge favorise l'itération apodictique. On revient sur sa vie, elle va bientôt s'effacer, peut-être qu'on a envie de la répéter, de la dire, comme effaré devant l'engloutissement ? Existe une autre sous-espèce, celle des « jeterappelle », et qui n'en font rien. Un ami, dimanche dernier, au téléphone, au moment de se quitter, me dit : « je te rappelle mercredi, sans faute. » J'attends encore. Et enfin, la sous-espèce de ceux qui vous laissent un message, sans se présenter : hier soir, un correspondant qui n'est pas dans mon carnet d'adresses dépose un message audio, sans dire qui il est. Je lui envoie un texto pour connaître son identité, et il me répond en persévérant dans l'incognito...

PJ. – J'ai l'impression que les femmes subissent plus cruellement que les hommes les outrages du temps. Sans doute parce que la féminité est contestée par le vieillissement de la peau, alors que les hommes peuvent se flétrir (et enlaidir) sans perdre de leur virilité. J'admets que c'est une thèse que les femmes pourraient rejeter. Peut-être suis-je tout simplement plus sensible à la perte de beauté des femmes qu'à celle perdue par les hommes. Nous arrivons à l'âge où nous allons voir les beautés d'autrefois s'évanouir : j'y songeais quand j'étais jeune, mais maintenant je le vois (il faudrait souligner le verbe voir en italiques, mais Facebook se fout complètement de ces fioritures).

BL. – Oui, c'est vrai : beaucoup d'hommes s'améliorent physiquement en vieillissant. La virilité s'accommode très bien des rides. La maturité sexualise les hommes. Les adolescents ingrats se transforment souvent en quadras sexy : les femmes jeunes qui se tournent vers eux ne s'y trompent pas. Ensuite arrive le demi-siècle : là, pour les mâles, le tournant peut être fatal.

PJ. – « La maturité sexualise les hommes », la formule est très juste ; et, à rebours, elle désexualise les femmes, leur ôtant un je ne sais quoi de doux et de pur qui parfait leur beauté. Le plus dur pour les garçons, c'est le passage à l'adolescence, période plus ingrate pour eux que pour les filles. Vers vingt ans (d'une manière générale), les choses s'équilibrent même si les filles gardent la main. Mais la cinquantaine, oui, est dangereuse pour les hommes. Camille Laurens a aussi écrit que les femmes de cinquante ans acquerraient un super pouvoir : devenir invisibles.

BL. – L'adolescence, chez les hommes, est absolument horrible. Le comble, en ce qui me concerne, c'est que je réussissais, grâce à un sens inné de la coiffure et de l'élégance, à m'enlaidir encore. Dieu merci, j'ai échappé à l'acné. C'est tout ce que j'ai réussi à éviter, avec la petite vérole (mais pas le bas-clergé : j'ai été élevé chez les curés). Ensuite, la vie nous venge : entre trente et quarante ans, ça tombe comme à Gravelotte. Il y a eu une époque, à Paris, où les filles qui avaient toutes leur « meilleur ami pédé », le chat sur la commode et le gode dans la table de nuit, rêvaient de Lino Ventura, ou de Vincent Lindon. Deux ou trois verres de trop, boum !, elles vous proposaient la botte (je n'ai jamais bien compris cette expression : il paraît que c'est un terme d'escrimeur). Quelle revanche sur le passé ! Envolées, les années de frustration, de dédain et d'échecs...

Au travail, l'alternance des nuits et des jours est épuisante, en ce moment. Je n'écris pas, faute de courage, de force et d'envie ; j'ai pris beaucoup de notes pour un roman, mais je suis entré dans un à-quoi-bonisme de saison. Je ne comprends pas le printemps. Il revient comme si de rien n'était. « La nature reprend ses droits », disent les cons, qui ont toujours raison. Je n'aime vraiment que l'hiver et l'été. Le reste, c'est l'ennui, le morne, le fade. « La simplicité est ennuyeuse, je préfère les crises de nerf », m'écrivait, le mercredi 29 septembre 2010, une peste que j'appelais Bellobeurne, et que j'adorais.

PJ. – L'adolescence est absolument horrible car la vie n'est pas encore adoucie par la courtoisie, la civilisation. Les petites frappes l'emportent auprès des filles sur les gentils garçons, les gros sont victimes de quolibets, les grosses d'insultes. L'enfer, c'est une cour de récréation (comme disait le petit Jean-Paul, en 6ᵉ). Mais il y en a qui s'en sortent très bien :

je reste marqué par un voyage scolaire, il y a sept ans (arrêtez-moi si je vous en ai déjà parlé), en Galice : un grand blond était continuellement suivi par un troupeau d'adolescentes en chaleur, pendant que tous les autres garçons (16/17 ans) étaient délaissés. Bref, à cet âge, quelques garçons raflent la mise, les autres n'ont plus que leurs beaux yeux pour pleurer et se palucher en attendant des jours meilleurs. Parfois, j'ai envie de dire aux élèves boutonneux qui hantent mes classes : ne vous inquiétez pas les gars, ça va s'arranger. Oui, la vie nous venge.

BL. – Est-ce vraiment le « Spectacle », entendu comme le remplacement du réel par sa représentation, si j'ai bien compris Debord, qui a dédoré l'auréole de l'écrivain ? Le détergent démocratique l'avait javellisée depuis longtemps : c'est d'abord le nombre qui a fait descendre l'auteur de son piédestal ; le coupable, c'est la multiplication. C'est ce qu'ont senti tous les écrivains de la seconde moitié du XIXe siècle (Flaubert, Baudelaire, Barbey, Huysmans, etc.). Le dandysme n'aurait pas vu le jour sans la conscience de la massification ; et c'est pourquoi le dandysme a été un réflexe réactionnaire. La dernière opposition à la démocratisation du livre, au lecteur hyper-démocrate (LHD), fut celle de Blanchot, de Michaux et de Gracq, quand ils ont refusé le livre de poche. (J'adore cette interview, très anti-LHD, de l'écrivain Jean-Pierre Enard, en 1964, à qui on demandait : « Que pensez-vous du livre de poche ? — Beaucoup de mal : ça fait lire un tas de gens qui n'avaient pas besoin de lire, qui n'avaient jamais ressenti le besoin de lire. Avant, ils lisaient *Nous deux* ou *La vie en fleurs*, et d'un seul coup ils se sont retrouvés avec Sartre dans les mains, ce qui leur a donné une espèce de prétention intellectuelle qu'ils n'avaient pas. Avant, les gens étaient humbles devant la littérature. Maintenant, ils se permettent de la prendre de haut. Les gens ont acquis le droit de mépriser. ») Avant d'être inversé, le réel a été multiplié. Le style était seul, il est devenu multiple ; c'est-à-dire qu'il s'est inversé : avoir un style, aujourd'hui, est de n'en avoir pas, ou d'en avoir un qui soit anti-stylistique, anti-esthétique, anti-littéraire, de sorte qu'il n'y aucune différence entre la phrase d'un auteur, aujourd'hui, et celle d'un commentateur de ré-zoo-socios.

PJ. – Le nombre n'est a priori pas mauvais en soi, on aurait pu imaginer des sociétés démocratiques dignes et estimables ; mais a posteriori on constate la faillite de la démultiplication, le grégarisme, la bêtise d'un homme-foule qui, même dans l'isoloir, même dans la solitude, demeure un être collectif. Mes obsessions accuseront aussi la science, encore plus que le capitalisme : sans la science et ses merveilles technologiques, le capitalisme serait resté raisonnable. Le fordisme est impossible sans la technologie, donc sans la science.

Mai

BL. – Vous reprenez les cours en classe (« en présentiel » !) le 11 mai ? J'en profite pour vous signaler ce tweet de votre ministre de tutelle : « Les professeurs [ici, un cœur rose] leurs élèves. Les élèves [un autre cœur rose] leurs professeurs. Les premiers le disent dans des vidéos pour les encourager à travailler à distance & à se sentir bien. Les seconds leur répondent par des vidéos pleines d'affection et d'humour pour dire simplement #MerciAuxProfs. » (Jean-Michel Blanquer, Twitter, 2 mai)

PJ. – Je ne croyais pas Blanquer aussi con, je vous remercie de m'en avoir administré la preuve. Et pour finir, et pour que vous ne regrettiez pas le monde de l'enseignement, je vous communique un extrait d'un message de ma collègue de philosophie adressé à ses élèves (qui sont aussi les miens en

« spécialité ») : « Pour poursuivre malgré tout notre réflexion commune, je vous propose, à compter de ce lundi 04 mai, de nous retrouver chaque lundi, à 16h sur ma classe virtuelle, pour 1h30. Nous étudierons la question du rapport de l'homme à l'animal. J'ai préparé pour vous un cours et des textes à lire. Et je me suis régalée car cette question est vraiment passionnante, car elle met en question notre humanité. Je suis certaine qu'elle va vous intéresser. Il serait vraiment dommage que nous renoncions à y réfléchir. »

BL. – Quels que soient ses mérites, et ils sont immenses, RC a exprimé mille fois, dans des livres différents, les mêmes obsessions, parfois dans les mêmes termes : quand on a lu son journal, on a lu trente ou quarante autres livres de lui. Ce qui ne devrait pas être un défaut a fini par me lasser. D'ailleurs, c'est moins le ressassement, le défaut, que le manque de renouvellement dans le ressassement ; il ne change jamais de genre, ni de ton. J'y pense parce que, en six articles pour *Éléments*, j'ai l'impression d'avoir épuisé tout ce que j'avais à dire. L'avantage du roman, c'est que, dans le meilleur des cas, on peut y renouveler ses piétinements en les incorporant à des intrigues, des villes et des héros différents. Chez RC, la force irrésistible qui le pousse à écrire en fait une sorte de monstre. Monstrueux, il faut l'être pour réécrire ses idées fixes douze, treize ou quinze heures tous les jours depuis quarante ou cinquante ans. La petite-bourgeoisie et sa musiquette, les coudes sur la table, les chaudières qui ne chauffent pas, les portes qui claquent dans les hôtels sans double-porte, et, bien sûr, le GR, ça donne une stérilité par sur-abondance. Il y a deux écrivains improductifs : celui qui écrit trop peu, et celui qui écrit trop. Simultanément, et parce que ce serait trop simple, il reste pour moi un de nos meilleurs écrivains, et parmi eux le plus grand styliste.

PJ. – Votre division en deux de la classe des improductifs, ceux qui écrivent trop, ceux qui écrivent trop peu, me semble

202

très juste, et très suggestive (ma prof de philo de terminale disait « ça donne à penser » – une jolie femme, fume-cigare aux lèvres. Un jour, elle avait affirmé : « S'il n'y avait de grands philosophes, de grands écrivains, de grandes œuvres, nos vies seraient totalement misérables »). Je me suis un peu lassé, moi aussi, du ressassement camusien, même s'il réussit parfois, malgré tout, à m'intéresser, comme dans l'entrée d'hier, dans laquelle il observe qu'une photo de lui, mise en exergue sur Flickr, a été plébiscitée par les internautes, ce constat le conduit à une réflexion sur l'absence de sincérité dans les goûts : « Ils croient aimer quelque chose, mais il n'entre absolument rien de personnel dans l'élection qu'ils font de cet objet. Ils aiment ce qui a été choisi (peut-être par des machines) pour qu'ils l'aiment (parce que c'était plat, neutre, et consensuel). Leurs compliments viennent peut-être du fond de leur cœur, mais ce sont des compliments de machine, un peu ridicules, et qui naturellement n'offrent aucun plaisir. » Camus a des intuitions très justes, mais il n'en fait plus rien. Cette réflexion, il ne cherchera pas à l'approfondir, à lui donner une assise philosophique, ni à la poursuivre dans un essai sur « le peu de sincérité de nos goûts ». Doit-on le regretter ? J'aimais bien quand il parlait, longuement, de ses lectures, je me souviens de ses analyses sur le Léviathan, sur *Guerre et paix*. Le roman ne l'intéresse pas. – Bon, j'arrête là car, s'agissant de Camus et de mon rapport à lui, je sais que je ne m'en tirerai pas en quelques lignes.

BL. – En effet, on ne peut pas s'en tirer en quelques lignes, avec lui. Nous sommes sans doute quelques-uns à lui devoir beaucoup. Je ne suis pas mécontent de m'être détourné, sans doute provisoirement, de son œuvre – qui est, pour moi, quels que soient les volumes qu'il ajoutera aux précédents, achevée.

Hier soir, avant de partir travailler, « sous vos applaudissements » (©Jacques Martin), j'ai reçu, de Duriez, un appel qui, selon mon téléphone supersonique, eut lieu à « 20:32 », et aura duré « 1h 8m 21 s », ce qui constitue un record. Furent rafalés à la cadence du pistolet-mitrailleur la télé-réalité, *David Golder*, Valery Larbaud, *Le Lys dans la vallée*, sa baignoire, Brest, les seconds rôles dans le cinéma des années trente, et beaucoup d'autres choses impossibles à retenir. Il m'a aussi décrit, pour la dixième fois, une scène opposant Latour à Dupeyron, dont je lui rappelle en vain, chaque fois, qu'il l'a lue dans *Les Nouveaux Vertueux*. Puis il m'a quitté en évoquant gentiment le plaisir qu'il avait à bavarder avec moi.

Mais, vers minuit, le voilà rappelant, c'est-à-dire laissant ce message sur mon répondeur : « J'ai eu Latour longuement au téléphone, il m'a appris que vous viviez à vingt kilomètres de Lille, et il regrette que vous ne l'appeliez pas assez... » Là, j'ai quand même éclaté de rire : j'ai pensé qu'il me confondait avec vous, mais ça ne correspond pas non plus...

PJ. – J'ai peut-être une explication pour lever le mystère Latour : il est très possible que Duriez ait confondu Lafourcade et Chauvieu, ce dernier habitant à vingt kilomètres de Lille...

BL. – Duriez a aussi confirmé ce trait qui m'amuse chez certains Parisiens, comme il m'amusait chez les Lyonnais (et que l'on peut étendre à beaucoup, y compris à moi) : l'abolition des distances, de l'espace, et de leur représentation. Ainsi, au cours de la conversation, je lui ai fait remarquer que vous n'habitiez pas tout près d'Angers. Il a relativisé : « Rooh... De Nantes à Angers, y a quoi... » Ben, cent bornes, et d'ailleurs c'est Guérande, pas Nantes, cent bornes de plus à vue de reniflant. Puis il m'a demandé : « Vous habitez bien Bordeaux ou Toulouse ? » Il voit la hanche de la France, ça s'appelle l'Aquitaine, c'est en bas à gauche, donc Bayonne, Bordeaux, Pau, Biscarrosse, Tarbes, Toulouse, c'est dans le coin et ça se rejoint, allez, en une demi-heure, trois quarts d'heure à tout casser, comme on va de Montparnasse à Barbès. Une amie de Nîmes me propose de venir la voir (« après le déconfinement ») parce qu'« on n'habite pas loin l'un de l'autre ». Ok. Cinq cents bornes. « Mais vous n'habitez pas près de Toulouse ? » Ok. Toulouse-Nîmes : trois cents bornes. Régulièrement, on me dit, en parlant d'un tiers qui habite à Carcassonne ou à Brive : « Il est de chez vous... » Je suis à trois cents kilomètres de Carcassonne, et à trois cents kilomètres de Brive. C'est la carte sans le territoire, un peu comme le français sans l'orthographe. C'est le rapprochement qui me vient quand je lis, sous une entrée publiée sur Facebook, un commentaire désorthographié, dégrammairisé, déponctué, démajusculé, c'est-à-dire émasculé de son rapport au sens puisque le commentaire a souvent un rapport très lointain, sinon inexistant, avec l'entrée publiée. On est collé à la carte comme on est collé au sens, on voit et on comprend à plat, dans un défaut de perspective qui dénature la perception de l'espace, et du temps (plus encore du temps, peut-être, parce que l'inculture s'en mêle plus directement : l'individu qui sait combien de siècles séparent Colbert d'Antoine Pinay deviendra de plus en plus rare). C'est un rétrécissement, une diminution des capacités d'abstraction, de conceptualisation, et de compréhension. Entre Tours et Bourges, entre Colbert et Antoine Pinay, il y a souvent la même distance qu'entre le sens d'un texte et ce que le lecteur en comprend. Avant l'égautisme, on jugeait d'après soi, mais aussi de l'extérieur de soi : sans vivre à Tours, on pouvait savoir que, de Tours à Bourges, il y a la distance qui sépare Mont-de-Marsan de Pau, Guérande de Nantes. Depuis que l'égautisme règne, on ne juge plus que d'après soi, dans un défaut de perspective, si manifeste dans la névrose monologuiste, sans doute accentué par la technique et la vitesse quand elles tendent à l'instantanéité. Le Parisien mesurera la distance entre Tours et Bourges d'après celle qui sépare Montparnasse de Barbès, comme le lecteur commentera un texte en fonction de ses idées fixes. La carte sans le territoire, c'est l'égocentrisme sans l'humilité, soi sans l'autre. Voilà.

C'était ma poussive contribution à la production artisanale de jus de cerveau.

PJ. – Je vais compléter, avec mes modestes moyens, votre analyse de l'égautisme, avec un trait qui déborde largement la sphère parisienne : la propension du locuteur à ne pas présenter les personnes dont il parle, personnes inconnues de l'interlocuteur, de surcroît en usant de leur seul prénom : « Oui, à ce moment-là, y a Pierre-Yves qui sonne à la porte, il était avec Nathalie, laquelle me dit que Sylvie et Thierry ne sont plus ensemble ! Tu te rends compte ! Déjà que Marc et Sabine se sont séparés la semaine dernière. Et je ne dis rien de Christophe qui trompe Anne depuis des lustres avec Stéphanie. Etc. » Vous ne connaissez aucune des personnes dont on vient de vous parler, vous ne savez pas quels liens elles entretiennent avec le bavard : tout tourne autour de lui, il n'imagine même pas qu'on n'y entende rien, ou il s'en fout. L'égautisme est tout à la fois un manque d'imagination et une paresse narcissique. Certains romanciers sont affublés du même défaut, le lecteur subit une accumulation de personnages à peine identifiés. Le Monsieur Ouine de Bernanos, par exemple. En le lisant, je croyais entendre mon père (certes, en moins terre à terre). Quand j'écris un roman, une de mes préoccupations constantes est de ne pas perdre, de cette façon, le lecteur : je n'y vois, à tort ou à raison, que paresse et confusion. Revenons au Parisien : d'abord, il croit qu'au-delà de Paris, il y a ce qu'il appelle la province, et que cette province est la même partout, ou à peu de chose près. Pour lui, la Bretagne, l'Alsace, le Pays basque, l'Auvergne, etc., c'est à peu près la même chose : la province. Un seul mot pour des régions aux histoires différentes, aux reliefs singuliers, donc une seule entité. L'ignorance démographique est une autre bizarrerie (mais je veux bien concéder qu'il s'agit d'un tropisme personnel) : je veux parler de la population d'une ville. Souvent, j'interroge l'habitant d'une ville (ou d'un village) sur le nombre d'habitants de sa ville (ou de son village). La plupart du temps, il n'en sait rien (vous pourrez vérifier). Je me souviens d'une amie, ou ex-amie (elle ne me parle plus depuis qu'elle a appris que je lisais Renaud Camus !), qui m'avait reçu chez elle, dans un village des Deux-Sèvres. Elle m'en donne (à ma demande) le nombre d'habitants : environ quinze mille. Je suis très étonné, je l'avais évalué à quatre ou cinq mille habitants. De retour chez moi, je consulte, sur Internet, le démographie du village : deux mille habitants. Comment peut-on ignorer à ce point l'endroit où l'on vit ? Ou bien est-ce moi qui suis névrosé ? Même le monde le plus proche n'intéresse plus ceux qui y vivent (de la même façon, enfant et adolescent, je supportais l'équipe de foot de ma ville (Nantes), aujourd'hui, mes neveux s'en moquent royalement, ils supportent des équipes de basket US, ou, si l'on reste dans le foot, l'équipe de Barcelone ou de Munich : là aussi, le proche n'intéresse pas, il n'est pas assez *trendy*).

BL. – Cher Patrice, j'ai enfin compris la raison pour laquelle vous n'aimiez pas *Monsieur Ouine*, qui est précisément celle qui me fait dire que c'est un livre sans précédent, sans équivalent, un des chefs-d'œuvre du XXe siècle. Le projet de Bernanos était de composer un récit qui ne passe pas par l'esprit mais par les sens, et du point de vue des sens, d'où cette impression agaçante de lire une « accumulation de personnages [et d'actions] à peine identifiés ». Mais il me faudrait dix pages pour venir à bout du sujet...

PJ. – Cher Bruno, vous avez sans doute raison à propos de *Monsieur Ouine*, où prédomine la sensualité. On retrouve un projet semblable dans les romans de Faulkner, les pensées des personnages sont abolies au profit des sensations, de l'odeur d'une terre mouillée, d'un ciel qui chavire, etc. À la fin de *Si je t'oublie, Jérusalem*, le lecteur ne sait presque rien des pensées du prisonnier, rien de sa réaction à sa condamnation, ni de son enfermement ; en revanche, Faulkner décrit ce que le personnage voit à travers la fenêtre de la prison, ce qu'il entend. Il donne plus d'importance aux impressions qui nous enveloppent qu'à la voix intérieure, toujours éveillée. Les sens, sans l'esprit, offrent un monde chaotique, absurde, un tableau de Pollock. Si je devais critiquer cette esthétique, je dirais que ce monde insignifiant et coloré n'est pas celui de la vie intérieure, toujours dirigée par l'esprit. Cela dit, il est fort possible, et probable, que mon interprétation soit fausse, du moins incomplète, superficielle : on ne comprend bien un texte littéraire que dans la mesure où on l'aime. En réalité, j'ai lu, beaucoup lu, parce que j'avais besoin d'éclairer ce que je vivais, de sorte que les textes qui enténèbrent une existence déjà incompréhensible ne m'attirent pas : telle est sans doute la vérité de mon rapport à Bernanos ou Faulkner.

PJ. – Cher Bruno, j'espère que vous allez bien. Je suis en train de relire *Derniers feux*. C'est peu dire que le livre est réussi, c'est tout simplement un grand livre.

J'ai eu l'idée de le relire car, au téléphone, hier, j'en ai lu des extraits à Alice Ferney pour qu'elle connaisse le professeur de littérature (comme dirait Roth) que vous êtes. Elle semblait conquise.

BL. – Merci, Patrice, vous être très généreux. *Derniers feux* est né dans mon journal, de mon journal. J'y notais des réflexions qui me venaient en écrivant, en lisant. Dans mon esprit, ce n'était pas un essai, mais un manuel pratique. Je voulais l'appeler *Conseils à un jeune écrivain*, mais l'éditrice a voulu un titre, selon son expression, « moins prétentieux ». Quelle légitimité avais-je, en effet, alors même que j'étais incapable de faire accepter mes romans par un éditeur ? Il est vrai que la composition de ce livre m'avait provisoirement consolé de mes échecs et dérouté de mes frustrations. C'était un été, il y a dix ans et je n'avais pas encore accepté mon sort, ni notre époque. Depuis, ça va mieux : je fais pousser des salades et je torche des infirmes. Je n'ai jamais relu ce livre, mais je sais qu'il se présente comme des conseils adressés à une jeune romancière, Noria, qui, dans mon esprit, devait être l'héroïne de *L'Ivraie*, que j'avais prévu d'écrire un jour, et peut-être commencé. Finalement, j'ai choisi pour titre *Derniers feux*, qui d'ailleurs convient mieux au fond du propos. L'éditrice m'avait aussi demandé si j'étais « d'extrême-droite » : « Ça nous dérangerait. »

BL. – J'ai voulu vérifier. J'ai fouillé dans ma correspondance et j'ai retrouvé la « fiche de lecture » que l'éditrice m'avait envoyée : « Les réactions de tous les lecteurs sont sensiblement les mêmes ; je les restitue ici sans trop de délicatesse (pardonnez-moi), mais je veux être à la fois claire et concise. Des réflexions justes, pertinentes, originales, pas forcément dans l'air du temps (ce qui nous plait). Une belle écriture élégante (parfois trop). Des passages hermétiques, en raison de constructions tortueuses ou d'un vocabulaire obscur (résistant même parfois à une recherche persévérante !). Des déclarations à prendre au troisième degré, afin de ne pas les soupçonner d'appartenir à la pensée d'extrême-droite (ce qui nous déplairait). Des longueurs qui ont tendance à affaiblir le propos. Un titre quelque peu prétentieux et de toute façon inapproprié. Nous ne sommes pas hostiles à la publication de votre écrit, loin de là, à condition toutefois que vous soyez disposé à le remanier sur ces divers points, ce qui ne va peut-être pas de soi. » Sur la question politique, je lui avais répondu : « Je suis impatient de connaître les passages où je me suis front-nationalisé. (Ce n'est pas que l'extrême droite me gêne, c'est que je ne suis pas d'extrême droite.) » Dans mon souvenir, il n'avait jamais plus été question de le-pénisme. Mais il m'a fallu attendre plus d'un an, je crois, pour voir imprimer ce livre.

PJ. – Moi pas généreux. Moi épaté. Le titre *Conseils à un jeune écrivain* était très bien, conforme à ce qu'on y lit. La fiche de lecture est minable. Le livre n'est pas du tout hermétique, les constructions ne sont pas tortueuses ni le vocabulaire obscur. Je ne vois pas de « longueurs » (concept très flou de toute façon). Et puis cette peur d'être tombé, paf, sur un écrivain d'extrême droite (tout en prétendant ne pas aimer « l'air du temps »). Et cette manière de formuler négativement son approbation, du bout des lèvres : « Nous ne sommes pas hostiles à la publication de votre écrit, loin de là, à la condition de ». Quelle déprime de lire ça !

BL. – Vous voyez, ce qui me séparera toujours des hommes comme Camus (bien qu'il soit, c'est tout à son honneur, un modèle presque unique), c'est ce genre de propos qu'il a tenu mille fois : « La culture française il faut la défendre avec pour alliés des personnes qui considèrent que la vraie culture française c'était Brigitte Bardot, Alain Delon, Claude Nougaro et Bernard Pivot. C'est dire l'épaisseur du malentendu. » Oui, bien sûr, Nougaro n'est pas Dutilleux : il a dit ça mille fois. Précisément, ça va sans dire ; et ce qui va sans dire et qui est dit néanmoins devient obscène. Surtout, le peuple, c'est aussi Nougaro, et Dabadie, et même, voyez comme je suis bon joueur, Guy Bedos. Camus a beaucoup parlé de la bêtise. Or l'âme d'un peuple, c'est aussi, justement, sa bêtise ; et aimer son peuple, c'est aussi aimer sa bêtise. De Gaulle recevait Bardot à l'Élysée, regardait Intervilles, riait aux films de Bourvil et chantonnait du Trenet. Aimer son peuple, c'est aimer sa bêtise, et s'y fondre ; c'est être aussi bête que lui. J'ai dû voir quatre ou cinq fois, et sans lassitude, *Un éléphant, ça trompe énormément*. Je n'en déduis pas que c'est du Bresson. J'en déduis que je suis aussi bête que le pays qui a produit ce film de copains. Le patriotisme, c'est admirer les châteaux et les paysages, sans avoir peur d'applaudir Poulidor et de rire de Victor Lanoux. Finalement, ce qui m'agace, chez Camus, c'est moins d'avoir voulu marcher dans les pas de De Gaulle, que d'avoir pensé représenter politiquement un peuple qui le dégoûte ; c'est qu'il soit incapable de s'empêcher d'exprimer son dégoût. L'obscène, dit-il, c'est toujours d'avoir trop raison. Or, justement, son dégoût du peuple, de sa bêtise, de sa musiquette, de son bruit et de ses odeurs de mandarine, c'est une façon d'avoir toujours trop raison, et c'est en quoi il est lui-même obscène. Bon, c'est le genre de remarques que je ne pourrais jamais écrire sur Camus, parce que c'est Camus, et parce qu'il est persécuté comme aucun écrivain ne l'a été depuis soixante ou soixante-dix ans. Mais c'est bien frustrant.

PJ. – Je partage totalement votre analyse sur l'obscénité de Camus à se distinguer, sans cesse, de la France populaire. Il aime la France, mais pas les Français, où il se pince le nez sitôt que des gens du peuple apparaissent dans son champ de vision. Pour lui les nations sont comme des clubs très sélects, des universités, où seuls de grands bourgeois, aristocrates et quelques artistes très précieux ont de l'intérêt : il consent, à regret, qu'il faille un peuple pour faire tourner le pays, mais il s'en passerait bien (sauf au temps de ses coucheries). La France, ce serait Oxford, l'Angleterre, Cambridge, l'Allemagne, le collège d'Eton, etc. Parfois, j'ai l'impression qu'il n'a aucune conscience de l'injustice que subissent les classes populaires. Elles sont là pour servir. Quand il célèbre la France bourgeoise de la IIIe République, il oublie complètement qu'elle fut, aussi, construite par des prolétaires, des paysans. Je crois que ce sera la limite de son œuvre : il n'embrasse pas la condition humaine, mais la bourgeoisie et l'élite. – Excusez ce petit laïus progressiste. Quand je parle de « limites », il va de soi que Camus a écrit l'une des œuvres les plus puissantes de notre époque.

PJ. – Avez-vous lu Manchette ? Certains le considèrent comme un grand écrivain. J'ai lu *Nada*, le roman est amusant, d'une grande violence, mais je n'arrive pas à le considérer comme un chef-d'œuvre.

BL. – Oui, j'ai lu à peu près tout de Manchette (ce qui n'augure en rien de la qualité, chez moi : je lis parce que je lis, pas forcément parce que c'est bon), ses romans et son journal, publié par son fils (qui se fait appeler Doug Headline).

Nada, de mon point de vue, est son meilleur roman. J'avais aimé les ruptures de ton, les changements de rythme, les ouvertures de chapitre (le troisième qui commence avec une phrase de dialogue qui est la fin d'un cours de philo : « Et c'est pourquoi [suit une citation de Schopenhauer] » ; et le quatrième avec un couple très amoureux dont la femme essaie d'étrangler son mari : « Ensuite, Meyer discuta avec sa femme, qui finit comme d'habitude par essayer de l'étrangler »).

Dans ce roman, j'ai surtout aimé le ton (la désinvolture générale, le je m'en-fichisme calculé) et la technique romanesque. Les autres romans me sont un peu tombés des mains, sauf *Le petit bleu de la côte est*, dont l'ouverture est très célèbre (chez les amateurs de polars communisants) : « La raison pour laquelle Gerfaut roule ainsi sur le périphérique, il faut la chercher surtout dans la place que Gerfaut occupe dans les rapports de production. Le fait qu'il a tué deux hommes n'entre pas en ligne de compte. » Ce qui m'a aussi intéressé, chez Manchette, c'est sa tentative d'écrire sans psychologie. Il voulait des romans comportementalistes, comme les premiers Américains de la Série Noire. Tous les amateurs de ce genre de livres considèrent que Manchette était le meilleur, ce qui ne veut pas dire qu'il était bon, mais que les autres étaient nuls.

Son journal n'est pas très intéressant d'un point de vue strictement littéraire, esthétique : ce sont des notes sur ses lectures, les films qu'il voit, entrecoupés de coupures de presse sur la politique, des faits divers ; mais c'est un bon document sur un jeune type, à la fin des années soixante et au début des années soixante-dix, qui essaie de « percer » : il écrit des scénarios de cinéma (Manchette est un romancier par défaut : il rêvait d'être cinéaste), il en place d'autres à la télévision, il cherche des traductions, il écrit des romans érotiques, etc.

Il n'y a qu'un amateur de polar pour parler de « chef d'œuvre » à propos d'un roman policier. De mon point de vue, un polar peut être réussi si on le situe dans le genre auquel il appartient ; mais il ne peut pas être un « chef d'œuvre » dans l'absolu, ou alors, il cesse d'être strictement un polar, un roman criminel, pour être, comme *Crime et châtiment* ou *Une ténébreuse affaire*, un chef-d'œuvre.

PJ. – Vous avez lu tout Manchette ! Vous m'impressionnez, cher Bruno. De surcroît, vous conservez la mémoire de ce qui vous a plu, moins plu. Votre analyse de *Nada* est très juste, cette désinvolture générale qui préside à l'écriture du roman. Un blogueur qui m'a interrogé considère que la littérature de genre serait l'unique façon de perpétrer une littérature de qualité, comme un produit de contrebande qu'on fourguerait, en douce, avec de la camelote (je résume leur pensée). Pour lui, la littérature « blanche » est morte, mais les sous-genres, parfois, si on les « investit » avec talent et ambition, accouchent d'œuvres puissantes car reliées au social, au négatif (là encore j'essaie de résumer sa pensée). Je partage votre analyse du polar qui, s'il est un chef-d'œuvre, n'est plus un polar. Je ne pense pas que Dostoïevski ait eu pour ambition d'écrire un polar, ni même un roman policier (il semblerait qu'il y ait de multiples nuances) lorsqu'il inventa le personnage de Raskolnikov. Je dois confesser que les enquêtes policières m'endorment. Même Simenon, dont j'ai lu un roman il y a peu, et dont je reconnais le génie, n'arrive pas à m'intéresser aux recherches de son commissaire Maigret : le génie de Simenon est évident (en deux phrases, il décrit une ville, une rue, un personnage) mais tout ce qui concerne la vaine recherche du coupable me semble une perte de temps. Pour le dire pompeusement et prétentieusement, il n'existe, à mes yeux, qu'une enquête sérieuse, celle du dévoilement du sens de notre bref passage sur terre, pas celle qui consiste à découvrir pour quelles raisons Monsieur Potiron reçoit, depuis deux semaines, des lettres anonymes l'accusant d'un meurtre qu'il n'a peut-être pas commis. – J'ai repris le journal de Morand : quel écrivain !

BL. – Je n'ai pas beaucoup de mérite : c'est vite lu (une dizaine de polars, un journal et des chroniques). La coïncidence fait que je découvre à l'instant, dans *Sud Ouest*, qu'un volume de correspondance et un recueil de chroniques, de Manchette donc, viennent de paraître. Il faut avoir à l'esprit que, pour beaucoup de lecteurs contaminés par le polar et le mauvais goût, surtout parmi les soixante-huitistes, Manchette est une star, et le polar un genre majeur. C'est ce qu'ils se répètent depuis des décennies. Quand j'avais vingt ans, je perroquetais, comme eux. Moi aussi j'étais contaminé. C'était la Covid-86. J'étais un lecteur de la Série Noire, et notamment des auteurs français, et de ce que l'on appelait « le néo-polar » (dont fit partie Manchette, et A.D.G, un anar de droite, le Boudard du polar berrichon, que j'aimais bien, et Didier Daeninckx (dont je vous surprendrais en vous disant que j'avais aimé un de ses premiers romans, *Le Facteur fatal*), et Daniel Pennac du temps de la série Malaussène).

L'amusant est que le blogueur qui avait vanté les qualités de Manchette, m'aviez-vous dit, admire Bertrand Delcour (ou bien je l'ai lu sur son blog) : j'ai essayé de relire *Blocus Solus*, de ce pauvre Delcour, qui est mort jeune – impossible : l'action (autour de la figure de Guy Debord) est très mal construite et c'est mal écrit, tout bêtement).

Je croyais au roman social (j'avais même composé un roman, le tout premier, mais vraiment le tout premier, qui s'appelait *Les Hivers ouvriers*, que j'ai encore, et dont la figure centrale était une ancienne prostituée, devenue une vieille infirme, surnommée Charriotte), et je pensais que le polar était la forme moderne et efficace du roman social. C'est que moi, Monsieur, j'avais des choses à dire sur le monde, la condition ouvrière, la fermeture des usines, le chômage.

Il faut aussi avoir en tête que, à l'époque, dans les années quatre-vingt, chez Gallimard, souvenez-vous, on publiait les jardineries d'Alexandre et les lecléziades de Jean-Marie Gustave – et je n'étais pas loin de penser que c'était à peu près la même chose, la prétention bien-pensiste en plus, s'agissant du Clézio. La seule collection qui m'intéressait, c'était la Série Noire. Au moins, là, on ne se prenait pour un écrivain, on décrivait ce que l'on voyait. Et puis, j'ai constaté que je faisais fausse route : les romans y étaient la plupart du temps vraiment très mal écrits, d'un violent antiracisme (je me rappelle par exemple un polar épouvantablement manichéen, qui était d'ailleurs une commande de SOS Racisme : *Djamila*, de Jean-François Vilar), sans compter que la recherche et les mobiles du criminel, ça ne m'intéressait pas et d'ailleurs, comme vous, je n'y comprenais rien, le plus souvent.

Plus profondément, il y avait chez moi la question de la légitimité. Je me suis toujours senti un prolo du bouquin, et le polar, c'était du bouquin de prolo. Je pensais que c'était un genre pour moi. J'ai beau avoir fait des études, lu des livres, voyagé, je ne suis jamais sorti de ma condition. On peut sortir Lafourcade de sa jungle, on ne sortira jamais la jungle de Lafourcade. Je reste un prolo, et d'ailleurs, à peine rentré dans ma région, je le suis redevenu. On revient à ce que l'on doit être. Tout rentre toujours dans l'ordre. Quand je vois un prolo, même si j'aurais du mal à supporter qu'il me raconte son amour du Tour de France et sa passion pour Patrick Sébastien, je le regarde comme je me regarderai : je me sens toujours un peu chez moi chez lui. Il me semble le comprendre mieux qu'il ne se comprend. Quand je vends cinq cents exemplaires d'un livre, je ne saute pas de joie, mais je ne me cache pas que ce peu d'audience m'aide à ne pas me sentir justifié. C'est confortable, de ne pas me sentir écrivain. Ça m'emmerderait, je pense, d'en être un, un vrai de vrai, avec une existence d'écrivain, faite de colloques, de prix et d'interviews à la télévision. Je suis un snob inversé, pas mécontent de rester conforme à ce que voulait de moi ma condition.

Un jour, j'ai dit à une fille qui me quittait la phrase de Jean Yanne à Nicole Calfan : « Tu ne devrais pas : tu vas déranger l'ordre des dieux de l'univers. » Elle m'a quitté quand même. L'ordre, les dieux et l'univers n'en ont pas été autrement émus. Ça prouve bien que l'on ne perturbe jamais rien.

PJ. – À 53 ans, je découvre le roman social : je suis long à la détente. Mon snobisme a dû me protéger de la Série noire, puisqu'à vingt ans, je me fourvoyais dans la philosophie. De la même façon, je n'ai jamais beaucoup aimé la BD que des amis tenaient absolument que je reconnaisse comme un art, ni la science-fiction. Il y a du reste chez les apôtres du polar, de l'anticipation et de la BD, un prosélytisme étonnant : ils tiennent absolument à ce que vous lisiez leurs idoles, ils ne vous laissent pas tranquille tant que vous n'admettez pas la supériorité d'un Spielgelman ou d'un Manchette (donc). Je comprends ce que vous dites à propos de la légitimité à se sentir écrivain. Quand on a grandi à Paris, que l'on a fréquenté les grandes écoles, les livres qu'il fallait lire, devenir écrivain est aussi cohérent que pour un jeune prolo enfiler un bleu de travail ou mettre les mains dans le cambouis (sans métaphore). Je me souviens que je n'en revenais pas d'être en licence de philosophie, alors que les autres étudiants, pour beaucoup, en tant que bourgeois nantais, considéraient, eux, que c'était un échec (car ils n'avaient pas intégré une classe prépa, ni normale sup). Pourtant écrire m'a toujours paru la seule voie possible, l'enseignement n'étant qu'un pis-aller. Je crois que ça ne me déplairait pas « la vie d'écrivain » (sauf Busnel). Cela dit, cette « vie d'écrivain » relève du fantasme : l'écrivain, jusqu'au vingtième siècle, c'était le rejeton un peu original des grandes familles bourgeoises, et la « vie d'écrivain », la vie d'un bourgeois qui, en plus, avait des prétentions littéraires.

BL. – Oui, la BD, c'est exactement comme le polar : une escroquerie. À part *Mon Journal,* que je barbotais chez l'épicier, quand j'avais treize ans (avant de soustraire, au même, plus tard, des Fleuve Noir), je n'en ai jamais lu. Même Tintin, ça ne m'a jamais attiré. En tout cas, c'est ce que je croyais quand j'ai lu dans votre message : Art Spiegelman. Ah ! c'est que j'ai lu son fameux roman graphique : *Maus*. Panorama, sur France Culture, en avait parlé, et je sortais avec une plasticienne, qui me l'avait prêté. Et je dois dire que ça m'avait fasciné. Je crois même que c'est la seule bande dessinée qui m'ait plu. Ah ! non : il y avait Gaston Lagaffe, quand même. J'adorais Gaston Lagaffe...

Autre chose, vous ne les trouvez pas absolument stupéfiantes, ces histoires de mariage, actuellement ? On voit des reportages sur des grues en larmes parce que le confinement les a obligées à repousser leurs noces... Qu'est-ce que c'est que ce délire ?

Juin

PJ. – J'aimais bien Tintin, Astérix, Gaston Lagaffe, etc. J'aime, parfois, lire une bande dessinée, mais de là à parler d'art, je suis comme vous, j'en reste baba. Quand je vois, à la Fnac, des adultes penchés sur leur BD, ça me fait le même effet que si ces adultes, accroupis, jouaient aux billes.

Je suis invité à un mariage, en région parisienne, le 11 juillet : je remercie tous les jours Saint-Coronavirus d'avoir, par son œuvre, suspendu cette cérémonie (mais je tremble tous les jours qu'elle ne soit, sur le fil, sauvée). Le mariage, c'est un *selfie* grandeur nature, le narcissisme tourne à plein régime (et accessoirement, c'est le seul événement dans la vie de bien des gens, puisque tous les rites se sont écroulés).

BL. – J'ai découvert un certain Julien Cazarre, un journaliste sportif ; il est très drôle, très doué, avec un certain cran (il est aussi très parisien et très chauvin dans ses préférences footballistiques). J'ai vu des vidéos où il brocarde des footballeurs, devant eux, qui d'ailleurs rient de bon cœur... Je me disais qu'un critique littéraire, ou cinématographique, ou d'arts plastiques n'oserait jamais, ou ne serait jamais autorisé à faire ce qu'il fait, surtout en présence de ses victimes, qui riraient avec lui... Il est vrai qu'il faudrait au critique autant de verve et de drôlerie. Naulleau et Jourde, peut-être, pourraient y arriver. Mais il n'y a plus de critique, aujourd'hui, à la télévision ; seulement des mouvements d'encensoir. Par contraste, le footballeur, comme type humain – le plus bas et le plus vulgaire, dans mon esprit nuancé, après le rappeur –, m'a paru tout d'un coup très estimable. Vous-même, en tant qu'amateur de ce sport, vous connaissez ce Cazarre ? Il a tout à fait la psychologie du petit con (de quarante ans, tout de même), du glandeur rigolard qu'on trouvait au lycée ou en fac, où il se foutait toujours un peu de tout le monde, toujours avec une certaine cruauté – certaines des remarques qu'il fait aux joueurs ou aux entraîneurs m'ont mis mal à l'aise tant je les trouvais féroces...

Parmi les footballeurs et les entraîneurs qui m'intriguaient, quand j'étais enfant (les miens étaient fans de foot, contrairement à moi), il y avait Robert Herbin et son énorme tignasse rousse et crépue. Comme il vient de mourir, on a repassé des images de Saint-Étienne en coupe d'Europe. Je me suis fait une remarque intérieure, qui, vous allez voir, va tout de suite indiquer le type qui n'y connaît rien : je trouve que certains des joueurs de St-Etienne, surtout les attaquants (Revelli et Rocheteau – Aaaaaah ! crime de lèse-majesté), n'étaient pas du tout élégants, avec cet air de courir toujours les épaules rentrées... Dix ans plus tard, l'équipe de France, avec Giresse, Platini, Tigana (sauf Fernandez, avec son short toujours remonté trop haut), ce n'était plus du tout le même « corps ». Eux avaient l'air plus déliés, moins empruntés – comme si le St-Etienne des années soixante-dix était constitué de prolos et l'équipe de France des années quatre-vingt d'employés du tertiaire. Voilà, j'ai achevé de me ridiculiser...

PJ. – J'ai regardé ce que faisait Julien Cazarre, c'est assez drôle, dans le genre « chambreur ». Mais, vous avez raison, il est cruel. Pour certains footballeurs, et pour le monde du foot, ce n'est pas forcément un mal. On voit que, parfois, les types ne comprennent pas vraiment, qu'ils rient pour ne pas avoir l'air bête. Là, on est un peu gêné, en effet.

Votre remarque n'est pas ridicule du tout, et vous avez un grand sens de l'observation : oui, Rocheteau et Revelli ne sont pas très élégants dans leur façon de courir, contraire-ment à Platini (qui courait peu). Cependant, je ne suis pas sûr qu'on soit passé du monde ouvrier à la classe moyenne (du reste Rocheteau et Platini ont joué ensemble et ils ont exac-tement le même âge). Les classes populaires continuent de fournir le foot français en joueurs...

BL. – Les joueurs de football qui apparaissent dans l'émission où Cazarre vient se foutre d'eux ont de bonnes têtes, la plupart du temps. Ils rient parce qu'il faut rire, mais dans l'ensemble ils n'ont pas l'air antipathiques. Imaginez un Cazarre, à la fin de *La Grande Librairie* : « Mlle Despentes, votre roman trash et transgressif *Les Jolies Choses* a obtenu le prix de Flore, le prix Saint-Valentin, et son adaptation au ci-néma le prix Michel-d'Ornano. Ne craignez-vous pas que votre anticonformisme nuise à votre carrière ? » Je ne suis pas sûr que Mlle Despentes rie aussi facilement que Kevin Dauga, arrière-droit à l'OGC Nice.

Je pense à Despentes parce qu'elle est, avec Kerangal, Éric-Emmanuel Schmitt et beaucoup d'autres (parmi les-quels Julian Barnes ou Pascal Quignard, quand même), dans la bibliographie du manuel scolaire que je rédige. J'écris no-tamment des notices biographiques pour chaque auteur. C'est fastidieux, alors de temps en temps je fais une embar-dée qui m'envoie dans le décor : « Dans *Elle*, on a pu dire que *Réparer les vivants*, de Maylis de Kerangal, était un des livres "les plus inattendus et les plus forts de la rentrée littéraire". La journaliste insistait non sans humour sur le fait que la romancière était "aussi mère de famille qui [au moment où commence l'interview] tente, par SMS interposés, de convaincre son fils de 16 ans d'aller chercher à l'école celui de 6. C'est dur dur d'être bébé, chantait Jordy. C'est dur dur d'être maman, surenchérit Maylis." » Bon, après je me reprends et j'écris plus banalement : « On raconte que l'éditeur de Maylis de Kerangal a été obligé d'agrandir le volume de *Réparer les vivants* pour que le bandeau des sept prix littéraires reçus en deux mois par ce roman ne recouvre pas entièrement la couverture... »

BL. – Figurez-vous que je me rappelle très bien une interview où Rocheteau disait lire du Kundera ; il était question de *L'insoutenable légèreté de l'être*. Il parlait aussi d'Enki Bilal : ces bandes dessinées, disait-il, « c'est presque de la littérature ». Je revois très bien l'article : ce devait être dans *Lire*. Dans le sous-titre, on présentait Rocheteau comme un « intellectuel ». C'était Pivot qui dirigeait ce journal, et il était lui-même très amateur de football. Rocheteau m'a toujours paru très sympathique et modeste ; pas du tout ramenard. Je ne comprenais pas, néanmoins, pourquoi on l'appelait « l'Ange vert ». Dans les Landes, il y a un sport taurin où l'on exécute le « saut de l'ange » : on court et on s'élève les bras en croix au-dessus de la vache lancée devant soi, et le vol se finit en roulade. C'est souple, léger, aérien. Le style, ou peut-être le corps, de Rocheteau, ses dribbles et ses courses, ne me paraissaient pas souples, légers ni aériens. Quand j'ai vu des images de Johan Cruijff, sans doute dans des rediffusions, j'ai pensé par contraste qu'il aurait davantage mérité, avec son port de tête, et sa façon de dribbler et d'accélérer, le surnom d'« ange ». Je suppose que la différence tient aussi à celle des postes occupés : un milieu de terrain lève la tête pour « distribuer le jeu » ; ça lui donne naturellement un port altier. L'attaquant, le buteur, doit être plus fonceur – dit celui qui en parle comme s'il y connaissait quelque chose. C'est vrai, je n'y connais rien, mais je suis sensible à la grâce que les corps dégagent, notamment dans le sport. Platini était très élégant, et donnait l'impression de tout faire comme en se jouant. Il ajoutait à sa technique un je-m'en-foutisme qui me le rendait très sympathique. Il agaçait beaucoup mon père et mes frères – c'est aussi ce qui me le rendait sympathique – qui le trouvaient génial, fainéant et vaniteux. Mon père, surtout, qui a toujours préféré les forçats, les besogneux, les laboureurs, trouvait qu'il ne méritait pas d'être si doué, puisqu'il avait toujours un peu l'air de glander, les mains sur les hanches. Il aurait voulu qu'il passât la partie à jouer les lapins de garenne ; il admirait Jean Tigana, par exemple, pour cette raison. Je pensais plutôt qu'il fallait être très doué pour prendre le risque de la nonchalance. On retrouve ça chez certains écrivains dont la désinvolture est une virtuosité.

PJ. – Rocheteau avait été surnommé « l'ange vert » grâce à sa chevelure bouclée et son visage séraphique, mais Cruijff, vous avez raison, était plus élégant. Votre observation de la « tête levée » m'a amusé car je me suis souvenu que mon père me reconnaissait cette qualité quand il suivait mon équipe, en minime : « Tu es le seul à jouer avec la tête levée », me disait-il, et il continue, quarante ans plus tard, à le soutenir. Pour le reste, je n'avais rien à voir avec Cruijff, cela va de soi. Rocheteau n'était pas qu'un dribbleur, il avait le sens du jeu collectif, c'était un joueur intelligent. Quant à Platini, oui, vous avez encore raison, il donnait l'impression de la désinvolture, ce qui agaçait beaucoup de monde. Je ne sais pas si une telle nonchalance est possible dans le foot d'aujourd'hui, où tout va plus vite. MBappé qui court plus vite que les autres est devenu l'un des meilleurs joueurs de l'époque. Il y a bien les Espagnols qui ont entretenu l'espoir d'un football technique, collectif, artistique – l'équipe d'Iniesta –, mais les champions du monde français de 2018, plus athlétiques qu'« artistes », ont orienté le foot vers des régions moins déliées. Quoi qu'il en soit, votre coup d'œil, pour un amateur distrait, est remarquable : quand on a un regard, il s'exerce dans tous les domaines...

Je suis retourné au lycée aujourd'hui ; le « présentiel » et le « distanciel » s'invitent dans toutes les bouches. C'est exaspérant. Il faut suivre des flèches pour se diriger dans le lycée. Le matriarcat a triomphé : il faut voir la jouissance de toutes ces bonnes femmes qui sermonnent les professeurs-enfants refusant d'enfiler un masque (cache-nez), qui leur ordonnent de se laver les mains avant d'enseigner (dîner) et de rester sérieux.

BL. – Vous devriez faire une nouvelle de la description d'un lycée par temps de pandémie, livré aux mamans-infirmières. Vous en tireriez un texte hilarant et cruel.

Vous ne vous souvenez pas, sans doute, de cette ancienne chanteuse qui avait écrit un roman (« une histoire d'amour contemporaine »), où l'héroïne loue un studio à Houellebecq, se demande si elle va mourir, et je crois que c'est à peu près tout. Elle l'avait publié exactement au moment où je publiais *L'Ivraie*. Elle a eu quatre articles dans la presse (*Les Inrocks*, *Libé*, *Technikart* et *Le Point*), et a vendu cinq cents exemplaires de son roman. Aujourd'hui, je tombe sur une publicité, des éditions Stock, sur le nouveau livre (« urbain, féminin, choc et cru ») de cette jeune femme. Première phrase de la quatrième : « "Ce n'est pas de désir dont [même pas peur] il s'agit ici, mais plutôt d'un exercice de domination", écrit la célèbre féministe Monique Wittig, citée par l'auteure de ce roman, son deuxième d'une jeune vie d'écrivain. » Les ventes ne découragent pas les « grands » éditeurs, ni les fautes de français, si faibles que soient les premières, et hénaurmes les secondes (puisqu'ils ne savent même pas les voir et les corriger sur leur quatrième de couverture), pourvu qu'ils soient convaincus d'éditer du féminin, choc et cru. La fiche Wikipédia de cette jeune femme dit aussi : « Le 13 octobre 2018, pour l'installation Souris Calle, de l'artiste Sophie Calle, elle écrit et compose la chanson "Messe bleue", en hommage au défunt chat de Sophie Calle. »

Ce monde est irréel.

PJ. – Je l'avais oubliée, si je l'ai jamais connue. Plus naïf que vous, je suis quand même étonné que Stock publie son deuxième roman (avec faute de français à la clef). L'entregent lui vaut sans doute cette promotion : sur son compte Twitter, on la voit en compagnie de Bret Easton Ellis, de Houellebecq, de PPDA. Dans dix ans, elle écrira peut-être un roman pour dévoiler le sexisme du monde de l'édition. Je propose que nous dénoncions tout de suite son contrat chez Stock, il faut sauver cette jeune femme des mains libidineuses...

Sur cette page Facebook, en même temps que je vous écris, je vois quatre femmes seins nus qui protestent contre l'exploitation des vaches laitières qui, pour donner du lait, sont séparées de leurs « enfants ». J'aimerais comprendre pour quelle raison les rebelles en peau de lapin croient bon de manifester en montrant leurs seins : on se dit qu'elles sont prêtes à inventer n'importe quel alibi pour dévoiler leur poitrine. Il faudrait les informer qu'elles peuvent exercer leur passion sans la relier à une cause quelconque, ça ne me dérangera pas.

Les pages sur Malakoff et le XVIIIe [publiées par Lafourcade dans la revue *L'Irrégulière*] sont très réussies. À Nantes, dans mon enfance et mon adolescence, il y avait un clochard qui se faisait appeler « Ulysse », un ancien magistrat, tout le monde lui parlait, il était très populaire et il ne faisait pas la manche. L'été, il migrait vers La Baule.

BL. – Il fut un temps où les clochards ne demandaient pas d'argent. Je me rappelle mon étonnement, la première fois que l'on m'a demandé « une pièce », dans la rue. L'ironie a voulu que, cinq ou six ans plus tard, j'étais devenu un semi-clochard. Mais je ne me rappelle pas avoir mendié, ni fait la manche. J'étais avec un « crayeur » qui dessinait Rambo sur les trottoirs et récupérait de la monnaie pour nous deux. En échange, je le nourrissais de mes vols dans les magasins et tous les supermarchés de B., notamment le Champion à côté de la khâgne où j'avais étudié. Un jour, j'étais rangé des voitures, je suis allé au Virgin qui venait d'ouvrir, place G. J'y ai lu la moitié d'un roman intitulé *Extension du domaine de la lutte* (dans l'édition de Nadeau). Là, j'ai tout de suite repéré le type qui me suivait avec la discrétion de Rochefort espionnant Danièle Delorme dans *Nous irons tous au paradis*. Il s'approche de moi : « On se connaît, non ? » C'était l'ancien vigile de Champion.

PJ. – Le personnage le plus passionnant de vos romans – et c'est vrai pour *Raoul Ducourneau* –, c'est vous-même. Votre histoire de vols dans un supermarché à côté de votre ancien lycée pourrait donner lieu à de larges développements, entre réalisme et métaphysique. J'imagine un grand roman sur la vie de Jean Lafargue. Voyez comme je suis névrosé (dirait Sartre) : je transforme tout en matière romanesque. – À ce propos, votre roman est-il toujours au point mort ?

BL. – C'est que je ne me passionne pas du tout, moi... – Le meilleur moyen de ne pas écrire, c'est encore d'écrire : chaque fois que j'ai un projet ambitieux et difficile, je me débrouille pour m'encombrer de projets qui le sont moins, mais me semblent indispensables pour l'univers et les galaxies. Ainsi, au lieu d'écrire mon roman, je mets toute mon énergie dans ma revue, *L'Irrégulière*. Je compte en faire quatre numéros. Je me suis également lancé dans une sorte de brochure qui fera peut-être cinquante pages (j'en ai écrit trois). Elle s'appellera *L'Ennemi imaginaire*. Camus parle du faussel, Debord du simulacre, je veux parler du mythe. Nous vivons tous dans le mythe : celui du policier raciste, du fasciste ratonneur ou du patriarcat oppresseur. Rien de tout cela n'existe. Il y a plus de trente ans que l'on ne croise plus un skin, par exemple, avec ses Dr Martens et son bomber. Les rues en sont vides, l'imaginaire en est rempli : il squatte la *fiction* avec d'autres buveurs de Kronenbourg ; dans les romans et les scénarios, ces humanistes se divertissent en se tatouant des svastikas sur le crâne avant d'aller casser du bicot. Le skin est mort, mais les écrivains et les cinéastes n'en ont pas été informés. On vit donc dans le mythe. « Il y a des hommes et des femmes, a dit une certaine Camélia Jordana, qui se font massacrer quotidiennement, en France, tous les jours, pour nulle autre raison que leur couleur de peau. » La définition que donne l'Académie du verbe « massacrer » est « tuer avec sauvagerie ». « Je ne parle pas des manifestants, continue cette mythopathe, je parle des hommes et des femmes qui vont travailler tous les matins en banlieue, qui se font massacrer pour nulle autre raison que leur couleur de peau. C'est un fait. » C'est un fait : c'est la réalité, on ne peut en douter. Il est donc incontestable que l'on tue avec sauvagerie, tous les jours, à cause de leur couleur de peau, des banlieusards qui partent travailler le matin. « Aujourd'hui j'ai les cheveux défrisés, continue-t-elle, quand j'ai les cheveux frisés, je ne me sens pas en sécurité face à un flic en France. » Le cheveu frisé, après la couleur de peau, permet aux policiers d'identifier, pour les tuer avec sauvagerie, les banlieusards partant travailler le matin. Voilà ce que je veux montrer : le mythe où se complaisent ce genre d'aliénées, et où elles nous forcent à vivre, puisque, dans l'émission où s'exprimait cette femme, face à un macroniste qui écrit des romans nuls, Besson je crois, *personne* ne lui a répondu que sa place était dans une chambre capitonnée, ficelée dans une camisole. C'est pourtant là qu'elle devrait vivre, si elle ne nous obligeait pas à vivre nous-mêmes dans son mythe.

PJ. – J'ai écouté, hier, la *Radioscopie* de Sartre, émission de 1973 : Sartre fustigeait les réformistes, s'arc-boutant sur une possible révolution. J'avais l'impression d'entendre, sur ce point, Manchette qui, lui aussi, vomissait le réformisme. Cependant, Sartre et Manchette vivaient, comme nos indigénistes, dans le mythe, le mythe d'une humanité réconciliée, sans classes sociales, sans conflits. Sartre se moque des ambitions littéraires car il a un « plan B » : une nouvelle société. Nos indigénistes et extrême-gauchistes actuels vivent dans le mythe, mais un mythe qui s'arc-boute sur une hallucination à propos du présent (et non pas de l'avenir). Comme les soixante-huitards, ils prennent leurs désirs pour des réalités, car, au fond, ils désirent le statut de victime, en tant qu'il donne la toute-puissance. Quand, enfants, nous étions malades (donc victimes), nous avions le droit à des ménagements, à ne plus aller à l'école, on nous offrait des cadeaux. Eh bien, je crois que la structure de la victimisation repose sur cette volonté de toute-puissance. Mais si Manchette est daté, je pense que le mythe d'une société juste hante encore la conscience de mélenchonistes : c'est le fameux double dont parle Rosset dont la fonction est de cracher sur le réel. « Un autre monde est possible. » La bataille contre les Jordana sera très dure car ce n'est pas une bataille d'arguments, leurs positions naissent de leurs désirs narcissiques, et l'on ne peut pas raisonner une illusion narcissique.

BL. – On peut rire des Jordana, mais pas les raisonner : leur opinion naît de leur narcissisme, et l'on ne peut en effet opposer la Raison à une Chimère. Les armes sont trop inégales : les sanglots ont toujours raison. L'autre conséquence d'un monde reposant sur du mythe, c'est la stagnation bégayeuse, le hamster dans sa roue. La société ne pourra « avancer », comme ils disent, « évoluer dans le bon sens », que lorsqu'elle aura vaincu le fascisme (sous ses formes policière, ou blanche, ou gouvernementale, ou occidentale, ou bourgeoise). Or, ce fascisme n'existant pas, rien ne peut « avancer » ni « évoluer ». Le propre des sociétés totalitaires, « mythiques », est de s'inventer des ennemis (les contre-révolutionnaires, les Russes blancs, les Juifs ou les flics), occupés à freiner l'avancée vers des lendemains radieux : ce frein n'existant pas, l'avenir n'existe pas davantage. La paralysie, le bégaiement, l'itération, le gâtisme sont les signes d'une société « mythique ».

PJ. – Oui, ils se trompent de cibles, et à l'occasion en inventent de toutes pièces. Pendant ce temps-là, les forces de la destruction et de la domination (les vraies : le capital, l'argent, la bêtise, la violence) avancent calmement leurs pions, en recyclant même l'énergie révolutionnaire à leur usage. Ils sont toujours en retard d'une guerre, d'un mythe, d'une mode. La folie antiraciste d'aujourd'hui n'est pas sans rappeler les petites mains jaunes des années quatre-vingt. Chaque génération recommence à zéro, le film est vieillot pour nous.

BL. – Le film a mal vieilli. – En parlant de film, j'ai voulu revoir *La femme d'à côté*. Je n'ai pu en regarder plus de la moitié. D'abord, décidément, Truffaut, ce n'est pas pour moi ; surtout, les images étaient trop douloureuses : des Odile et des Roland, des tennismen en pantalon blanc, un langage simple, naturel et sans grossièreté, un village paisible en Isère, des femmes en robe (et pourtant, ces années-là n'ont pas été celles de la plus grande élégance pour les femmes), du maquillage léger, malgré la tragédie qui a lieu en sourdine – c'était insupportable. De plus en plus, les films français d'avant les années quatre-vingt-dix, je n'arrive plus à les regarder. Tout y est cruel à l'œil, tant tout ce que l'on y voit nous rappelle ce qui a disparu. – *Anyway*. Des nouvelles d'*Apostasie*, de Gallimard, de la rentrée littéraire ?

PJ. – *La femme d'à côté* est l'un des rares films de Truffaut que je n'ai pas vus, peut-être même le seul. J'aime bien Truffaut en raison de ses films romanesques. Et comme l'écrivait Julian Barnes, on peut regretter qu'il soit mort si jeune alors qu'il était loin d'avoir terminé son œuvre, contrairement à Godard. Marmin, s'il lisait cette phrase, me provoquerait en duel car il considère que Godard est l'incarnation du cinéma. Pour moi, Godard est un intellectuel qui a réussi à faire croire qu'il était un cinéaste (j'exagère un peu). Je comprends bien ce que vous dites à propos de ce monde disparu dont on peut avoir la nostalgie, même les navets des années soixante-dix et quatre-vingt me font cet effet-là. Sans doute, au-delà des transformations funestes de la société et des gens, faut-il y voir l'inévitable nostalgie de notre jeunesse. – Gallimard prépare mon contrat, je l'attends d'un jour à l'autre. Lacarelle aimerait que le roman soit publié en janvier ou février 2021, mais il n'est pas certain, m'a-t-il écrit, qu'on accède à sa requête.

BL. – En ce qui me concerne, il ne s'agit pas du regret de la perte de la jeunesse – je n'ai pas aimé ma jeunesse, ni les années quatre-vingt –, mais de la conscience d'un pays disparu, où le rapport entre les êtres était pacifié, où l'on parlait discrètement, où les jeunes filles rougissaient, où pesait au-dessus de soi le surmoi de l'éducation, de la morale, de la honte.

Godard est peut-être un génie, c'est fort possible, beaucoup le disent. Mais c'est un génie qui n'émeut pas (en tout cas qui ne m'émeut pas) : je l'ai toujours vu comme un idéologue froid, péremptoire et sans humour (ce symptôme). Je me souviens des lettres virulentes échangées entre Truffaut et lui. *La Nuit américaine*, disait le premier, est le film d'un « menteur », qui ne « montre » pas, où l'on ne voit pas le réel. Puis Godard se plaignait de ne pas arriver à financer ses films, notamment parce que des cinéastes comme Truffaut trustaient l'argent des producteurs. Truffaut lui répondait en l'accusant de se complaire dans le rôle confortable de la victime, alors qu'il réussissait toujours à trouver de l'argent. Surtout, ça m'avait frappé, il le traitait de « dandy », et finalement de « merde ». Le cinéma de l'un et de l'autre ne m'intéresse pas assez pour que je fouille la question, mais je suppose que cette dispute cache des différences essentielles entre deux conceptions artistiques, y compris dans leur rapport à l'argent.

Je me suis intéressé à Rohmer quand j'écrivais une étude sur Paul Gégauff (le modèle du héros du *Signe du Lion*, joué par Jess Hahn). J'ai été fasciné par ce scénariste, par sa façon de déniaiser la Nouvelle Vague. « *Vivre sa vie*, disait-il, c'est le vieux mythe de la bonne pute, un vieux roman de Francis Carco avec une bonne pute qui se fait buter à la fin. Si Jean-Luc connaissait un peu les femmes, il saurait qu'il n'y a pas de bonne pute. C'est toutes d'ignobles grognasses dégueulasses, des salopes abjectes. »

PJ. – Les choses empirent, c'est certain (j'aime bien le mot « chose », si je pouvais, je le mettrais dans chacune de mes phrases, mais le procédé serait vite découvert). J'ai le souvenir d'une société, dans mon enfance, plus agréable, et surtout plus solide. Aujourd'hui, il y a comme des craquelures qui s'inscrivent sur toute la surface du pays. L'essai de Fourquet, *L'archipel français* (que j'ai lu cet été), rend compte de la fragmentation de notre pays. D'un autre côté, quand on lit, par exemple, le journal de Paul Morand, on tombe sur des lignes sévères à propos de la France des années soixante ou soixante-dix, comme si, déjà, tout s'en allait. Dans les années soixante-dix ou quatre-vingt, toutes les jeunes filles ne rougissaient pas, du moins celles que je fréquentais. En revanche, le ton agressif que beaucoup adoptent aujourd'hui était plus rare, plus détonnant.

Je suis un grand admirateur de Rohmer, mais cela n'a pas toujours été le cas : étudiant, je portais au pinacle Bergman ou Bresson ; c'est une jeune amante qui m'a « déniaisé » à propos de l'auteur des *Contes moraux*. Mais pour Godard, non, je n'ai pas d'admiration pour son œuvre, et aucune pin-up pour contrarier mon jugement. Même *Le mépris* me semble faible, notamment la scène de la dispute entre Piccoli et Bardot, à Capri, dans leur appartement, où tout me semble faux, et pire, faussement provocateur.

BL. – Je prends une semaine de vacances. Je pars visiter les châteaux cathares. Et au mois de juillet, je tourne avec mon ami cinéaste un « film institutionnel ». Après le manuel scolaire que je compose tous les ans, j'ai écrit le scénario et les dialogues (également cons comme la lune). Je réponds aussi à des appels d'offres venus de collectivités territoriales, de mairies, d'« agglos », etc. – on verra ce qui en sortira.

Juillet

BL. – Les affaires Floyd & Traoré, et leur mouvement iconoclaste, leur violence milicienne, *milislamiste*, leur révisionnisme, sans compter la soumission à laquelle des Blancs se sont pliés, à genoux dans un geste d'une portée symbolique désespérante, ont sans nul doute provoqué une spectaculaire accélération totalitaire. Elle va de pair avec la judiciarisation, la condamnation et la criminalisation des idées et des mots. Bien sûr, il n'y a pas de goulag, et peut-être n'y en aura-t-il jamais – mais il y a tout le reste : l'intimidation idéologique, l'isolement des contestataires (le fameux « cordon sanitaire » contre le virus de la pensée), l'autruchisme et maintenant la génuflexion généralisée, sans compter le terrorisme de proximité qui frappe tous les jours dans le bruyant silence des électeurs et l'atroce impuissance de tous. C'est de toute sa folie que la période appelle son grand roman. Vous pouvez être celui qui l'écrira.

PJ. – Nous sommes beaucoup à ressentir l'époque comme un chaos, un basculement lent vers la soumission. Ce ne sont pas les disciples de Traoré ni les lyncheurs de statues qui m'inquiètent le plus mais l'enthousiasme d'une partie de la population française pour ces bêtises criminelles : sans ces idiots et ces complices, tous ces phénomènes seraient étouffés dans l'œuf. Le Mal vient de loin comme une faille souterraine qui finit par se transformer en séisme. Les progressistes ont réussi à éduquer toute une génération à la haine de leur pays, de leur civilisation, de sorte que les défendre passe pour une ineptie, voire une indignité. La langue française ne se défend plus : le coronavirus fut aussi l'occasion d'une épidémie lexicale (en présentiel, en distanciel, gestes barrières, distanciation sociale, etc.) et l'on a pu voir avec quelle gourmandise nos proches se sont jetés sur ces vocables, comme s'ils accédaient ainsi à la modernité. J'ai le sentiment qu'on peut faire ce que l'on veut d'une partie de la population, elle suivra avec entrain. Quelle pagaille ! Je me dis parfois (en espérant me tromper) que notre époque doit ressembler à la République de Weimar, grouillant de forces ennemies qui vont s'entre-dévorer avant d'accoucher d'un monstre à la figure encore inconnue. Je ne sais pas qui écrira le grand roman de cette période idiote ; je vous remercie de penser que je serai peut-être celui-là.

BL. – L'époque est paradoxalement à l'hyper-démocratie hyper-critique (complotisme fou, négations historiques, martyrologe délirant, Vénus *Victrix*, chantage *victi-mère*, prépotence du *care*) ; et à l'absence complète d'esprit critique : les Traoré, ce clan de caïds, et leurs artistes d'État, imposent leur loi, et une partie de l'opinion, dans une proportion difficile à évaluer, leur donne raison. Et nous, impuissants & stupéfiés, nous regardons les accords de Munich que le Pouvoir signe tous les jours avec nos ennemis. Il suffit pourtant de regarder et d'entendre quelques secondes cette Traoré pour connaître ses intentions, qui ne sont pas le moindrement pacifiques. Le paradoxe n'est qu'apparent d'une opinion à la fois hyper-critique et a-critique : elle est l'une parce qu'elle est l'autre. Chicaneuse et naïve, elle a essentialisé l'innocence : une Indigénisse comme Bouteldja est salariée de l'État français, une adolescente comme Greta Thunberg catéchise les Nations Unies, les féministes *welcoment* les *refugees*, et pour beaucoup c'est normal. Que le martyr soit imaginaire, la jeune chouineuse Asperger et le sauvage riche d'une vision de la femme inchangée depuis le pléistocène, n'y change rien : martyrs, jeunes filles & migrants sont innocents par nature. Cette formidable mutation régressive attend son romancier : j'espère que ce sera vous. Je ne pense pas que ce sera moi : je ne boxerai pas des ombres toute ma vie. J'espère que le bon sens et la sagesse me conduiront à me taire. Je continuerai sans doute à écrire, puisque la vache doit brouter et donner du lait ; mais j'aimerais renoncer un jour à publier des livres. Les lecteurs qui ne me lisent pas et les fonctionnaires qui me refusent leurs bourses sont tous de mon avis.

PJ. – Peut-être était-il inévitable qu'une époque qui considère que la science (maths, physique, chimie, statistiques) est l'unique voie pour accéder à la vérité, laissant dans l'indécis tout ce qui compose la vie à hauteur humaine (et dont s'occupe la littérature ou la philosophie), inévitable que cette époque, donc, finisse par ne plus réfléchir sérieusement, s'abandonnant à l'hybris des mots. On peut dire n'importe quoi, du moment que l'apparence d'un discours vrai est là, tout le monde est content. On ne va pas plus loin. Les antiracistes sont paisiblement racistes, essentialisant « les Blancs » sans se rendre compte qu'ils agissent comme des racistes, ce discours fou se développe sans opposition (ou presque). Il y a des concepts magiques qu'il suffit d'employer pour obtenir l'approbation générale (du « développement durable » à la « lutte contre les discriminations »). L'être humain donne l'impression d'être en roue libre, sans aucun garde-fou. Les sophistes ont gagné. Platon a perdu.

Je suis étonné par le statut particulier de Houellebecq : on ne s'en prend pas à ses livres, mais à l'écrivain lui-même. Nabe fut l'un des premiers à baver sur les lecteurs de Houellebecq : des minables, tout heureux de lire des histoires de ratés, alors qu'ils ne voulaient pas de lui, Nabe, génie exubérant et attestant, par leur refus de son œuvre géniale, de leur médiocrité. Dès *Les particules élémentaires*, j'ai rencontré des lecteurs (et de nombreuses lectrices) qui détestaient Houellebecq (les mêmes qui ne voyaient rien à redire de toute la production littéraire du moment). Il y a quelque chose qui m'échappe.

BL. – Cher Patrice, « je rentre de tournage. » Oui, cette phrase est grotesque, et le grotesque lui vient de sa vérité même, puisque je peux dire, sans tout à fait mentir, que « je rentre de tournage » – nous tournions un « spot de sensibilisation à la violence » pour un Centre Social. « Je publie un livre » : la phrase est vraie, et tout aussi grotesque. Alice Ferney ou Pierre Michon pourraient la prononcer en gardant leur sérieux ; moi, c'est plus difficile. La proportion de grotesque dépend de la proportion de bouffissure, de non-dit, de grandiloquence, et donc de mensonge que l'on peut faire entrer dans la vérité. Tout serait plus simple si l'on remplaçait la « vérité » par la « lucidité ». C'est le problème que j'ai voulu dépasser avec mes derniers livres : j'ai pressé le réel pour en tirer le jus de la vérité, sans voir qu'une pulpe trop pure est imbuvable. Le mensonge, dans la vie comme dans le roman, ne s'oppose pas à la vérité : il la prolonge. On ne ment vraiment qu'en disant la vérité, et on atteint la vérité qu'en la modifiant. – Voilà, c'était le paragraphe crypto-philosophique du jour. (Je ne suis même pas sûr d'avoir compris ce que je voulais dire.) Comment allez-vous ? Des nouvelles de Gallimard ? Êtes-vous enfin en vacances ? Écrivez-vous ?

PJ. – J'aime bien cette phrase (« je rentre de tournage »), cher Bruno, si elle est prononcée par vous. Évidemment, si on imagine le tournage d'un grand film, réalisé par Bergman ou Hitchcock, le tournage d'un spot ne fait pas le poids ; et qu'une même phrase puisse être dite par James Stewart après *Vertigo* ou par un acteur des Tuche traduit l'imprécision des mots, ou leur abstraction. Cela dit, de plein droit, vous pouvez dire : « Je publie un livre. »

Oui, le mensonge, ou plutôt l'imagination, est nécessaire à la vérité. De toute façon, même un écrit autobiographique exige des choix, des grossissements, des oublis. Un portrait de Rembrandt n'est pas la réalité, pourtant n'est-il pas d'une vérité humaine supérieure à la personne qui en est le support et le reflet ?

Je suis allé à Paris la semaine dernière, j'ai pris un verre avec Lacarelle qui m'a annoncé qu'il n'y aurait sans doute pas de coupure à *Apostasie*. Romaric Sangars nous a rejoints. Puis j'ai discuté avec Jacques de Guillebon que j'ai trouvé sympathique. Jean Le Gall refuse finalement de publier *À bout portant* (sur l'Éducation nationale), arguant que le héros est falot et que le texte est un règlement de comptes. Je ne suis pas tout à fait d'accord : certes le héros est médiocre au début du roman (il adore la pédagogie, c'est dire s'il est con), mais il évolue au point de n'avoir plus rien à faire de l'enseignement. Ensuite, si le roman est en effet un règlement de comptes, il s'agit d'une fiction : aucune personne réelle n'est visée.

Sinon, oui, je suis en vacances ; mais je n'écris pas. J'ai trouvé un sujet de roman : la recherche par un militant d'un théoricien révolutionnaire dont on a perdu la trace depuis vingt ans (un personnage à la Debord). Ce serait un roman politique, j'y pense dans la journée, j'imagine les personnages et l'intrigue mais je n'ai encore rien écrit.

BL. – Un « règlement de comptes », ce n'est pas un critère. Rien n'est en soi un critère. On peut faire un bon ou un mauvais roman avec un « règlement de comptes », un anti-héros, un tambour et des trompettes. Est-ce un effet du premier degré ? Un « héros médiocre » ferait un « roman médiocre » ? Ce n'est pas impossible. Les mauvaises raisons sont parfois les meilleures.

L'oppression douce qui nous gouverne ressemble aux danses traditionnelles du Pays basque : un pas en avant, deux pas en arrière. Rien n'est jamais acquis. J'avais pensé que la publication, chez Gallimard, du *Bon samaritain* (qui était bon, habilement construit et assez mal-pensant) était une bonne nouvelle. Mais voilà que Gallimard refuse à Falcone son deuxième roman, sans doute pour des raisons idéologiques. L'oppression humaniste et son *care* tyrannique veulent faire le bonheur des lecteurs malgré eux – et peut-être pas « malgré eux », d'ailleurs, peut-être veulent-ils le bonheur, les lecteurs : oui, ça leur ressemble assez, à ces andouilles.

On ne coupera sans doute pas dans *Apostasie* ? Très bonne nouvelle. Autre excellente nouvelle : votre idée de roman. On imagine déjà la recherche du militant, un vieux Julien Coupat mourant d'un cancer, terré dans sa cabane (comme à la fin de *Tour d'ivoire*), et mettant la dernière main à son testament-manifeste où il révèle que les Illuminatis-Reptiliens gouvernent le monde ; ou bodybuildé et reconverti dans « l'événementiel », fortune faite après avoir renié ses idéaux ; ou proxénète à Manille, conseiller de Jacques Attali, acteur de films pornographiques, comptable à la City Bank, producteur de betteraves, tueur en série, écailleur de harengs...

PJ. – Le Gall m'a expliqué qu'il avait, lui aussi, écrit un roman en forme de règlement de comptes (les avocats, la justice), et que, pour cette raison, le roman était raté. J'aurais commis la même erreur. Ce roman vient de se prendre un troisième camouflet : Rue Fromentin (ce qui m'avait abattu), Gallimard (ce qui m'avait abattu) et Séguier (ce qui m'a étonné). Comme on dit : « Quand ça veut pas, ça veut pas. »

Vos suggestions d'emploi pour mon révolutionnaire m'ont bien amusé (« bodybuildé et reconverti dans l'événementiel » !) : j'hésite entre la satire et le sérieux. J'étais d'abord parti par un emploi comme ceux que vous dites, puis je me suis dit que ce serait peut-être plus efficace si le personnage n'était pas ridicule. En revanche, il ne sera plus un théoricien de la révolution, il n'y croira plus, quel que soit le registre adopté. Ce sera un règlement de comptes avec la gauche.

BL. – Je suis entre deux boulots, comme d'habitude : je cherche un emploi de veilleur de nuit dans un hôtel (en attendant je reste avec mes infirmes).

Même si je plaisantais à moitié en imaginant l'ancien leader révolutionnaire en patron de start-up gonflé aux stéroïdes, je préférerais une histoire qui prenne le problème au sérieux – ce qui n'empêche pas l'ironie, de toute façon, comme vous savez le faire.

Trois gifles pour un roman, ça commence à faire beaucoup, en effet. Voici les dernières que j'ai reçues : aucune nouvelle de Léo Scheer depuis mon deuxième livre chez eux (on ne m'en donnait pas davantage avant, certes) ; Pierre-Guillaume de Roux est en redressement judiciaire : *Une Jeunesse les dents serrées* est mort et enterré ; j'avais envoyé des synopsis à une dizaine d'organismes, demandé une bourse, une résidence de trois mois à la Cité des Arts, une autre en Suisse : tout m'a été refusé d'un coup d'un seul, bien entendu.

PJ. – Face à cette situation [la censure progressiste], il y a deux positions (selon moi) : 1 – On se fiche totalement de ces petits cons, on sabre au clair, on tire dans le tas. Le danger est de ne plus parler qu'à un cercle restreint de convaincus et, au bout du compte, d'être vaincu. 2 – On contourne la censure, on écrit avec la conscience que des censeurs peuvent à tout moment s'emparer d'une « faute » pour vous tuer socialement. La première attitude a plus de gueule, mais elle est inefficace : Millet a tout perdu et ses idées sont inaudibles. Il avait pourtant tout en main : une reconnaissance de son talent d'écrivain et un poste important chez Gallimard.

J'ai lu l'autobiographie de Woody Allen : le totalitarisme soft s'est déployé pour l'empêcher de tourner (cette conne de Mia Farrow à la baguette). Un « mâle blanc hétéro de plus de cinquante ans » connaissant un tel succès planétaire, c'était sans doute trop pour la génération MeToo. Allen ne comprend pas pour quelles raisons une tempête s'est déchaînée contre lui alors que deux enquêtes extrêmement sévères l'avaient disculpé totalement et que l'équilibre mental de Mia Farrow est sujet à caution (suicide de ses enfants adoptifs, etc.), mais je crois que mon hypothèse est la bonne.

BL. – Les deux solutions que vous avez isolées obligent l'auteur à écrire en fonction de ses ennemis : on leur fonce dessus ou on les contourne. J'en vois une troisième : écrire sans se préoccuper d'eux ni de leurs méthodes, écrire librement, sur eux, et sur le monde qu'ils ont créé, avec simplicité et naturel, sans jouer au pamphlétaire, en ironisant à peine, en oubliant, fatalement, la possibilité d'être édité, en regardant même cette impossibilité comme une voie salutaire pour soi. C'est la voie que je voudrais suivre à présent, et j'en suis déjà soulagé : je la ressens comme une délivrance. (J'ai écrit par exemple une brochure, *L'Ennemi imaginaire* : je m'y sentais d'autant plus libre que je savais que je ne la publierais pas.) Cette voie ne peut pas être la vôtre : vous excellerez dans la critique souple, contournante et néanmoins percutante, de notre monde – et le monde en aura besoin.

PJ. – Votre voie est la plus libre (la fameuse troisième voie !), et je crois l'avoir empruntée jusqu'à présent. Rue Fromentin me laissait une grande liberté, j'écrivais sans me préoccuper des conséquences. Et ils me publiaient sans rien corriger, ou presque. Néanmoins, je pense ne pas me tromper en affirmant que j'ai dû payer mes articles pour *Éléments* ou *Causeur*. Ce n'est pas grave. Il me semble qu'aujourd'hui l'étau se resserre. Toute une presse n'aspire qu'à se repaître des faux-pas, de dérapages, etc. Je ne veux pas fournir à ces idiots la joie de me condamner et de me bannir. L'avantage de la censure est qu'elle favorise la création (le contournement). Cela dit, votre position est plus digne puisqu'elle ne tient pas compte des minables qui jouissent de leur prétendue noblesse d'âme, noblesse qui n'est qu'une banale pulsion de meurtre. C'est toujours un peu humiliant d'agir en fonction de ces cloportes.

BL. – Truffaut pensait un peu comme vous, j'ai l'impression : « Je vois la vie comme très dure ; je crois qu'il faut avoir une morale très simple, très fruste et très forte. Il faut dire "oui, oui" et ne faire que ce que l'on a envie de faire. C'est pour cela qu'il ne peut y avoir de violence directe dans mes films ; déjà, dans *Les Quatre Cents Coups*, Antoine est un enfant qui ne se révolte jamais ouvertement. Sa morale est plus fine que cela. Comme moi, Antoine est contre la violence parce qu'elle signifie un affrontement. Ce qui remplace la violence, c'est la fuite, non pas la fuite devant l'essentiel, mais la fuite pour obtenir l'essentiel. Je crois avoir illustré cela dans *Fahrenheit*. C'est l'aspect du film qui est le plus important, l'apologie de la ruse. "Ah bon ! Les livres sont interdits ? Très bien, on va les apprendre par cœur !" C'est la ruse suprême. »

Latour a appris que j'écrivais des scénarios ; il en a profité pour m'appeler, et me dire sur le mode léger qu'il consent à ce que j'adapte son dernier livre, qui « est digne d'un documentaire sur Arte ». J'ai répondu qu'une adaptation décevrait ses lecteurs : la malédiction des grands livres était qu'ils fussent inadaptables. Il a bien voulu en convenir.

PJ. – Je vous remercie de porter à ma connaissance cette citation de Truffaut. Je pourrais la reprendre à mon compte, c'est vrai. Oui, il ne sert à rien d'affronter ses ennemis, ils sont très forts. C'est une perte de temps. Il faut, je crois, procéder autrement. Concernant *Fahrenheit*, Bradbury et Truffaut ont imaginé une dictature sur le modèle du communisme : on brûle les livres pour nuire à la réflexion et produire, ce faisant, des aliénés à la chaîne. En réalité, les choses se sont passées autrement : deux phénomènes contradictoires (en apparence) ont contribué à affaiblir la littérature et la lecture : la surproduction des livres et l'indifférence qui l'accompagne. Ce n'est pas par le feu que meurt la littérature, c'est par la noyade. Le livre, devenu un produit, n'a plus – comme tout produit – que son chiffre de vente comme critère de réussite. Je ne sais plus à quelle élection présidentielle,

France 2 avait invité, le soir, Marc Lévy pour commenter les résultats. On pourrait dater de ce jour la chute du prestige littéraire selon des critères autres que le chiffre d'affaires. Mais je radote...

BL. – Je suis en train de créer une mini-société de productions artistiques pluri-disciplinaires (cinéma, édition, enseignement, ateliers d'écriture, adaptations cinématographiques de classiques, élevage de poulets, etc.). Une chimère, mais je vis de chimères. On a déjà tourné deux films. Preuve que la chimère pourrait me faire vivre. Je dépouille des appels d'offres, j'y réponds, je découvre l'horrible jargon administratif rempli de « territoires », de « personnes en situation de rue » et d'« appel à labellisation d'initiative », je rédige des synopsis, j'attends des réponses que l'on ne me fournit pas, tandis que l'on me répond par des questions sans rapport avec ma demande. Les appels d'offres sont passionnants, ceux qui les « remportent » aussi : « Jeanne Dupain observe les silences. Dans un processus de création imprégné de réalisme, elle utilise l'écriture et le récit théâtral pour explorer les tabous et les non-dits au sein des familles et de la société. Dans une esthétique de mise en scène sobre et contemporaine, elle cherche par la dramaturgie à interroger l'émotion des mots. »

PJ. – L'administration obéit à des lois spéciales que peu de mortels réussissent à comprendre. Le temps suit un cours différent ; les évidences ne sont pas les mêmes qu'ailleurs. Il y a trois ans, le Rectorat de Poitiers m'avait convoqué, en tant que professeur titulaire, pour des oraux de BTS à La Rochelle (où je ne servis à rien). Pour être remboursé des nuits d'hôtel, on me demanda de fournir mon certificat du Capes pour prouver que j'étais bien professeur de lettres en Loire-Atlantique. On me convoque parce que je suis professeur, puis on me demande de le prouver. J'ai perdu patience et j'ai envoyé un mail agressif. Bizarrement, j'eus droit à des excuses.

Août

PJ. – J'ai contresigné le contrat de Gallimard : *Apostasie* sera bien publié en janvier. Au fait, quel titre choisiriez-vous entre *Apostasie* et *L'idéaliste* ? Selon Isabelle Gallimard et Alice Ferney, le premier est une aberration commerciale (et à l'occasion, si vous avez un titre pour un roman d'éducation où le héros aime la poésie mais a conscience qu'il n'arrivera à rien en devenant poète et, dès lors, connaît la vie de tout un chacun et un paradoxal succès, je suis preneur).

BL. – J'adore les titres. Donc, attention, théorie débile. *L'Idéaliste* est sans doute plus efficace que *Apostasie*. C'est un titre « général », dont les romans minces (*L'Étranger*, *La lenteur*) ou épais (*Les Misérables*, *Vie et destin*) s'accommodent très bien. C'est entre deux cents et quatre cents pages que l'on devient moins général, que l'on cherche le pointu, la finasserie (*La Nausée*, *Le Hussard sur le toit*, *Les raisins de la colère*). Évidemment, il y a des gens qui ne m'écoutent jamais et qui appellent leurs trois cents pages *La condition humaine* ou *Le Mépris* : vous voyez où ça les a menés. Le défaut de *L'Idéaliste*, cependant, c'est de n'être peut-être pas assez singulier (je m'étonne d'ailleurs qu'il soit libre : j'avais vu un film, assez nul, de Coppola, qui portait ce titre). Si votre choix n'est pas arrêté, peut-être pourriez-vous chercher dans les substantifs tout aussi généraux, mais un peu plus équivoques : *La Méprise*, *L'Ambiguïté*, *Le Malentendu*, *La Confusion*, *Le Fourvoiement*, etc. Si rien ne convient, et si *L'Idéaliste* vous paraît trop commun, pourquoi ne pas suivre la tradition du roman d'apprentissage où le nom et le prénom servent de titre : *Jane Eyre*, *Oliver Twist*, *Lucien Leuwen*, *Anna Karénine*, et, bien sûr, *Vernon Subutex*. Sinon, gardez *L'Idéaliste* : il me semble qu'un gros roman portant ce titre poussera à coup sûr le lecteur à le feuilleter. Je suis d'avis de tenir compte de l'avis de Mmes Gallimard & Ferney, à propos de « l'aberration commerciale » : ne compromettez pas vos chances de succès, et celles de la 66, par un titre qui éloignerait de la zone de chalandise.

Ah ! une réponse d'une « chargée de mission pôle création et émergence » auprès d'un organisme à qui j'avais demandé une bourse : « Le vote des bourses a eu lieu vendredi 17 juillet dernier [suspense]. Vous allez recevoir un courrier officiel de la part de la Région dans les prochaines semaines [aïe]. Vous étiez pour cette session très nombreux à demander une bourse de création, seulement 20% des dossiers ont pu être sélectionnés et malheureusement, votre dossier ne fait pas partie de cette sélection finale. »

PJ. – J'ai commencé l'écriture du roman politique (pour l'instant sans titre), je suis dans cette période où je me demande si ça vaut le coup de continuer. Le personnage principal est éloigné de moi, j'ai l'impression de couper l'élan (romantique) qui nous emporte quand on écrit ses propres idées, ses propres impressions. J'ai déjà appliqué cette discipline pour *Apostasie* (puisque le héros est un jeune homme), à un degré moindre (ce n'est pas un gauchiste). Je dois puiser dans mes idées de jeune homme, retourner à cette époque où, malgré mes lectures pessimistes, je me disais de gauche.

Je vous remercie d'avoir pris le temps de réfléchir à la question du titre, *Apostasie* or not *Apostasie* ? J'hésite, malgré tout, à choisir *L'idéaliste* pour la raison que je n'ai pas de sympathie pour les idéalistes, j'y vois des pleutres ou des imbéciles. Le nom du personnage, volontairement banal, n'est peut-être pas très sexy : « Cyrille Bertrand ». *La confusion* pourrait me tenter (même si on pense à *La confusion des sentiments*). J'avais dit à Isabelle Gallimard qu'on pourrait donner un titre stendhalien comme *Le bleu et le vert*, ce qui l'avait fait rire, et j'en avais conclu qu'elle riait très facilement. C'est une collègue de lettres qui m'a donné *L'idéaliste* en réfléchissant deux secondes, à table, lors du repas de fin d'année scolaire (non masqué). Elle est sympathique et jolie, mais elle vient d'écrire un mémoire sur Christophe Honoré... Alice Ferney est très enthousiasmée par ce titre. J'ai encore deux semaines pour faire un choix.

C'est toujours irritant que des fonctionnaires à la con estiment que vous n'avez pas le droit à une bourse : mais le pire, ce sera de lire la liste des boursiers, la plupart doivent être de bons petits soldats de la bien-pensance. Tenez, j'ai vu, lundi, dans une librairie, un roman d'un certain Léon Cornec, le titre en est *Un été nazi*. « Un été nazi, fortement inspiré de la réalité, expose à travers le regard d'un enfant le racisme banal que l'on peut rencontrer partout en France, jusque dans la ruralité profonde. Entre rires et perplexité glaçante, on en pénètre ainsi la dimension burlesque, qui confine à l'absurde. »

BL. – Cette fois-ci, je me lance comme scénariste de documentaire et de fiction, pour le cinéma et la télévision. J'écris déjà des synopsis, des scénarios et des dialogues qui font bouger les lignes (« Ligne : doit bouger », *Dictionnaire des Vertueux*). La vertu, au CNC, où chaque commission est phagocytée par des *écrivaines*, est portée à des hauteurs d'intransigeance où l'édition n'a pas encore atteint. Marie Darrieussecq n'a-t-elle pas confié, à propos de son métier de présidente du CNC : « J'attends que l'on m'ouvre une nouvelle fenêtre sur le monde » ? Je vais donc lui en ouvrir, et des doubles vitrages à isolation renforcée, qui vont répandre l'odeur du Monde Nouveau. J'ai proposé ces films à une commission du CNC (présidée par Maylis de Kerangal) et au Fonds de la diversité (présidé par Alain Mabanckou, dont le « premier collège » (?) est dirigé par Tania de Montaigne) :

— *Le paysan de Bobigny* (Abdellatif, un ingénieur, découvre que des pesticides provoquent des hémorragies au moment où les femmes ont leurs règles : est-ce un moyen pour Monsanto de stériliser les femmes de banlieue ?) ;

— *Vernon Sullivan, le véritable Boris Vian* (Candice Sullivan, une étudiante de Rouen, prenant au pied de la lettre une boutade lancée en cours par Jean Lafargue, son professeur de littérature contemporaine, se persuade que son grand-père paternel, un afro-descendant venu à Paris après la guerre et installé à Vernon, dans l'Eure, est le véritable auteur de *J'irai cracher sur vos tombes* : avec l'aide de ses parents, elle se lancera à la recherche des souvenirs de son grand-père, et de sa propre identité) ;

— *La convergence des lut.t.e.s* (Soahary, une jeune malgache, est révoltée que son frère soit victime de discriminations (à l'embauche et au faciès) causées par des malentendus provoqués par la différence entre sa façon de s'exprimer et celle des policiers. Le frère a même fini en garde à vue pour avoir dit qu'il allait « faire belek » (« faire attention », en arabe), où un policier a compris « s'en balek » (« s'en cogner », en français vernaculaire). Tous les malheurs du monde viennent du langage, en a conclu Soahary. Elle demande donc à sa *professeureuse* de français (qui, après avoir divorcé d'un pervers narcissique, vient de commencer une liaison avec la première imamesse d'Alsace), et à Aristide, un informaticien idéaliste et surdiplômé (qui a préféré devenir éducateur dans une médiathèque plutôt que de rester chef de projet à la Défense pour dix mille euros par mois), de concevoir une application pour traduire l'ancien français en langage moderne. La professeureuse et Aristide acceptent d'enthousiasme, le second proposant d'y ajouter une traduction en créole, et dans les cent idiomes français (ouolof, bantou, bambara, etc.). L'application s'appellera « Convergence des lut.t.e.s ». La scène finale montrera le prix Nobel Patrice Jean quittant définitivement Paris pour New York, où l'a précédé Alain Finkielkraut et les académiciens en exil.)

J'ai aussi un sujet plus sérieux, un documentaire qui me tient plus à cœur : *Les Hmong oubliés de Guyane*.

L'idée me vient d'un voyage, où j'avais découvert Cacao, un village, à cent kilomètres de Cayenne, uniquement habité par des maraîchers asiatiques. En 1977, le gouvernement français avait proposé à plusieurs centaines de Hmong (une minorité vivant entre la Chine, le Laos, le Vietnam et la

Thaïlande), cherchant à fuir les persécutions laotiennes et vivant dans des camps thaïlandais, de s'installer en Guyane (qui alors comptait à peine soixante mille habitants), où ils pourraient cultiver les terres encore sauvages (on leur a loué environ mille hectares, dont la moitié seulement s'est révélée cultivable). On les a aussi avertis : on ne les aiderait pas. Ils étaient quelques centaines. Ils sont descendus de l'avion, des camions militaires les ont déposés à Cacao, un ancien bagne fermé à cause des épidémies, où l'on ne trouvait qu'une piste, un aérodrome, une clairière, et la jungle. Rien d'autre. En six mois, ils ont défriché la forêt à la machette, construit leurs maisons, posées sur pilotis, et commencé à cultiver. Aujourd'hui, avec trois autres villages également tenus par des Hmong (qui sont deux mille, désormais, en Guyane), Cacao est le premier fournisseur de produits maraîchers du département (je ne le savais pas à l'époque, je l'ai découvert depuis). J'avais trouvé cette histoire absolument merveilleuse : tout le génie asiatique s'y manifeste, avec son abnégation industrieuse. J'avais été scandalisé, à l'époque (les années quatre-vingt-dix), et je le suis toujours, que l'État refuse aux premiers Hmong arrivés la nationalité française, sous prétexte qu'ils ne parlaient pas assez bien notre langue. Cette histoire pourrait plaire au Fonds Images de la diversité, qui « a pour objectif de donner une représentation plus fidèle de la réalité française et de ses composantes », notamment « l'ensemble des populations immigrées, [ou] issues de l'immigration, et ultramarines qui composent la société française, et notamment celles qui résident dans les quartiers prioritaires de la politique de la ville »...

PJ. – J'écris tous les jours jusqu'à 15 heures environ, après mes séances chez le kiné (« du vieillissement »). Ce n'est pas facile de se mettre à la place d'un narrateur gauchiste, cela nécessite de l'abnégation et un peu de perversité.

Tous vos scénarios sont excellents, mais quelque chose me dit que le dernier, celui sur les Hmong, a plus de chance de séduire les Cerbère que les trois autres (et puis la science-fiction, avec ce naze de Patrice Jean nobélisé, là les limites de la vraisemblance ont été dépassées). N'oubliez pas de parler leur langue, il faut toujours ruser avec ces lascars-là. (Insistez bien sur le scandale du refus de donner la nationalité française aux premiers Hmong, un peu de culpabilisation ne fait pas de mal : employons les armes de l'ennemi.)

BL. – Je veux jouer le jeu jusqu'au bout, que je n'ai pas la sensation de n'avoir pas tout tenté. Et puis, peut-être que ces petites histoires me serviront pour des récits brefs : j'ai boutiqué dans le roman, l'essai, le pamphlet, la chronique, le récit autobiographique, la brève, le journal, et je m'étonne de ne jamais avoir publié de recueil de nouvelles – ce sera peut-être l'occasion.

Ici, les chaleurs sont difficilement supportables. Selon les jours, on avoisine ou on dépasse les quarante degrés. Restez donc au frais, avec votre théoricien marxiste, et pensez gauchiste : le communisme a été dévoyé, il n'a pas réellement été appliqué ; le capitalisme, à l'origine des guerres modernes, chaudes ou froides, s'oppose au mouvement de libération le plus avancé : le *fémindigénisme*.

PJ. – Oui, il faut jouer le jeu jusqu'au bout. De toute façon, que faire d'autre ? Si ce n'est tout laisser tomber. Je me dis très souvent que ce que j'écris n'est que vanité des vanités, que la mise (des dizaines d'heures d'écriture) ne vaut pas le résultat (quelques articles, et l'on passe à autre chose). Mais c'est le discours du néant, de la paresse, de la mort.

Je lis des blogs marxistes et féministes. Ce sont vraiment des demi-habiles. Pour eux, il n'y a qu'un coupable à la misère du monde : le capitalisme. Je n'ignore pas les abominations de ce système, mais que veulent-ils mettre d'autre à la place ? Mystère & tapioca, comme dirait Lafourcade.

D'autres titres possibles pour remplacer *Apostasie* : *Le réprouvé, À contre-courant...*

BL. – Rien à voir, encore que tout a un rapport avec tout : savez-vous si le livre de Merisier a eu du succès ? J'ai fait le pari avec moi-même que c'était le début de la fin, pour lui, dont les tirages, je l'espère, sont appelés à rejoindre ceux de Bernard-Henri Lévy. Cette pente fatale, Merisier la redoute, probablement : les Gilets-Jaunes ont envoyé au pilon son ironie facile – les ringards l'ont ringardisé. Le vent tourne, cet opportuniste, transfuge de vocation, l'a si bien senti qu'il a vite torchonné, poussé par la peur de perdre ses privilèges, un petit pamphlet anti-Macron et pro-lumpen ; il brise ses icônes et brûle de l'encens pour d'autres dieux. Donc, je serais curieux de connaître les ventes du dernier livre de cet imposteur.

PJ. – Je ne connais pas les ventes du dernier Merisier, mais je viens de regarder sous son dernier livre le nombre de commentaires sur Amazon : cent-vingt-deux. *L'homme surnuméraire* en a eu vingt-sept. On peut supposer selon un calcul sans valeur scientifique que notre ami aura vendu cinq ou six fois plus d'exemplaires que le mien, ce qui porterait le résultat à trente mille (au moins). C'est peut-être, pour un Merisier, un faible score, à vrai dire je n'en sais rien. Cela dit, je ne suis pas sûr du tout que les palinodies du bonhomme lui valent la désaffection des lecteurs, ces derniers pourraient même lui en être reconnaissants. Il faudrait que je demande à ma bellesœur ce qu'elle en pense, elle dont le livre préféré est un des premiers romans de Merisier.

PJ. – *Les Cosaques & le Saint-Esprit* sont enfin arrivés dans ma boîte à lettres. Avez-vous entendu parler de ça (*Le Figaro*, aujourd'hui) : « Suppression du genre aux Pays-Bas : les citoyens doivent pouvoir façonner leur propre identité. Il y a un mois, le pouvoir néerlandais annonçait que, à partir de 2024 ou 2025, les cartes d'identité ne porteraient plus la mention du sexe. » Je vais modifier la taille sur ma carte d'identité, je vais ajouter dix centimètres. Et tous ceux qui contesteront que je mesure 1,82 seront des fachos.

BL. – Si j'essayais de trouver un dénominateur commun à mes chroniques, ce serait le « horsolisme », la volonté négatrice des Hors-Sols et des No Border, des Macron et des Cédric Herrou, d'effacer tout ce qui sépare l'homme de l'animal, l'homme de la machine, l'homme de la femme, l'indigène de l'étranger, au nom du Marché et de l'Humanisme, opposés seulement en apparence. Cette formidable régression annule l'Histoire, le Progrès et la Morale pour aboutir au monde indifférencié de la pulsion et de l'instinct, quand l'homme était un primate (préhistoire), un rouage (révolution industrielle), un travesti (*nowadays*). Il faut avoir vu simultanément l'émission (*Rendez-vous en terre inconnue*), où Muriel Robin se roule dans la boue avec des éléphanteaux, les taux de suicide dans certains métiers où règnent les « Lycurgue de fabrique » (Marx) et « la cloche despotique » (Engels), ou encore la glorification des Bilal Hassani, pour comprendre ce que je veux dire. Aussi, contrairement aux droitards qui voient en eux des « crasseux », j'ai regardé et je regarde encore avec sympathie les « zadistes » de Notre-Dame des Landes, les « neuf de Tarnac » et tous ceux qui « défendent des zones ». Quand ils ne sont pas de simples squatteurs, mais des militants qui mettent en pratique leur idéal en cultivant la terre, en recherchant l'autonomie, l'autarcie, l'autosuffisance, ils sont les vrais opposants au horsolisme, et ils en font souvent mille fois plus pour leur pays que les *patrouillotes* de *rézoos-socios*. Cet *horsolisme* ne serait pas complet si l'on n'ajoutait pas que l'annulation des frontières en faisait naître d'autres (communautaires, sanitaires, sexuelles) : le masque, le « bracelet anti-rapprochement » (qui préviendra les « féminicides », explique Charlène Miappa), d'autres encore.

BL. – J'ai vu *La tête des autres*, de Marcel Aymé, hier soir, au théâtre. Une différence, peut-être, entre notre époque et le passé récent : jusque dans les années cinquante, il y avait des écrivains de théâtre, dont on allait voir les pièces, que l'on pouvait lire ensuite chez de grands éditeurs. Anouilh, Bernstein, Audiberti, Billetdoux étaient des auteurs qui comptaient. D'ailleurs, un écrivain « complet » devait avoir écrit des pièces et des nouvelles. Sartre, Camus, Cocteau, Gide, Genet, Montherlant, Marcel Aymé : tous les écrivains composaient des pièces, que l'on jouait à Paris, qui rentraient au répertoire de la Comédie française. Et il y a dans ce répertoire de vrais diamants. J'aime beaucoup les quatre drames de Mauriac, par exemple, notamment *Le Feu sur la terre* et *Passage du malin* – qui fut un tel échec que son auteur a cessé d'écrire des pièces. Aujourd'hui, je ne crois pas que Houellebecq, Frédéric Beigbeder ou Virginie Despentes écrivent des pièces ; en revanche, ils ont écrit et réalisé des films.

Parmi les auteurs français contemporains écrivant presque exclusivement du théâtre, j'aimais bien Jean-Luc Lagarce, Bernard-Marie Koltès (qui sont morts jeunes tous les deux), Philippe Minyana, Eugène Durif, et surtout Jean-Claude Grumberg. J'écoutais leurs pièces dans les émissions de Lucien Attoun, sur France Culture, dans les années quatre-vingt-dix (quel miracle, cette radio, quand nous étions jeunes...). Lagarce et Koltès étaient très en vogue, et adorés de Lucien Attoun, qui les a découverts, d'ailleurs. Elles me plaisaient bien, leurs pièces. Je me demande ce que j'en penserais aujourd'hui, surtout celles du second, qui était beaucoup plus « politique » que le premier.

Le théâtre a beaucoup compté pour moi vers vingt-cinq ans. J'ai envoyé la première pièce que j'ai écrite à France Culture, à un type qui s'appelait G. et faisait jouer des inconnus. Ma pauvre piécette (*Paul et les rectangles*) m'a été retournée sans un mot, bien sûr. Il se trouve que dix ans plus tard j'ai rencontré G., dans un dîner, chez Yan Morvan, un photographe dont je connaissais la femme. G. était un brave type, naturel et sympathique. Sans lui parler de *Paul*, évidemment, je lui avais dit que j'étais très amateur de son émission. À mon relatif étonnement, il m'avait confié qu'elle suffisait à peine à le faire vivre : il était obligé d'avoir un second métier (professeur, je crois). Pourquoi est-ce que je raconte ça, déjà ? Ah oui, le théâtre.

J'ai découvert sur la Toile (quelle merveille, cette invention !) un site où l'on peut télécharger le texte intégral de dizaines, peut-être de centaines de pièces (surtout des comédies) de vaudevillistes dont on connaît à peine le nom, aujourd'hui (Henri Becque, Victorien Sardou, Eugène Scribe, Henri Monnier). On y trouve aussi des curiosités, que je me suis dépêché de télécharger : *La grande lessive* de Maïakovski, *Pasiphaé* de Montherlant, *Le Bilboquet* de Charles Cros, *Le Cousin de Rose* de Jules Renard, *Asmodée* de Mauriac, *Le Treizième arbre* de Gide, *Le bien public* de Jean Schlumberger – et *Le Minotaure* de Marcel Aymé.

Ce qui me réjouit, au milieu du chaos où nous vivons, ce sont ces anonymes capables de passer des heures à « sauvegarder » des fichiers, à sauver quelque chose, n'importe quoi, des pièces comme ici, des films, des images, des mots. Le désert croît et l'ombre gagne. Mais c'est une raison d'espérer que de savoir des inconnus occupés à empêcher l'oubli de tout recouvrir, et les Cosaques de tout détruire.

PJ. – Je n'avais pas pensé à cet abandon, par les écrivains, de l'écriture dramatique, mais vous avez raison, aujourd'hui, un romancier ne cherchera pas à écrire des pièces de théâtre. C'est le cinéma qui a pris la place du théâtre. C'est encore un argument de plus qui confirme le passage de la « graphosphère » à la « vidéosphère » dont parle Régis Debray. La question est celle de la légitimation de l'écrivain : les institutions comme la comédie française ont perdu de leur prestige. Je ne connais pas tous les auteurs contemporains que vous citez. Koltès est devenu une référence, mais une référence théâtrale. Lagarce est au programme du bac pour l'an prochain (*Juste la fin du mondè*). Je n'ai pas connu de grande passion pour le théâtre, à part Molière, Shakespeare ou Musset mais je lisais leurs pièces comme s'il s'était agi de romans. Il faut dire que les comédiens que je fréquentais un peu, quand j'étais étudiant à Nantes, étaient pénibles. Il y a trois ans, j'ai déjeuné avec un metteur en scène parisien (peut-être vous en ai-je déjà parlé, arrêtez-moi si c'est le cas) qui était en résidence à St-Nazaire (où il mettait en scène – et c'est révélateur – un film de Rohmer). Il m'a agacé : je lui ai confié que l'enseignement m'ennuyait un peu ; j'ai eu le droit à cette réponse : « Moi, je ne pourrais jamais faire quelque chose qui m'ennuie, j'ai besoin de passion pour travailler, etc. » De la part d'un type qui n'a jamais rien écrit et qui pourtant bénéficie de larges avantages parce qu'il met en scène les textes des autres (subventions, grand appartement à St-Nazaire où il n'habitait qu'une semaine sur quatre), je trouve que c'est fort de café. Cela m'a aussi rappelé d'interminables discussions à propos du conflit entre les metteurs en scène et le texte, où, déjà, étudiant, j'étais du côté du texte quand d'autres soutenaient que la qualité d'une pièce tenait à la maestria du metteur en scène.

Il me reste encore une semaine pour écrire mon *Ontologie romanesque de la gauche*[15]. Ensuite, il faudra sauver quelques heures entre les cours et les copies pour continuer le roman. Il me semble que vous deviez bientôt tourner un petit film, grâce à une subvention, non ?

BL. – Oui, nous tournons la semaine prochaine à F. Ce film, tenez-vous bien, personne ne le verra. On nous demandera le lien sur Viméo et nul n'aura l'idée de l'y regarder. Je n'exagère pas. On nous donne de l'argent pour le tourner parce que l'institution doit dépenser la caillasse qui lui reste, mais il n'a pas besoin de public : c'est un « projet culturel » pour que les jeunes désœuvrés des centres sociaux soient occupés et brûlent moins de voitures que d'habitude. Ainsi est

---

[15] Il s'agit du roman publié sous le titre : *Le parti d'Edgar Winger* (Gallimard, 2022).

utilisé l'argent public. Le précédent, un grotesque « spot de sensibilisation aux violences », a obtenu, sur Viméo donc : « 0 vue(s) ». Même les adolescents qui ont joué ne l'ont pas regardé. *Tutto nel mondo è burla* !

PJ. – Tout est bizarre. Je viens de regarder la finale de la coupe d'Europe de foot : il n'y avait aucun spectateur dans le stade mais on entendait la rumeur de la foule qui s'élevait comme une vague au rythme des actions, de sorte que l'ensemble prenait un aspect irréel. Tout comme ces rues où la foule est masquée. Ou ces films commandés mais qui n'intéressent pas les commanditaires, ni les acteurs. Il est bizarre que votre spot anti-violence n'ait aucune « vue », je l'ai regardé : mais peut-être suis-je moi-même un de ces nouveaux fantômes qui hantent la nouvelle réalité.

Le roman avance bien, il n'est pas encore viable (130 000 signes), mais on devine ce qu'il sera. J'ai nettement à l'esprit les trois grandes parties. Je lis beaucoup (ou feuillette) les grands penseurs de la gauche (Marx, Sartre, Adorno, Debord), c'est l'essence de la pensée progressiste que j'essaie d'exposer, et de critiquer. Ce n'est pas si facile, un essai conviendrait peut-être plus qu'un roman, mais personne ne le publierait.

Pour le titre du roman précédent, Lacarelle et moi sommes de vraies girouettes. Je pense, pour l'heure, à *L'idéal retrouvé*, ou *Vers l'idéal*. J'avais trouvé *Apothéose*, mais Gallimard a déjà publié un roman avec ce titre.

BL. – Et pourquoi pas *Les Idéaux* ?

PJ. – Oui, *Les Idéaux*, ce pourrait être une solution. Merci.

BL. – Il y a aussi la possibilité d'accoler un substantif avant « idéal » : *Les Stratégies idéales, La Méthode idéale, L'Instinct idéal, Le Réseau idéal, Les Illusions idéales, La confusion idéale, Les aventures de l'idéal*, etc. Bon, je dis ça indépendamment du sens de votre roman. Il paraît qu'il faut quand même en tenir compte.

PJ. – Le personnage est idéaliste au sens où il aime la poésie, il ne l'est pas dans le sens politique du terme. Sangars préfère *L'Idéaliste*, Lacarelle aussi. J'ai réfléchi aux compléments et adjectifs que je pourrais accoler à *Idéal*, sans rien trouver. *L'Instinct idéal* ou *Les Illusions idéales*, c'est à retenir ! Ou *Les Aventures de l'idéal*. Le titre le plus extraordinaire reste *Une jeunesse les dents serrées*. – Merci !

BL. – Je vous écris d'un train, après un week-end à Saint-Jean-Pied-de-Port. J'y ai mangé du taureau et enregistré une interview, où, il faut bien le dire, j'étais rond petit patapon. Elle sera en ligne dans quinze jours. Je suis curieux de voir le résultat.

Ah, la joie d'habiter un village... J'arrive à Tarbes. Aucun bus pour Saint-Marsan n'est indiqué. Bien entendu, personne au guichet. En revanche, un « responsable de la sécurité », chargé d'ordonner à chacun de se masquer. Au bureau « Informations », je débusque une jeune femme : « Il y a bien un car qui part dans deux heures, mais attention il prend désormais les passagers à cinq cents mètres de la gare. » Elle me donne l'adresse. Deux heures plus tard, m'y voilà : évidemment, pas d'autocar. Je reviens à la gare. Cette fois-ci, le bureau « Informations » est vide. Un employé me dit que les départs à cinq cents mètres de la gare commenceront le lundi 31 août.

« Et l'autocar ?

— Vous l'avez raté. Le prochain part dans deux heures.

— De la gare ?

— Oui... Ah ! attendez, il partira à quatre heures et demie, apparemment... Ah ! non, à cinq heures : quatre heures et demie, c'est à partir de lundi... »

PJ. – L'important, c'est que vous portiez un masque, le reste est accessoire ! Il paraît que Blablacar fonctionne bien, encore faut-il qu'il y ait des voyageurs qui naviguent de Tarbes à Saint-Marsan. Sinon, il reste l'auto-stop, avec un peu de chance vous tomberez sur une superbe lectrice de Lafourcade...

BL. – Ah ! l'auto-stop... Je ne l'ai pas pratiqué depuis vingt-cinq ans, à peu près, et je ne suis donc pas au courant de ses dernières évolutions. Je ne veux pas risquer ma vertu : une lectrice, aimantée par mon masque hyper-tendance en tissu blanc rayé de vert, m'aurait sans doute embarqué dans son trafic où elle aurait profité de ma faible constitution pour atteindre à ma pudeur. J'ai donc sagement attendu l'autocar, où je suis présentement, au milieu de gentils débiles légers rentrant dans leur asile.

PJ. – *Apostasie* sera publié sous le titre *La poursuite de l'Idéal.*
Le retour au lycée est déprimant, et, comme je le craignais, j'ai déjà envoyé promener la proviseure adjointe, laquelle m'a reproché mes sarcasmes. Un collègue, à midi, m'a appris qu'une enquête sociologique, dernièrement, avait prouvé que les gens de droite sont sales, beaucoup plus sales que ceux de gauche. « C'est compréhensible, a-t-il expliqué, les gens de droite sont vieux, donc ils se lavent moins. »

Septembre

BL. – Voilà, mon séjour parisien se termine. J'ai été interviewé pour une chaîne sur Internet. Le journaliste n'avait pas aimé que, dans mes *Cosaques*, j'aie « insulté les complotistes en les traitant d'imbéciles ». C'était dans le titre d'une chronique (« La conjuration des imbéciles »). Le journaliste ne connaissait pas le roman de John Kennedy Toole. J'ai pu m'en tirer en distinguant le complotiste légitime du complotiste fou, dont la dinguerie a ses sources dans la négation du hasard dans l'Histoire. J'ai eu plusieurs fois l'impression qu'il essayait de me piéger (« Vous écrivez que les femmes se croient pragmatiques, alors que, je vous cite, "elles sont folles, littéralement." Vous pensez vraiment que les femmes sont folles ? »). Chaque fois, j'ai trouvé d'assez bonnes parades, il me semble, même si j'ai bafouillé à plusieurs reprises. Avec les journalistes, on ne répond pas à des questions, on évite des pièges.

J'ai moi aussi interviewé un écrivain de Montpellier, pour une revue. Il est très sympathique. J'ai retranscrit notre entretien, qui a duré trois heures. Je lui ai fait relire les pages avant qu'elles ne soient publiées : il voulait tout enlever, il a peur d'avoir des ennuis avec la mairie de la ville où il vit, avec la gauche, etc. Je lui ai proposé de tout publier sans son nom : il ne veut pas. J'ai bataillé ferme et finalement il a accepté que tout paraisse, même ce qu'il dit de la municipalité. La seule chose qu'il tient à me faire enlever, c'est un passage sur Jean-Claude Michéa, une description cocasse de l'auteur de *L'enseignement de l'ignorance*. Voici le passage, je le trouve pittoresque (je peux vous le faire lire, puisque je ne dis pas le nom de cet écrivain) : « Michéa, il n'a jamais aimé la gauche caviar : il vient du parti communiste. Il a été le plus jeune agrégé de France, pourtant il a fait le choix d'enseigner au lycée Joffre toute sa vie. Jeune, il était d'un dandysme extravagant : il se promenait avec un parapluie en forme de canard et des chaussures beurre frais... Après, il a eu une période Alfred Jarry : il s'habillait "domino", en noir et blanc... En vieillissant, disons qu'il s'est "rationalisé". Il m'a daubé pendant un moment, on avait dû lui dire que j'étais légitimiste, monarchiste, alors il se méfiait de moi. Puis ça s'est inversé : c'est lui qui venait me voir... Je me disais, d'ailleurs : "Lui, il va finir anar de droite." Je ne me suis pas trompé de beaucoup. On était devenus amis. Il s'était attaché au cœur historique de la ville : il vivait beaucoup dehors, il corrigeait ses copies dans les cafés, en terrasse, on le croisait partout, il aimait la "vie publique", le foot... Or, justement, ce qui l'a fait partir d'ici, c'est la transformation de la ville : tout ce qu'il aimait a disparu. Il ne supportait plus le centre après l'avoir adoré : il est parti et s'est installé dans une ferme, chez vous, dans les Landes. »

Et à présent je dois terminer un scénario pour un appel à projets que j'ai remporté... J'aurais peut-être dû tenter une école de cinoche, quand j'étais jeune...

PJ. – J'ai tenté le concours de la Femis, en 1989. J'avais triomphé des écrits mais les épreuves orales et notamment celle où l'on s'appuyait sur un tirage photographique de notre cru (thème : la démolition) m'avaient été fatales : le jour de mon départ pour Paris j'étais allé chez le photographe – catastrophe ! De la série de vingt-quatre photos qu'on devait présenter, le photographe n'avait réussi qu'à en sauver cinq ou six. J'étais arrivé dépité devant le jury, déjà éliminé. (Cela se passait au palais de Tokyo.) Avec le recul, j'ai compris que c'était idiot, le jury se foutait de la série, il désirait que je commente les quelques photos préservées. Exit le cinéma !

BL. – Si vous aviez été reçu à la Femis, je me demande quels auraient été vos camarades de classe... Et est-ce que vous auriez écrit des romans ? C'est d'ailleurs un sujet de récit : on suivrait les différents destins du même homme, en fonction de son échec ou de sa réussite à un examen, de sa rencontre ou non avec une femme, de son licenciement ou de sa réussite professionnelle. Et peut-être découvrirait-on que sa vie finirait toujours de la même façon. Chaque scène aurait lieu à un de ces moments où tout se joue. Première scène : il se lève en bâillant, va chez le photographe où il découvre que seuls cinq clichés sur vingt-quatre sont utilisables pour son dossier de la Femis, il abandonne le cinéma, il devient professeur, romancier, et publie le roman fracassant que l'on sait chez Gallimard ; ou bien il se lève en se grattant les *bollocks* (il y a quand même des changements) et découvre que le photographe a sauvé tous les clichés, il passe le concours, le réussit, se retrouve avec Christophe Honoré, lui casse la gueule parce que, Honoré, c'est vraiment un con, se fait virer et devient pion à Sarcelles où il rumine ses rancœurs en devenant alcoolique, avant d'écrire le roman fracassant que l'on sait chez Gallimard.

J'ai relu le terrible *Unrat*, ce roman sur la déchéance d'un professeur chahuté, méprisé, qui tombe amoureux d'une chanteuse de cabaret. J'aurais dû en parler dans *L'Ivraie*. Heinrich Mann est très cruel avec son pitoyable héros. Le livre a été publié quelques années avant la grande Boucherie Héroïque. Si notre pays plonge dans un durable chaos, une des racines en sera la déchéance du statut de professeur, et celle du professeur lui-même (parce que les professeurs ont creusé leurs tombes avec leurs propres pelles). Je peine cependant à admettre que l'auteur de *Professeur Unrat* et le réalisateur de *L'Ange bleu* aient pu être si cruels. Ils ne montrent aucune compassion pour ce malheureux professeur (sauf à la fin, chez Josef von Sternberg, mais c'est bien tardif). La cruauté gratuite n'est jamais un bon signe. Il faudrait mettre, d'ailleurs, la déconsidération envers le savoir et les professeurs en rapport avec la carrière même de l'acteur qui joue Unrat, Emil Jannings, qui avait interprété dans les années vingt un rôle également pathétique (*Le dernier des hommes*), celui d'un portier en uniforme dans un palace, rétrogradé en dame-pipi dans le même hôtel ; et celui d'un industriel déchu, dans un film de Veit Harlan (auteur plus tard du film de propagande *Le Juif Süss*) et Thea von Harbou, romancière pronazie, et première femme de Fritz Lang. Jannings a d'ailleurs lui-même été « dénazifié » après la guerre. Il y a là des éléments épars, et mal débrouillés dans mon esprit, mais qui sont peut-être significatifs de la situation que nous sommes en train de vivre.

Au milieu de la mare où nous pataugeons sans bottes, de toute façon, il y a le langage, la perte du sens des mots, de la cohérence des phrases. Hier, en fin d'après-midi, une jeune (à la voix) femme m'appelle. Elle fait partie d'un organisme auprès de qui j'ai déposé deux dossiers (synopsis et « séquencier ») d'aide à l'écriture de scénarios. J'exagère à peine en disant qu'elle savait à peine s'exprimer. Elle avait deux choses à me demander : la première, c'était de faire un choix entre mes deux dossiers (« Y a déjà trop de projets, alors, on limite à un seul par participant ») ; la seconde, de rédiger un « budget prévisionnel ». Jusqu'ici, ça restait compréhensible. Mais bientôt ce fut l'avènement du Pataquès en ricochets, avec tortillage à rebondissements démultipliés par l'embrouillamini gouvernant son esprit :

« J'ai fait que parcourir votre dossier [celui que j'avais dit vouloir conserver], ch'ais pas si c'est, enfin, clair, pass'ki faudrait plus une note d'intention, c'est la première fois que vous déposez un dossier ici, hein, pass'ke, là, on a déjà vingt-sept demandes, et vous le feriez avec qui ? ah, mais il est plutôt fiction, non ?, pass'ke votre dossier, je l'ai pas lu totalement, mais il me semble que si vous voulez i' manqueuuuuuh, hein ?, non c'est pas une question de, mais les photos que vous avez mises, vous avez les droits, c'est des archives personnelles ?, et les gens dont vous parlez, vous les connaissez ?, ah !, vous avez déjà des images ?, mais c'est pas clair, bon, je l'ai pas lu en entier mais je pense que c'est pas clair, hein ?, non, là, vous ne pouvez pas le refaire, sinon vous pouvez essayer d'écrire une note d'intention, mais ça doit partir demain, alors, bon, donc vous m'envoyez le budget prévisionnel et la confirmation que vous ne présentez pas l'autre sujet, hein ? »

Je ne sais pas quand j'écrirai un autre roman. Pendant l'année qui vient, je vais essayer de gagner de l'argent, j'écrirai peu. Je publierai deux ou trois manuscrits que j'ai dans mon disque dur. Après, on verra. Je saute dans l'inconnu. Peut-être vaudrait-il mieux que j'échoue, et que je trouve un boulot de veilleur de nuit qui me laisse le temps d'écrire. Rien n'est exclu et rien ne sera grave.

PJ. – J'avais fait la demande d'une bourse au CNL en octobre 2018, j'ai donc, je crois, la possibilité, deux ans plus tard, de recommencer l'opération. Mais je peux me tromper, je vais vérifier (j'attends que le CNL m'envoie les trois mille euros qu'il reste à recevoir).

Je donne beaucoup de mon temps pour écrire des romans. Il y a un moment, au début des années 2000, où je n'y tenais plus et, malgré les cours, il a fallu que j'écrive. C'est toujours difficile à faire avaler à une fille qu'on ne partira pas, cet été, en vacances, parce qu'on veut écrire. Et les vacances suivantes non plus. C'est usant, quand on aimerait se reposer ou lire, de se mettre devant l'ordinateur, mais ne pas le faire serait pire. Certains collègues du lycée me confient qu'ils portent en eux des histoires, un roman ou je ne sais quoi, et qu'ils aimeraient publier ce quelque chose. Quand je leur dis : le prochain été, ne partez qu'une semaine et consacrez le reste du temps à écrire ; ils répondent que ce n'est pas possible : ils aiment la vie, le bon vin, les plages, l'Italie, etc.

J'ai attendu huit mois après avoir fini *Apostasie* pour commencer sérieusement un autre roman. Je pense même que je devrais attendre deux ou trois ans de plus ; mais j'ai déjà perdu trop de temps. J'ai parfois l'impression que dorénavant ma vie est terminée, je suis entré dans la période qui consiste à écrire (à la façon d'un microscopique Napoléon qui, prisonnier des Anglais, n'a plus qu'à dicter ses Mémoires).

BL. – C'est un plaisir d'écrire, et c'est un fardeau. Nous aussi, nous voudrions voyager, lire, nous oublier. Nous aussi, nous aimerions regarder la télévision en nous grattant les origines du monde. Nous n'y arrivons jamais tout à fait. Nous sommes harcelés par le remords. Le remords, c'est le mors et c'est l'éperon : on a du remords en écrivant, on a du remords en n'écrivant pas. Ce n'est pas une vie, mais c'est la nôtre. Le remords, c'est la conscience suraiguë de la vie comme une poignée d'eau. Même les artistes des autres disciplines supportent moins mal que nous la prescience de la mort qui tombe, à chaque seconde, au fond du temps. Je me souviens d'un voyage à Bilbao, avec une fille. On visitait le Guggenheim. Tout d'un coup, là, dans ce musée, au milieu des Kiefer et des Rothko, cette conscience m'est devenue si douloureuse que je suis rentré en France. Nous étions revenus au rez-de-chaussée, dans le labyrinthe de Richard Serra, *La Matière du temps*. J'ai dit : « Je rentre. » Je suis sorti, et la fille m'a suivie sans comprendre. Dans la voiture, j'étais muet, elle aussi. On passait les péages et elle me regardait en coin, comme on regarde un fou. Avant Bilbao, on baisait comme des dingues. À Lyon, on a rompu. Je l'ai revue une seule fois, par hasard, dans la rue. Elle m'a salué et s'est éloignée, très vite. La guerre des sexes, c'est la guerre du temps. Une femme est une Narcisse qui se satisfera toujours très mal qu'un sentiment autre que l'amour nous entête. Elles sont très rares, celles qui, un jour ou l'autre, si indépendantes qu'elles se disent, ne se lassent pas. Elles auront, fatalement (le féminin est souvent fatal, dans la mesure où il est souvent biologique), besoin que l'on s'occupe d'elles, que l'on prenne en charge quelque chose d'elles-mêmes, qui est leur névrose, ce besoin d'avoir le ventre occupé, bouché. La guerre des sexes, c'est aussi la guerre du ventre. La bite, ça ne bouche qu'un temps. La femme veut être grosse. Il lui faut une grossesse ; à défaut, l'obésité. (Je vous laisse apprécier jusqu'où peuvent aller mes délires... Vous vous rendez compte si l'on publiait ça dans un livre ?)

Octobre

PJ. – Je ne sais pas si j'ai du remords en écrivant (en n'écrivant pas, très certainement), mais j'aime bien votre devise : « Le remords, c'est le mors et c'est l'éperon. » Vous pourrez la graver sur votre épée, lorsque vous serez reçu à l'Académie française ! (Ou bien « la vie comme une poignée d'eau », très belle formule.) Votre anecdote de Bilbao pourrait constituer le début d'un roman ; ou sa fin. Je suis d'accord avec vous à propos de la guerre des sexes comme une guerre du temps. Il faut d'abord gagner la bataille du temps si l'on veut écrire : pour les femmes, l'amour est plus important que l'art (ajoutons « souvent »), j'ai eu à souffrir, entre vingt ans et trente ans (et même après), des railleries qui accompagnaient ma volonté d'écrire, et c'était d'autant plus dur à supporter qu'à cet âge je n'écrivais rien de bon. Pourquoi diable, disait cette ex-compagne, ne pas vouloir d'enfants, si c'est pour pondre des nullités. Et à vingt-cinq ans, ou même à trente ans, on est rarement un bon romancier (en tout cas, je ne l'étais pas). Je n'ai jamais compris que l'amour puisse remplir une vie ; les femmes, elles, le comprennent. Nous touchons peut-être à cette différence des sexes que la théorie du genre aimerait effacer, rêve (ou cauchemar) totalement impossible (à moins qu'un jour l'utérus artificiel ne change la donne). Je n'avais pas songé que l'obésité répondait, à défaut de grossesse, au besoin d'être grosse. Mais cette idée donne à penser (comme disait ma prof de philo, dont j'ai déjà cité maintes fois la phrase préférée).

Je viens d'occuper une douzaine d'heures à m'occuper de mon manuscrit, la correctrice m'ayant envoyé son travail de relecture mercredi, et espérant de moi que je le lui renvoie lundi, dernier délai. C'est chose faite. Je peux vous envoyer le fichier du roman, mais ne préférez-vous pas attendre la version papier, elle devrait, ai-je cru comprendre, être prête pour début novembre ? Sinon, je tâcherai de me procurer la version « révisée » (en réalité, la correctrice n'aime pas trop ma façon de ponctuer et, en particulier, mon usage des virgules (trop nombreuses) et il a fallu unifier également les noms d'entreprises, les sigles ou la façon d'orthographier (soûler ou saouler ? j'emploie les deux)). Ah, la double parenthèse, elle n'aime pas non plus. Mais son travail est tout de même remarquable, elle a relevé des contradictions dans la narration (dates, personnages) qui m'avaient échappé.

Les copies, comme les feuilles d'automne, commencent à tomber. Un élève de première, vendredi, m'a dit qu'il aimerait qu'on étudie des textes de rap plutôt que Baudelaire. La routine, quoi.

BL. – Je suppose que c'est commun à beaucoup d'écrivains : on se heurte, surtout quand on est jeune, à ceux qui voient dans la volonté d'écrire une occupation ridicule, dérisoire, prétentieuse. On le ressent comme la négation de ce que l'on est, et on le ressent d'autant plus qu'une part de soi donne raison à la négation, tant tous ses efforts pour écrire sont décevants. Le temps, on l'éprouve alors comme une souffrance. Un jour, pourtant, on finit par coïncider : on trouve son ton, sa manière, son objet, en même temps que l'on prend conscience que l'on a survécu. L'affirmation de soi devient la réponse à la négation des autres. Une morale de cinéma voudrait que l'on en ressortît plus ferme et sûr de soi. Il reste une douleur fondamentale que la plus petite remarque négative réveille. L'essentiel, entre deux doutes réveillés, c'est de poursuivre l'Idéal.

C'est cette semaine que je saute dans le vide : lundi matin, je serai libéré de mes obligations infirmières. Les efforts que je vais devoir fournir pour gérer, seul, la partie administrative de ma petite société, et la recherche de clients, m'inquiètent un peu. J'ai eu sans doute de la chance avec les trois appels à projets que j'ai remportés, cet été. Si, au bout de six mois, l'exploit se révèle impossible à renouveler, je ne m'acharnerai pas, et retrouverai ma vie d'avant, ma vie d'ailleurs. Je vais vous paraître totalement frappadingue, tant cela semble contradictoire avec les efforts que je déploie depuis plusieurs mois maintenant pour lancer cette société, mais une part, en moi, dans une proportion difficile à mesurer, *espère me voir échouer*. « Pourquoi ne te contentes-tu pas d'un petit boulot, qui te permette d'écrire un roman, tranquillement, l'esprit dégagé, le soir, le week-end, pendant les vacances, comme tout le monde ? » C'est une question légitime, Sigmund. Je ne me cache pas qu'il entre dans la création de cette société le fantasme de la réussite, de la reconnaissance, de la revanche – puisque je me suis imaginé que l'existence avait des comptes à me rendre.

Dois-je attendre le volume imprimé de *La Poursuite de l'idéal* ? Probablement. La lecture de centaines de pages à l'écran n'est pas très confortable. Mais je suis très impatient, comme vous devez l'être, de tenir ce gros livre entre les mains. Huit cents pages ! Gallimard ! Même s'il ne devient pas un best-seller, votre *Poursuite* représentera le vrai tournant de votre vie éditoriale : vous avez la maturité, le don, l'énergie vitale pour agir désormais comme la tarière et le vilebrequin. Avec vous, la 66, la vraie *lost generation*, percera décisivement le bois dont on fait les flûtes pour noyer les rats des librairies de Hamelin sous des milliers de volumes...

PJ. – Nous sommes donc à la veille de votre saut dans le vide. Même si vous ne réussissez pas complètement, le geste est courageux, et cohérent. J'ai l'impression que vous savez ce que vous faites. Il n'y a pas de raison que les trois appels à projet de l'été doivent leur succès à la chance : trois fois de suite, c'est beaucoup pour une chance qui, si rarement, tombe de notre côté. Je ne jouerai pas les Sigmund de bazar, mais il est possible que cette volonté d'échec soit une façon de prévenir l'insuccès. Ou bien une volonté de vous réserver, même mentalement, une porte de sortie ; j'ai le sentiment que vous n'êtes pas du genre à accepter l'emprisonnement dans un seul rôle. En tout cas, je croise les doigts de tous les pieds et de toutes les mains. Oui, vous avez excellemment décrit les humiliations de l'écrivain-débutant. On doute de soi, on finit par endosser (sans le dire) les reproches de prétention qu'on vous adresse. Combien de fois ai-je entendu, même après avoir publié des livres, que pour écrire, il fallait vraiment, mais alors vraiment, avoir un talent immense, et que, pour leur part, les non-écrivains acceptaient, avec l'humilité qui était la leur, de ne pas écrire. Et ils vous regardent du coin de l'œil, l'air de dire : « T'as compris, connard ? » Et je comprends parfaitement votre phrase : « On prend conscience que l'on a survécu. » J'ai tout de même le regret de n'avoir pas publié plus tôt. Je m'étais mis en tête, après l'avoir lu chez Sartre, qu'il fallait publier avant quarante ans. Je m'accrochais à mon petit livre sur Roland-Larqué pour ne pas tenir compte du délai, mais je savais qu'il y avait un problème.

Ce sera mieux, oui, de ne pas lire le livre sur un écran. Mais je vais vous décevoir sur le nombre de pages, il ne fera que cinq cents pages (même s'il approche le million de signes). Enfin, je crois. Je ne sais pas si la *Poursuite* sera ma tarière, j'ose espérer que ce ne sera pas qu'un tournevis. Au-delà de moi, je crois que notre génération, celle dont vous avez si bien décrit l'écrasement par ses pères dans *Une jeunesse les dents serrées*, cette génération donc, avec vous, avec Montal, avec Jung, avec Maulin, avec Laurrent, avec Chevillard, avec d'autres, cette génération réussira, je crois, à s'opposer à la génération 68 qui a voulu la tuer. Nous nous foutons de mai 68, de la libération sexuelle, de la contre-culture, et pourtant nous avons écrit des romans. Les baby-boomers ont intronisé des écrivains qui ne leur faisaient pas d'ombre ; mais nous, nous sommes de mauvais fils.

BL. – « Ce qui me manquait, c'est la vanité, parce que le reste, le don, la vocation, la volonté, je les avais, la question ne se pose pas, c'était là, à portée de clavier, si j'avais voulu, les *Éducation sentimentale*, les *Sang noir* et les *Homme surnuméraire*, ça tempêtait sous mon crâne, mais bon, j'ai préféré laisser briller les autres, la gloriole, tout ça, c'est tellement médiocre, et puis j'avais autre chose à faire, des études, une famille, des enfants, une carrière, des voyages, des tourtes à la frangipane, oh ! je ne dis pas que c'est définitif, un jour sans doute, parce que dans ma vie, il m'en est tellement arrivé, je vois, rien qu'au boulot, je vous dis pas l'état des appart' que je fais visiter, une fois, je suis tombé sur un locataire, il avait des rats et des serpents partout, obligé de faire venir l'Hygiène... »

Des génies qui ont renoncé à écrire par humilité, ça prolifère comme les lapins d'Australie. Si ces faux naïfs avaient conscience des sacrifices que suppose la création, ils baisseraient un peu le rideau de fer devant leurs grandes gueules. On en revient toujours à Claudel, se disant « frappé de terreur » en distinguant chez un enfant cette vocation : « Je crois que c'est une chose exceptionnelle, que, vraiment, on ne peut souhaiter à personne. » La vanité qu'il faut pour écrire s'annule par l'humble conscience qu'elle a d'elle-même. C'est tout le paradoxe : on n'écrit pas sans vanité ni humilité simultanées. Il faut un juste équilibre. Claudel, l'*autre*, le nullard, Philippe, qui épingle sa modestie à la boutonnière, et porte les signes ostensibles de son humilité, est l'archétype du vaniteux – ça se voit à sa façon de rosir et de pencher la tête en souriant quand on verse sur sa tête des Gravelotte de compliments. « Arrêtez, vous me gênez... » Je lui préfère les ouvertement vaniteux.

Vous vous accrochiez à Sartre disant qu'il « fallait publier avant quarante ans ». Lui-même était promis à l'avenir le plus haut, et, d'un coup d'un seul, il rate l'agrégation et atterrit au lycée du Havre, après s'être vu refuser un poste au Japon. Ah ! oui, j'ai souvent pensé à lui, à l'ambition cassée dans un bruit de branche sous les pieds, englué dans la triste province d'avant-guerre, voyant Nizan s'envoler vers Aden pendant que sa *Nausée* recevait un coup de pied au cul de Gallimard, sous la forme d'une lettre de refus réservée au tout-venant.

J'ai toujours vu Sartre en écrivain dépressif, quand il avait trente ans. Je ne sais pas s'il l'était, mais ça me réconfortait de le penser. Comment ne l'aurait-il pas été, ce jeune génie promis à la gloire et enterré en province ? Je l'ai aussi toujours vu comme un écrivain débordant d'impuissance – un impuissant noyé dans la surabondance. De son adolescence à son âge mûr (*Jésus la Chouette*, *Une défaite*, le dernier tome des *Chemins de la liberté*, celui de *L'Idiot de la famille*, le traité de morale

annoncé à la fin de *L'Être et le néant*, etc. – justement : « etc. »),
Sartre a beaucoup renoncé. Il écrivait beaucoup parce qu'il
échouait à *saisir*. Il n'achevait pas : l'œuvre se dérobait. Ses
meilleurs livres n'en sont pas, ce sont des préfaces – celle,
émouvante et nostalgique, d'*Aden Arabie* ; celle, absurdement
longue, des œuvres complètes de Genet ; celle, irresponsable,
des *Damnés de la terre*. Son œuvre est elle-même l'interminable
préface d'un livre qui ne s'écrira pas. Sartre en dépressif,
Sartre en raté, voilà qui m'arrangeait bien : ça m'autorisait le
fiasco. Je m'accrochais aussi à Bernanos, qui publia son premier livre à trente-huit ans (comme Céline) ; et à Mauriac, qui
ne devint réellement lui-même qu'à trente-sept ans, avec ce
roman noir et minimal qu'est *Le Baiser au lépreux* (*Aden Arabie*
et *Le Baiser au lépreux* ont été les patrons sur lesquels j'ai cousu
les *Dents serrées* et mon premier roman).

J'ai écouté Finkielkraut, sur Mauriac, justement, un récent
samedi. Il fut surtout question du *Bloc-notes*. On ne parle plus
du Mauriac romancier, ni du Mauriac poète, si on n'en a jamais parlé. On dirait que *Thérèse Desqueyroux*, *Le Nœud de vi-
pères*, *Genitrix*, *La Pharisienne*, *Le Sagouin*, *Orages*, *Le Sang d'Atys*,
ça s'est écrit les deux orteils dans le reniflant. Je donnerais
beaucoup, en ce qui me concerne, pour avoir écrit une nouvelle comme *Le Rang*, un chef-d'œuvre de non-dit, sur la frustration sexuelle et la névrose de classe – sans compter les petits livres des années vingt, *Le Jeune Homme* et *La Province*, si
délicieux et mélancoliques. Tout le monde s'est mis à tenir
des « carnets », à la façon de Mauriac. Ça aussi, on doit penser
que c'est facile. Mais il n'y a que des écrivains, et des bons,
qui sont en mesure de réussir dans ce genre-là. Le « Bloc-
notes » de Lévy est décourageant de journalisme, cette école
de mauvais style.

J'en ai autant pour Valandrey, qui vient de mourir, et que
tout le monde trouvait si sympathique. Faux peuple, faux
paysan, faux terroir, faux misogyne, faux styliste, faux rebelle,
malin mangeur de râtelier, pharmacien de la prose, en voilà
un qui ne m'arrachera pas une larme. Je le tiens pour

responsable de la situation où nous sommes, au même titre que ses amis-adversaires gauchos de la pampa et mitterrandistes de la première heure. Nous avons été de mauvais fils parce que nous avons eu de mauvais pères, qui pissaient, comme Sartre, sur la tombe de Chateaubriand ; je pisserai sans remords sur la leur[16].

PJ. – Je lis, assez souvent, sur Facebook, des statuts se lamentant de la nullité de la littérature contemporaine, des commentaires où l'on se félicite de ne pas en lire (des contemporains), ou de ne lire que des essais, que des noms prestigieux d'autrefois. Rabaisser tout ce qui s'écrit aujourd'hui est une autre forme de vanité, de soulagement : « Certes, je n'ai rien écrit moi-même, mais de toute façon, tout s'écroule, il n'y a plus rien... Et si je ne lis rien de ce qui se publie aujourd'hui, c'est qu'ils sont tous nuls. » On a toujours dit ça. Hobbes, déjà, a relevé, à son époque, ce stratagème qui consiste à célébrer les grands morts (cela vous met en valeur, vous hisse à leur niveau, ou presque) et à cracher sur les vivants (s'il en était un qui se détachait du lot, cette élévation vous rabaisserait). Le jeu des vanités, toujours (moi compris). Vous avez raison, il faut de la vanité pour écrire, à condition qu'elle soit balancée par l'humilité, par le surmoi, par la conscience de ses manques. Il faut de l'orgueil, en somme. Quand j'avais vingt ans, rien ne me semblait plus noble, plus haut, plus digne d'être admiré, qu'un grand écrivain, un grand philosophe, c'est pourquoi rien ne me paraissait à la fois plus difficile et plus nécessaire que d'écrire. À l'époque, je n'écrivais que des aphorismes (cioraniens) et des poèmes. J'ai glissé deux aphorismes de ce temps parmi ceux publiés, il y a trois ans, dans *La Revue littéraire*. C'était une façon un peu bête de

---

[16] « Le tombeau de Chateaubriand nous sembla si ridiculement pompeux dans sa fausse simplicité que pour marquer son mépris, Sartre pissa dessus. » (Simone de Beauvoir, *Mémoires*, Gallimard, 2018)

se dire que ces notes accumulées dans la vingtaine n'avaient pas été écrites pour rien.

Je ne voyais pas Sartre comme « débordant d'impuissance », je ne voyais que la « surabondance », mais votre analyse me semble très pertinente : l'échec a dû jouer un rôle dans son rapport à l'écriture. Je suis frappé, du reste, par son abandon du roman, voire de la littérature au profit de la lutte politique.

BL. – Cher Patrice, je vous écris d'un train (qui a d'ailleurs trois heures de retard, mais là n'est pas la question). Je voulais le faire plus tôt, mais le temps m'a manqué. Et comme je tape sur le clavier de mon téléphone (je n'ai pas pu me connecter avec mon ordinateur), je ne serai guère bavard, ce qui me changera et vous reposera. J'ai écouté Finkielkraut, l'autre jour, qui recevait Carrère. Pour introduire l'émission, le premier a parlé de sa propre dépression ; il a confessé des choses très personnelles, qui m'ont surpris, de sa part, et intéressé. J'aime chez lui le tourmenté. Il avait peur de « n'avoir plus rien à dire ». Ce sont ses termes, je crois. (Il me semble que je n'arrêterai jamais d'écrire parce que *je n'ai plus rien à dire*. J'arrêterai si je ne sais plus *comment* les dire. C'est bien différent. Sinon, tout est à *dire*. Mes voisins de fauteuil, dans ce train, le paysage, ou plutôt l'impossibilité de voir le paysage, les cartouches avertissant du moindre danger – on a toujours quelque chose à dire, à décrire, à exprimer.) L'image de Carrère, telle qu'elle ressort de l'émission, où il a lui-même confessé sa bipolarité (soignée aux électrochocs !), était celle d'un homme authentiquement bienveillant. Ce n'est pas un styliste, mais ses livres ne sont pas rien ; j'ai beaucoup aimé *L'Adversaire* et *Limonov*. Il mérite la place qu'il occupe dans la société littéraire.

PJ. – J'ai fini la lecture, il y a deux jours, du dernier livre d'Emmanuel Carrère. J'admire l'invention (ce n'est pas tous les jours) de ce genre littéraire : l'autobiographie de proximité (dans le temps) ; on le lui doit. Ses livres ne sont ni un journal, ni des Mémoires, ni une autobiographie traditionnelle. Il est sans doute proche de ce qu'on appelle l'autofiction, sauf qu'il y ajoute (je crois) une dimension d'éloignement (par la pensée) absente de l'autofiction. Du reste, j'ai pensé que vous pourriez vous engager dans la même voie, en reprenant votre journal. En le lisant, je me disais : « Je pourrais, moi aussi, raconter ma vie comme il le fait. » Cependant, je ne suis pas sûr d'y arriver, je suis davantage à mon aise avec la fiction.

Je suis en vacances, j'ai repris mon roman. La première partie est sous la forme d'un journal : le membre d'un parti politique est envoyé à Nice sur les traces d'un grand théoricien politique (de gauche) disparu depuis vingt ans. Je crains que le choix du journal (faux journal, par définition) ne soit pas judicieux : le diariste développe des idées (qui sont rarement les miennes) et je ne suis pas assuré que les lecteurs comprennent l'ironie ; ni que cette ironie, pour ceux qui la comprendront, aura de l'intérêt, puisque sa discrétion en amoindrit la drôlerie. J'ai commencé la deuxième partie en revenant à la narration omnisciente, et j'ai l'impression (peut-être fausse) que ce retour donne plus de puissance à ce que j'écris (si tant est que le texte soit puissant).

BL. – La reprise de votre roman est une très bonne nouvelle. C'est un vrai refuge que de savoir qu'un manuscrit nous attend. La partie « journal » peut faire un décalage intéressant avec votre deuxième partie, lui donner une perspective. Est-ce utile, d'ailleurs, que les lecteurs comprennent l'ironie quand le militant présente ses idées ? L'avènement de « l'homme littéral » a fait de « l'homme sans qualités » un homme sans ironie ; aujourd'hui, on s'expose et on se heurte systématiquement à une possible double et contradictoire lecture : la progressiste et la critique. S'il y a de l'ironie dans votre première partie, il y a des risques qu'elle ne soit comprise qu'une fois sur deux, ou deux fois sur trois. Ce n'est pas une raison pour ne pas utiliser l'ironie, au contraire. La première fois que j'ai lu *L'Enfance d'un chef*, j'avais quatorze ou quinze ans, et je n'avais pas du tout saisi la portée parodique de ce faux roman d'apprentissage miniature ; plus tard, j'en avais lu l'analyse par Michel Contat : ma vanité en avait été douchée, et sévèrement. Longtemps, je me suis douché de bonne heure. Je veux dire : longtemps, j'ai lu au premier degré. Mon plaisir était d'être Lucien Fleurier (ou Lucien de Rubempré, ou Julien Sorel). Bien sûr, j'avais vu que Fleurier devenait antisémite, mais j'avais dû penser qu'il s'agissait d'une étape dans son cheminement, une autre étant le surréalisme et l'homosexualité avec le poète Bergère. Je n'avais pas compris qu'il s'agissait, pour Sartre, de montrer comment un jeune fils de famille devient fasciste. J'ai relu plusieurs fois cette longue nouvelle, depuis, et je me demande encore comment l'ironie de la fin, qui est je crois une parodie d'un passage de *La Comédie de Charleroi*, a pu m'échapper : « Un adolescent y était entré, un homme en sortit – un chef parmi les Français. "Je vais me laisser pousser la moustache", se dit-il. » (Je cite de mémoire.)

Vous avez raison : de livre en livre, Carrère a fini par inventer un genre, tout à fait passionnant, mélangeant histoire personnelle et grands événements. J'ai offert *Yoga* à Laurane (Rivet). Maulin, le meilleur critique littéraire français, a publié sur *Yoga* un très bon article, bien écrit, bien vu, et d'humeur très mélangée, peut-être injuste, mais qui contient sans doute une grande part de vérité. Il parle à la fin de l'occidental fatigué et admiratif de « ces peuples gorgés de vie qui s'amassent à nos portes, qui ne pratiquent pas le tai-chi mais mangent de la viande rouge, et qui sont prêts à ne faire qu'une bouchée des esthètes mélancoliques assis dans la position du lotus »...

Il y a quelques jours, j'ai eu rendez-vous, dans une ville du Béarn, avec une adjointe municipale, à qui j'avais proposé un documentaire sur le Gave de Pau. Elle m'a fait part de la décision du conseil municipal : « Plus tard, peut-être. Cette année, le budget est arrêté. » Le train subventionneur s'est immobilisé en rase campagne, au milieu des vaches qui n'avaient plus rien à regarder. Puis, l'adjointe, qui m'avait écouté deux minutes, parla d'un sujet qui la passionnait davantage : *elle* – ses études, son militantisme, son courage, son « énergie folle », ses trois filles, et sa « double ou triple casquette, comme toutes les mamans ». Pendant une heure et demie. *Laborious and exhausting.*

Je suis rentré hier soir de tournage (nous avons fini le documentaire, *Les Engagées*, sur les femmes de banlieue, dont je vous avais parlé, je crois). Tout le monde a été très coopératif, tout le monde a été très content – et même un peu au-delà. J'en ai profité pour suggérer au commanditaire de filmer « la suite » : le regard des hommes (fils, frères, maris) sur l'engagement de leurs mères, de leurs sœurs, de leurs épouses. « Vous organisez une projection pour *Les Engagées*, vous faites venir le préfet, le maire, l'imam et tout l'orchestre, et nous on commence à filmer après la projection, en interrogeant, donc, les hommes. » L'idée lui a plu. Il restait un problème que j'ai exprimé de la façon suivante : « Il y a un problème, c'est l'argent. » Il a eu alors ce mot définitif : « L'argent, ce n'est pas un problème. »

PJ. – Votre référence à *L'Enfance d'un chef* m'a donné l'envie de relire la nouvelle. *Le Mur* fut l'objet de l'unique larcin de ma carrière de gangster : je ne l'ai jamais rendu au CDI du lycée où j'étais, à Nantes, moi-même lycéen. Tout le recueil m'avait impressionné ; mais je découvrais la littérature, je n'en revenais pas qu'on puisse en dire autant sur l'existence. Sartre m'apparaissait comme un monstre qui comprenait tout. Je ne suis pas sûr d'avoir tout saisi de *L'Enfance d'un chef*, c'était trop éloigné de moi ces histoires de bourgeois parisien, de normalien : je ne devais même pas savoir ce qu'était la rue d'Ulm. Vous m'apprenez que la fin de la nouvelle est une parodie de *La comédie de Charleroi* : il faudrait aussi que je relise le livre de Drieu, lu deux ou trois années plus tard. À propos de moustache, Sartre écrit dans *La Nausée* quelque chose comme « je ne pense pas donc je suis une moustache » ; il faudrait étudier le thème de la moustache chez Sartre, ce pourrait être l'objet d'une thèse : *Phénoménologie des poils dans l'imaginaire sartrien.*

Oui, l'ironie, c'est un problème. Comme ces idiotes de libraires qui trouvent que le plus beau chapitre de *L'homme surnuméraire* est celui écrit par Léa Lili. Tant pis. Les malentendus règlent la vie sociale, et même la vie littéraire.

Je n'ai pas lu l'article de Maulin, il faudra bien qu'un jour ce dernier publie un recueil de ses critiques (du reste nous y serions peut-être tous les deux).

BL. – Je dis toujours que ce sont les écrivains catholiques qui ont exercé sur ma jeunesse la plus forte influence. C'est oublier Sartre. *Le Mur* m'avait moi aussi impressionné. Comme vous le dites parfaitement, « je n'en revenais pas qu'on puisse en dire autant sur l'existence ». J'avais lu et relu le livre d'Annie Cohen-Solal, *Sartre, 1905-1980.* À cet égard, oui, moi aussi, Sartre « m'apparaissait comme un monstre », le monstre un peu effrayant vers lequel on devait tendre quand on voulait écrire. « C'est le monde que je veux posséder », disait la quatrième de couverture, et quel adolescent, avec la surestime de soi propre à cet âge, n'a pas voulu « posséder le monde » ? Je suppose que c'est une affaire de génération : nous lisions naturellement Sartre en philo, parce que nos professeurs étaient des sartriens, les derniers, sans doute. Nous lisions aussi Camus, mais c'était toujours un peu décevant. L'écrivain, c'était Sartre, malgré son théâtre à ficelles, son inconséquence politique et son impuissance surabondante. L'adjointe dont je vous ai parlé, je l'imagine bien illustrant « la mauvaise foi » chez Sartre : c'est une « maman » qui se ment pour échapper à sa liberté. Mais elle pourrait être aussi bien un de vos personnages : une Léa Lili, ou une lectrice de Léa Lili, une femme purement littérale, qui appelle en effet le malentendu. D'ailleurs, la mauvaise foi, c'est le littéralisme. La vérité, je l'ai toujours pensé, c'est l'oblique, le détour, jamais le littéral. – J'ai échangé quelques mots avec

Jean-Pierre Montal, sur Messenger. Il m'a dit qu'il vous avait vu à Paris. « Nous avons dit du bien de vous et de vos livres. » Je lui ai répondu que l'on ne pouvait se fier à personne.

PJ. – J'ai lu avec passion la biographie qu'Annie Cohen-Solal avait consacrée à Sartre, au moment de sa parution (en 1985 ?) : j'étais fasciné par cette vie. En terminale, et même un peu après, il y avait deux écrivains pour moi : Sartre et Nietzsche. La biographie de celui-ci par Daniel Halévy m'avait transporté. Vous avez raison, nos professeurs en classe de terminale lisaient Sartre. La mienne, une jolie femme qui fumait avec un porte-cigarette, m'avait prêté deux essais sur Sartre ; j'avais été sidéré par la confiance qu'elle m'accordait, moi, inculte petit prolo nantais. Je ne me sentais pas digne de sa confiance ; du reste, j'étais loin d'avoir compris ces deux livres. Quant à Nietzsche, il a fini par l'emporter sur Sartre, avant d'être lui-même détrôné par Schopenhauer. Mardi soir, j'ai vécu à nouveau mes controverses d'étudiant en me chamaillant (sans agressivité) avec Marie David au sujet de Schopenhauer et de Hegel. En revanche, nous tombâmes d'accord pour célébrer un certain Bruno Lafourcade, Marie David nous enviant, Montal et moi, pour avoir dîné avec le grand homme, au mois de janvier.

Le nouveau confinement ne doit pas arranger vos affaires, j'espère qu'aucun engagement de novembre n'aura été annulé. En ce qui me concerne, je suis abasourdi que les libertés nous soient retirées dans l'indifférence générale. Entre la privation de libertés, les islamistes coupeurs de gorges et la reprise masquée des cours, ce début d'automne a de quoi foutre le cafard.

Novembre

BL. — Cher Patrice, au *Sartre* de Cohen-Solal et au *Nietzsche* de Halévy (autre admiration, que je dois à Matzneff, qui en parle plusieurs fois dans son journal), j'ajouterai le *Balzac* de Zweig, certes psychologisant, mais qui m'a aussi beaucoup marqué. Zweig essaie d'approcher le plus possible le génie balzacien, de le toucher du doigt, comme espérant se l'approprier. Plusieurs fois, en racontant les débuts de l'auteur des *Chouans* (l'époque de la mansarde de la rue de Lesdiguières), il s'emporte : que Balzac produise des romans populaires le dégoûte, le révolte même. D'ailleurs il n'arrive pas à comprendre : comment Balzac a-t-il pu sortir de Lord R'hoone et de Saint-Aubin ? C'est un mystère qui restera pour lui entier. C'est donc aussi un livre sur Zweig lui-même, parlant humblement d'un génie. (Tout ceci est à prendre *cum grano salis* : j'ai lu ce livre il y a trente ans, et peut-être me paraîtrait-il aujourd'hui insupportable de roideur psychologique et moralisante.)

Je suppose que mes projets de films vont être annulés, à cause du Virus. C'est difficile à dire. J'ai sans doute choisi le plus mauvais moment pour me lancer. La situation est de toute façon déprimante. Il y a le chômage, la *confinerie* et les égorgements en série. Dans la petite ville où nous avons filmé notre documentaire, toutes les communautés s'entendent à merveille, marchent main dans la main vers les pâturages radieux où brouteront les génisses très peu transgéniques. Algériens, Tunisiens, Arméniens, Portugais, Turcs, ça roule comme sur une bicyclette électrique, même si cette « bonne entente entre communautés » peut aussi s'exprimer à coups de marteau, voire de kalachnikovs, comme l'a montré, une semaine après la fin de notre tournage, la bagarre ultra-violente entre des dizaines de Turcs et autant d'Arméniens.

Un jour, j'irai vivre à l'étranger. Ce pays est vraiment trop déprimant. Pour l'heure, je me demande si je ne vais pas reprendre mon travail à l'hôpital (qui m'a déjà rappelé plusieurs fois). Au moins, je m'y sentirais utile. Cela étant dit, je ne suis pas le plus à plaindre, loin de là. En allant faire des photocopies, la veille du confinement, dans la petite ville à côté de mon village, je suis tombé sur une ancienne camarade d'école (communale), qui y tient une boutique de reprographie. Elle n'en est pas propriétaire, et elle ne sait pas si elle va se relever de ce deuxième confinement. « Comment je vais faire ? Qu'est-ce que je vais devenir ? » Dans la rue à côté, un peu plus tard, je suis passé chez une sympathique fromagère. Même discours. C'est le cas de tous les autres commerçants du bourg, parmi ceux qui sont encore debout, puisque beaucoup de boutiques affichent « À vendre » ou « À louer ». (Un peu après le premier confinement, un incendie s'est déclaré dans un magasin de chaussures. Le propriétaire, promis à la ruine, a lui-même brûlé sa boutique pour toucher l'assurance – c'est en tout cas mon hypothèse.) Je ne comprends pas pourquoi on n'a pas fermé les supermarchés en laissant ouverts les petits commerces – qu'ils puissent au moins ne pas replonger. Je pense à Camus, en dressant ce petit tableau de l'effrayant désastre économique qui vient. Dans ses *tweets*, il ne cesse de se féliciter du confinement : moins de bruit, moins de promiscuité, « des coups terribles portés au tourisme, au bâtiment, etc. ». Oui, bien sûr, moi aussi j'aime le silence, les paysages déserts, l'éloignement, l'isolement. Mais je n'aime pas l'idée que ça passera par la ruine de tout le pays, et peut-être du continent. L'après-moi-le-déluge des soixante-huitistes, Camus n'y échappe pas, lui non plus, malgré qu'il en ait. Il ne connait pas de près ni de loin la vie de ceux que le confinement va tuer, et qu'il méprise parce qu'ils mangent des mandarines et ne connaissent pas Benjamin Britten– et s'ils le connaissaient lui préféreraient Dalida. Je pense à la lettre de Truffaut à Godard, dont nous avons déjà parlé, où le premier traite le second de « fumiste » et de « dandy », et qui est décidément, pour moi, très inspirante : « L'idée que les hommes sont égaux est théorique chez toi, elle n'est pas ressentie, c'est pourquoi tu ne parviens pas à aimer qui que ce soit, ni à aider qui que ce soit. [...] Entre ton intérêt pour les masses et ton narcissisme, il n'y a place pour rien ni pour personne. »

Tout de même, vous m'avez bien fait rire avec « Marie David [v]ous enviant d'avoir dîné avec le grand homme »...

PJ. – Cher Bruno, la reprise des cours dévore mon temps. En plus, j'ai dû écrire un texte commandé par une revue universitaire de Paris III (*Revue Droit et Littérature*) où je devais expliquer aux étudiants en droit l'intérêt de la littérature. L'universitaire qui m'a écrit (Yves-Édouard Le Bos) publiera un numéro en début d'année prochaine dans lequel un dossier me sera consacré. Comme je n'ai pas votre facilité ni votre brio, l'écriture de ce texte m'a pris plusieurs heures. C'est maintenant terminé. D'autre part, Denis Cheynet m'avait aussi demandé d'écrire une préface pour son prochain roman ; je me suis exécuté, je la lui ai envoyée : aucune réponse. Cette préface est-elle si nulle que seul le silence est à sa mesure ? Je ne sais pas. C'est amusant comme on vous demande des textes comme si cela n'exigeait de vous aucun effort. On glisse un euro dans la machine, et il tombe un article tout rédigé, prêt à servir ; et encore, il n'est pas même question d'un seul euro de rétribution. Toutes ces lamentables plaintes pour vous expliquer le temps que j'ai pris pour vous répondre.

Je n'ai pas lu la biographie de Balzac par Zweig, pourtant j'aime beaucoup ces deux auteurs et de surcroît le livre se trouve dans ma bibliothèque. Du côté des biographies, celle que Pichois consacra à Baudelaire m'avait beaucoup marqué ; tout comme, sur le même poète, le petit essai de Pascal Pia dans la collection « écrivains de toujours » ; et puisque j'évoque cette collection, l'essai de Bonnefoy sur Rimbaud fut le premier livre de littérature qui, vers seize ou dix-sept ans, me sortit de ma bête adolescence. Je ne comprenais pas tout, mais je me souviens d'un éblouissement. Je date (pompeusement) de cette date ma naissance. Je m'ennuyais, ma mère recevait un oncle et une tante, je me suis réfugié dans ma chambre et j'ai ouvert ce livre que j'avais acheté dans une perspective scolaire ; et là, il s'est passé quelque chose. À mon petit niveau, c'est le pilier de Notre-Dame dont parle Claudel. Ce même Bonnefoy dont Isabelle Gallimard m'a dit (en mars) qu'il n'avait jamais vendu un livre à plus de cinq mille exemplaires (à part peut-être cet essai sur Rimbaud ?).

J'ai donc repris les cours. J'aurais aimé que la minute de silence consacrée à Samuel Paty se déroule dans la cour, mais on a objecté que c'était impossible : tout est toujours impossible à l'Éducation nationale, même de rendre hommage aux fonctionnaires qu'on égorge et décapite.

Oui, la situation est déprimante, mais, pour Renaud Camus, ce n'est pas grave : le silence recouvre le pays, tout s'arrête, tout meurt. C'est si poétique. Le petit peuple n'a d'autre raison que de trimer pour que des esprits comme le sien aient le loisir de vivre pleinement la beauté des paysages (en ne laissant pas traîner les tôles ondulées ni aboyer les clébards), le silence des chemins de campagne, et l'abstraction des grands peintres que les petites gens y comprennent même pas, tellement y sont vulgaires. S'il n'était un grand écrivain, Renaud Camus serait vraiment un con. Il est sauvé par son génie.

Ah je vous assure, quand Marie David et Jean-Pierre Montal parlent de Bruno Lafourcade, l'admiration déborde de partout. Montal a même dit : « Il ne restera que Lafourcade, de notre génération. » Et c'est très possible, en effet.

BL. – Décidément, je ne supporte plus les mufles, ni tous ces gens qui pensent qu'un texte, comme vous le dites, ça se commande au distributeur, avec un jeton gratuit, cling !, et ça tombe tout fumant dans le gobelet. Les mufles, j'en subis des brouettées, avec ma société. On vous rappelle sans faute lundi, on ne manquera pas de vous prévenir mercredi, on vous informera de la décision prise vendredi – *nib*. Chaque fois, je me dis : « N'oublie pas d'ajouter une note à ton petit *Portrait du goujat.* »

Il y a aussi, comme vous le dites, que « tout est toujours impossible ». Ma récente expérience d'appelé à projet et de supplieur à sébile le confirme : le véritable métier du rond-de-cuir subventionneur est de freiner. On commence par se méfier : c'est quoi le film que vous voulez tourner, je comprends pas, et vous êtes qui, c'est pas clair, et pourquoi un type de Saint-Marsan propose un projet en Ille-et-Vilaine, c'est bizarre, enfin je vous rappellerai – et on ne rappelle pas. On freine et on ferme : les quatre fers en font des étincelles et la rondelle-de-cuir (car ces goujats sont presque toujours des goujatesses) commence son travail de découragement. C'est *La Femme surnuméraire* qu'il faut écrire, à présent : ce sexe est en surnombre à peu près partout, et quand il ne l'est pas il féminise et *niaise* tout ce qu'il touche, et d'abord la virilité, et par exemple le roman, autrefois une des manifestations de la virilité littéraire. Mais c'est moins de femmes qu'il s'agit que de sorcières, de *chamanes*.

Un garçon m'a envoyé le manuscrit d'un roman, pour que je lui donne un « avis ». J'ai lu son roman ; je lui ai rédigé une note de lecture ; je lui ai envoyé un fichier comprenant toutes les fautes que j'avais relevées (cinq pages) et un autre avec son manuscrit aux fautes surlignées ; je lui ai indiqué des noms et des adresses où envoyer son roman. Il m'en a remercié : il n'est pas question de muflerie ici. Mais chaque fois que je fais ce genre de choses, et ça arrive plus souvent que mon obscurité le mériterait, je me dis trois choses : toi, si peu bienveillant avec les écrivains publiés, tu l'es exagérément avec les écrivains qui entrent dans une carrière dont tu n'as pas franchi le seuil ; tu fais ce que tu aurais aimé que l'on fît pour toi ; tu es complètement cinoque, mon pauvre garçon.

Je n'ai pas lu le Pascal Pia, ni le Bonnefoy, mais j'ai, comme vous, des souvenirs d'éblouissement, de véritable naissance, par les livres. J'eus soudain le sentiment que la vie *coïncidait.* Ce ne fut en rien cérébral, la première fois que je l'éprouvai (je devais avoir dix ans), mais sensuel, sensitif, goûteux, olfactif. Je lisais, dans une version enfantine, *L'Île au trésor*, en croquant des noix, sur les marches d'un escalier. Progressivement, il y eut coïncidence entre le goût du fruit et les aventures de Bill Bones. J'ai découvert un plaisir que celui de la branlette plus tard égala à peine. Puis, l'esprit, qui n'était en rien concerné, s'en est mêlé, sans que les sensations cessassent. J'ai encore dans les narines l'odeur de peinture fraîche qui était celle de la chambre où je découvris *Le Mur*. Là aussi, il y eut coïncidence. La mémoire des sens pèse autant que celle de l'esprit : la survie en nous des souvenirs de plaisir charnel compense celle des souvenirs d'humiliation, tout aussi brûlants.

J'ai répété plusieurs fois à deux amis qui ne se connaissent pas ce mot de vous : « S'il n'était un grand écrivain, Renaud Camus serait vraiment un con. » Ça les a fait rire, et tous les deux étaient d'accord.

PJ. – Pour qu'une vie soit « réussie », il faut que ses bienfaits n'arrivent pas trop tard. Je vous en ai déjà parlé, mais le sentiment du « trop tard » ne me quitte pas. J'imagine, par exemple, la joie que ce doit être d'être publié par une grande maison d'édition si l'on a trente ans. À plus de cinquante ans, l'effet n'est pas le même : on croit moins aux autres (ces fameux Autres dont la pensée progressiste nous rebat les oreilles) de sorte que les plaisirs sont moins intenses.

Ah, les *chamanes* ! C'est le retour du religieux en farce. Je ne sais plus si je vous ai parlé d'une jeune étudiante, très jolie, au point que toute l'université nantaise la convoitait (ou presque) et qui m'était très proche (quand j'étais moi-même étudiant). Pour nous reposer d'avoir passé les épreuves du Capes, elle, moi et un ami fîmes un petit voyage en Bretagne. C'était très *Jules et Jim* (il est même arrivé que nous dormions tous les trois dans le même lit, l'étudiante entre les deux mâles chastes bien que n'ayant qu'une idée en tête). Du reste, elle s'appelait, comme dans le film (et le livre), Catherine. À la fin de la semaine, je compris à des sourires qu'elle avait choisi mon ami (ils attendirent le retour à Nantes pour une connaissance plus biblique des choses). Souvent, je me dis qu'il faudrait que je raconte ce voyage. Bref, j'ai revu cette fille, devenue une femme mûre, toujours belle, il y a quatre ou cinq ans. Elle ne s'intéressait plus du tout à la littérature, envolés Balzac et Stendhal, mais ne jurait que par les chamanes, les esprits, les potions anti-pharmaceutiques. Elle me conseilla la lecture d'essais autobiographiques écrits par des femmes chamanes ; elle voulut me faire mon thème astral. C'était pathétique.

Ce matin, sur France culture, Virginie Despentes, fidèle à son article de 2015 sur les attentats de Charlie-Hebdo, s'en est pris, une nouvelle fois, à l'éternelle violence masculine : c'est ainsi qu'Allah est grand (et disculpé).

Comme vous, je réponds parce que j'aurais aimé qu'on m'aide pour mon premier roman, ce que personne ne fit. Quand on vit en province et qu'on ne connaît personne dans l'édition, la publication relève de la gageure. Pourtant, je pensais que mon premier manuscrit – un essai philosophico-poétique qui m'avait coûté beaucoup d'efforts – ne pouvait pas être refusé, tant il jurait avec tout ce qui se publiait. J'étais naïf. Je reçois souvent des manuscrits : au début, j'en étais flatté, maintenant j'en ai assez ; si l'on y ajoute les romans et les essais d'inconnus qui tombent dans ma boîte à lettres, je pourrais ne plus lire du tout ce qui m'intéresse.

Je crois avoir saisi votre spécificité : de nombreux stylistes ont une puissance égale à la vôtre dans l'originalité des images, la maîtrise du rythme, mais aucun n'emploie son talent avec autant de force comique et rageuse que vous. C'est très frappant : la métaphore ironique, l'hyperbole qui tue l'ennemi dans un éclat de rire. Je ne vois, aujourd'hui, personne d'autre à ce niveau.

BL. – Patrice Jean, j'ai l'honneur de vous faire savoir que vous êtes fou (je pense à votre dernier paragraphe).

Comme il est significatif que votre Catherine soit devenue ce que vous dites... Les cerveaux sont de plus en plus poreux aux sottises les plus burlesques. On n'a jamais été autant scolarisé et diplômé, ni autant sensible aux tables tournantes et aux esprits. Après *La Femme surnuméraire*, il faudrait écrire *Le chamanisme à travers les âges*.

Il n'y a que très peu de livres nécessaires, et la plupart des manuscrits que je reçois ne le sont pas, pas plus que ne le sont les miens. Les moins lucides ou les plus jeunes croient que ce qu'ils écrivent est indispensable au monde, parce que c'est indispensable pour eux. Mais ces deux nécessités coïncident rarement. J'y pensais aussi en lisant *Sérotonine*. C'est la première fois que je lis un roman contingent de Houellebecq. Si son livre n'avait pas existé, le monde n'en aurait pas été modifié. Il y a de tout dans ces pages, un peu trop de tout sans doute : la dépression, le suicide, la tristesse existentielle, les amours impossibles, la litote et l'euphémisme sombres – on est bien dans du Houellebecq. Pourtant, je n'avais qu'une hâte : le terminer pour n'y plus revenir. Oui, tout est bien là, un peu trop bien là, sans doute, mécanique, sans surprise. Un seul personnage (les autres protagonistes, même Aymeric d'Harcourt, n'existent qu'en creux), une seule idée (la mort du monde paysan comme métaphore de la mort de la libido, ou l'inverse), ça n'aide pas à fixer l'intérêt, quand on sait d'emblée que le héros ne sortira jamais de son désespoir. Est-ce la fin, pour Houellebecq ? A-t-il tout dit ? Est-il trop bouffé par l'âge et l'alcool pour écrire un roman où il ne se parodie pas ? Il compare la Tour Totem à une morille. Soit il n'a jamais vu de morilles, soit il n'a jamais vu la Tour Totem. Rien dans la nature ne ressemble à la Tour Totem, qui rappelle un assemblage géant de composants électroniques ou de cartouches d'imprimantes, alors que la tête de la morille est ronde et alvéolée. Quelle est bizarre, cette erreur – surtout chez quelqu'un (le narrateur comme l'auteur) qui a fait l'Agro...

PJ. – Tout est farce. Nous grandissons en imaginant que le monde est rationnel, la société cohérente et administrée selon les règles de l'esprit. Certes, au cours de l'enfance, nous comprenons qu'il existe des couacs, des idiots, des injustices, mais la totalité n'en est pas affectée : les adultes savent ce qu'ils font (pensons-nous). À l'adolescence, les injustices nous semblent subitement insupportables : nous traversons notre période « révoltée », en croyant que les générations précédentes ont failli sur certains points. Et puis, nous finissons par comprendre que le monde n'a jamais été rationnel, que tout est faux, farcesque, idiot, insensé. La raison ne règne que dans quelques régions, chez quelques personnes. Et comme l'écrivait Pascal, l'homme est si nécessairement fou que ce serait être fou par un autre tour de folie que de n'être pas fou. C'était la minute philosophique de Jeannot.

Je dois me pencher à nouveau sur les épreuves et j'ai jusqu'au 25 novembre pour le BAT. Ce doit être la troisième couche de relecture. Les livres seront envoyés en décembre ; et la publication du roman est prévue pour le 21 janvier. Si j'ai des exemplaires avant la séance de signatures (dans les bureaux d'Antoine), je vous en envoie un tout de suite.

Quant à *Sérotonine*, je partage votre déception. Houellebecq fait du Houellebecq, on a l'impression d'une parodie, d'un pastiche ; c'est gênant. Certains de mes amis considèrent que ce roman est l'un de ses meilleurs ; j'avoue ne pas comprendre cet enthousiasme. De toute façon, Houellebecq a eu le feu sacré pendant quelques années, de *Lovecraft* à *Plateforme*. Ensuite, à partir de *La possibilité d'une île*, il devient trop conscient de ce qu'il est, il commence à houellebecquer. Dans *Sérotonine*, j'ai bien aimé les premières pages. Il est possible qu'il soit bouffé par l'alcool et par le succès. Je pense qu'il aurait été un écrivain plus intéressant s'il n'avait connu cette renommée mondiale. D'un autre côté, on ne peut pas lui reprocher d'avoir atteint la gloire.

Je ne sais trop quoi penser du confinement et du Covid : début d'une ère nouvelle, entre dictature sanitaire et puce électronique ? Bétaillisation du monde ? Folie paranoïaque ? Décadence de l'Occident ? Ou bien, une juste protection des plus faibles ?

Les cerveaux sont poreux à toutes les idioties irrationnelles, mais que celui de Catherine le soit m'avait stupéfié et attristé : cette fille, d'une rare beauté, d'une grande élégance (dans ses façons d'être, de parler), passionnée par Balzac, par Tarkovski, que cette fille, donc, en sus de vieillir, ait abandonné la littérature pour le chamanisme aurait pu me convaincre de prendre ma carte au Parti du Nihilisme.

BL. – J'ai tendance à croire que notre époque a une démence spécifique, dont le signe serait « l'inversisme », cette inversion généralisée (l'élève enseigne, le juge pardonne, le lecteur de BD juge Flaubert, on humanise son chat domestique, l'adulte est infantilisé, etc.) ; mais je me trompe sans doute : toutes les grandes périodes de crise, et notamment celles où la Vertu faisait choir les têtes dans la sciure, ont dû développer la démence inversiste. On rabâche que la France est le pays où l'on consomme le plus d'antidépresseurs : et si c'était par conscience de la folie environnante, et refus d'y verser à son tour ? Ce serait un fameux renversement. Un renversement du renversement. (Il y a un roman soviétique, de Venedikt Erofeïev, où le narrateur boit pour remettre d'aplomb le monde inversé...) Pour rester dans les antidépresseurs, j'ai pensé, en lisant *Sérotonine*, que Houellebecq voyait tout, toujours, à travers les yeux d'un programmeur informatique obsédé, frustré, névrosé. Son paysan, il l'a endetté, et c'est la seule touche de réalisme, parce que, sinon, c'est un cadre du tertiaire avec des vaches et sa jacquerie, une guérilla urbaine au tracteur McCormick. Rien n'est crédible dans ce livre. Aucun paysan ne s'est suicidé pour déclencher une fusillade avec des gendarmes, par exemple – ça, c'est du roman dans le mauvais sens du terme. Un paysan se fout un coup de fusil ou se pend à sa grange, c'est tout. Je sais bien : on a des idées fixes, on est fidèle à ses obsessions et on frappe toujours le même clou. Mais justement, si le clou est le même, le marteau doit changer.

PJ. – Je n'avais pas pensé que la révolte paysanne, dans *Sérotonine*, relevait surtout de la révolte urbaine, mais vous avez raison, les paysans que je connais (j'en connais peu), je ne les vois pas aller aux extrémités qui sont décrites par Houellebecq. Un paysan, c'est rarement un romantique. Les suicides (nombreux) se font dans une cuisine, une grange, dans un désespoir total et sans tout le tralala (comme dirait Céline). Cependant, je serai moins sévère à l'égard de Houellebecq, je pense qu'il reste un « contemporain capital », malgré l'incontestable baisse de niveau de ce qu'il écrit. Ses entretiens sont stimulants.

Je change de sujet : je ne sais plus si je vous en ai parlé, mais on m'a dit (un proche de Proguidis) que Kundera avait des problèmes de mémoire, qu'il n'était plus totalement lui-même. Cette nouvelle m'a démoralisé, car s'il est un romancier lucide, c'est bien lui ; j'espère que l'information est fausse.

J'ai fini la correction des épreuves : après qu'une correctrice a passé le manuscrit au peigne fin, il restait quelques fautes d'orthographe (cinq ou six) et l'on me proposait encore une centaine de suggestions. J'ai tout relu, en balançant entre la dépression et la satisfaction, en me réjouissant de certaines pages ou en me lamentant sur d'autres.

Décembre

BL. – Cher Patrice, les images et les visages obsèdent l'époque, comme toutes les époques sans doute : on veut flouter les unes et montrer les autres, voiler celles-ci pour mieux selfier celles-là. C'est la querelle entre iconoclastes et iconodules toujours recommencée, puisque c'est bien de théologie qu'il s'agit : la vérité de l'image, du visage, est toujours plus ou moins religieuse, sans hors-champ, sans avant ni après, sans média ni médiateur – comme si l'on n'avait rien appris des peintres, des photographes ni des cinéastes...

J'ai vu avec plaisir que Jean-Pierre Montal avait eu beaucoup de bons articles pour sa *Nuit du 5-7* (et accessoirement qu'il était très photogénique) : *Libération, Le Monde, Valeurs actuelles, Paris Match, Rolling Stone, Livres Hebdo, Rock & Folk*, sans compter *Le Figaro* sous ses deux espèces, magazine et littéraire... (Quel dommage qu'il ne l'ait pas publié chez P.-G. de Roux, qui aurait eu enfin un peu d'argent pour redresser ses comptes – mais peut-être n'aurait-il pas eu ce succès de presse s'il avait publié son roman chez de Roux.) Ces articles, c'est tout à fait très bien, comme dit un mousquetaire dans *Cyrano*, pour Montal, et pour vous : les Authier, Ungemuth, Maulin et Beigbeder se jetteront bientôt sur votre *Poursuite de l'idéal* – comme aruspice mineur, je sais déchiffrer les entrailles des journaux, et ils me disent tous que les dieux vous sont favorables.

Je ne peux pas vous donner une idée, même relative, des montagnes que j'essaie de déplacer pour ma société, sinon que j'en retire le sentiment qu'il me sera très difficile de la faire survivre. Je pensais m'appuyer sur quatre « clients ». Les trois premiers me sont inaccessibles : ainsi, dans l'un de ces organismes, on n'accorde son argent qu'aux réalisateurs connus (les scénarios déposés ne sont pas « anonymisés », et la corruption n'est pas un fantasme : un jour, un juré a proposé sa voix, à R. (je le tiens de R. lui-même), contre deux mille euros), si possible pour des sujets LGBTQ-ACAB. Mlle Collignon, *fille-de*, comme vous le savez (son père dirige une grosse « association humanitaire » et sa mère est idéologue de métier à Vincennes) a reçu, par exemple, cent mille euros pour avoir *co-écrit* les cent pages du scénario de *Roue arrière* – un film sur de jeunes enrichisseurs culturels qui font du scooter en banlieue. On lui a aussi versé l'avance sur recettes, le Fonds images de la diversité et l'Aide sélective à la distribution, ce qui n'a pas manqué d'entraîner, chez elle, légitimement écœurée d'avoir reçu si peu, une fureur que l'on pourrait dire *de-gauche* : « J'ai eu beaucoup de mal à monter mon film parce qu'à part les organismes républicains [?], personne m'a donné de fric pour le faire. »

Les réalisateurs moins connus tournent un film tous les dix ans, et passent les neuf ans qui restent à vivre de ce que leur versent les « organismes républicains », pour des scénarios que les producteurs ne financent jamais. Les réalisateurs inconnus le restent. Ainsi tourne la lessiveuse.

Tous mes projets (notamment *Les Musalertsis*, peut-être vous en ai-je parlé) ont été refusés : la porte est verrouillée. Je pensais forcer la serrure en présentant directement à des chaînes de télévision des synopsis écrits avec R., mais elles ne veulent pas s'engager sans l'accord du CNC – *ouroboros*.

J'aimerais, s'il se confirme que ma société est dans l'impasse, m'installer à l'étranger, recommencer une vie, en Afrique de l'Ouest ou en Europe de l'Est. Mes économies me permettraient de tenir quelque temps. C'est sans doute une fantasmagorie, mais j'ai l'habitude de mener quatre ou cinq rêveries simultanément (tiens ! si je quittais la France, si je perdais cinq kilos, si j'écrivais un long-métrage, ou un best-seller, si je perdais dix kilos, si j'arrêtais le café, si je vendais ma maison, si je changeais de travail, si je couchais avec la coiffeuse, si je perdais quinze kilos), sans aller au bout d'une seule, le plus souvent.

Peu importe, je dois d'abord lire votre roman. Je suis impatient de le recevoir.

BL. – Ces derniers mois, j'avais dans l'idée d'écrire une enquête sur le cinéma, et notamment son financement. Ce que j'avais trouvé était déjà à s'écarquiller les quinquets. Le comble est que l'essentiel est public. Ainsi, une réalisatrice issue-de-la-*divercity* a perçu deux aides (scénario puis production), pour un documentaire de trente-cinq minutes sur la vie sexuelle des jeunes banlieusards ; elles lui ont été versées par la commission Images de la diversité, dont, attention les yeux, elle est, elle-même, membre. Pour éviter de se verser la caillasse directement (dont le montant a pudiquement été masqué), il lui a suffi de coopter un de ses proches pour le faire à sa place. C'est ici que mes quinquets ont éprouvé un élargissement significatif d'eux-mêmes. Il n'y a qu'une démocratie bananière comme la France pour rendre possible une si stupéfiante forfaiture. Malheureusement, pour écrire ce livre, ou cet article, il aurait fallu que j'interviewe Mme la présidente du CNC, qui s'appelle Marie Darrieussecq, des présidentes de commission comme Mmes Maylis de Kerangal, Laure Adler ou Tania de Montaigne. Je ne suis pas journaliste, ni enquêteur, je n'habite pas Paris, je n'ai aucun appui dans ce milieu. Ça m'a paru insurmontable, hélas[17].

PJ. – Je comprends que l'idée de rencontrer Laure Adler ou la Marie (Darrieussecq) ait suffi pour abandonner votre projet sur le cinéma français. Je conçois pour la première nommée une animosité qui remonte à un Droit de réponse de 1987 où elle partageait l'affiche avec Matzneff, Nabe et Pascal Thomas. Sûre d'elle, #MeTooïste avant l'heure, arrogante et bête : telle elle m'apparut. Ces autres apparitions, au fil des ans, confirmèrent la première. Je me souviens d'une interview de Houellebecq où cette pimbêche suggérait à l'écrivain qu'il aimerait, sans doute, se blottir contre elle, se mettre sur ses genoux ! Il avait répondu mollement « oui », pour lui faire plaisir. C'est peut-être de n'avoir pas succombé à ses charmes qui lui vaut d'être, aujourd'hui, régulièrement insulté par l'idiote. Je ne connais pas Tania de Montaigne (sauf de nom, mais quel nom !), et je trouve Kerangal plutôt charmante, mais je n'ai jamais lu une seule ligne d'elle (sauf aux oraux du bac).

---

[17] Lafourcade a publié, cependant, un livre, co-écrit avec le réalisateur Laurent Firode, qui traite de ces questions : *Main basse sur le cinématographe* (éd. La Mouette de Minerve, 2024).

Je n'ai toujours pas reçu de nouvelles à propos de *La Poursuite de l'idéal*, si ce n'est, mercredi, une question au sujet du logo du CNL, sur la quatrième de couverture. Le livre était donc en pleine fabrication. Le site de Gallimard a publié la couverture du roman : j'ai presque du mal à croire qu'il s'agit bien de mon roman sous la couverture blanche. Je suis peut-être un des derniers êtres humains pour qui voir son nom dans la célèbre collection de Gallimard représente quelque chose.

Vendredi, j'ai soutenu, auprès d'une collègue de lettres, qu'il faudrait cesser d'enseigner la littérature au lycée. Et peut-être même à l'université. On entretient l'illusion, par l'enseignement, que la littérature a encore sa place en France alors qu'elle intéresse peut-être moins de cent mille personnes (dans un pays de soixante-sept millions d'habitants). Ainsi, le Roi serait nu. Blanquer, en arrivant au ministère de l'Éducation nationale, s'est présenté comme un humaniste, un amoureux des lettres : en réalité, il aura tué le latin et le grec : encore un effort, Monsieur le Ministre.

BL. – Cher Patrice, j'ai vu *La Poursuite de l'idéal* sur le site de Gallimard : la collection Blanche, ça fait toujours son petit effet. Je suis impatient de lire les aventures de Cyrille Bertrand, qui rêve de la vie de Larbaud et travaille à Salons&Cuisines. En lisant la quatrième de couverture, j'ai pensé à André Lafon, qui a écrit deux recueils de poèmes et un magnifique roman, *L'élève Gilles* ; Mauriac, son ami, beaucoup plus bourgeois que lui, l'avait recommandé dans un collège privé, à Neuilly, où il a pu gagner sa vie comme pion. Le malheureux était en train de percer quand il est mort de la scarlatine, à 32 ans, pendant la Grande Guerre.

Je pense à ce que vous avait dit Maulin, sur la nécessité de rencontrer le moins possible les écrivains sur lesquels on écrit. Je viens de terminer un roman dont je connais l'auteur. Il y parle de son milieu (le prolétariat), de sa région (l'Alsace), et des efforts de son héros (qui lui ressemble beaucoup) pour en sortir (il finit à Normale Sup). Ce roman avait tout pour m'intéresser, mais les portraits ne sont pas assez nourrissants, les scènes sont un peu décousues, le style est trop négligé. Une idée, même bonne, ce n'est rien sans la langue. À défaut, il faut du souffle ; là, ça toussote. Si j'étais honnête, je l'écrirais dans tel ou tel journal. Mais l'amitié demande de stériliser sa déception. Et comme je m'étais engagé à publier une critique de ce livre, je vais donc écrire des lignes qui contiendront autant de vérité qu'il y a de cacao dans le chocolat de Lidl. Je ne le dis pas pour me fouetter l'âme, mais parce que tout ce que je fais de louable repose sur des intentions louches – c'est un des nœuds de ma vie, je crois. Je vais passer Noël à distribuer des plats chauds à des nécessiteux par le truchement d'une association charitable. Pourquoi ? Pour échapper aux repas de famille. Je fais le bien par dureté de cœur. Le sournois est que je le fais aussi pour que l'on me trouve admirable. Si j'étais l'homme que je voudrais être, je passerais Noël à l'hôtel avec une drouille. Mais ce serait m'avouer ma mauvaiseté. Il n'y a pas que le soleil et la mort que l'on ne peut regarder en face ; il y a soi, ce que l'on est vraiment, qui est d'autant plus rude que la vérité y est la plus pure, et la fève de cacao la plus amère. Voilà la direction que j'aimerais prendre, puisque je ne peux pas écrire sans mentir sur les autres. Mais il n'est pas impossible que la vérité soit impossible.

J'apprends que mon fantasme d'adolescent vient de mourir. Dans *L'Année des méduses*, elle était tellement sexy, avec son bikini, son paréo et ses quarante ans : jamais elle n'avait été plus désirable... Foutue vie !

PJ. – Ah oui, cher Bruno, nos fantasmes d'adolescent s'évanouissent. Les jolies filles de nos âges ont vieilli ; et les belles femmes comme Caroline Cellier disparaissent. J'ai croisé l'actrice, au début des années 90, à Biarritz ; je m'en souviens encore très bien. Je regardais la vitrine d'une boutique, dans une rue qui descendait vers les plages, quand une voiture s'est garée sur le trottoir, une très belle femme m'a rejoint pour contempler la vitrine : Caroline Cellier. Ma compagne (de l'époque) en était toute retournée. C'était un début d'après-midi ; j'ai oublié si nous étions en hiver ou en été mais la rue était déserte ; Caroline Cellier portait une robe légère, très à mon goût. Je n'étais plus un adolescent, il est vrai. Je me souviens que j'en pinçais aussi pour Aurore Clément quand j'avais une quinzaine d'années : élégante, mystérieuse. Mes fantasmes masturbatoires, au lycée, s'arc-boutaient aussi sur des lycéennes de la classe et de l'établissement. Ou bien ma professeur de philosophie (mais je crois vous en avoir déjà parlé, cette belle femme qui fumait avec un porte-cigarette et qui m'avait prêté des livres de Sartre).

« Je fais le bien par dureté de cœur » : même La Rochefoucauld n'aurait pas osé. Mais si vous avez choisi de distribuer des plats chauds à des nécessiteux, il doit bien entrer dans ce choix un peu de bien, un peu de morale. Sinon, vous vous seriez contenté de rester chez vous, en prétextant que vous alliez nourrir les misérables. Comme Maupassant l'écrivait (à peu près) à la fin d'*Une vie* : « L'âme, voyez-vous, ça n'est jamais si bon ni si mauvais qu'on croit. » Mais je suis d'accord avec vous : on ne peut pas se regarder en face. Du reste, c'est pourquoi j'écris des romans, délesté de cette exigence. Je crois que dans un roman on scrute le cœur de l'homme (creux et plein d'ordures) parce que les personnages établissent ce filtre avec quoi l'on peut regarder le soleil et le soi. Je ne sais plus qui a écrit que l'amitié est la permission qu'on se donne à chacun de se mentir mutuellement...

Quoi qu'il en soit, et je ne mens pas, j'étais très content que nous soyons cités ensemble [dans un article]. Ils sont peu nombreux les romanciers qui, aujourd'hui, se moquent ouvertement des nouveaux vertueux (pour reprendre le titre de votre essai), c'est un trait qui nous rassemble. Vous le faites avec plus de brio et de style que moi ; je suis peut-être plus « romancier » dans l'âme (et encore, ce n'est pas sûr, mes idées débordent de partout, de toutes les phrases).

Je suis arrivé, hier, à bout de la deuxième partie de mon « roman de la gauche ». Il reste une troisième partie. J'hésite entre plusieurs voies. Bref, je suis à l'arrêt comme on l'est à un carrefour de campagne, sans savoir quelle direction emprunter.

Gallimard a raccourci la présentation de *La Poursuite de l'idéal* (dont je distribuais les majuscules selon l'humeur, défaut que les correcteurs ne cessent de me reprocher) : la présentation était trop longue, elle en disait beaucoup trop. Alice Ferney a rencontré Finkielkraut et l'a averti de la publication de *La Poursuite*, de sorte qu'il attend qu'on le lui envoie pour le lire et, peut-être, inviter son auteur à *Répliques*. Alice Ferney m'a assuré qu'il se souvient très bien de moi. On verra ce qu'il en est. Pour le reste, je n'en sais toujours pas plus. J'attends l'appel de l'attaché de presse ; mon impatience grandit. Votre allusion à André Lafon m'a donné le désir de lire *L'Élève Gilles* : le roman est sur mon bureau. Je finis la lecture d'un recueil de nouvelles, *Humaine comédie*, de Richard Millet. Il a le talent de raconter des vies en une ou deux pages, le plus souvent lamentables (je parle des vies). Quand on me dit que je suis trop noir, trop pessimiste, je pense à Millet : comparé à lui je suis un joyeux drille.

PS : Gallimard vous a envoyé, m'a-t-on dit, les épreuves de *La Poursuite de l'idéal*.

BL. – Alexis Jouve a été très arrangeant : il trouve excellente l'idée d'un article et d'un entretien dans le prochain numéro de sa revue.

Évidemment que Finkielkraut ne vous a pas oublié ! Il a d'ailleurs diffusé deux fois l'émission où vous étiez passé. Il aurait dû vous inviter pour *Tour d'ivoire*, d'ailleurs...

Est-ce que vous avez un titre, pour votre « roman de la gauche » ? Le sujet est en tout cas très prometteur. Tout arrive au moment adéquat : la maturité, l'élan romanesque et Gallimard. Vous êtes entré dans la période où l'on moissonne ses expériences, sa compréhension de la vie, des êtres et des paysages. Je vous prédis que la récolte de grands romans ne fait que commencer.

Ah ! Caroline Cellier à Biarritz... Comme j'aurais aimé être à votre place ! J'en aurais été changé en statue de sel, et j'aurais passé le reste de ma jeunesse avec la mémoire de ma tétanisation... Moi, j'ai Alice Sapritch à me mettre sous le souvenir. Elle venait faire une cure dans le palace où j'étais factotum, l'été, au milieu des années quatre-vingt. J'y ai d'ailleurs croisé tous les petits gros du moment (qui venaient mincir en mangeant des légumes cuits) : Stéphane Collaro et Philippe Bouvard, par exemple. Parmi les auteurs, il y avait par exemple cet auteur qui s'appelait, je ne sais si vous vous en souvenez, Boyer ou Royer (« Vous savez pour combien il y en a, là-dedans ? » avait-il dit à la nourrice de sa fille, en désignant l'assiette que la nurse n'avait pas fini), et Jean-Edern Hallier, à qui j'apportais des œufs sur le plat à huit heures chaque matin, qui pissait et mangeait simultanément, utilisait les tiroirs de son bureau comme cendriers, écrasait ses cigarettes à même le parquet de sa suite (payée par un homme d'affaires assez louche). Mon grand regret est de ne pas avoir tenu de journal, à cette époque-là – mais je crois vous l'avoir déjà dit...

L'éducation érotique des petits mâles de la Sixty-Six doit beaucoup aux films populaires sortis au cinéma dans les années soixante-dix, et repassant cinq fois, dix fois, vingt fois à la télévision jusqu'au début des années quatre-vingt. Donc, autre fantasme d'adolescent : Aurore Clément, en effet. Sa silhouette, longue et nue, allongée, de dos, dans *Lacombe Lucien* fut la cause de bandaisons peu tempérables dans le bénard à Bibi. Et, comme Claude Brasseur vient de mourir, je me rappelle mon tout premier émoi érotique, et non sexuel, je pense, parce que je devais être encore trop jeune : Danièle Lebrun (et non Claude Brasseur comme semblerait l'indiquer le début de ma phrase), qui jouait dans *Vidocq* et *Chéri-Bibi* ; et Anny Duperey, dans *Un éléphant et sa trompe*. Ce que ces femmes avaient en commun, je crois, surtout Cellier, Lebrun et Duperey, c'était la tranquille assurance de leur pouvoir de séduction, de leur beauté, simple et naturelle, complétée par l'absence de minauderies. Duperey, pour cela, m'impressionnait au plus haut point : elle souriait un peu, à peine, et ce qui la faisait sourire était de voir le monde à ses pieds, et les hommes se retourner sur elle, qui souriait, donc, supérieure, devant ces mâles menés par le bout de leur bite.

L'Élève Gilles est un roman douloureux : le portrait en creux d'un musicien. La phrase est classique, voire très classique, quasi proustienne. J'espère qu'il vous plaira.

PJ. – Cher Bruno, si jamais vous n'aviez pas le roman début janvier, je vous l'enverrai : le service de presse aura lieu le mercredi 6 janvier, dans les bureaux de Gallimard : cent vingt livres ! On m'a expliqué que je serai sans doute seul à partir d'une certaine heure, de sorte qu'il me faudra emprunter une porte latérale et secrète pour quitter l'auguste maison. Je serai seul avec les fantômes de Valéry, Sartre, Cioran, Paulhan, Morand et Foenkinos.

Je me répète, mais vous devriez écrire votre autobiographie (d'autant que vous êtes décidé à parler de vous). Le chapitre de l'hôtel avec les turpitudes de ces messieurs, vues par Lafourcade, rien que d'y penser, on salive comme devant un gâteau nantais, un plat de frites ou les seins de Caroline ! À propos d'Aurore Clément : j'ai regardé, pendant ce qu'on appelle désormais le premier confinement, la version longue d'*Apocalypse Now* : elle y apparaît nue et magnifique. Mes émois d'adolescent ont remonté à la surface. Ces femmes – Aurore Clément, Caroline Cellier et d'autres – ont formé notre désir. Vous avez raison, elles ne minaudaient pas, elles plaisaient naturellement, comme les femmes ont toujours plu, dans l'avant-guerre des sexes, de l'épilation, du piercing et de la vulgarité comme forme du féminisme (« Eh pourquoi j'dirai pas je m'en bats les couilles, comme les hommes ? »). Duperey me plaisait moins pour une raison contingente : elle était le fantasme sexuel de mon beau-père (« Elle est belle, hein les gars ! » disait-il en nous prenant à témoin, mon frère et moi), de sorte que je me suis détourné de l'actrice : elle ne m'en n'a pas voulu.

Oui, je suis à l'âge de la moisson, toute ma vie me semble, désormais, compréhensible, du moins ai-je l'impression de la comprendre ; ce n'est pas très drôle, tout s'effondre, les illusions et les grandeurs d'établissement. Cependant, je ne suis pas certain qu'il en sortira de grands romans.

BL. – Vaillant a fait l'article à Loïs Matheron, le critique littéraire, qu'il connaît bien. Seulement Matheron « a la flemme ». Vaillant ne désespère pas de le convaincre. Mais un âne qui n'a pas soif ne boit pas – nous le savons d'abondance. Or le magazine où barbouille Matheron est très lu : ce serait rageant que l'on n'y parlât pas de votre *Idéal*. Pour sa *Nuit du 5-7*, Montal a eu des articles épatants partout : il faut s'inspirer de lui, désormais notre maître à tous. J'ai donc proposé à Vaillant, s'il échouait à *déparessser* Matheron, de proposer à celui-ci, *better than nothing*, quinze lignes que j'écrirais sur votre roman. Bien sûr, il y a toujours la ressource d'attendre Matheron, au bas de son immeuble, avec une hache que je menacerais d'utiliser comme Pierre Frag dans *Les Grandes Gueules* (une scène qui m'a terrifié dans mon enfance). Hélas, même au nom de tout le mal que font subir aux livres ces feignasses de critiques, je ne suis pas sûr d'être acquitté. J'ai confiance dans l'injustice de mon pays.

À une « certaine heure », avant de passer par une « porte latérale et secrète », vous rédigerez (« Pour vous, Josyane et Philippe, ces pages écrites sous la dictée de votre radieux génie ») vos cent-vingt dédicaces au milieu des fantômes de la maison Gallimard, et vous penserez au chemin parcouru... Ah ! la vie peut avoir des satisfactions, parfois.

Je me disais, en pensant à la « sexyté » des actrices, qu'il n'y en avait pas une, de notre génération, à part peut-être Mireille Perrier, d'ailleurs un peu plus âgée que nous, qui m'ait troublé autant que Caroline Cellier ou Jacqueline Bisset

(Mamma Mia, Jacqueline Bisset !). Sophie Marceau, Juliette Binoche, Sandrine Bonnaire, Sandrine Kiberlain, et, pour s'éloigner un peu de nos âges, Romane Bohringer ou Charlotte Gainsbourg) ne m'ont jamais fait aucun effet, strictement aucun : elles m'agaçaient même beaucoup, d'autant que je trouvais leur jeu faux, le plus souvent. C'est dans l'adolescence, sans doute, que se fixent les goûts, y compris physiques : quand j'ai vu des pubis entièrement rasés, j'ai vérifié que je vieillissais, et que je n'aimais pas ça. Sans me faire l'avocat de la jachère, je trouve débandant au possible l'imberbité enfantine. Je plaide pour un jardin à la française. Ce qui me fait penser, caprice de la mémoire, que, dans l'hôtel dont je vous ai parlé, venait régulièrement Guy Rouget, le célèbre producteur ; lui, le séducteur, photographié avec les plus beaux mannequins de l'époque, y passait quelques nuits avec une effrayante pierreuse, très âgée, encuirée de bas en haut, les cheveux tirés vers le haut, dégageant le front, les lèvres ourlées par le Botox, les yeux affreusement clairs à vous percer l'âme et vous faire trembler l'intestin grêle – un *succube*. Dans leurs valises, m'avait dit une femme de chambre, toute une variété de fouets et de gode-ceintures.

Mon réveillon fut plus fatigant que je ne le croyais. Il y avait du Français assez âgé, du routard d'Europe de l'Est et quelques musulmanes ; ne pouvant pas écrire, j'ai profité d'une heure de répit pour en dessiner quelques-uns (au stylo bille et au crayon à papier, avec, pour l'un d'eux une technique, apprise chez P., imitant le négatif des photos), que je vous envoie. Le menu était constitué d'une tranche de veau sous vide, de haricots verts en conserve, d'un morceau de camembert premier prix, d'une part de bûche industrielle et d'une tasse de café soluble.

PJ. – J'avais oublié Mireille Perrier ! Je crois que les femmes sont toujours aussi belles, mais qu'a disparu un charme lié à une époque. Une façon de poser sa voix, une élégance naturelle (ou plutôt culturelle, mais vous me comprenez), une féminité assumée avec quoi une Aurore Clément ou une Cellier jouait sans ostentation. Les jolies actrices de notre génération, et celles de la génération suivante, sont « moins femmes », plus « copines », souvent plus revendicatrices aussi : de Béart à Binoche. Il y a quelques mois, j'ai vu une émission des années soixante-dix où Delphine Seyrig se déclarait féministe : elle le faisait avec tant de retenue et d'intelligence qu'on avait envie de s'inscrire au MLF.

Vous avez aussi le talent du dessinateur ! Je le savais, mais vous le confirmez. Dans le tome « écrivains de toujours » qui vous sera consacré, la partie iconographique ne sera pas la moins intéressante. Mes dessins ont toujours un côté bandes dessinées qui me fait honte (je ne connaissais pas la technique de l'imitation du négatif, c'est remarquable : on voit votre homme, je veux dire qu'on devine sa fatigue, le poids des ans, l'empâtement, la pauvreté). J'aurais dû distribuer, à votre exemple, des repas au Secours Populaire, cela m'aurait évité une petite dispute avec mon neveu (celui qui a écrit un mémoire sur la ZAD) : celui-ci considérait qu'enfin, après l'affaire de l'arbitre roumain, on mettait sur la place publique le racisme dans le football[18]. J'ai protesté, mon frère aussi (ce qui m'a étonné), mais mon neveu a répondu que nous appartenions à une génération ancienne et bientôt morte qui avait accepté le racisme, que nous étions des « fachos ». Enfin, vous imaginez le discours habituel des zigotos d'extrême gauche, les *no borders* et autres Plenel. Il est persuadé qu'il vit dans un État raciste, où les noirs et les arabes sont discriminés. Comme il porte une casquette Adidas et des vêtements du même genre, je lui ai demandé s'il ne trouvait pas

---

[18] Le mardi 8 décembre 2020, pendant un match PSG-Basaksehir, le quatrième arbitre, Sebastian Colţescu, a dit, en roumain, à l'arbitre principal : « Acesta este Negrul, aici, dute sal vezi şi sa l identifici » (« C'est le Noir, ici, va voir et identifie-le »). Le mot « Noir », jugé ici raciste à cause de sa prononciation roumaine (« Negrul »), désignait Pierre Achille Webo, l'entraîneur adjoint de l'équipe turque.

contradictoire sa tenue de petit aliéné du capitalisme avec son discours anticapitaliste, sa réponse fut qu'il était bien obligé de vivre avec son temps et de s'habiller dans les magasins d'aujourd'hui, mais qu'il s'en foutait...

2021

Janvier

BL. – J'éprouve, à votre *Poursuite de l'idéal*, un pur plaisir de lecteur de romans, que je dois freiner pour prendre des notes, de peur d'oublier des détails pour mon article, mais je le relirai d'une traite pour que rien ne soit dilué de ce plaisir...

PJ. – Je suis très content (et rassuré) que ma *Poursuite* se lise (du moins pour vous) en procurant ce type de plaisir qu'on doit au roman. J'essaie d'injecter des idées tout en construisant des personnages, du « narratif », sinon les premières finissent par lasser (si elles prennent le pas) et les seconds par ennuyer (s'ils ne sont que ça). Enfin, j'essaie.

BL. – Cher Patrice, je termine à l'instant votre excellent roman. « Comprenait-il maintenant pourquoi, malgré les échecs, les manifestations se répétaient, dans un climat de fête et de poudre ? Elles étaient, dit Trézénik, la récréation des travailleurs, ou la pièce de théâtre d'une classe de quatrième, en fin d'année scolaire, devant les parents attendris par leurs mouflets costumés... S'y pressaient les dominés et les révolutionnaires de comédie, tout révolutionnaire, dans un pays démocratique, s'apparentant à un cabot, à un saltimbanque. » J'en étais là quand j'ai vu des types « prendre le Capitole », « tenter un putsch », comme dit Mélenchon, avec des pancartes, des drapeaux et un meneur coiffé d'une tête de bison. « Tout révolutionnaire, dans un pays démocratique, s'apparente à un cabot » : vous avez tout dit, des putschistes à tête de bison, de Mélenchon, et des journalistes qui se demandent sérieusement s'ils n'ont pas assisté en direct à une « tentative de coup d'État dans la plus grande démocratie du monde »... Ces putschistes, ça remplace les intermittents du spectacle vivant, et mort désormais par voie virale, d'autant qu'il y a, dans tout cette fausse prise inversée du Palais d'Hiver, où la presse joue le rôle de chauffeur de salle, un vrai mort, si j'ai bien compris : la clownerie n'exclut pas la tragédie. Mais ce n'est pas pour cette raison que je vous envoie ce message.

J'allais commencer mon article (j'ai pris beaucoup de notes : trente mille signes), et vous envoyer des questions pour l'interview, quand, suçotant mon feutre noir à pointe fine (stabilo sensor) à la recherche du meilleur titre possible (« Les apostasies successives », « Les Fausses Espérances », « La passion schismatique » (hé ! hé !), « L'espoir et la gloire »), je reçus un message de Bousquet : il attend ma chronique pour le prochain numéro d'*Éléments*. Quoi ? Déjà ? Mais on est le 3 janvier ? Non, le 7, couillon. Ah. Il va de soi que je n'en ai pas tracé le premier mot. Moi qui croyais que j'avais le temps, pour la chronique et l'article (« Les heureuses trahisons », « Contre le siècle vaurien », « La gloire de l'apostat », « Le poète hérétique ») et votre interview, et que tout serait prêt pour le numéro de février – que tchi, peau de balle : j'aurai seulement le temps de boutiquer ma chronique, qui promet d'être torchonnée. L'article et l'interview paraîtront donc dans *Éléments*, en avril. J'aurais préféré que ce fût plus tôt, mais tant pis. L'avantage, c'est que l'on aura plus de temps pour le texte (« Les ambitions contrariées », « Le Renoncement », « Cyrille l'Apostat », « L'ami des roses », « Les mains sales » ou « L'Enfance d'un chef (de rayon) » – non, là, je plaisante), les réponses et les photographies qui vous montreront à votre meilleur (car il en faut pour appâter la *chalande*) : c'est un roman trop riche pour s'abandonner à la précipitation, gonflé qu'il est de personnages, de situations, de réflexions sur l'époque, l'art, le divertissement, la réussite, l'ambition, les classes sociales, les cooptations, l'amour, la pureté, les générations, sur l'Italie aussi, et encore sur l'illusion, l'indécision, sur l'inadhérence au réel et la coïncidence avec soi. Ma principale difficulté sera de faire entrer le plus de foisonnement possible dans mes neuf mille signes.

Parmi tout ce que j'ai colligé, il y a ceci, par exemple : Louis Jouanneau est un « garde rouge gentil » ; le progressisme est une « décrépitude hygiénique » et le cul « le seul plaisir indémodable » ; « les éloges [peuvent être] plus accablants que les insultes » ; « un sociologue [explique], à l'aide de statistiques, que la Normandie n'exist[e] pas » ; « Ambroise croit à l'objet » ; « l'optimisme [à] tête de mort » ; « son désespoir était impur [...], c'était le désespoir de celui qui se sait sauvé [...] » ; « le couple avait été le cheval de Troie de la société » ; « les idées se propagent comme un rhume » ; son « égoïsme avait plus de générosité que l'amour [abstrait] du prochain » ; « l'écrivain français a l'âme d'un délégué de classe »...

En tout cas, c'est un roman irrécupérable, sans complaisance pour les droitards des *rézoos* et les gauchos de la pampa, comprenant les uns et les autres, ou les rejetant également, à d'autres moments. Je n'ai pas le temps d'en écrire plus : je dois trouver une idée de chronique, pour mon portrait d'une « créature de synthèse » (comme vos deux journalistes Gaël et Gaëlle), et d'abord un titre, néologisme hybride, comme les concepts de votre Beauséjour...

PJ. – Cher Bruno, je n'avais pas compris que le « meneur coiffé d'une tête de bison » était une description littérale du personnage, je pensais qu'il s'agissait de Donald Trump que vous aviez ainsi dépeint. Le lendemain, je suis tombé sur une photo qui m'a détrompé. La folie est vraiment l'essence de l'univers ; la non-folie n'occupe que des territoires exigus. Et comme l'écrivait Pascal, la non-folie, par son exception, est une folie. Quoi qu'il en soit, je vous remercie de votre lecture attentive (trente mille signes !) et de votre jugement sur le roman. J'en suis très content. Avec un gros roman comme celui-là, on court le risque d'ennuyer le lecteur. Lacarelle trouve qu'il y a un fléchissement de l'intérêt au chapitre « Convulsions de la société marchande ». Un autre lecteur m'avait dit la même chose. C'est pourquoi, du reste, j'avais « coupé » dans ce chapitre. C'est très bien le mois d'avril pour l'article et pour l'entretien, le roman sera encore en librairie. Nous aurons le temps, comme vous le dites, de préparer l'entretien. À propos des photos pour attirer la « chalande », je corresponds depuis quelques semaines avec une femme qui se dit la petite amie de Lassailly ; elle vient de rompre avec lui, en lui lançant au visage qu'elle préférait mes romans aux siens ! Que vous jugiez ce roman « irrécupérable » me ravit, c'est ainsi que je l'ai voulu. Non par goût de me « distinguer », ni par la volonté puérile d'occuper une place inatteignable sur le plan politique (ce qui est impossible), mais par la volonté rageuse de conserver à la littérature une place à côté, et si possible au-dessus, du politique. Qu'un roman soit engagé (à droite ou à gauche), je trouve ça très bien ; mais que la critique estime un roman selon la conformité des engagements (de droite ou de gauche) me déplaît. C'est peut-être naïf.

Je crois avoir trouvé l'épigraphe de mon roman politique (à défaut du titre), elle est de Roland Barthes : « Le risque, c'est que le stéréotype se déplaçant, historiquement, politiquement, il faut bien le suivre, ou qu'il aille : que faire, si le stéréotype passait à gauche ? »

BL. – « Désolé, il faut rompre. Rappelle-moi quand tes romans seront aussi bons que ceux de Patrice Jean. Sans rancune... » La littérature a donc encore une importance aux yeux de certaines femmes...

Je n'ai pas ressenti de fléchissement dans les « Convulsions de la société marchande », ni nulle part, à vrai dire. Non, tout est soutenu de bout en bout.

La citation de Barthes est merveilleuse. Était-il ironique ? Parce que le stéréotype est précisément passé à gauche dans les années où il se posait la question...

PJ. – Je viens de lire « Les engeôleurs » [titre d'une chronique de Bruno Lafourcade] : c'est remarquable. J'ai éclaté de rire en lisant cette phrase : « Le cul, c'est comme la culture, c'est ce qui reste quand François Busnel est parti se coucher. »

Je ne sais pas si Barthes est ironique ; sans doute pressentait-il que la modernité filait lentement vers le stéréotype. Ses derniers cours au collège de France en témoignent.

PJ. – Montal m'avait dit un jour (ou écrit) que votre idée de retranscrire simplement ce qui se dit (entretiens, « Bavards & pécuchères, « Pensez Printemps »[19]) suffisait à trahir la folie de notre époque. Il a raison. Il n'y a rien à inventer de plus. J'ai le sentiment que la raison a disparu, qu'elle n'habite plus que quelques esprits. Raisonner est un exercice difficile, il faut d'abord analyser, classer, unir des faits ou des personnes selon une logique rigoureuse, puis dépasser l'analyse pour aller vers la synthèse, imaginer des rapprochements. On peut souvent commettre des fautes de raisonnement. Un faux raisonnement ne se distingue d'un raisonnement honnête que pour des esprits scrupuleux, de sorte que le faux finit par l'emporter sur le vrai. Il est plus facile, plus pavlovien et plus gratifiant. La vérité est souvent déplaisante ; Nietzsche disait qu'on devait mesurer les esprits à la capacité de vérité (donc de cruauté) qu'ils sont capables de supporter. On voit, par ce critère, que notre temps n'a plus d'esprit.

Connaissez-vous Sylvie Vintimille ? Elle publie un essai sur son expérience de professeur. Dans un entretien, elle fustige la droitisation des professeurs. Je ne m'en suis pas encore aperçu.

BL. – Cher Patrice, je ne connais pas Mlle Vintimille, mais je connais son mari, ou son père (plutôt son père, si j'en crois son âge). Un journal intime, c'est pratique. Voilà ce que

---

[19] Rubriques de la revue de Bruno Lafourcade, *L'Irrégulière*.

je disais de ce monsieur, le 9 janvier 2006 (tiens, il y a quinze ans, presque jour pour jour) : le livre de Paul Vintimille, *La mémoire du paraclet*, explique *Le Monde*, n'est « pas vraiment un journal intime au sens habituel du terme » : on n'y trouve pas les journées de l'auteur, ni « l'actualité extérieure », « peu d'anecdotes, et peu de ce que l'on nomme généralement l'intimité ». Et je commente : « Ben, foutre alors, qu'est-ce qu'il reste ? Des Pensées ! De l'Écriture ! Et surtout des Pensées sur l'Écriture ! Le malheureux a tiré des dix dernières années deux cents pages de tristouilleries creuses comme des dents et stériles comme l'onanisme. Bon, si je savais ce que j'allais trouver dans son livre pieux, au Vintimille, qui doit avoir mal de s'être agenouillé dix ans devant l'Écriture, c'est que je l'avais entendu dans l'émission de Martini, sur Radio France. J'aurais dû me méfier : sa voix est si feignante qu'elle n'a pas réussi à m'endormir. »

PJ. – Cher Bruno, je vous remercie de votre formidable article [« Les peaux de l'apostat »] sur *La Poursuite* ; j'ai le sentiment (assez rare pour un romancier, qu'il soit bon ou pas) d'être compris. Le titre est très bien trouvé, et malgré les dernières lignes dans mon roman sur l'exuvie, je n'avais pas pris conscience des changements de peaux du héros. Cyrille Bertrand essaie de « persévérer dans son être » contre tout ce qui l'en empêche, c'est-à-dire à peu près tout. Vous avez même repéré la phrase de Bourdieu sur les musées. Je ne vois pas d'erreurs dans l'article. Quant aux questions, j'y répondrai au plus vite.

On m'a dit à plusieurs reprises qu'il y avait des longueurs, je ne peux pas en juger. Le chapitre dont j'étais le moins sûr était celui sur l'écriture des scénarios (de nouveaux personnages, plusieurs épisodes résumés), mais personne ne m'en a dit du mal. Ferney est très enthousiasmée par la fin du roman, ce n'est pas le cas de Frédéric Beigbeder. Elle a écrit un article qui vient de paraître (Quiriny en a écrit un aussi dans *Lire*). Beigbeder écrit que Cyrille Bertrand est un raté : comment peut-on être un raté à 23 ans ? J'imagine qu'à cet âge, Beigbeder avait déjà un éditeur, des dizaines de conquêtes, et voyagé dans de nombreux pays. Dès lors, un jeune homme qui travaille dans un magasin de meubles ou dans un supermarché, cela doit lui sembler le signe de l'échec : mais l'échec, quand on vient d'un milieu populaire, est constitutif de l'entrée dans la vie. Je conteste également l'idée que les personnages du roman seraient totalement enfermés dans leur milieu social. Au-delà de ces deux désaccords, je ne peux pas me plaindre de l'article. C'est même flatteur.

Lacarelle m'a appelé pour me dire que Maulin avait adoré le roman. C'est un bon début.

BL. – Votre roman est lancé. Ces articles, c'est le plus appréciable, vont installer dans l'esprit de chacun que vous êtes le romancier que l'on attend, avec qui il faudra compter. Dans *Le Figaro*, Beigbeder a écrit : « Son sixième roman est l'un des plus attendus de ce début d'année » ; « l'aura d'un grand romancier, dont on murmure depuis trois ans le nom à voix basse ». Vous voilà installé dans le paysage : l'auteur pour *happy few* va devenir le romancier de l'avenir chez Gallimard. Beigbeder présente la fin, qui l'a laissé sur la sienne (il faut que j'arrête les jeux de mots), comme une promesse : vous allez « inventer le grand roman de ce pénible XXIe siècle ». Cette fin (Cyrille ne peut pas continuer de travailler pour une industrie du divertissement qu'il désapprouve ; il rejoint donc en toute logique son ami à Albori) m'est apparue comme elle devait être : « imprévisible et fatale », selon le mot d'Édouard Bourdet.

Cette fois-ci, vous dépasserez le succès d'estime. Je n'ai pas l'impression en outre qu'il y ait, en face de vous, des livres capables de vous pousser dans l'ombre : Houellebecq, Adam, Angot, Beigbeder, Foenkinos et Despentes n'ont rien publié – la voie est libre.

PJ. – Ambroise d'Héricourt[20] s'inspire d'un ami aristocrate, qui étudiait la philosophie avec moi. Je me souviens d'une soirée à la fin du mois d'août, chez sa petite amie, nous venions de finir notre année de maîtrise et nous nous demandions ce que nous allions devenir. J'étais incertain, la carrière de professeur ne m'attirait pas. Pour lui, en revanche, il était clair qu'il ne prendrait pas la direction de la pédagogie, je le revois me dire : « Nous avons quand même un sacré bagage (tu parles !), on ne va pas devenir de simples profs. » Quelques semaines plus tard, il me téléphonait de Paris : il avait obtenu une place de journaliste-stagiaire à *VSD* (grâce à son père, ancien élève de l'école des Chartes). Je ne l'ai jamais revu (alors qu'étudiants nous passions notre temps ensemble, même nos vacances (en Italie !)). Il ne m'a jamais aidé : là commence le roman.

Beaucoup ont du mal à comprendre qu'un petit prolo comme moi n'ait pas réussi à se faire connaître avant. Très jeune, j'ai fréquenté, grâce à des camarades d'école ou d'université, des gens riches, socialement bien supérieurs à moi, il m'est toujours apparu qu'ils ne saisissaient pas tout ce qui nous séparait : l'entregent. C'est pourquoi Cyrille réussit rapidement grâce à Ambroise : sans lui, il aurait végété dans des emplois subalternes. Mais je m'égare dans des souvenirs...

Il me semble qu'Olivier Adam publie un roman, en janvier. Il y a aussi Marie N'Daye. Mais vous avez raison, la place n'est pas encombrée par Houellebecq ni par Nothomb.

Radu Stoenescu[21] (je ne sais plus si je vous l'ai dit) est déçu, notamment par Cyrille Bertrand, qu'il juge trop velléitaire pour un héros. Là encore, il me semble que l'ultime partie contredit la passivité de Cyrille. Je ne pensais pas que cette fin ne serait pas comprise. Écrire un livre, c'est créer des malentendus à foison.

On ne parle que de moi, j'en suis désolé. Ça va passer.

---

[20] Un des personnages de *La Poursuite de l'idéal*.
[21] Philosophe et éditeur.

BL. – Non, il ne faut pas que ça passe, et on doit faire tout son possible pour que ça ne passe pas : d'abord, ce n'est pas tous les jours que l'on publie un livre chez Gallimard ; surtout, ce n'est pas tous les jours que Gallimard publie un livre comme le vôtre. Je n'ai rien d'intéressant à raconter, de toute façon, sinon que j'ai enregistré une excellente émission, à Bordeaux, en duplex avec RCF Lille, où deux journalistes ont couvert mes *Cosaques* de compliments qui auraient fait rosir sa couverture si elle n'avait été déjà cramoisie.

BL. – Tout le monde parle d'un inéluctable reconfinement. Les ventes de livres ont l'air de pâtir d'autant moins de cette curieuse période que les spectateurs sont privés de spectacles morts-vivants (« Face au Covid-19, les annulations se multiplient dans le spectacle vivant », France Info). Les *énergumaines* ont tellement besoin de distractions, de neige à Val Thorens et de séries sur Netflix, que de bons livres pourraient en tirer profit. Si ça leur manque trop, leur théâtre-zombie, ils pourront assister à « Jeanne Dark », un monologue de la performeuse Marion Siéfert. « Helena de Laurens [l'actrice qui performe] – incarne Jeanne, ado orléanaise catho coincée – d'où le pseudo – dans un *live* sur smartphone pour dire son mal-être. Ce journal pas intime filmé lui offre toute latitude pour se questionner, et prendre à témoin son monde, sur celle qu'elle est ou pas, vit, supporte. » (France Culture) Elle est presque décourageante, la façon dont ces gens courent au-devant de leur caricature, comme des vampires vers le soleil, pressés de finir en poussière.

Je pratique beaucoup de monologueurs, depuis quelque temps. Plus on vieillit, plus rapide est la conscience de l'impossibilité du dialogue. Les rides font baisser la virilité et progresser la lucidité : quelques échanges suffisent. Ce n'est pas toujours leur indifférence à ce qui nous occupe qui rend impossible notre commerce avec les autres (je m'entends souvent assez bien avec des prolos très éloignés de moi), mais plutôt une certaine façon de prendre toute la place, d'être soi et de l'être trop, bêtement et sans raison. Certains livres ont la même habitude : leurs pages débordent et redondent sans écouter quiconque, ni Flaubert, ni Grevisse. La plupart des conversations, aujourd'hui, ne sont pas faites pour être entendues, ni la plupart des pages pour être lues – les unes et les autres ne parlent que d'elles, jamais du monde ; vos livres nous en parlent, et c'est pourquoi nous les lisons avec tant de plaisir.

PJ. – Je ne connaissais pas Helena de Laurens, elle est gratinée. Dans cette histoire, le plus blâmable n'est pas cette jeune femme, mais les instances de légitimation, dont France culture. Gallimard publie un premier roman d'une certaine Agathe Saint-Maur et lui réserve une publicité à laquelle je n'ai pas droit. En voici le propos : « Samuel, jeune bourgeois, et Lucas, militant antifasciste : deux étudiants passionnés s'aiment, se désirent et se déchirent dans un Paris enflammé par des manifestations. » Le roman a pour titre « De sel et de fumée. » Ça sent le kitsch à plein nez. Ça va plaire, la romancière est une petite blonde, toute jeunette. Je vois les libraires (femmes) frétiller avec cette histoire d'homos antifascistes. Pour être publié, aujourd'hui, il faut brosser les lecteurs dans le sens du poil, le graisser à l'huile de Narcisse, le pomponner, lui dire à quel point il est beau, grand, vertueux.

PJ. – J'ai un souvenir très précis de ma découverte de la littérature (au sens fort du terme, c'est-à-dire autre chose que les *Six Compagnons* ou les Sherlock Holmes que je lisais déjà), c'était un samedi soir d'ennui, vers 17 ans, j'avais pris un livre sur Rimbaud, j'avais commencé à le lire, sans tout comprendre, mais en comprenant qu'il se passait quelque chose. Je me souviens des invités que ma mère recevait, dans le salon, et moi, comme un bon adolescent, cloîtré dans ma chambre, dépressif, solitaire, tout soudainement transfiguré. Il y a peut-être quelque chose à tirer de ça.

Février

BL. – Il y a plusieurs passages et plusieurs formules remarquables dans votre « King Queen Covid » [article de Patrice Jean sur la Covid, publié dans la *NRF*] : le chameau de Michaux ; « les bises boudent les joues (et se réfugient dans les mails) » ; « le Sens gît sur le sable, entre les algues et les os de seiche » ; la science-fiction vue comme « l'anxiété précédant » les catastrophes ; et surtout la formule : « la vie continue sans nous, nous n'étions pas indispensables ».

On aurait pu croire que cette épidémie serait un Sida sans sexe, mais, comme vous le dites, le Virus a tous les sexes, toutes les nationalités : hybride, hermaphrodite, il est aussi doublement *trans* – transgenre et transfrontalier. En ceci, il est le premier bacille produit par l'ère hyper-démocratique : il est hors-sol, égalitariste et combat toutes les différences, comme la jolie Clémentine Autain.

Ce que vous dites de l'enfance, aussi, est très juste. Le monde des homoncules, comme celui des fous, est la rationalité même, surtout dans son irrationalité : rien n'est plus sérieux qu'un enfant qui joue à être David Crockett, rien n'est rationnel comme sa fantaisie – la casserole sur sa tête est un bonnet en fourrure de raton laveur. Avec David Covid, les hommes, ça leur pendait au nez, sont redevenus des enfants : leur surpuissance complotarde a décuplé leur disposition à « irrationaliser » le Réel. « L'ultra-présence de la science » n'est pas un bon signe : elle indique le retour en force d'un obscurantisme savantasse. Les hommes-enfants ont fait de la science leur irrationalité préférée (Macron a parlé de « soixante-six millions de procureurs » : il aurait pu parler, tout aussi bien, de « soixante-six millions de savants », puisqu'il n'y a pas un Français aujourd'hui qui n'ait un avis, des statistiques et des graphiques sur la pandémie, sa vie, son œuvre) ; et c'est ici que l'analogie avec la religion prend tout son sens : il y a les papistes covidistes et l'hérésie raoultienne, les priants confineurs et les excommuniés antivax. De toute façon, tout, aujourd'hui, est religieux, ou plutôt sectaire, tout se réduit à une foi, ou plutôt à un fanatisme, avec ses bulles et ses bûchers.

PJ. – Je vous remercie pour vos commentaires sur « King Queen Covid », que vous avez du reste prolongé. J'aurais dû parler aussi de l'aspect hors-sol du Covid, hybride transgenre et transfrontière. Une allégorie du capitalisme qui détruit tout sur son passage. (Voilà un point commun entre la jolie Clémentine et le capitalisme, elle ne s'en réjouira pas.)

J'ai lu, cet après-midi, un texte incroyable (dans un recueil « Les désirs comme désordre ») d'une certaine Kaoutar Harchi, sociologue et romancière : elle expliquait doctement que les hommes qui critiquent le voile islamique relevaient du patriarcat occidental. La thèse n'est pas neuve, mais c'est l'appareil sociologique et savant qui m'a sidéré. À aucun moment, elle ne considère le patriarcat de ceux qui imposent le voile, seulement celui, lamentable, de ceux qui ne s'en réjouissent pas. Il faudrait analyser le texte avec précision, ai-je pensé, pour montrer en quoi une idée fausse revêt, comme en se jouant, la défroque de l'analyse scientifique.

Autre petite grande nouvelle : je suis finalement invité à *Répliques*, le samedi 20 février, avec Ilan Duran Cohen (dont j'ai lu, avec plaisir, *Le petit polémiste*), l'enregistrement se fera en direct, mais chacun chez soi (ce qui me déçoit un peu).

BL. – Le nom d'Ilan Duran Cohen ne m'était pas inconnu. Il avait tourné *Les Amants du Flore*, avec Anna Mouglalis (dans le rôle de Beauvoir) et Lorànt Deutsch (dans celui de Sartre). J'ai regardé si j'en disais quelque chose dans mon journal. Et en effet. C'était en 2006. « Sartre et Beauvoir, et la vieille scie de leurs "amours contingentes", ont fait l'objet d'un téléfilm, que je viens de voir. La rue d'Ulm, Les Deux Magots, la pipe, la boxe, le Nizan, le turban, le Castor et l'Algren, il y avait tout ce qu'un provincial frugalement instruit peut attendre d'une visite à Saint-Germain-des-Prés. C'était un téléfilm pour touristes japonais – et peut-être sommes-nous devenus, en effet, des touristes de nous-mêmes. Sartre et Beauvoir étaient servis par le jeune Loràant Deutsch, qui a l'air malin, qui est sans doute très vif et très sympathique, mais m'a semblé entretenir avec la métaphysique des rapports assez lointains ; et une jolie brune, Anna Mouglalis, qui a dû estimer qu'il n'y avait rien comme un visage fermé, un front buté, des sourcils froncés, pour figurer la Raison et rendre palpable l'exercice de l'intelligence – sans laquelle on ne saurait découvrir que l'on devient femme sans naître telle, car l'utérus est une construction sociale. Qui pis est, de méritants et scrupuleux balourds avaient cousu, à partir des écrits, des correspondances et des témoignages des uns et des autres, de longs dialogues aussi peu naturels que possible [je viens de voir qu'Évelyne Pisier est la co-scénariste : ce monde est microscopique] ; les deux cornichons à pipe et turban nous les ont récités, l'un feignant de comprendre ce qu'il disait, l'autre ne le comprenant que trop. La gaucherie de l'ensemble parvenait à faire sourire : ce n'est pas tous les jours que le professeur de philosophie Loràant Deutsch, en maillot de corps, boxe un de ses élèves en assurant que l'on pouvait, ou que l'on ne pouvait pas, je ne sais plus, "faire l'économie du concept de 'je' comme principe unificateur de la conscience d'objet". »

BL. – Un article sur votre roman dans *Télérama* ! Ce n'est plus le pied dans la porte, c'est son enfonçage à grands coups d'épaule ! C'est le parachute ascensionnel ! C'est la poursuite de l'idéal par d'autres moyens ! Les rares réserves du critique ne pèsent rien : c'est la référence filée à Flaubert qui demeure à l'esprit. (Je ne sais pas si l'on vous a fait parvenir l'article, mais mon service de renseignement me l'ayant envoyé, je vous l'envoie mêmement.)

PJ. – Gallimard vient aussi de m'envoyer l'article (ils envoient tout ce qu'ils trouvent). Je vous remercie, vous et votre service de renseignement ! Je savais qu'un article de *Télérama* évoquait *La Poursuite* : on ne travaille pas pour rien dans l'enseignement ! La référence à Flaubert est flatteuse, plus que l'épisode masturbatoire [« Cyrille rêve d'être Valery Larbaud mais, pétrifié par les femmes, se masturbe seul chez lui »], même si mes collèges (femmes) ont semblé convaincus de lire le roman grâce à ce détail. L'onanisme a la cote chez le public féminin, c'est bon à savoir.

BL. – La critique littéraire est la punition des écrivains, mais vous devez quand même avoir cette satisfaction : vous la forcez à voir ce qu'elle rechigne à considérer le plus souvent, ce prurit qui lui fait des croûtes qu'elle gratte jusqu'au sang, et qui est la littérature. Les deux critiques Lola Lambricht et Viviane Vendémiaire, par exemple, se frottent le dos en ce moment aux arbres, comme des ours, pour s'enlever le prurit.

PJ. – Lambricht et Vendémiaire, le dos nu, en train de se le frotter pour soulager leurs croûtes... La petite Lambricht, ce serait presque érotique ; pour Vendémiaire, je passe mon tour... *La Poursuite* occupe trois pages de *Valeurs actuelles*, sous la plume d'Olivier Maulin. L'article est très bien, je trouve, nonobstant la vanité.

BL. – L'article est très élogieux. Indépendamment de ses choix et de ses goûts, je trouve que Maulin est, dans la presse française, ce qui se fait de mieux dans la critique littéraire. Il sait voir l'essentiel, en tirer des lignes de force, et exprimer son point de vue avec élégance, enthousiasme et vigueur.

PJ. – Je partage votre avis sur Maulin : « élégance, enthousiasme et vigueur ». L'analyse, chez lui, précise et pertinente, n'exclut pas la passion. Trop souvent, les critiques se cachent derrière un résumé du texte, qu'ils assaisonnent de trois adjectifs, comme s'ils craignaient, en prenant position, dans un sens ou dans l'autre, de se tromper. Ou bien, au contraire, l'adjectif domine, et le lecteur ne sait pas pourquoi le roman est « sublime », « dérangeant », etc.

BL. – En lisant la critique de Maulin, je vois tout ce qui me manque, quand je parle des livres des autres. C'est très difficile à réussir, je trouve, ce genre d'article – quand on ne se contente pas, en effet, d'adjectifs.

BL. – Les *rézoos* sociaux mettent en présence, pour la première fois dans l'histoire du livre, pour la première fois à cette échelle, les écrivains et leurs insulteurs. Ça se fait sous les yeux de l'écrivain, sans que ça s'adresse à lui directement. Il est invité dans un dîner où des revanchards parlent de lui, devant lui, comme s'il n'existait pas – et en effet il a le sentiment de n'exister plus vraiment, et même de n'avoir pas été invité. De sujet, il devient objet, sous ses propres yeux. Dans sa phase terminale, hyper-démocratique, égalitaro-morbide, optimiste et nécrophage, la société déréalise tout : elle ne tue plus (la démocratie était contre la peine de mort, l'hyper-démocratie est contre la mort), elle crée des fantômes et des *ghost hunters*. On chasse les spectres que l'on s'est inventés, de sorte que l'on n'existe pas non plus. Leur combat, c'est celui des zombies contre leurs fantômes. Ils ne se battent pas contre l'auteur, contre son livre, mais contre un auteur et un livre qu'ils ont fabriqués avec leurs névroses. Un blogueur a écrit un jour qu'il n'avait pu lire plus d'un tiers de *L'Ivraie*, qu'il trouvait trop sombre : il me conseillait gentiment de devenir joyeux. Ça m'a tellement plu, ça me concernait si peu, que j'ai mis sa remarque dans mon petit dictionnaire à balles réelles – entrée « Fun ».

PJ. – Je souscris complètement à votre analyse de l'écrivain en présence de ses détracteurs, dans l'ère hyper-démocratique, vous avez débrouillé une impression quelque peu mêlée et confuse en moi. Oui, on a le sentiment de ne pas

exister, les autres parlent de nous comme si nous n'étions pas
là, c'est vertigineux. Ces conversations sur l'absent ne vous
revenaient que par hasard, par une porte dérobée, ou alors
on vous les rapportait, et c'était l'occasion de duels, de suicides, d'intrigues dont s'emparaient le théâtre, le roman, le
cinéma. Aujourd'hui, tout est transparent. Un contempteur
se répand partout pour dire du mal de moi, sans s'adresser
directement à moi, tout en espérant que je l'entende ; de surcroît, mon absence donne plus d'objectivité à sa critique, plus
de mordant, plus de cruauté. Les réseaux sociaux répondent
miraculeusement aux frustrations engendrées par l'hyper-démocratie, tous ces amours-propres blessés obtiennent une
tribune à partir de laquelle ils rabaissent et dénigrent. Il faudrait trouver une forme romanesque pour mettre en scène
cette comédie nouvelle. J'avais songé à un petit livre qui aurait retranscrit toutes les remarques désagréables qu'on entend de la part de ses proches quand on publie un livre (« on
le trouve en librairie ? », « c'est ta famille qui l'achète ? »,
« moi aussi, je connais un écrivain, il vient de publier un bouquin de recettes de cuisine », etc.), mais c'est déjà dépassé.
Les enjeux sont ailleurs ; et ils sont peut-être décisifs. Schopenhauer rapporte qu'il avait entendu, dans une auberge, des
imbéciles dire du mal de Goethe, comme s'ils le dominaient
intellectuellement. Aujourd'hui, Goethe pourrait les lire en
direct. (Je ne me compare pas à Goethe, bien évidemment).

BL. – Je viens d'apprendre une très mauvaise nouvelle, à
vrai dire à peine croyable tant elle est inattendue : Pierre-
Guillaume de Roux serait mort. Sa famille l'annoncera dans
une semaine. J'avais demandé à Christopher M. Gérard de
ses nouvelles, justement, il y a quelques jours. Il me disait
qu'il avait été rattrapé par le Virus, dont il semblait cependant
se remettre. Son père est mort à 41 ans, lui en aurait eu 58 le
25 février.

PJ. – Quelle triste nouvelle ! Marmin m'avait dit que Pierre-Guillaume de Roux était à l'hôpital, que son moral était au plus bas ; que sa maison partait à vau-l'eau. Mais je n'imaginais pas qu'il allait mourir. Je ne l'ai rencontré que deux ou trois fois, j'ai surtout le souvenir d'un dîner avec lui et Montal. C'était l'un des rares éditeurs courageux, passionné par la littérature. Montal et Marmin doivent être abattus. Je vous remercie de m'avoir prévenu. C'est incroyable, oui.

BL. – Cette nouvelle est accablante. De Roux était un de ces éditeurs avec qui on pouvait parler de littérature, parce qu'il l'aimait et la comprenait. Ce n'était pas fréquent. Il adorait Dickens, par exemple, dont il parlait avec enthousiasme. « Alors, qu'est-ce que vous lisez, en ce moment ? » C'est toujours ainsi qu'il lançait la conversation. Il disait préférer mille fois un roman à un essai. C'était aussi ce qui le distinguait du camp droitard. Il y avait en lui un mélange de politesse, de bienveillance, de fermeté ; et de rage mélancolique. L'affaire Millet l'avait violemment écœuré. Il aura eu contre lui la plupart des journalistes et des libraires, et on ne peut pas s'empêcher de penser qu'ils ont eu sa peau.

PJ. – J'ai pensé, comme vous, que le cancer de Pierre-Guillaume de Roux était peut-être la conséquence de la cabale des journalistes, de l'indifférence militante (oxymore) des libraires. Je n'en sais rien. Je ne l'ai vraiment rencontré qu'une fois, lors d'une signature de Montal, dans le 16ᵉ arrondissement. Nous étions géographiquement éloignés l'un de l'autre, nous avons peu parlé ensemble. C'est bête. À ce moment-là, j'imaginais que nous aurions d'autres occasions de discuter. L'affaire Millet m'avait écœuré aussi, à l'image de l'affaire Camus ou de l'affaire Matzneff. Je n'en reviens toujours pas que tant d'écrivains admirés aient été excommuniés par la machine sociale et vertueuse.

Gallimard réimprime quinze cents exemplaires de *La Poursuite* : c'est insuffisant pour acheter un studio à Paris, mais cela veut dire que le roman se vend quand même.

PJ. – Eh bien, quelles pages de journal [à la suite de l'envoi, par Lafourcade, d'extraits de son journal intime] ! Je ne vais pas répéter mon couplet sur la chance de nos neveux et petits-fils, mais il faudrait...

BL. – Nos « neveux et petits-fils » ne nous liront pas, non parce qu'ils ne seront pas instruits, mais parce que leur instruction ne passera plus par l'écrit, par le livre. On ne lira plus. On ne lit plus. On déchiffrera Flaubert ou Patrice Jean comme Champollion la pierre de Rosette. Les hommes de l'avenir, y compris les plus instruits, de même qu'ils se servent déjà des *émojis* et des *smileys* (« cette honte de l'espèce humaine », comme dit Patrice Jean) pour exprimer leur colère ou leur joie, et ont besoin de voir ces figurines pour savoir que l'on est soi-même en train de fulminer ou de rire, n'utiliseront plus que des sentiments automatisés. Leur pensée sera créée par des lignes de code, des langages de programmation. Les mots n'auront plus d'existence autonome. On parlera à des algorithmes chargés de traduire ce que l'on souhaite exprimer. On choisira la phrase automatisée qui correspondra le mieux à ce que l'on veut dire, un peu comme s'affichent sous les textos ou dans les messageries des réponses standardisées (« Ok merci », « Bien cordialement »). Puis on n'aura même plus besoin de parler. On sera traduit avant même qu'on s'exprime. La vie ne sera plus qu'un choix entre formules pré-écrites. On ne pensera plus. Les mots mourront. On se plaint, moi le premier, de l'orthographe déplorable de tout le monde. Mais on se trompe, je me trompe : il ne se s'agit pas de fautes, pas au sens où le Vieux-Monde l'entendait. Il s'agit de gens qui considèrent que les mots sont déjà morts. Une de mes nièces m'écrit des textos, de temps en temps. C'est en les lisant que j'ai compris que je me trompais en attribuant ses fautes à un manque d'orthographe : dans le monde de ma nièce, il n'y a pas de fautes, parce qu'il n'y a pas d'orthographe, parce qu'il n'y a pas de mots ; il n'y a plus que des formules choisies parmi celles que propose le téléphone (« Bisous », « D'accord », « Ok »). Je lui ai aussi demandé pourquoi elle ne ponctuait jamais. « Ça se fait pas. » Elle a fait le geste d'une hache qui s'abat. « Si je mets un point, je t'envoie chier. » Pour le reste, quand on ne choisit pas la formule du téléphone, on rédige comme on veut (« Taka passé ») : « l'écrit » est, comme le cri ou le rire, une façon de s'exprimer, parmi d'autres, et pas la meilleure parce qu'elle est appelée à disparaître (elle a éclaté de rire quand je lui ai dit que j'écrivais des e-mails : elle ne croyait pas que « ça se faisait encore » ; quand elle veut « communiquer », elle « envoie un Snap »), remplacée, donc, par des réponses automatisées (je vois tout de suite quand elle n'a pas écrit elle-même, quand elle s'est contentée d'appuyer sur « Ok à bientôt » : c'est le seul texto où il n'y a pas de fautes). On écrit comme on veut, on se prénomme comme on veut, Disiz la Peste ou XÆAXII (c'est le prénom du fils d'Elon Musk), on est ce que l'on veut, un homme, une femme, un cisgenre ou un non-binaire. Le Vieux-Langage mourra d'avoir constitué, comme les Vieux-Prénoms, les Vieux-Sexes, les Vieux-Pays, un obstacle, une frustration, une frontière. La nouvelle déclaration universelle des droits sera celle du caprice. La civilisation ne passe pas seulement de la graphosphère à la vidéosphère, mais de la « confusion des langues » à leur prolifération, du babélisme au horsolisme. La lubie sera l'alibi. C'est la raison pour laquelle tout ça, les livres, la littérature, et cette pauvre humanité écriveuse, et surtout la postérité, crèveront, et assez vite sans doute. J'aime bien écrire, je le fais sérieusement, mais je ne crois pas que les livres survivront, ni les mots.

PJ. – Votre description d'un avenir sans livres, sans écriture (ou presque), est peut-être prophétique. Il m'arrive souvent d'entretenir cette vision, ou une vision proche où les seuls livres qui resteraient appartiendraient aux rayons du divertissement, de la vie pratique (bricolage & jardinage), etc. Néanmoins, je crois que la littérature résistera (peut-être) au rouleau compresseur de L'Immonde (pour parler comme Lapaque) : certes, on écrit comme on veut, on s'exprime selon d'autres modalités (vidéo, emojis, smiley) mais dans des domaines comme la science ou le droit la précision lexicale est indispensable, or notre monde ne se passera ni de l'un, ni de l'autre. Pour que ce monde de la technique continue de se développer, la puissance du langage est indispensable. De même, il y a en l'être humain, du moins chez certains, le besoin de formuler et comprendre ce qu'il ressent, ce qu'il voit. C'est pourquoi l'étiolement du langage n'aura peut-être pas lieu. Les « puissants » ont besoin, pour être puissants, de la technique, de la science, et le langage en est la condition. Il est illusoire (me semble-t-il) de croire que la science puisse s'affranchir de la langue, et la langue est « entretenue » par les écrivains ; de la même façon, les sociologues qui méprisent la littérature ne se rendent pas compte que cette dernière est la condition de la sociologie en ce qu'elle façonne la langue et modélise des concepts sociologiques. Pour le dire plus simplement : dans un monde où la littérature n'intéresse personne, où la langue est morte, la sociologie ne peut pas naître, ni perdurer. Plus globalement, je pense que la littérature a une chance de rester parce que nous pensons tous, de sorte que cet écoulement continu de pensée trouvera toujours des formes pour se cristalliser. La sensibilité est peut-être plus profonde que la pensée ; et, comme les plantes qui font craqueler le bitume, je crois que la littérature, malgré sa faiblesse, pourra (peut-être) survivre dans un monde qui la nie, parce qu'elle est la vie. Je prends peut-être mes rêves pour des réalités.

BL. – « Vingt mille exemplaires ! [Lafourcade évoque une interview où Patrice Jean parle du tirage de son premier livre, co-écrit, *Tout à fait Jean-Michel.*] Je comprends que l'édition (non seulement y entrer mais y avoir du succès) a dû vous paraitre d'abord facile...

« Ambroise [un des personnages de *La Poursuite de l'idéal*] n'imagine pas une seconde qu'il ne mérite pas son destin » : une des grandes différences entre la grande bourgeoisie et les petites classes, c'est l'évidence et la légitimité.

PJ. – Oui, tout avait été très facile. Il y eut beaucoup d'articles sur ce petit livre, une émission sur France Culture, le *Panorama* en avait parlé, Sempé était enthousiaste ! Je me souviens qu'à l'émission de Canal+, présentée par Philippe Gildas, ce dernier avait donné le livre, en direct, à Louis Malle. Ma naïveté a été de ne pas profiter de ce succès pour entrer plus avant dans le monde de l'édition. Cela dit, il est peut-être naïf de croire que c'était possible ! Les deux amis qui étaient avec moi ne voulaient pas donner une suite au recueil, ni se rendre aux festivals où nous étions invités. Une journaliste de *Télérama* était tombée amoureuse de l'un des deux. C'est un bon souvenir et un regret.

La grande bourgeoisie est légitime, elle ne doute pas des places qui l'attendent. Elle a beau jeu de répliquer qu'il faut quand même réussir ses études : c'est tellement plus facile quand, dès votre naissance, vos parents vous ont éduqué, cultivé, puis vous ont offert les meilleurs lycées, des séjours à l'étranger, des rencontres avec Barthes, etc. De l'autre côté, on vous a nourri avec des émissions télé, des films populaires et vous n'avez pas fréquenté les grands lycées parisiens.

PJ. – Il faut se faire une raison. Tout le monde se croit autorisé à donner un avis. Je me souviens d'une collègue qui tenait absolument à me dire ce qu'elle avait pensé de l'un de mes romans et qui s'indignait que je ne manifeste pas plus d'enthousiasme à ce qu'elle avait à m'en dire. Il y a des lecteurs qui considèrent qu'ils vous font une faveur en lisant votre livre et une faveur encore plus grande en donnant leur avis.

Mars

PJ. – Le roman n'est pas encore terminé, mais j'entraperçois la dernière page. Guy Debord (Edgar Winger) a été retrouvé. J'en suis aux post-retrouvailles, aux conséquences sur celui qui recherchait Winger. Mais je ressens toute l'insuffisance du roman pour traiter du progressisme. Hier, j'ai écrit une petite nouvelle pour *Le Figaro* (« Vanille et Zahid contre l'islamo-gauchisme »). J'ai mis deux heures pour l'écrire et elle me rapportera six cents euros. Comme Perrette, je me disais : si *Le Figaro* me commandait quatre ou cinq articles par mois, je pourrais abandonner l'enseignement. Et toujours cette stupéfaction : *La France de Bernard* m'avait occupé pendant des mois et rapporté deux cent quarante euros. Cet article me rapporte trois fois plus en deux heures. *Tour d'ivoire* ne m'a rien rapporté. Votre *Jeunesse les dents serrées* non plus. *Tombeau de Raoul Ducourneau, Saint-Marsan* ? L'injustice, « c'est la base » comme disent les élèves.

Je viens d'entendre, sur France Culture, une « philosophe-féministe » se scandaliser que dans *L'homme qui aimait les femmes* le héros confesse aimer les gros seins l'hiver et les petits l'été. Elle y voit une aliénation du corps de la femme par le patriarcat.

BL. – Vous me disiez que vous aviez l'idée d'écrire « un petit livre qui aurait retranscrit toutes les remarques désagréables qu'on entend de la part de ses proches quand on publie un livre »... Il y a plusieurs mois, j'ai rangé dans un dossier ce que j'avais entendu ou lu de risible ou de nuisible (parfois inconsciemment) depuis que j'écris[22]. J'essaie de composer un livre sans moi, un livre avec les mots des autres, sans les miens, m'effaçant le plus possible – je ne suis pas encore sûr d'avoir trouvé la forme congrue. Certains chapitres, si je m'en tiens à mon parti pris d'effacement, seront des successions de remarques, sans commentaires, séparées par des astérisques.

PJ. – C'est une excellente idée ! Il faut sans doute trouver un ordre pour que les répliques créent une petite dramaturgie. C'est un peu le sens du *Tout à fait Jean-Michel* publié en 1993 : aucune réplique n'était de nous, seulement l'arrangement par chapitre (et les titres).

Votre livre pourrait contenir un chapitre sur les faux éloges (« ton livre est beaucoup mieux que le précédent »). L'auteur a une position privilégiée car il voit revenir les mêmes tournures et les mêmes sournoiseries, de sorte qu'il les repère tout de suite quand le « proche » croit se donner un air supérieur qu'il veut objectif. (J'aime bien celles-ci : « On trouve ton livre en librairie ? », « Déjà, le titre est mauvais », « C'est ta famille qui t'achète tes livres ? », « J'ai lu celui-là, mais je te promets pas d'en lire d'autres ».)

Tenez, je viens de lire sur Facebook : « Déçue par le Patrice Jean ». Et ce matin : « je lis... j'en suis à 18% (désolé pour la précision bidon, fournie par ma tablette sud-coréenne) ; je dois m'accrocher, c'est sur-écrit (imparfait du subjonctif et vocabulaire rare (fors, nonobstant), formulations épate-bourgeois systématiques que l'on retrouve partout chez les *would-be writers* qui malgré eux clament : "Hé ! regardez ! je sais écrire, c'est bien écrit non ?") et poussif, pour l'instant je ne retrouve pas les dialogues merveilleux, drolatiques et naturels, de *Tour d'Ivoire*. Dommage car le thème de la patrie intérieure des lettres et de l'esprit, celle des Saint Ex, de Bernanos et de Camus, de Mauriac ou de Montaigne, qui fait le

---

[22] Ce dossier contient un récit, *Scènes de la vie écrivassière*, qui n'a pas encore paru.

lien entre les livres de Patrice Jean, m'est cher. À suivre ! j'espère que ça se bonifie ensuite. » Je l'espère aussi.

BL. – Je vois de qui vous parlez. Tout est vulgaire chez elle, ses phrases et son visage. Ce genre de goton, c'est ce que l'hyper-démocratie produit de pire, de plus odieux. Il n'y a aucune raison de s'infliger ça. En revanche, l'écrivain a un avantage : il peut en faire un personnage de roman. Il suffit de citer ses phrases graisseuses pour la peindre en entier.

Tout est toujours dans le visage, tout est un livre ouvert et nos phrases sont les visages de nos livres.

Je pense d'abord avec ma bite. C'est ma manière de réfléchir, et je considère que ce n'est pas la pire. La bite, c'est un point d'appui : le désir se trompe peu. Il y a des hommes à bites, et il y a des femmes à vulve. Je m'en méfie beaucoup. Les vulvaires, quand elles sont vulgaires, comme celle que vous citez, sont capables de tout, sauf de comprendre. Ne pas aimer *La Poursuite de l'idéal*, après avoir admiré *Tour d'ivoire*, est absolument impossible tant ce qui est frappant, entre ces deux livres, c'est la grande unité de ton et de style, voire de thème. C'est si incompréhensible que l'on doit chercher des raisons autres que littéraires. Or, voilà : ce sont des raisons *vulvaires*. La vulve, contrairement à la bite, est incapable de régularité. La bite bande ou ne bande pas. La vulve, c'est tout à fait différent. Elle mouille pour des hommes qu'elles ne désirent pas, et ne mouille pas pour des hommes qu'elles désirent. On en a tous connu, des vulvaires. C'est la pire race de femelles qui soit.

PJ. – Je pense aussi que le désir masculin a ceci de bien qu'il ne ment pas. Bander, on sait ce que ça veut dire, c'est plus clair que l'amour, plus visible. Une autre raison, en dehors du vulvaire, de ne pas aimer *La Poursuite* alors qu'on a aimé *Tour d'ivoire*, c'est le passage chez Gallimard. C'est ce que lui suggère une autre lectrice. Je ne vois pas non plus en quoi *Tour d'ivoire* serait à ce point différent et supérieur (dans ses dialogues) à *La Poursuite*. Cette façon de dire du bien d'un roman pour mieux taper sur un autre, je l'ai vécu des dizaines de fois. La figure en est connue, répertoriée, banale (elle trouve le roman « banal »). Mais pour revenir aux vulves (vaste sujet), oui, les femmes sont moins directes dans leur désir. L'homme désire les jolies femmes, celles qui ont des formes, c'est instinctif. Un homme ne désirera jamais une femme sous prétexte qu'elle est intelligente, riche, bien élevée alors que le corps de celle-ci le rebute. L'inverse est possible : une femme aimera un homme pour des qualités (richesse, statut social) qui ne tiennent pas forcément au physique. Autre point, que j'ai souvent observé : si une femme est atti-rée physiquement par un homme, elle lui trouvera des quali-tés morales et intellectuelles, tandis qu'un homme baisera une ravissante idiote sans prétendre qu'elle possède une « sensi-bilité à fleur de peau ».

BL. – Je confonds trop souvent les ratés et les vaincus ; et même, chez les premiers, les aquoibonistes et les veni-meux – ces vampires inlassables et stériles, qui s'en vont ré-pétant, au mot près, d'un « statut » et d'un « commentaire » à l'autre, les mêmes raisons qu'ils ont de mordre les mêmes cous des mêmes proies. Or, justement, les victimes n'en sont pas quand elles traitent ces Dracula par le mépris, la hauteur et l'absence. Les dents claquent dans le vide quand elles se referment sur le silence qu'on leur oppose. Ça finira, faute de chair, par boire son propre sang ; il est corrompu, on en crè-vera. Ça n'espère qu'une chose : qu'on bronche, qu'on ré-ponde. Enfin ! De la viande fraîche ! C'est là la victoire de ces vampires : faire de ceux qu'ils mordent des êtres pâles, à leur image, fuyant le soleil. Le sommet de leur jouissance, c'est de transformer un romancier en pleine possession de ses moyens en écrivain morbide, travaillé par la haine de soi. C'est pourquoi il faut continuer de les ignorer, les laisser se nourrir de leur propre poison – ou mieux, je me répète : les transformer en personnages de roman. La supériorité incontestable de l'écrivain sur le parasite autophage, c'est qu'il *crée*.

PJ. – Un article de Marc Tessier, sur *La Poursuite* multiplie les contresens et les approximations. Travailler dans un magasin de meubles, puis effectuer des remplacements dans des lycées et des collèges, enfin se lever tôt le matin pour ranger des produits dans un supermarché, c'est, pour lui, de la « langueur », de la « médiocrité ». On retrouve la même impossibilité des nantis à comprendre qu'un fils de prolo n'a pas pour premier travail un stage à Radio France (comme une journaliste me l'avait confié : « À vingt ans, j'hésitais entre le journalisme et l'enseignement... Finalement, on m'a envoyée à New York comme envoyée spéciale de France Inter » ; ou bien une *fille-de* aurait aimé, m'avait-elle dit, être professeur, « comme vous », mais elle avait étudié, manque de bol, à HEC).

BL. – Oui, ils sont vraiment impayables... Quand j'avais vingt ans, je les détestais cordialo-couillonnement. En mûrissant, j'ai appris à comprendre ce que je devais, sans le savoir, à la bourgeoisie cultivée. En vieillissant, notamment à la faveur des Gilets-Jaunes, je retombe presque dans mes préjugés adolescents, tant les nantis sont par moments insupportables : les pires sont suffisants, les meilleurs incapables de comprendre le gouffre qui les sépare du petit peuple. Les études supérieures, les réussites éventuelles et les dons quand ils existent, ne servent à rien : on reste toujours au fond de soi un fils de prolo.

PJ. – L'aveuglement bourgeois sur les raisons de la réussite tient sans doute au rétrécissement narcissique qu'elles impliquent : il est plus satisfaisant d'imaginer qu'on aurait pu échouer, que tout le monde est logé à la même enseigne, ainsi la réussite est-elle encore plus belle. Il y a comme une résistance psychique et égocentrique à envisager une explication qui relativise ses triomphes. Je suppose que Freud a dû en parler quelque part ; sinon, il devrait y penser. Un autre exemple de cette résistance m'a été donné, l'an dernier, lors d'une présentation à Paris, devant un parterre de grands bourgeois, de *Tour d'ivoire* : plusieurs, parmi eux, ne comprenaient pas qu'Antoine Jourdan, après son divorce, ne trouve pas un emploi plus gratifiant et rémunérateur que celui d'employé d'une médiathèque. Pour eux, ce poste médiocre s'expliquait par la paresse du personnage. J'ai dû leur dire qu'on ne trouvait pas si facilement des emplois intéressants et bien payés : ils n'avaient pas l'air de me croire ! Je crois qu'il faudrait écrire un autre roman pour mettre les points sur les « i ».

BL. – Oui, le nanti, pour que ses succès n'en sortent pas diminués, doit relativiser ce qui le sépare du prolo. On aime ça, au fond, enseigner de l'adolescent et torcher de l'infirme, sinon on serait correspondant de presse à New York ou scénariste pour Canal+, comme tout le monde. L'amusant, ou l'obscène selon le point de vue, c'est lorsque le bourgeois s'invente une ascendance populaire, comme on se trouve un grand-père résistant. Roselyne Bachelot a publié l'an dernier *Corentine*, deux cents pages de kitscherie, « l'histoire d'une revanche sur un avenir de malheur et de servitude », « le destin d'une combattante, domestique et ouvrière : ma grand-mère. » L'obscène, ou l'amusant, c'est que la vérité est inverse : le bourgeois ne vient pas du prolétariat, il se prolétarise. Une fois sur deux, un préfet, un colonel, un conseiller culturel, un journaliste, un secrétaire d'État, aujourd'hui, dans ses goûts, son environnement, sa façon de parler, de penser, a tout du prolo. Marlène Schiappa l'illustre parfaitement. Le bourgeois se prolétarise, mais reste un nanti ; alors que le prolo qui devient un nanti ne s'embourgeoise pas. Un de mes vieux copains, fils de prolo tout ce qu'il y a de plus Tuche et TF1, est entré, un peu comme Cyrille Bertrand, et à son âge, dans une société qui vend des « cuisines équipées, aménagées et sur mesure ». C'est le seul point commun avec votre héros : d'abord, ce garçon n'a jamais lu un livre de sa vie ; ensuite, dans son emploi, il s'est trouvé si bien qu'il en a grimpé très vite les différents barreaux d'échelle, de sorte qu'il est aujourd'hui directeur régional de la société. Eh bien, si prospère qu'il soit, il est resté ce qu'il était, un prolo. Il est d'autant moins sorti de sa condition qu'il n'a jamais eu conscience de celle-ci – contrairement aux bourgeois, aux vrais bourgeois. Et ceux qu'ils fréquentent voient, dès la première minute (à sa poignée de main, à ses souliers, à sa façon de tenir sa fourchette, à son visage même, à ses mimiques, à son rire), à qui ils ont affaire.

PJ. – Votre description du bourgeois qui se prolétarise est très juste. Le bourgeois revendique aujourd'hui un ancêtre prolo comme il s'attribuait, jadis, des quartiers de noblesse. Si cet ancêtre, de surcroît, a des origines polonaises, italiennes, portugaises, ou, encore mieux, africaines, c'est le jackpot. Je vous avais déjà parlé de cette fille d'un ami qui se lamentait de n'avoir « pas d'origines » parce qu'issue d'une lignée seulement française. L'ancêtre étranger dédouane le bourgeois de sa réussite, il a souffert par transitivité. Sous l'Ancien régime, l'aristocrate justifiait son statut par sa supériorité, par celle de sa lignée (des héros, des chevaliers), aujourd'hui le bourgeois (et même le petit-bourgeois) porte le blason de la victime. Votre neveu a le mérite, au moins, de « mouiller la chemise » ; mais vous avez raison, il ne se départira jamais de sa livrée des débuts.

J'ai reçu, lu et plus qu'approuvé *La littérature à balles réelles* ! Je vous remercie pour l'envoi du livre, et pour la dédicace. Je vais en commander quelques exemplaires pour les offrir. Et je vous remercie, surtout, pour l'entrée « Jean, Patrice ». « Le Dessillement », oui, ce doit être l'un des motifs qui me pousse à écrire. Je n'ose dire mon accord avec cet article. Pour les autres, on s'amuse beaucoup. Quand vous relevez des phrases mal écrites, on se dit (je me dis) : est-ce que j'ai, moi aussi, écrit de telles bêtises ? Votre essai m'a rappelé celui de

Chevillard, où il réunissait ses critiques du Monde (« Feuilleton »). Lui aussi relève ironiquement les métaphores débiles, les images grandiloquentes, tout en feignant, ironiquement, de les admirer. J'ai cru reconnaître, ici ou là (« Salon régional »), quelques passages en lien avec nos échanges. Les entrées « Olivier Adam », « Philippe Claudel (et Gaudé) », « Kristeva », « Kerangal », « Ministres », « Mal », « Solitude », sont particulièrement réjouissantes ; non, j'ai dit une bêtise : tout est réjouissant. J'avais déjà lu « Bobin », mais j'ai ri à nouveau. Je me suis demandé ce qui, dans l'abécédaire, avait pu effrayer les éditeurs. Sans doute un ton qui n'admet pas la réplique : vous avez tiré le premier, le cadavre ne peut pas, par définition, répondre. Il manque peut-être le principal coupable : le lecteur. J'en veux plus aux lecteurs (et aux éditeurs) qu'aux écrivains. Ce sont les avaleurs de niaiseries qui créent la littérature d'aujourd'hui. Je regarde en ce moment, les « portraits souvenirs » de Roger Stéphane sur le site de l'Ina, des portraits d'écrivains proposés par Roger Vaillant, Lévi-Strauss, Starobinski, Druon, Guillemin, etc. Au début des années soixante, existait encore une intimité profonde avec la littérature, une façon d'en parler qu'on chercherait en vain chez les journalistes, les influenceuses, les lectrices. Hier, j'ai déjeuné chez une ancienne collègue devenue proviseur d'un lycée nantais, elle m'a reproché, comme souvent, d'être trop pessimiste, trop sombre. Les lectrices veulent des romans qui exaltent la vie et l'amour. Ou, à tout le moins, qui tapent sur les méchants. Cette demande finit par créer une offre si bien que la littérature retourne, lentement mais sûrement, vers le kitsch et le gnangnan. Votre livre est salutaire (quel génie des titres !).

PJ. – Il m'arrive souvent de me dire : « Je vais cesser d'écrire. » Je me fais des réflexions à la Sartre sur l'inutilité de la littérature… Sauf que, contrairement à lui, je ne me raccroche pas à la lutte des classes. Alors, je retourne à la littérature, manquant de courage pour vivre sans rien faire. Pour vous redonner le moral : je suis en train de remplir des bulletins, d'écrire des synthèses pour le conseil de classe. Vous voyez la chose.

BL. – J'ai un bulletin, moi aussi. Ce sont les décisions de l'attribution des bourses. Je vous les envoie, elles sont amusantes (la mienne dit : « Auteur de plusieurs essais et romans, c'est sans conteste un écrivain qui possède des qualités littéraires mais le projet n'a pas convaincu »).

PJ. – Ah mince, les salopards ! Ils sont obligés d'admettre que vous êtes « sans conteste un écrivain qui possède des qualités littéraires », mais ils ne vont pas jusqu'à vous donner une bourse. « Sans conteste », la conclusion est erronée. Par définition, un projet de roman est une zone floue où l'on ne sait pas si le résultat final sera un grand livre ou une daube. Après tout, si Flaubert avait envoyé un dossier au CNL pour *Madame Bovary*, le jury aurait pu prétendre que le projet était « trop banal ». C'est pourquoi le jury devrait ne donner une réponse que sur « l'existant », c'est-à-dire les œuvres déjà écrites. Cet argument du projet est le rideau derrière lequel le jury fait ce qu'il veut, en cachant d'autres motifs, parfois moins nobles, ou très subjectifs. Des raisons politiques ? Un quota qui exclut ceux qui n'ont pas la chance de connaître peu ou prou un des membres du jury ?
Mais quand avez-vous obtenu cette liste ? Je n'ai jamais rien eu de tel (j'ai demandé deux fois une bourse au CNL (et ne l'ai obtenu que la deuxième fois). Connaissez-vous le nombre total de candidats et le nombre de reçus ? Il faudrait connaître, aussi, les membres du jury. On en revient toujours à ce problème de l'impossibilité d'établir objectivement la valeur d'une œuvre et d'un écrivain. Cette impossibilité finira par tuer la création.

BL. – Oui, c'est une bonne idée, que celle de recevoir une bourse après l'écriture du roman. Mais je suppose que cette bourse-là s'appelle l'édition.

J'ai en effet été étonné de recevoir ces avis. On m'a averti par *e-mail* qu'ils étaient disponibles dans mon « dossier » du site du CNL. Je trouve ces commentaires très significatifs. Mes préférées : « romancière à vif », « romancière à la voix profondément humaine », « indéniablement une voix de la francophonie », « personnages [...] dans les interstices des normes » ; sans compter : « la vraie nécessité financière invoquée sort du domaine d'intervention de la commission » ; ou : « l'intention annoncée d'arrêter ses études en cas d'obtention de la bourse a été cependant source de réserve ». Non, mon préféré, c'est cet avis-là : « Un roman et un projet intéressants mais ce jeune auteur a déjà bénéficié de nombreuses aides publiques au cours des dernières années et il vient d'être nommé lauréat d'une résidence à l'étranger pour l'année prochaine, sa demande ne paraît pas prioritaire. »

BL. – Un élément essentiel du LHD (Lecteur Hyper-Démocrate), sa matière constitutive, est, une fois de plus, le littéralisme. Souvent, LHD dit : « Ce roman ne me parle pas, je ne me reconnais pas dans le héros, ça ne me touche pas ». LHD, c'est sa limite esthétique, n'aime pas l'exotisme. Il veut des héros qui lui ressemblent, et des situations dans quoi il peut se reconnaître. (Tout lecteur a du LHD en lui, moi le premier. Il m'a fallu des années, et l'aide de Philippe Muray, pour que Chardon-Rubempré, dans *Illusions perdues*, m'apparaisse comme un mauvais écrivain, un Foenkinos sous la Restauration. Tout à mon identification, je ne pouvais pas envisager qu'il le fût. Le même phénomène s'est produit avec Fleurier dans *L'enfance d'un chef* : je n'avais pas du tout saisi l'ironie de Sartre, qui se manifeste dès le nom du personnage, et éclate à la fin, comme une parodie de roman fasciste. LHD est un lecteur de surface.) Bien entendu, LHD ne peut imaginer que l'auteur n'ait pas les goûts et les dégoûts de ses héros, réduits à des PHD (Personnages Hyper-Démocrates). L'amour de Cyrille pour sa fille est très touchant. Or vous n'avez pas d'enfants : on ne saurait mieux prouver que le vrai romancier, contrairement au LHD, est capable de se dédoubler, de se détripler, d'avoir des enfants, de remplir les rayons d'un supermarché, d'écrire une série pour un concurrent de Netflix. C'est pourquoi LHD aime tant EHD (Écrivain Hyper-Démocrate), qui fait profession d'*inexotisme*. Ce sont deux littéraux qui se reconnaissent, et s'adressent des *bisous*.

PJ. – S'agissant du LHD, j'ajouterai que le roman ne se comprend pas à partir d'un seul personnage, mais selon la totalité du roman. Radu Stoenescu, par exemple, n'aime pas *La Poursuite* car il trouve que Cyrille est trop faible, pas assez volontaire (ce que je conteste, au reste, si l'on songe au dernier chapitre), comme si le « héros » était la clé du roman. Or il y a d'autres personnages, des ambitieux (Ambroise, Beauséjour, Amandine), des réfractaires (Trézenik), des solitaires (Lucie, Nino), etc. D'une certaine manière, un romancier se retrouve dans tous ses personnages, à des degrés divers, au sens où s'il veut qu'un personnage ne soit pas un pantin, il doit lui prêter des sentiments, des attitudes, des pensées même qui, au moins momentanément, peuvent être les siens. Le personnage est rembourré avec les souvenirs, les sentiments d'un auteur. Dans *L'Homme surnuméraire*, je suis à la fois Le Chenadec et Clément Artois, et même l'universitaire Corvec, sans être ni les uns ni les autres.

PJ. – L'ombre est accueillante. Je me dis parfois que si je devais connaître un à un chaque lecteur de mes livres, je perdrais peut-être le désir d'écrire : c'est parce qu'on ne connaît pas le « public », qu'on lui accorde de l'importance. En réalité, il n'y a peut-être qu'une dizaine de lecteurs sur mille dont l'avis repose sur une connaissance intelligente de la littérature. De surcroît, existent des écoles, des lignées, tous les lecteurs, même cultivés, ne cherchent pas, en ouvrant un livre, le même poison.

BL. – On a trop tendance à isoler la littérature de l'ensemble d'une civilisation : quand on domine, comme la France pendant un siècle et demi, dans les sciences, les arts, les armes et la mode, quand on crée le cinéma, quand on découvre des vaccins, quand on participe à l'invention de l'aviation, du téléphone, de la médecine, la littérature n'est qu'un des domaines où la supériorité se manifeste. On n'admirait pas seulement la France pour Flaubert, on l'admirait pour Pasteur, pour Debussy, pour Poiret, pour Méliès. Ce qui a perdu la France, c'est de s'être sentie des devoirs : « Il y a pour les races supérieures un droit ». La fameuse phrase de Ferry, tant rabâchée, où l'on voit la justification du colonialisme, n'a de sens que si on en donne la fin : « parce qu'il y a un devoir pour elles. » C'est l'effet de la supériorité scientifique, littéraire, artistique, de la France de cette époque ; et cette raison contient aussi celle de son affaissement. Derrière la conquête, où les esprits courts voient surtout le goût du lucre, il y avait également le sens de la responsabilité : nous n'avons pas seulement cherché à nous accaparer des richesses, nous avons aussi construit des dispensaires, des ponts et des écoles. Nous avons donné le docteur Schweitzer autant que le duc d'Aumale. Nous avons fourni les armes, au propre comme en figure, pour nous abattre. Et comme ça ne suffisait pas, comme si ni l'Afrique, ni l'Amérique, n'arrivaient à tarir notre besoin de conquête et de civilisation, nous en sommes venus, gonflés par le trop-plein de notre hyperpuissance, nous, pays d'une force égale, à nous jeter les uns contre les autres, et à tuer le continent dans une boucherie héroïque.

PJ. – L'attention portée à la littérature et à la philosophie françaises a survécu quelque temps à l'affaissement du pays. Bourdieu avait forgé une notion dont le nom m'échappe

pour définir la permanence de valeurs dans une société devenue étrangère à celles-ci ; j'avais pensé, le lisant, à Don Quichotte, preux chevalier à la Renaissance. Après 1940, la
France et l'Europe ont perdu leur magistère, mais Sartre,
Mauriac, Camus régnaient sur la littérature universelle, puis
ce fut le tour des Foucault, Barthes, Deleuze, Lévi-Strauss,
etc., de prendre le relais jusque dans les années 80, voire au-
delà. La France a maintenant rendez-vous avec sa petitesse.
Gallimard aurait-il tout misé sur Delphine de Vigan dans les
années 50, 60 ou 70 ? Sans doute l'aurait-il publiée, pour des
raisons financières, mais il ne l'aurait pas prise pour étendard,
il en allait de son prestige. Aujourd'hui, Gallimard croit encore qu'il peut sacrer les rois et les reines de la littérature selon son bon vouloir ; mais à ce petit jeu il court le risque
d'être dévalué assez vite (et c'est sans doute déjà le cas). La
déchéance, c'est d'agir à courte vue. Je me souviens d'un voisin, quand je vivais à Laval, qui m'avait expliqué que sa société vendait de la technologie aux Chinois : sur le moment,
elle gagnait beaucoup d'argent, mais une fois que les Chinois
allaient maîtriser cette technologie, ils n'auraient plus besoin
des Français, et nos entreprises perdraient leur position dominante. C'est ce qui s'est passé. Cela dit, avions-nous le
choix de ne pas apporter aux autres peuples les bienfaits de
la science et de la modernité ? L'Europe aurait-elle pu prospérer tout en laissant les autres continents vivre dans des
conditions de vie déplorables ? Il y aurait eu deux races sur
Terre. Mais comment expliquer le double suicide des deux
guerres mondiales ? Peut-être, dans cette histoire tragique de
l'Europe, se déploie-t-il un destin dont le sens nous
échappe ?

BL. – Tiens, je vais vous poser une question... Est-ce que
vous avez constaté que vous éprouviez, beaucoup plus souvent qu'autrefois, la gêne pour les autres (la jeunesse a inventé un mot pour ça : la « gênance ») ? Je suis gêné pour
Corine Masiero et ses Tampax aux oreilles, pour Jordana

surchantant comme on dit surjouant, pour Yseult et l'exaltation de son obésité, pour Laurent Delahousse interviewant gravement, pendant vingt minutes, Sheila, pour Sheila elle-même et son visage lifté, pour ces gaillards qui s'essorent les paupières dès qu'ils évoquent leur môman-fusionnelle... Autrefois, j'étais rarement gêné en regardant une émission, ou en écoutant une interview, aujourd'hui, c'est tous les jours : j'allume le téléviseur et ça me saute aux yeux – il n'y a presque plus de situations, de corps ou de propos qui ne provoquent en moi une gêne instinctive.

Autre chose. Je ne me suis pas acharné à lire du Sollers, même dans les années quatre-vingt. Mais je l'ai lu. J'ai commencé par *Portrait du joueur*, et j'ai continué, jusqu'à *Un vrai roman. Mémoires*, et entre les deux *Éloge de l'Infini*, *L'Étoile des amants*, *Le Secret*, *Studio* – avant de décider que j'en avais assez. Je ne l'ai jamais vu comme un imposteur, seulement comme un écrivain lourd, banal et superficiel ; faussement brillant et jouant les malins. Il n'avait pas assez de folie pour rester formaliste, après avoir eu trop de fierté pour rester académique : il est donc devenu hybride, empruntant aux livres expérimentaux et aux récits réalistes de quoi faire de maladroits romans « lisibles ». Tout y est lâche, rien n'est ferré, la langue comme l'histoire, sans but ni début. Il ne sait pas construire une intrigue, ni rendre présents et attachants des personnages, il ne sait que surplomber la narration de ce ton rigolard et supérieur qu'on lui connaît. Radoteur comme tous les stériles, il a écrit vingt fois l'histoire de ses parents, leur anglomanie pendant la Seconde Guerre mondiale, les deux sœurs qui épousent les deux frères et occupent, dans la même maison de Talence, deux appartements identiques, et la faillite de l'entreprise de cuivre familiale terrassée par l'arrivée du plastique. Il avait la responsabilité de devenir un grand écrivain, puisqu'il a laissé dire qu'il le serait ; les races supérieures ont des devoirs sur les inférieures, comme disait l'autre. Mais il n'a rien été du tout, sinon un homme de cour, et même, cette déchéance, un homme de lettres.

D'un lecteur : « Votre modestie est louable mais ne vous laissez pas étouffer par elle. »

PJ. – Je m'aperçois que j'ai du mal à répondre à votre question. Je ressens de la gêne assez souvent devant tous ceux qui n'ont pas conscience qu'ils font « leur intéressant », comme s'ils ignoraient l'égoïsme et la crapulerie de leur démarche. Plus qu'avant ? Je ne sais pas. C'est possible. L'expérience que je fais de plus en plus souvent est celle de me dire, face à un interlocuteur : « Inutile d'essayer de me faire comprendre, c'est impossible. »

Votre analyse de Sollers est parfaite. Oui, il adopte le ton de celui à qui on ne la fait pas, qui a tout compris mais ne dévoile sa pensée qu'à demi-mots, entre initiés. Au reste, dans *Légende*, il est question d'alchimie, de Tao, de poètes ésotériques. Je me fais avoir tous les sept ans en achetant un livre de lui : la lecture terminée, je me dis : « Cette fois, c'est fini, je ne le lirai plus ! » Rendez-vous en 2028, donc.

BL. – Il y a du génie dans la folie. La très grande bêtise et la très haute intelligence sont si proches qu'elles finissent par se toucher – c'est ce qui rend l'une et l'autre si fascinantes. « La vie, c'est être ce que nous ne sommes pas sans le rester. » Ce mot vertigineux est de Jean-Claude Van Damme. Mais il aurait pu être de Nietzsche. Johnny Halliday peut devenir Levinas : c'est rassurant ou inquiétant, c'est surtout fascinant. Les commentaires des LHD (Lecteurs Hyper-Démocrates) produisent parfois cet effet. D'autres n'ont pas encore ce génie : ils ne poussent pas assez loin leur folie ; mais les fils dialectiques qu'ils sont capables de nouer sont déjà remarquables. On a l'impression d'entrer dans un cerveau, plongé dans l'obscurité, de se cogner aux meubles, avant de trouver le commutateur – et tout s'éclaire.

J'ai posé à plusieurs amis la question de la « gêne », mais personne ne paraît l'éprouver comme moi ; je dois donc avoir tort. Pourtant, je ne me résous pas à ranger ce râteau dans la cabane à outils : dès que je tombe sur une émission télévisée, une fois sur trois ou quatre, en tout cas beaucoup plus qu'avant, je suis obligé d'éteindre tellement je suis « gêné » par l'agressivité ridicule, la certitude caricaturale, l'humilité obscène qui s'y déploient, et, peut-être, d'abord, par les corps, surtout ceux des femmes, depuis les obèses aux seins compressés jusqu'aux liftées sexagénaires en baskets, et puis toutes ces moues d'adolescentes qui portent leurs certitudes comme un Saint-Sacrement, et les yeux mouillés des gotons et de leurs mères, grosses d'émotions comme l'est de truites la poche des pélicans – chaque fois que je vois Clémentine Célarié, par exemple, son obscénité me griffe les yeux comme un chat, ou Nathalie Saint-Cricq, dans un autre genre, avec son affreuse coupe peignée-dépeignée, et ses demi-sourires complices, comme si on ne voyait pas qu'elle cherchait à nous prendre à témoin, ou Sheila, la chanteuse, que j'ai vue avant-hier, en jean, le visage détruit, interrogée par Delahousse, qui avait la mine grave et concernée qu'il prend quand il est conscient d'interviewer une des plus grandes artistes vivantes – mais pardon, je vous ai déjà dit ça...

BL. – Vous sortez en kiosque, si je puis dire. « Dans la peau de Patrice Jean. Par Bruno Lafourcade » et « Les vérités de Patrice Jean. Propos recueillis par Bruno Lafourcade. » Ces titres ne sont pas de moi. J'espère au moins qu'ils auront gardé « Les peaux de l'apostat »...

PJ. – « Les vérités de Patrice Jean », « Dans la peau de Patrice Jean » (v'là autre chose) : je n'ai pas de vérités. Je me souviens qu'*Éléments* avait changé le titre de mon article sur Houellebecq, « Le mot de Houellebecq », en « Ubu au supermarché ». Bon, je suis content quand même.

Non, vous n'avez pas tort : la gêne face à l'obscénité inconsciente a sans doute plus l'occasion de s'exercer qu'autrefois. Il faut dire que je ne regarde presque jamais la télévision.

Chaque fois que je tombe sur une émission, je suis abasourdi. À force de lire des philosophes, des écrivains, des La Rochefoucauld, on est prévenu contre les contorsions de l'amour-propre, mais la majorité de l'humanité ne l'est pas, d'où sa naïveté face aux cœurs gros comme ça, aux bedaines complaisamment exposées, aux seins étalés malgré un pouvoir érotique voisin de zéro, etc. Le christianisme avait bridé le « moi », la bourgeoisie (c'est l'une de ses qualités) avait promu la discrétion, mais notre ère hyper-démocratique, au contraire, demande à chacun de « se lâcher », d'être soi-même (Renaud Camus fit naguère du soi-mêmisme une de ces bêtes noires), de venir comme on est, de lever les tabous, etc. Figurez-vous que je devrais, fin mai, participer au « Rendez-vous des écrivains » de La Baule avec des invités comme Duteurtre, Montéty, Burgalat, Naulleau mais aussi... Nathalie Saint-Cricq et Charline Vanhoenacker. J'irai trois fois au restaurant avec toute cette bande : j'aurai le temps d'étudier la Nathalie et ses demi-sourires.

J'ai reçu, pour un entretien, des questions d'une Stéphanie Castaing. Les cinq questions sont très longues (11 000 signes) et peu amènes. Je répondrai quand même.

Avril

BL. – Mmes Saint-Cricq et Vanhoenacker, dans un « rendez-vous d'écrivains », c'est élargir très largement le sens du mot « écrivain ». En revanche je vous envie : si j'allais « trois fois au restaurant » avec elles, je prendrai vingt pages de notes dans mon journal...

J'ai saisi dans la barre de recherches le nom de Stéphanie Castaing. Sa propriétaire m'est apparue, les lèvres fermées, les cheveux gris peignés-dépeignés, en tee-shirt, sans maquillage, gracieuse comme un coup de pelle, avec cet air qu'elles prennent toutes quand elles demandent des comptes, et elles ont toutes des comptes à demander, aux hommes bien sûr. Ce n'est quand même pas la faute de Mme Castaing si elle est grise et triste. Quelqu'un doit payer pour lui avoir ménopausé la joie de vivre.

PJ. – Il faudrait que je tienne un journal, au moins pour consigner certaines rencontres. Mais si le genre du journal me ravit en tant que lecteur quand il est tenu par Camus, Gombrowicz ou Lafourcade, en tant qu'auteur, il m'ennuie. Entre 2004 et 2007, j'ai écrit un journal, à intervalles plus ou moins réguliers. Je l'ai remplacé, par la suite, par des fragments, des aphorismes ; aujourd'hui, en une année, je récolte à peine de quoi remplir une page Word. Pour vous et Camus, la vie doit se refléter et se penser à travers l'écriture, pour moi, je ne peux commencer à écrire que dans l'éloignement de la fiction (sauf pour les correspondances). Quand je vivais en Mayenne, j'ai écrit un roman (non publié) se déroulant à La Baule et, vivant à La Baule, la Mayenne m'a inspiré quelques pages de *L'Homme surnuméraire*. Il doit y avoir des raisons biographiques et psychanalytiques à ces contraintes.

Les rendez-vous de La Baule sont organisés depuis plus de vingt ans par Stéphane Hoffmann, lequel vit en Brière, à quelques kilomètres de la ville. C'est quelqu'un de charmant. En 2018, j'avais partagé la table d'écrivains et de journalistes comme Jean-Louis Debré, Michelle Fitoussi, Bernard Weber et d'autres dont le nom m'échappe. Je ne me sens pas très à mon aise dans ces milieux. À leurs yeux, je suis soit « un petit prof qui écrit », soit un « écrivain qui peut compter, on ne sait jamais » : dans l'incertitude où ils sont d'en décider, eux non plus ne savent pas toujours quelle attitude adopter à mon égard. Je me souviens que les gilets jaunes effrayaient la tablée, plusieurs réclamaient qu'on envoie l'armée. J'avais l'impression de dîner avec des Versaillais pendant la commune.

Hier, la compagne de mon frère m'a raconté cette anecdote : elle travaille pour une boîte de nuit nantaise (le VIP), ou plutôt, elle travaillait (Covid est passé par là). Je lui avais conseillé de contacter le rectorat, ce qu'elle a fait. Elle a été reçue par deux « conseillères pédagogiques ». Ces dernières lui ont expliqué qu'elle devrait interroger ses futurs élèves selon la règle de la parité : un garçon/une fille ; un garçon/une fille, etc.

BL. – Oui, il entre d'inextricables éléments psychologiques dans le besoin de distance romanesque. J'éprouve comme vous le besoin de cette distance, mais j'ai également besoin d'écrire « au pied de la lettre », sans fiction : sans mon journal, j'aurais l'impression de moins vivre, d'avoir moins éprouvé les événements. Pourtant, si je voulais le publier, la fiction serait indispensable, ne serait-ce que pour des raisons juridiques, voire morales. Je serais obligé de changer, au moins, certains noms, certains lieux – et l'intérêt du journal, pour moi, mais peut-être seulement pour moi, en serait diminué.

Je peux dire que le journal m'a sauvé. Il a assouvi mon besoin quotidien d'écrire. Lui n'a besoin de rien, ni de personnages, ni d'intrigues, ni de dialogues, ni de situations. C'est la vie qui décide pour lui, et pour soi. On écrit pour écrire. On écrit bien sûr pour raconter que l'on a rencontré Patrice Jean ou que l'on a reçu un mot de Michel Marmin. Mais on peut n'avoir rien à dire – ça n'a aucune importance. On peut décrire la lumière qui tombe sur son bureau, ou le bruit de la machine à café. Tout est prétexte et la vie suffit. D'un autre côté, l'effort que demande, au moins au début, un roman, cet arrachement à la vie littérale, avec la joie conséquente de voir des personnages prendre vie, cette sensation de créer, et même d'être un créateur, seule la fiction le procure vraiment. D'ailleurs, je ne résiste pas au plaisir de vous envoyer la page de mon journal de jeudi. Je pense m'en servir pour ma *Vie écrivassière*.

PJ. – Quel dialogue ! Ou quel monologue ! [Patrice Jean parle de la page envoyée par Lafourcade.] C'est que les génies monologuent plus qu'ils ne dialoguent. Alice Ferney ne cesse de répéter que la littérature rend fou. Cette folie, selon moi, naît de l'impossibilité d'établir d'une façon objective la valeur d'une œuvre, dès lors, comme à la bourse, chaque auteur défend sa cote, en achetant verbalement ses propres actions : autrement dit, en proclamant à la cantonade qu'il est un génie, qu'il vient de publier un grand livre. Valéry, dans *Monsieur Teste*, a décrit cette folie : « Imaginez-vous le désordre incomparable qu'entretiennent dix mille êtres essentiellement singuliers ? Songez à la température que peut produire dans ce lieu un si grand nombre d'amours propres qui s'y comparent. Paris enferme et combine, et consomme ou consume la plupart des brillants infortunés que leurs destins ont appelés aux professions délirantes... Je nomme ainsi tous ces métiers dont le principal instrument est l'opinion que l'on a de soi-même et dont la matière première est l'opinion que les autres ont de vous. Les personnes qui les exercent, vouées à une éternelle candidature, sont nécessairement toujours affligées d'un certain délire des grandeurs qu'un certain délire de persécution traverse et tourmente sans répit. Chez ce peuple d'uniques règnent la loi de faire ce que nul n'a jamais fait, et que nul jamais ne fera. » On ne peut mieux dire : « ... l'opinion que l'on a de soi-même et dont la matière première est l'opinion que les autres ont de vous. »

Je comprends bien ce que vous voulez dire en affirmant que sans votre journal, vous auriez « l'impression de moins vivre ». Par l'écriture, rien ne se perd, tout est consigné. C'est une façon de lutter contre la contingence. Je pense que Renaud Camus ressent les choses comme vous : il note tout, retranscrit tout. De mon côté, je me dis que ce que je vis sera repris, d'une manière ou d'une autre, par l'écriture, transfiguré, plus tard, dans un roman, dans un texte. Mais je suis persuadé que l'écriture quotidienne, comme vous le faites, est un moyen unique pour se forger un style. On devient un écrivain en écrivant. Je conseille à mes élèves de tenir un journal pour prendre l'habitude d'écrire et n'être pas surpris le jour de l'examen.

BL. – La littérature rend fou : Alice Ferney et vous avez mille fois raison – et la citation de Valéry est très éclairante. Un écrivain, dont la spécificité est de se vouloir singulier, se voit versé parmi des milliers d'indivisibles qui doivent diviser leur gloire. Il est naturel que ces vastes frottements d'amour-propre, manifestes chez tant d'auteurs, finissent par écorcher les egos. « Quoi ? Je ne suis pas le seul à être seul ? — Eh non, Paris élève sous lui dix mille génies comme vous. » Dans la vaste concurrence des gloires, chacun trouve la sienne incontestable, et scandaleuse celle des autres. La folie de l'écrivain tient à la croyance surdéveloppée dans ce qu'on lui doit : tout ce qu'on ne lui donne pas lui est volé. Je m'inclus évidemment dans cette folie, dans ce scandale : les bourses, les contrats, les à-valoir, les articles, les prix que l'on ne me verse pas d'autorité, c'est un vol, une négation, une honte. Tous ceux qui me retirent la gloire de la bouche finiront dans un enfer de flammes nourries par les livres de Vincent Cespedes.

Il entre cette dimension, bien sûr, dans la folie de certains lecteurs, qui s'augmente de rhinocérite. Rhino fonce et troue avec sa corne, les yeux flanqués de ces plaques de cuir que l'on met aux chevaux pour les empêcher de s'effrayer. Rhino a peur de ne pas être suffisamment violent, d'être distrait de sa cornerie par le doute. Je l'ai dit mille fois : je suis effaré par la régression de l'intelligence, la dévastation de la nuance, que suppose le triomphe, partout, de Rhino. Plus personne ne comprend le double sens, le sens caché, l'ironie, l'antiphrase. La corne gêne et guide : on fonce sur le seul sens que l'on distingue, sans voir les autres, pourtant très apparents. À Bordeaux, on a lancé une campagne d'affichage où sont repris les « clichés » sur « l'art » : « Artiste, c'est un métier ? », « La culture, ça coûte trop cher ? ». Tous les Rhinos ont pris au pied de la lettre ces slogans, utilisés d'évidence pour mieux être contredits par une mairie de gauche et écologiste – pour laquelle ont voté tous les Rhinocerri. Un rhino-musicien évoque par exemple, sur Facebook, « une campagne douteuse », qui, « après plus d'un an de disette culturelle, de paupérisation accélérée des artistes », relève « davantage de l'extrême-droite que de la gauche » : « Quelle tristesse et quelle honte ! » Les bovarhyènes, ces néo-Hacquebaut, ces hyper-démocratesses de la lecture, si actives sur Babelio par exemple, qui pensent droit, qui font un triomphe au rectiligne et qui chichitent devant l'oblique, sont d'autres Rhinos, d'une bêtise tout aussi épaisse.

Je vous informe, pour compléter la parousie, que je serai à la gare de votre ville, le mercredi 21, à 14h00 (majorettes, fanfare, etc.) ; et que je repartirai le vendredi 23, à 10h48 (même protocole)...

PJ. – Une fin du monde avec des majorettes, le programme me tente. À mon avis, nos féministes contesteront un jour l'existence de ces jeunes filles asservies à la baguette et à la jupette : « La majorette symbolise, diront-elles, l'asservissement de la femme, obligée de défiler court-vêtue, un phallus à la main qu'elles font tournoyer au-dessus de leur tête, en signe de soumission. » Adèle Haenel et Virginie Despentes signeront une tribune anti-majorettes dans les *Inrocks*. Alice Coffin écrira un roman : *Moi, Alice, Majorette et battue*. Édouard Louis publiera : *Ma sœur, entre fanfares et combats* ; Alain Duhamel et Éric Zemmour en débattront sur CNews : le second dérapera (« Moi, j'aime bien les majorettes »), Didier Fassin lancera une pétition contre Zemmour et le fascisme. Bref, la fanfare hebdomadaire.

J'ai fini ce matin mon roman politique (quatre cent dix mille signes). Le titre : *La Palinodie d'Edgar Winger*, avec pour sous-titre : « La fable du progressisme »). Je vais le proposer à Lacarelle. Je ne sais pas si je devrais passer à nouveau sous les Fourches caudines du comité de lecture de Gallimard ; si c'était le cas, il pourrait être refusé. J'aurai, je l'espère, Albin Michel ou Actes Sud comme solutions de repli. Je ne sais trop ce qu'il vaut. La première partie, sous la forme d'un journal, n'est peut-être pas la plus réussie, ce qui est embêtant. En attendant, je vais élaguer et couper dans le roman pour qu'il soit le plus clair possible.

L'incapacité à lire entre les lignes (je dis sans cesse à mes élèves, « lire, c'est lire entre les lignes ») m'inquiète car ma « Palinodie d'Edgar Winger » est totalement ironique. À double sens. J'imagine les pensées d'un gauchiste, lesquelles sont rarement les miennes.

Un éditeur russe traduira mes trois derniers romans. Grand seigneur, il propose cinq cents euros pour *L'Homme surnuméraire* et autant pour *Tour d'ivoire*, à se partager entre l'éditeur et l'auteur ; et huit cents euros pour *La Poursuite*.

BL. – Votre passage sur les majorettes mériterait d'être publié, un peu développé, sous forme de nouvelle : on y verrait des Caro De Hache venues à Saint-Marsan, ou à Vitrac-les-Saligues, pour faire barrage de leurs vastes corps pour que n'ait pas lieu cette abomination – un défilé de majorettes. « Halte à la mini-jupette asservissante ! Halte au bâton phallique ! » Haenel, Despentes et Louis la soutiendraient par une tribune dans *Le Monde* : « Nous, femmes, gays, bi, trans, terf (ou turf, je ne sais plus, enfin un tiercé gagnant), Praud testons contre le majorettisme, cet instrument de la cinouisization de la vie sessuelle ». « La fanfare hebdomadaire » me paraît un excellent titre. En parlant de titre : le sous-titre de votre roman n'en dit-il pas trop ? Les lecteurs (et notamment ceux de Gallimard) s'apercevront assez vite que vous avez écrit une fable sur le progressisme... Si j'en avais le pouvoir, je vous encouragerais à ne garder que le titre.

Dans son *Limonov*, Carrère a brossé un petit tableau cocasse de l'édition en Russie, et des traductions du français au russe – il faudrait que je retrouve le passage.

PJ. – Chaque semaine sa fanfare, c'est interminable. Donc, chaque semaine, on pourrait écrire une nouvelle satirique. La bêtise a toujours existé, mais les médias l'ont amplifiée, développée, sanctifiée. Avant cette amplification, elle restait circonscrite entre deux rues, deux cafés, sur la place de l'église, dans les foyers. Aujourd'hui, elle bat le pavé de l'actualité. Internet et les réseaux sociaux l'ont propulsée à des hauteurs jamais atteintes. Rappelez-vous, dans notre enfance, la télévision était accusée de tous les maux, de tous les nivellements. On ignorait qu'elle paraîtrait un jour un stade moins dégradé de la civilisation. La moindre idée idiote qui traverse un esprit se retrouve sur un tweet, puis sur les chaînes d'infos, chacun y va de son commentaire... Jusqu'à la prochaine connerie. Cette ronde est notre punition. D'où la tentation des tours d'ivoire, du retrait, de l'absence. Tentation seulement, parce que l'on est les fils de notre temps.

Vous avez raison, j'ai effacé le sous-titre : « la fable du progressisme ». Je pensais, sans doute à tort, qu'il pourrait attirer le lecteur. Je relis et corrige cette *Palinodie*. Mon tort, je crois, a été d'écrire la première partie sous la forme d'un journal tout en conservant un caractère trop littéraire à ce journal. Je remplace tous les passés simples par des passés composés. J'essaie de donner plus de « brutalité » au texte, moins d'apprêt. C'est toujours une épreuve de se relire.

L'article de Pierre Jourde sur *La Littérature à balles réelles* est une bonne nouvelle. J'espère qu'il va décupler les ventes du livre. Pourtant, votre entrée « Jourde » reste assez critique. Il est beau joueur. Il a voulu se justifier : ça montre toute l'estime qu'il vous porte.

On m'a appris qu'une organisatrice, en région parisienne, de rencontres littéraires s'est opposée à ce que je sois invité à ces rencontres (malgré l'insistance d'un autre organisateur), au motif que je serais réactionnaire, que je ne croirais pas au progrès. Je ne suis pourtant pas « réactionnaire » au sens premier du mot, je ne veux pas d'un retour de la monarchie. Mais je reconnais ne pas croire au progrès moral : cette idiote, au reste, est un exemple assez probant de l'increvable bêtise.

Bref, à ma place, elle a invité Chloé Delaume et son *Coeur synthétique*.

J'ai lu *Limonov*, mais je ne me souviens pas des histoires de traduction. J'ignorais, à l'époque, que mes romans seraient traduits au pays de Poutine.

Mai

BL. – Cher Patrice, il me semble avoir utilisé, je ne sais où, l'anecdote de Robbe-Grillet : une maison d'édition veut retraduire *La Répétition* de Kierkegaard. Cette fois-ci, le livre s'appellera *La Reprise*. On demande à un employé de la maison : « Qu'est-ce que ça vous évoque, *La Reprise* ? — Des chaussettes. » Tout ça pour dire que la reprise a été difficile : on s'habitue aux vacances... Cette nuit, j'ai écouté Sollers, sur France Inter : il a rabâché, comme il le fait depuis trente ou quarante ans, avec cet insupportable ton sentencieux de pion rigolard, qu'il détestait la mélancolie (parce que c'est du romantisme, et parce que la mélancolie, le romantisme, et le XIXe siècle en général, c'est à fuir, mais il n'a pas dit pourquoi), qu'il était un écrivain du bonheur et de la joie (avant de recommander un « auteur peu connu » – Lautréamont –, et de citer Lacan : « Il n'y a rien à espérer du désespoir »). Quel aveu... Parmi les raisons qui empêchent de devenir un bon écrivain, il y a, de mon point de vue, le refus de la mélancolie, ou, pire, la fuite devant elle. Avec la mélancolie, vient l'humour, qui en est souvent la mise à distance. À quoi bon écrire si l'on ne ressent la tristesse, ni le besoin de rire (et quand Sollers parle du « rire », et de la joie, je sens bien qu'il parle d'autre chose, plus proche de Frédéric Lenoir que de Philippe Muray) ?

PJ. – Cher Bruno, je ne connaissais pas l'anecdote des chaussettes reprisées. Robbe-Grillet a de l'humour. Ma reprise aura lieu demain, même si je suis retourné au lycée vendredi matin, lequel lycée a vécu un psychodrame lilliputien, comme il en a l'habitude : les cours ont lieu en demi-groupes, de sorte que le proviseur a demandé aux professeurs qui préparent le bac (il ne reste plus que ceux de français et de philosophie, les autres disciplines sont passées au contrôle continu) de filmer, pour le demi-groupe absent, chacun de nos cours. Cette demande a engendré la révolte des professeurs de français et de philo, avec lettre ouverte au proviseur, atteinte à la dignité, retour à l'humain, etc. La lettre ouverte fut rédigée en écriture inclusive, j'ai donc, logiquement, exigé que mon nom ne figure pas au bas de cette lettre (courriel), mais, devant l'injustice des webcams, cette exigence a paru ridicule, on m'a objecté l'ordre des priorités, etc. Et la lettre fut signée par « L'ensemble des professeurs de lettres ». J'ai dû me fendre d'un rectificatif qui m'a valu des courriels haineux : la routine.

Sollers est un idéologue de la joie. Pour la même raison, Clément Rosset (et même Nietzsche) a fini par m'ennuyer. La joie, c'est très bien, mais elle ressemble à ce que Bizet disait de l'amour : elle n'a jamais connu de lois. Rosset n'avait pas l'air de comprendre ça. Et je suis d'accord avec vous : le refus de la mélancolie et du négatif, pour un écrivain, n'est pas bon signe. Beaucoup de lecteurs, oui, n'aiment pas le négatif, l'écrivain doit justement assumer le négatif, ce qui ne veut pas dire qu'il fuit la joie.

BL. – Dans les lycées, les Picrochole ont des priorités, et l'urgence n'est pas à la contestation de l'inclusif. Ces hyper-critiques enseignent le français et il ne leur vient pas une seconde à l'esprit de contester cette absurdité. C'est vraiment désespérant.

Le désespoir, Sollers, et tous les Frédéric Lenoir, le refusent. Ces dalaï-lamas de l'édition recommandent l'allégresse, dans une version personnelle du cynisme, de l'« après-moi-le-déluge », du bonheur Bouddha, de la joie à toge orange.

Seulement on ne décide pas plus d'être joyeux que d'être furieux : ça vous tombe dessus comme la grêle sur les raisins de la colère. C'est d'ailleurs toute la société qui refuse que « ça lui tombe dessus ». Elle veut régenter, sécuriser, limiter le hasard et les aliments gras, salés et sucrés. Comme Sollers, elle veut tuer la mort. C'est sa névrose.

La reprise... C'était le titre d'un documentaire qui m'avait violemment ému, dont le prétexte était une jeune ouvrière des usines Wonder de Saint-Ouen, en 68. Les prolos faisaient grève. Ils étaient dehors. Un contremaître venait leur dire de « rentrer ». Les étudiants allaient partir en vacances et les prolos pouvaient reprendre la chaîne. Et on voyait cette jeune femme, Jocelyne, je crois, répétant, butée, d'une voix noyée : « Non ! J'y retournerai pas dans ta taule ! Jamais ! ». Ah ! comme j'étais proche d'elle, alors, dans ces images un peu brouillées ! « J'y foutrai plus jamais les pieds dans ta taule ! » Comme je te comprenais ! Comme je t'ai connue ! Comme j'ai répété, pendant des années, comme toi, à la plonge, à l'atelier, derrière un desk, dans tous ces boulots de crève-la-sueur : « Jamais j'y retournerai dans ta taule ! Plutôt crever ! » Mais on y retourne toujours. Foutue vie !

PJ. – Notre société veut limiter le hasard et tuer la mort. C'est le principe de précaution devenu fou, qui se retourne contre la vie. Sollers aimerait avoir la joie chez lui, pour la caresser bourgeoisement en regardant la télé, ou en pondant ses chefs-d'œuvre. Il se moque des pauvres têtes molles qui ne sont pas équipées comme lui de volets électriques et d'une joie grand format.

Je dois me farcir la révolte des collègues. Ce professeur de français qui insinuait que je n'aimais pas Dalida parce que j'étais homophobe m'a envoyé plusieurs mails, hier, d'une grande agressivité, me reprochant, dans un premier temps, de l'avoir blessée (être contre l'écriture inclusive, c'est la blesser), puis, dans un deuxième temps (et en réponse à ma réponse), de penser comme le RN. Pour finir, elle a porté notre dispute devant une trentaine de professeurs pour bien montrer à quel point mon âme était noire.

BL. – Oui, c'est le « principe de précaution devenu fou ». C'est bien ce qui anime ce vertueux professeur, quand il dresse autour de vous, staphylocoque pédagogique, un cordon sanitaire, que vous ne contaminiez les âmes. (Il est révélateur que ces fous reprennent l'imagerie hygiéniste des racistoïdes fanatiques de la grande époque...) Le masque anti-virus et les gestes-barrières n'y suffiront pas. Vous devrez transporter avec vous un ruban de plastique jaune, comme la police en utilise pour défendre l'entrée des scènes de crime, car vous êtes le tueur et vous êtes le lieu de la tuerie – où l'on assassine l'écriture inclusive, et ce vertueux professeur, puisqu'il *est* l'écriture inclusive.

PJ. – On en revient toujours à cet axiome : la littérature rend fou. Je me demande si ce n'est pas l'objection la plus sérieuse qu'on puisse adresser à la littérature que de générer des fous furieux. Le demi-fou qui me poursuit de sa hargne depuis des années a consacré un « statut » à *La Poursuite*. Mon roman serait une « énorme fadaise socio-existentielle, mixture d'*Inrocks*, de *Figaro Magazine* et d'études littéraires mal assaisonnées ». Il a bien le droit, évidemment, d'estimer que le roman est raté, et même nul. On aimerait, toutefois, que lui-même soit l'auteur d'une œuvre importante, ce qui donnerait plus de poids à son mépris. Mais il faut être très perspicace pour lire dans *La Poursuite* une « mixture d'*Inrocks* » et « de *Figaro Magazine* ». Admettons. Sa folie est ailleurs : depuis trois ans, il ne perd pas une occasion pour dire du mal de moi. Cette fidélité dans la haine finit par devenir suspecte.

BL. – Il faut vraiment que vous renonciez à Facebook. Ça ne vous vaut rien, et finira par vous bloquer – ce qui ravira les demi-fous et leurs commentateurs : l'immense conspiration des impuissants contre les créateurs aura gagné. Il existe suffisamment de *rézoos* pour que l'un d'eux vous permette de garder le contact avec tel ou tel, dont Lafourcade. Utilisez plutôt le demi-dingue comme personnage de roman ou de nouvelle : mettez-y les trésors de frustration que l'on accumule dans ces cas-là – vous aurez votre revanche. La seule réponse aux impuissants, c'est la création.

PJ. – Je vais retenir par cœur votre dernière proposition : « La seule réponse aux impuissants, c'est la création. » Je prends des notes dans un dossier « pré-roman » où je dessine des silhouettes, formule des idées, des débuts d'intrigues, dans l'idée, bien sûr, de préparer un prochain roman.

Une des furies du lycée s'en est violemment pris à moi samedi, d'une manière « publique » (c'est-à-dire en ajoutant une trentaine de collègues à son mail) : « Attention chien méchant » a-t-elle averti le lycée, en me désignant. Je n'en revenais pas. Je lui ai répondu :

« Mon petit Poulet, tu m'écris donc même le samedi, tu n'arrives pas à m'oublier, et tu le cries à la face du monde. Je suis désolé, mais il va falloir m'oublier. Ce sera peut-être dur (peut-être pas), mais je suis sûr que tu y arriveras. Tu comprends bien que notre histoire est terminée. Nous pourrons continuer de nous saluer et d'échanger des propos anodins, mais nous n'irons pas plus loin. Sois forte ! Si tu continuais à me harceler, alors ton gros chienchien cessera d'être gentil, et je crains qu'il ne mesure pas sa force. Oublie-moi. Tu rencontreras un jour un roquet avec qui tu pourras repeindre le monde aux couleurs de l'écriture inclusive. J'en suis certain. J'ai confiance en toi. La vie est courte, je n'ai pas de temps à perdre. Vraiment. Restons-en là. Oublie-moi. Ton Médor adoré »

Elle n'a pas apprécié. Et, sans panache, elle a répliqué : « Comme je le disais : chien méchant et méprisant, merci de te dévoiler ici. La provoc te va quand c'est toi qui la pratique[s], à tes frais ça te plait moins visiblement. Pour info je diffuse le premier message que tu m'avais écrit. Des bisou.s.e également paix et amour dans le monde. »

Et en effet, elle a dévoilé ma première réponse.

Étonnamment, ce matin, mon autre ennemie est venue me parler (vaccins), comme s'il ne s'était rien passé.

Eugénie Bastié a dit du bien de moi dans *Ouest-France* : toute la famille m'a félicité. Ils ne connaissent que la presse régionale. Comme l'écrivait Rimbaud : « La vie est la farce à mener par tous. »

BL. – Cette Érinye qui vous maccarthyse en vous désignant à la vindicte sous le nom de « chien méchant » (pour une putain d'histoire d'écriturinclusive, djizeus'craïst !) est effrayante. C'est sidérant, et à peine croyable. Vous l'avez bien mouchée en la montrant frustrée, et vous montrez assez les dents pour qu'elle comprenne que vous pourriez mordre.

Les femmes aiment rire, mais n'ont pas d'humour ; elles sont folles, mais se disent raisonnables, pragmatiques et terre à terre. Ce sont de très vérifiables vérités. Après avoir étudié de près la question, je suis en mesure de dire que la race des maboules femelles appartient à trois espèces : l'inoffensive dinguette, la dangereuse névrosée et la sorcière-*chamane*.

La deuxième cinglée est la plus ouvertement dangereuse : passée du féminisme à l'animalisme, celle que j'ai en tête a commencé par accuser un metteur en scène de viol ; puis elle a proposé, pour montrer qu'il était absurde de soutenir que certaines prostituées choisissaient leur condition, « d'aller jusqu'au bout » et « de sucer soixante pénis dans un box de cheval » ; elle en est à présent à comparer les abattoirs à Treblinka (bien qu'elle-même et ses activistes aient provoqué, au cours d'une « action coup de poing », la mort par étouffement de quatorze cents dindes).

La folie qui nous environne est à peine croyable. Une incontestable dinguerie s'est emparée du pays. Elle est sortie de son lit, et recouvre tout, les visages, les images, les mots. Quand je tombe sur des reportages ou des émissions, une fois sur deux, je m'attends à ce que tout le monde éclate de rire, tant tout m'y paraît dément : on nous fait sans doute le coup du *fake* et du gag. Mais non. Personne ne rit. Si on riait, ce serait le rire du diable, qui tirerait des coups de pistolet dans un concert, ou jetterait des pétards dans les enterrements. Chacun a sa tête de circonstance, sa tête de concerné, qui mériterait d'être brevetée tant on la sent consciente d'être entrée dans le club des têtes en lutte contre le patriarcat, les féminicides et les corridas. C'est que beaucoup ne voient plus la folie, elle s'est normalisée, en se *selfisant* : le narcissisme n'a plus de frein, on attrapait la fièvre, on attrape à présent le besoin névrotique de montrer sa vanité, où la cause des femmes, des homoncules et des ortolans n'est plus qu'un moyen de parler de soi. Les *rézoos* sont remplis de ces zozos, variantes à l'aspartame des animalistes qui parlent de « zoolocauste », qui ont la bouche pleine de morale, d'animaux et de prétextes. Avant, on pouvait les sauter ; aujourd'hui, elles font des procès. Elles étaient bandantes ; elles ne sont plus que perverses. Mais c'est sans doute moi, le fou, et ce que j'appelle la folie n'est que la nouvelle Raison.

PJ. – Beaucoup de femmes sont folles, ou demi-folles. Je crois que l'âge n'arrange rien. J'ai retrouvé, il y a cinq ans, une amie qui, étudiante, était très jolie, très agréable, très cultivée. Je crois vous en avoir déjà parlé. Eh bien aujourd'hui, après un divorce, elle croit aux fantômes, aux esprits. Elle m'a raconté qu'une nuit, elle avait vu un esprit sous son lit ! Et, bien sûr, elle ne s'intéresse plus du tout à la littérature. Il y a une dissymétrie entre le début de vie des filles et celui des garçons : les premières commencent en fanfare, choisissent leurs amants et sont l'objet du regard concupiscent des hommes : la vie est facile. Le temps les déloge de leur statut, et certaines ne s'en remettent jamais. Les garçons sont moins valorisés (quoi qu'en pensent les féministes), ils se confrontent dès l'adolescence avec la défaite. Enfin, c'est une intuition. Je ne connaissais pas l'animaliste que vous évoquez.

Chez elle, c'est l'absence du principe de différenciation qui l'a perdue : elle ne voit pas la différence entre un cochon et un homme. Muray avait raison de voir dans la perte de ce principe l'une des caractéristiques du « nouveau monde festif ». Et vous avez raison : il y a un lien entre le narcissisme et la folie. Le besoin de reconnaissance s'empare de n'importe quelle connerie pour s'exprimer.

À propos de perversité : avez-vous entendu parler de ce préservatif féminin prétendument anti-violeur qui s'agrippe au phallus et (si j'ai bien compris) serait denté ? On envisage, grâce à cette invention, une nouvelle ère dans la répression du masculin : n'importe quelle pétasse voulant abattre un homme enfilera ce truc, blessera son amant et l'accusera d'avoir voulu la violer : « Comment ça, monsieur le juge, Alphonse n'avait pas de mauvaises intentions ? Et ce préservatif qui lui a coupé la bite, c'est pas une preuve, ça ? »

BL. – Les femmes attirent la déraison parce qu'elles n'attirent plus les regards : le raccourci est séduisant. Elles ont vieilli, divorcé, les enfants sont grands : elles deviennent folles par dépit, parce qu'on les a fait descendre de leurs socles. La fin du désir est iconoclaste. Quand un type de quarante ans sort avec une fille de vingt-cinq ans, c'est avec moins d'illusions que pendant son adolescence, avec moins de « roman », de « théâtre », de « cinéma » – et il est significatif que ce sont les arts qui désignent le mensonge. On « ne se fait plus de film ».

Je connais au moins deux objets « anti-viol » : le « soutien-gorge Taser », qui envoie des décharges électriques quand on cherche à le dégrafer, et prévient un service de sécurité grâce à une puce électronique ; et « le vagin à griffes », qui agrippe la bite : il existait, dit-on, une version artisanale pendant la guerre du Vietnam, où des Vietnamiennes portaient des lames de rasoir dans l'origine du monde. C'est d'ailleurs bien d'une guerre qu'il s'agit, aujourd'hui, où toute pénétration, chez certaines folles, est un viol. Cette guerre des sexes a lieu en même temps que la guerre des races ; les Soldates du Sexe et les Mercenaires de la Race ont le même ennemi : l'hétéro blanc, pour l'essentiel innocent de ce qu'on lui impute à crime.

Cela étant dit, j'ai souvent de la compassion pour les femmes de mon âge, quand elles se sont résignées, et ne sont pas devenues folles, *i.e.* dangereuses. Plus calmes, plus indulgentes, plus réalistes, elles savent que, sur le marché du désir, elles doivent revoir « leur prétention à la baisse » ; et surtout que l'hétéro blanc n'est pas leur ennemi.

Sorin est mort. Je l'avais croisé le 20 mai 2016, à Paris, rue de Rivoli (de l'utilité de tenir un journal). Il portait un blouson gris en toile, et un cabas, comme rentrant du marché ; il marchait à petits pas, très « petit vieux », un peu « retraité des Postes ». On lit un peu partout qu'il avait « découvert » Bukowski, Philip K. Dick et Houellebecq. On rêve. Qui peut croire que Houellebecq, pour ne parler que de lui, n'aurait pas été Houellebecq sans Sorin ? Le seul qui aurait pu dire qu'il avait « découvert » l'auteur de *Plateforme*, c'est Nadeau, à la rigueur. Mais même là, ça ne marche pas. Les éditeurs ne « font » pas les écrivains, ce sont les écrivains qui « font » les éditeurs ; et si aucun éditeur n'a « fait » un écrivain, beaucoup en ont sans doute empêché de se « faire » — et ça, on ne le saura jamais.

PJ. – Je me rappelle avoir vu Sorin lors d'une « causerie » de Houellebecq, en 98, à la Fnac de la rue de Rennes. J'ai lu sur un blog que Sorin « aurait pu compter parmi les plus grands, en tant que critique littéraire ou romancier ». Il a renoncé, par modestie. Ce cliché de celui qui renonce, par grandeur, à la grande œuvre...

Les éditeurs, en effet, se haussent du col. Ils sont là pour servir, pour aider, mais ils ne « font » pas un écrivain. Muray s'en prend aux éditeurs dans son journal, uniquement dans son journal. La situation de l'éditeur me rappelle celle d'un proviseur ou d'un inspecteur : ils récoltent la « gloire » et les petits fours, rencontrent le préfet et les ministres, alors que leur fonction est seulement administrative. Toute la production du livre va dans ce sens : dans un festival littéraire, les écrivains sont souvent les seuls à ne pas vivre du livre, tandis que les éditeurs, les journalistes, les attachés de presse, les libraires en vivent très bien. Et la vente d'un roman ne rapporte que dix pour cent de son prix à son auteur. Écrivain, cette « profession délirante » (Valéry), qui n'est même pas une profession.

Je ne connaissais pas le soutien-gorge Taser. Toutes ces protections anti-mâles (même si on peut en comprendre l'existence) sont bien tristes. Figurez-vous que l'an prochain, au bac de français, parmi les trois œuvres à choisir en « littérature d'idées » figure un essai d'Olympe de Gouge : je l'ai reçu. Il y a une dizaine de pages, le gros de son œuvre étant une réécriture de la déclaration des droits de l'homme en droits de la femme. Le dossier contient plusieurs passages sur la défense des LGBT+. Telle est l'Éducation nationale : l'idéologie d'extrême gauche à transmettre aux élèves. C'est ainsi dans toutes les disciplines. Si j'avais la folie de protester contre l'étude d'un texte (Gouge) qui n'a rien de littéraire, la réaction serait brutale (il n'est qu'à voir ce que j'ai dû subir pour avoir refusé de signer une lettre en écriture inclusive). Pour votre instruction, je mets le lien d'un article du CNT FTE.

BL. – Il faut toujours garder en tête que tout, en France, à commencer par la France elle-même, est le produit de l'inversion : on héroïse les coupables, on infantilise les adultes, on urbanise la campagne. Un progressiste s'en réjouit, un anti-progressiste s'en indigne : il n'y a pas de droite ni de gauche, il y a les réjouis et les indignés (et nul ne ment comme un indigné).

Juin

BL. – J'ai trouvé *Uranus* dans une « boîte à livres », devant une gare, près de Saint-Marsan, il y a trois mois environ. Je l'avais déjà lu il y a plusieurs années, et je l'ai relu avec la même admiration que la première fois. J'en gardais le souvenir d'un roman crépusculaire, et il l'est, en effet. Les hommes, sauf Léopold, y apparaissent dans toutes leur noirceur et leur petitesse, depuis Loin jusqu'à Monglat. Mais celui que je trouve le plus effrayant, c'est Watrin, et cet « Uranus » auquel il pense pour trouver un bonheur artificiel fondé sur l'oubli de la situation présente. Je pardonne tout, dans ce roman, aux petits médiocres, même les plus fanatiques comme ce Jourdan (qui porte le nom du héros de *Tour d'ivoire*), qui veut faire oublier sa classe en réclamant des têtes, parce que, finalement, c'est bas, mais c'est humain (si Lagasnerie faisait le même aveu, j'en éprouverais pour lui une certaine compassion) ; alors que je me rends compte que l'attitude de Watrin me cause une véritable répugnance.

Mon admiration pour Marcel Aymé, que j'ai finalement découvert tard, ne fait que croître...

PJ. – Le passage où Rochard (je crois) crève les yeux d'un collabo, puis l'oblige à faire le tour du village sur ses genoux, est terrifiant. Oui, *Uranus* est le roman crépusculaire d'un écrivain qui n'a plus d'illusions sur l'humanité. Néanmoins, on ne déteste aucun personnage, il y a comme une compassion sous-jacente pour les petits hommes, si petits, si mesquins. Les communistes ne valent pas mieux que les autres, ce qui devait, en pleine période d'engagement marxiste, paraître insupportable à bien des critiques littéraires. « La délation, ignominieuse dans une société bourgeoise où elle fournit des victimes à l'oppression capitaliste, devient l'exercice de la plus élémentaire honnêteté lorsqu'elle est au service de la lutte prolétarienne » (p. 282). Rien n'a changé. Watrin est d'une bonté à laquelle on ne croit pas, du reste son utopie n'est pas terrienne, mais s'incarne sur Uranus.

BL. – Oui, le grand art de Marcel Aymé, et c'est en quoi mon admiration pour lui va croissant, c'est que même les plus odieux de ses personnages sont trop humains pour être détestables – alors que le mauvais romancier fabrique des personnages trop détestables pour être humains. En lisant *Uranus*, je me suis dit plusieurs fois : « Moi aussi, j'aurais agi comme cette crapule... » Un grand roman nous ramène à nous-même, à notre condition, à ce qu'il y a de meilleur et de pire en nous : peu d'êtres sont essentiellement des saints ou des bourreaux.

Parlons d'argent : j'adore parler d'argent comme les impuissants de fornication. Connaissez-vous la Sofia ? Je m'étonnais de ne pas recevoir d'artiche des bibliothèques (pour le prêt des livres). J'imaginais que cet argent était versé aux éditeurs qui l'escamotaient, comme ils savent le faire. Ce n'est pas exactement ça : il faut s'inscrire à la Sofia, l'organisme qui gère ces droits d'auteur indirects. C'est rétroactif : vous, avec vos derniers romans, vous pouvez percevoir assez coquettement de la caillasse. De mon côté, je vais organiser une entourloupe d'envergure nationale : « Opération Caillasse ». Trois cents individus commissionnés par moi-même vont faire acheter des livres de moi, dans trois cents bibliothèques municipales, partout en France. Ils emprunteront ces livres régulièrement, de sorte que je gagnerai (une fois soustrait l'argent dû aux commissionnaires) vingt mille euros par an et vivrai paisiblement en attendant les Cosaques (j'ai décidé de ne plus attendre le Saint-Esprit). « Comment, vous empruntez encore *Une jeunesse les dents serrées* cette semaine, après l'avoir lu la semaine dernière ? – Mais Madame ! Patrice Jean le tient pour un bon livre ! – Et en plus vous vous appelez Guy Lafourcade ? Et je vois sur mon logiciel qu'il y a un Emmanuel Lafourcade, un Martial Lafourcade, une Victoire Lafourcade, sans compter une Viviane Dupeyron née

Lafourcade qui ont emprunté des livres du même auteur à Villeurbanne, à Metz, à Bayonne et à Clermont-Ferrand ! – Oui. Mes ex-femmes et mes ex-maris. Vous êtes homophobe, Madame ? »

PJ. – Cher Bruno, je vous ai écouté à la radio. Les critiques d'Amazon ou de Babelio, tous ces idiots qui prennent de haut les classiques... Il faudrait réfléchir à la position du spectateur : assis dans les gradins, il surplombe des joueurs et des écrivains qui le dépassent en talent, en courage. Bien au chaud dans la foule anonyme, il insulte plus fort que lui.

La semaine dernière, je participais aux rendez-vous des écrivains de La Baule : figurez-vous que j'ai déjeuné et dîné à la même table que Charline Vanhoenacker. Son assurance m'a impressionné. Elle ne doute pas. Elle n'en revenait pas d'être à La Baule, avec des gens de droite, et elle le disait. Il y avait aussi Nathalie Saint-Criq (à qui je n'ai parlé qu'en entrant aux toilettes, endroit dont elle sortait, je lui ai dit « pardon », elle a répondu « excusez-moi » : c'est un début). La rencontre la plus heureuse fut celle du couple Vitoux. Ils m'ont écouté lors d'un débat, et ils ont été convaincus de lire mes romans. Ils sont discrets et cultivés (ça doit aller ensemble).

Depuis jeudi, j'interroge les élèves dans le cadre des oraux du bac (je finis mercredi). La deuxième partie de l'épreuve consiste, pour l'élève, à présenter un livre choisi avec son professeur, puis de répondre aux questions de l'examinateur. C'est pourquoi j'ai la chance de poser des questions à propos des romans de Maylis de Kerangal (une dizaine d'élèves), de Didier Daenincks (deux) et d'Évelyne Pisier (trois). Les professeurs de français creusent lentement mais sûrement la tombe de la littérature française.

Jeudi, le comité de lecture de Gallimard a statué du sort de mon prochain roman : trois avis favorables (la note maximale). Mais Antoine G., inquiet, a exigé l'aval d'un quatrième lecteur.

BL. – Les « bovarhyènes » (c'est le titre de ma chronique de septembre pour *Éléments*) sont effectivement assises sur les gradins de l'arrogance. Le public hyper-démocrate surplombe de sa suffisance les athlètes, et les juge, et les injurie avec la violence des fanatiques, dans l'anonymat des foules. Charline Vanhoenacker figure d'ailleurs un exemplaire accompli de ce fanatisme rigolard, insulteur et satisfait. Vide de tout surmoi, elle ne connaît la honte ni le scrupule : elle appartient aux Justes. Elle a caché Irène Némirovsky dans sa cave et Douglas Bader dans son grenier. Elle a gagné le droit d'être payée cher pour aboyer sur Franz-and-Taire, où tintent les mots qui font saliver les cloches.

Juillet

PJ. – Les « gradins de l'arrogance » est un phénomène fascinant. Il confirme, sur un autre plan, ce que Nietzsche écrit à propos des « forts » qu'il faut protéger des « faibles ». Je n'arrivais pas à comprendre cette thèse, mais, à la lumière de cette expérience, j'entrevois ce qu'il voulait dire. Peut-être faudrait-il ajouter un peu de Tocqueville et ses analyses sur la démocratie comme passion servile de l'égalité. Chacun fait de soi-même le juge de tout. Les commentaires sur Amazon fourmillent de critiques qui, puisque les hommes sont libres et égaux, considèrent que leur peu d'estime pour Platon, Heidegger ou Drieu doit être publié.

Il faudra comprendre un jour pourquoi une Charline ne doute pas. Comment peut-on être une Charline ? Comment le devient-on ? Il y a toujours eu des Charline, à toutes les époques, mais l'originalité de notre Charline de France Inter, c'est qu'elle se croit, en plus, impertinente.

J'ai terminé les épreuves du bac. C'est épuisant, déprimant. Je ne suis pas sûr que les mauvais élèves iront en lettres : même eux, ces mauvais élèves, regardent de haut ces études-là. Et il reste quelques élèves brillants qui se tourneront vers ce type d'études. Sauront-elles résister au féminisme ambiant ? Je me souviens d'une jeune stagiaire, charmante et ironique : aujourd'hui, avec treize ans de plus, un mari qui l'a trompée, elle débite des conneries féministes.

BL. – L'égalité hyper-démocrate peut aider à comprendre, en effet, l'intuition de Nietzsche sur les « forts » qu'il faut protéger des « faibles ». Les *bovarhyènes*, notamment, n'attendent qu'une occasion, un peu de bride au cou, pour se jeter sur Flaubert. Elles auront sa peau, comme elles auront la peau de l'art, du savoir, du sport – au nom de la juste lutte contre le *masculinisme*, la *blanchité* et le *validisme*.

On me refuse encore une bourse. On doit croire que je n'ai pas besoin d'argent, ce qui est très exagéré. Qu'à cela ne tienne : mon contrat de travail chez les infirmes s'arrête dimanche, et je ne signerai pas le prochain. Je vais chercher un autre travail, en attendant que ma petite société survive au Virus mondial. « *Mamma mia ! Here I go again ! Mamma mia !* », comme chantaient les jolies filles d'Abba.

PJ. – Je suis revenu hier soir de Paris. J'ai pris un café avec Eugénie Bastié, près du *Figaro*. Elle m'a parlé de vous, de *L'Ivraie*, qu'elle dit avoir bien aimé. Elle voit des points communs entre nos livres. Elle vous trouve plus « rageur » que moi, ce qui est peut-être vrai. Elle m'a parlé de vous avant même que je cite votre nom. Lafourcade est un code secret qu'on se transmet dans les bonnes familles.

Dans un dîner, alors que je rapportais qu'une critique de *La Poursuite* me reprochait les trop nombreuses occurrences de « beaux seins », signe de ma misogynie, une jeune primo-romancière (28 ans) approuva le reproche au nom du « *male gaze* » ; et, à ma grande surprise, l'hôtesse de maison ajouta qu'elle avait été importunée par mon tropisme « nichons » (elle ne l'a pas dit comme ça). J'essayais de me justifier : « Si l'on ne parle pas des seins, on court le risque d'écrire un roman kitsch et fleur bleue. » D'autres polémiques ont suivi : Millet, Sylvain Tesson, l'écriture inclusive, la GPA, etc. J'étais méfiant envers la primo-romancière mais elle m'a gentiment accompagné jusque dans le 14ᵉ grâce à une application de son portable qui m'a permis de ne pas trop marcher (beaucoup de lignes de métro sont en travaux). Nous nous sommes expliqués.

Figurez-vous qu'hier, alors que j'étais attablé à la terrasse d'un café, dans le 7ᵉ arrondissement, un type s'est approché timidement : « Excusez-moi de vous importuner, mais ce n'est pas tous les jours qu'on rencontre son écrivain préféré. » Il était déjà passé deux fois devant le café, sans oser me parler ; il avait téléphoné à un ami, celui-ci l'encourageant à venir me voir. Il avait lu tous mes livres, sauf *Revenir à Lisbonne*. Un type d'une quarantaine d'années, travaillant comme réceptionniste dans un grand hôtel. Figurez-vous qu'il est aussi un grand lecteur de Lafourcade, qu'il suit dans *Éléments*. (Il m'a rapporté qu'une librairie parisienne refusait de vendre mes livres...)

BL. – Dans les néo-romans, on se dénonce soi-même, on devient son propre corbeau : on dresse, au début de son livre, la liste des passages qui attendent le lecteur au coin d'une page pour lui heurter violemment la sensibilité. Grâce au *content warning*, on sait que des scènes contiennent de l'oppression, comme certains aliments du gluten. Que va produire une aussi grande quantité de refoulement chez des auteurs dont le maton intérieur n'arrivera plus à verrouiller les démons ? On ne peut pas toujours cadenasser ses frustrations, on ne peut vivre en opprimant durablement ses préjugés. Tout explosera, dehors ou en soi. Les vieux et vertueux mouvements protestants, pourfendeurs du vice alcoolique, ont commencé, eux aussi, par dresser des listes de bars et de saloons, avant d'obtenir l'interdiction des boissons alcoolisées, créant indirectement l'alcool de contrebande, les débits clandestins, la mafia du bourbon, et un redoublement de l'ivrognerie. Nous sommes également voués à *distiller*, dans des romans clandestins, des phrases de contrebande au taux de haine nettement supérieur à celui que nous aurions produit si on nous avait laissé préjuger en paix.

PJ. – Hier, je déjeunais chez Michel Marmin, à Angers. Bertrand Lacarelle était présent ; et Bruno Deniel-Laurent (cinéaste, écrivain). Ce dernier cherche, lui aussi, des mécènes pour ses documentaires. Il a tourné un film sur une jeune Russe de Saint-Pétersbourg, agoraphobe et qui n'était pas sortie de sa chambre depuis quinze ans. Cette jeune femme en a profité pour apprendre plusieurs langues, sa langue « préférée » étant le breton. Deniel-Laurent lui a proposé de la conduire en Bretagne depuis la Russie. Elle a accepté, rêvant de fouler, enfin, la lande bretonne. Ils ont quitté Saint-Pétersbourg le 15 mars 2020, de sorte qu'ils arrivèrent, après un périple mouvementé (en voiture), dans une France confinée (au moment où leur passagère mettait enfin le pied dehors). Elle n'est repartie qu'à Noël. Pour réaliser ce film, Deniel-Laurent a déposé un dossier au CNC (entre autres mécènes) : il a reçu une longue lettre qui, dit-il, était très enthousiaste, sauf l'ultime paragraphe : on s'inquiétait du « regard masculin » porté sur une jeune femme fragile et solitaire ! Donc, pas de caillasse ! Je pense qu'il faudrait aller plus loin : avons-nous le droit, nous les hommes (pub pour l'après-rasage), de lire les romans de femmes ? Je ne le crois pas : imaginez nos yeux lubriques se poser sur les phrases d'une romancière, comme une main poilue caresse un postérieur rebondi, quelle horreur !

Lacarelle a proposé, disait-il, le dernier manuscrit d'Olivier Maulin chez Gallimard, un « grand roman », disait-il. Michel Crépu a écrit une note très positive. Mais le livre a été recalé. Je saurai demain si mon manuscrit connaît le même sort ou s'il saute l'obstacle.

Qu'en est-il de votre situation de privilégié délesté des servitudes du travail ?

BL. – Ce que vous m'apprenez est terrifiant. Il devient impossible d'échapper à la Vertu. Son empire s'étend à tous les départements de ce que l'on appelait avec pompe, du temps qu'il y avait de la vie et de l'esprit, « la vie de l'esprit ». Même la très belle histoire de cette jeune agoraphobe de Saint-Pétersbourg, qui « profite » de son enfermement pour apprendre des langues étrangères, offre trop de prise au « regard masculin » ! Cette obsession pour l'impureté est démoniaque. La primo-romancière dont vous m'avez parlé ne vous a rien dit d'autre : vos yeux sont sales, vos désirs puent le cul, il ne faut pas regarder les seins, il ne faut pas dire *croupe* parce que ça ramène au cheval comme la levrette au lévrier. Le désir animalise et réifie. Il ne fallait pas montrer, il ne faut même plus regarder. C'est pourquoi les livres d'aujourd'hui sont si lisses, si pauvres en mots et en images : on les a *décharnés*. On a remplacé la sensualité par les sentiments – ceux de la chouinerie des Vaginées, *push-up* plongeant et string apparent, victimes du « regard masculin »... Les vendangeuses nous montrent la vigne et nous coupent les grappes. Sculpteur, je burinerai une de ces vigneronnes au sécateur et je l'appellerai : *La Nouvelle Anastasie*. En plus, ces Babyliss sont des sangsues.

Parlons du CNC. Contrairement à Gallimard, qui est maître chez lui, le CNC est un organisme d'État. Or toutes les commissions ou presque sont présidées par des femmes, des femmes-auteurs déjà accablées de succès, d'à-valoir, d'adaptations au cinéma, au théâtre et à la télévision. Vian-Sullivan a écrit *Et on tuera tous les affreux*. Le rêve avoué des Vigneronnes au sécateur, derrière leurs bons sentiments, est de tuer les affreux, mais avec toute la perversité de la fausse gentillesse : « Votre histoire est formidable, mais on ne vous donnera pas l'argent de l'État, parce que l'État, c'est nous, et l'argent, on en a besoin pour des Vertueuses comme nous. » En contrepartie, vous avez raison, on ne devrait pas autoriser les hommes à lire des femmes. Les éditeurs devraient entourer leurs livres d'un bandeau rouge : « Interdit aux Affreux ».

J'ai commencé un nouveau travail : je corrige, contre un peu d'argent, un mauvais roman d'un mauvais auteur. Ensuite, on verra bien.

PJ. – Ce travail de correcteur d'un mauvais roman, c'est plutôt pas mal, non ? Douze mauvais romans par an et vous seriez débarrassé de l'embêtante obligation d'un emploi.

Je ne me remets pas de cette critique sur mon tropisme « nichons ». J'en parle à tous ceux que je rencontre, et, trop souvent, ils ne sont pas scandalisés, ils essaient de comprendre. La pensée féministe gagne du terrain.

Laclavetine a rendu son verdict : 1,25. La note maximale est de 1, la note la plus basse est de 2. Selon Lacarelle, ce résultat est encourageant (on se croirait à l'école). Laclavetine a ajouté, de vive voix, qu'il estimait que *La Palinodie* méritait d'être publié, même si ce n'était pas sa « tasse de thé ». Antoine Gallimard tranchera en milieu de semaine prochaine (normalement).

BL. – Je n'en reviens pas non plus : j'en ai même fait un texte (inspiré de mon dernier message) sur Facebook. Les *féministériques* vont gagner, momentanément. Puis elles vont se faire voiler par les néo-Barbudos. Et nous ne serons plus là pour les défendre.

Ça doit être refroidissant d'être soumis chaque fois aux décisions du comité de lecture... Qu'est-ce qu'il y a donc dans votre *Palinodie* de terrible qui n'était déjà dans *La Poursuite* ? Mystère & Manioc amer. D'un autre côté, il y aura toujours une porte de sortie pour vous : Séguier, Le Cherche Midi, Albin Boulemiche ou Arles-Sud...

PJ. – Certaines féministes vont grandir : la jeune primo-romancière a les moyens intellectuels de comprendre les impasses de sa position. Il y a un effet de mode. Combien de temps cela durera-t-il ?

La *Palinodie* essaie de montrer en quoi le progressisme butera toujours contre le péché originel et la misère essentielle de tout ce qui vit. L'ironie est discrète : Lacarelle pense même que certains lecteurs ne la verront pas, ou à peine. Et il y a aussi quelques allusions à Matzneff, il est possible que ce point soit également dur à avaler. Oui, j'espère que le manuscrit sera publié, quelle que soit la décision de Gallimard. Ce serait peut-être même mieux chez Albin, Actes Sud ou Séguier, on m'y soutiendrait plus.

Août

PJ. – Gallimard a dit « oui. » En collection blanche, je ne sais quand. Vendredi, Duteurtre m'a appelé pour m'informer que j'étais évincé du prix Michalski (au contraire d'Édouard Louis). Bon, ça fait un sur deux...

On m'a dit qu'on voyait dès les premières pages que le roman, *La Poursuite de l'idéal*, était écrit par un type de droite. Quelle folie ! Un roman, qu'il soit de droite, de gauche, du centre, on s'en tamponne le coquillard, les seules questions à poser sont celles-ci : est-il drôle, intelligent, émouvant, vrai, original, etc. ?

BL. – La droite, la gauche, ces vieilles lunes. Ceux que l'on dit « de droite », et qui croient l'être eux-mêmes, souvent, ne sont rien d'autre que des « réactifs » : ils réagissent contre les absurdités qu'ils voient et qu'ils entendent (et ils ne peuvent être embarrassés que par le choix, entre la « Journée mondiale du jardinage nu », les héroïnes à Palme d'or qui « accouchent d'une Cadillac », les *genderfluid* pansexuel-les qui contestent la « polyaphobie », « le sexe écolo dont les orgasmes respectent la planète », etc.). Il se trouve que ces absurdités sont « de gauche », et il suffit de dire que ces absurdités sont absurdes pour passer pour un homme « de droite ».

En réalité, il n'y a pas de « gauche », il n'y a pas de « progressisme » ; il y a, sous couvert de progrès, de l'obscurantisme. Tous ces sectateurs (de la secte écologiste, de la secte sexuelle, de la secte artistique) nient les formidables progrès accomplis depuis l'après-guerre (dans la production agricole, dans la reconnaissance du droit des femmes, et même dans le renouvellement des techniques artistiques), dans des domaines où ces illégitimes se sont installés, et qu'ils écorniflent avec une patience de parasites.

PJ. – Toute la question est là, en effet : l'obscurantisme revient-il sous le masque du progressisme ? Hier, un ami m'expliquait que son fils s'offusquait du « regard masculin » sur les femmes, un regard libidineux. Lui (le fils) n'érotise pas une paire de fesses rebondies aperçue à la plage et il reproche à son père de le faire. Le fameux « *male gaze* » que me reprochait la jeune primo-romancière. J'ai répondu à cet ami qu'en réalité son fils reprenait l'éternel discours du puritanisme en le couvrant des couleurs du gauchisme et du progressisme. Quel tour de force ! Les idées les plus sectaires et obscurantistes prétendent représenter la marche en avant du Progrès. Tartuffe est devenu *gay-friendly*, non-binaire, déconstructeur.

J'avais réussi à déstabiliser la primo-romancière en la doublant sur sa gauche, en affirmant que la vraie question était celle de la lutte des classes. Soudainement, elle a paru déstabilisée. J'en avais assez qu'une jeune bourgeoise (dont le prochain et premier roman pas encore paru concourt déjà pour quatre prix littéraires !) me donne une leçon de progressisme, et ce dans un vaste appartement du 16e arrondissement, dont les convives autour de la table gagnaient largement mieux leur vie que moi. Comme c'est (malgré tout) une fille intelligente, elle a réfléchi à cette question et a remis en cause sa propre position de privilégiée (normalienne, HEC, déjà embauchée par France Inter). On parle souvent du retour aux années trente ; je crois qu'il existe une analogie plus intéressante : la révolution culturelle chinoise, avec son humiliation des universitaires par la jeune génération des gardes rouges, son rejet de la tradition ancestrale, son refus de la culture, et l'ensemble téléguidé par le Grand Timonier. Il faut espérer qu'on en restera à la version « farce ».

BL. – D'un lecteur, à propos d'un texte publié sur mon « mur » (orthographe, ponctuation, etc., d'origine) : « Pas mal ! Le texte n' est pas limpide de bout en bout . Faute de cohésion syntagmatique, il se produit des accidents qui produisent quelque confusion ou équivoque. Le relire est nécessaire si on veut les dissiper. Les obscurantistes regressifs que désigne Lafourcade sont plus que jamais à abattre, sans autre forme de procès. Leurs lubies ou leurs délires ne me font cependant pas craindre que les ténèbres. La haine qu' ils suscitent en moi va peut-être m' aider ou me forcer à écrire; et à former des .fantômes voire quelques jolis anges porteurs eux de lumière. Tant de noirceur ne est pas sans interstices, elle ne peut pas penser à tout. Dans l' exces et même la perfection, il este toujours une place pour la spontanéité, cet antidote. »

PJ. – Clément Baudry semble désespéré que vous l'ayez bloqué. Il m'a demandé de vous dire ce truc incroyable, de façon que vous le repêchiez : qu'il vous aime ! Une véritable déclaration. Dommage que Clément ne soit pas Florence ou Virginie.

BL. – J'ai « bloqué » deux « amis », depuis mon arrivée sur Facebook. Je ne l'ai pas fait par haine, mais par lassitude, et nécessité. Si je romps, c'est définitif : je ne reviens jamais. Je ne crois pas que l'on soit conduit à rompre par hasard : je ne crois pas au hasard, ni aux malentendus. Je crois à la grande fatalité des conflits. Dans une relation impossible, les Verdun reviennent fatalement, comme des nausées de grossesse : la Mère des batailles doit accoucher. Souvent, celui à qui l'on a coupé, en rompant, l'herbe de la guerre sous le pied, trouve le moyen de reproduire son « amour » en le changeant en regrets, en amertume, en haine. L'admiration que l'un dit nous porter se transforme en dépit, en dégoût, en mépris – trois étapes d'une décristallisation forcée. Vous avez connu ça, avec l'ami dont vous m'avez parlé, dont la haine a coïncidé avec les débuts de votre réussite. Peut-être Baudry aura-t-il besoin de haïr, lui aussi. Je ne sais pas, je m'en fous ; je préfère haïr d'emblée.

On peine à se comprendre jamais tout à fait, on reste étranger à soi, on est son énigme. Je le constate en me voyant simultanément si peu envieux, et si hargneux. Voilà qui échappe à la cohérence : seule l'envie devrait provoquer la hargne. Il y a là comme un rapport de cause à effet. Ce n'est pas le cas chez moi, et je ne sais pas pourquoi.

PJ. – On trouve de la « magnanimité surplombante » chez ceux qui, n'ayant encore rien prouvé, ne se sont pas confrontés à leurs limites : souvent, par exemple, les élèves prennent de haut leurs professeurs, imaginant qu'eux, plus tard, gagneront dix fois plus d'argent que la masse des gagne-petit de l'enseignement, ou bien seront des célébrités. Lors des entretiens avec des élèves (pour l'orientation), il m'arrive d'entendre des blancs-becs m'expliquer qu'ils veulent devenir « professeurs, mais, ajoutent-ils, professeurs d'université, vous voyez, pas comme vous, ça m'intéresse pas les ados. » Cette année, une élève de seconde qui savait écrire (et écrivait des petits textes de fiction) me toisait du haut de son talent. D'une certaine manière, ces peigne-culs imposent des exercices d'humilité, c'est pourquoi ils ne sont pas inutiles.

De la hargne et de l'absence d'envie : on peut avancer l'hypothèse que vous n'aimez pas la réussite d'écrivains que vous estimez surfaits non parce que vous aimeriez être à leur place, mais pour la raison, universelle, que personne n'aime les imposteurs et les injustices...

BL. – L'arrogance, vous avez raison, on la trouve souvent chez les jeunes gens qui n'ont pas fait, comme disait autrefois Sollers, quand il réformait maoïstement les codes romanesques traditionnels, « l'expérience des limites ». Comme je suis bien décidé à ne plus m'exclure des reproches que je fais au siècle (c'est aussi la nouvelle direction que j'entends faire prendre à mon journal), je peux dire que l'on trouvait beaucoup de suffisance chez moi, quand je balbutiais du stylobille. Il m'en est resté quelque chose, compensé par le sentiment de la *burla*. C'est Falstaff qui a raison, qui ne perdait pas de vue la bouffonnerie universelle. J'en rirai encore quand je ne serai que de l'os. Le jour où la *burla* me quittera, je n'aurai plus envie d'écrire, je pense. C'est le sentiment de l'inutilité qui me fait croire que l'écriture est utile.

À vingt ans, vingt-cinq ans, et même trente ans, je mettais ma petite personne bien au-dessus du *vulgum pekinus*. Aussi, pour compléter votre remarque : si ma hargne, qui se marie à mon manque de jalousie, s'explique par ma haine des imposteurs et des injustices, elle pourrait s'expliquer aussi par le sentiment que ces imposteurs prennent la place qui me revient. Or, l'intérêt étant non de se noircir mais d'éclairer son fond, je ne peux pas dire que ce soit la raison : ne les enviant pas, je ne peux envier la place qu'il m'aurait volée. Admettons, faute de mieux, que je n'aime pas l'injustice.

PJ. – Tant qu'on n'a pas publié on peut se rêver du côté des plus grands, c'est pourquoi, paradoxalement, la publication est un exercice d'humilité. J'ai des amis (ou des « connaissances ») qui ne publient rien : ils manifestent souvent un orgueil étonnant, ne se référant qu'aux plus grands, refusant de lire le tout-venant des contemporains. Je l'explique ainsi : leur amour-propre a tout intérêt à revendiquer le difficile, le déjà-reconnu, et de contester qu'il existe, en même temps qu'eux, des œuvres de grande valeur.

Entre vingt et trente ans, je pensais, aussi, que j'étais d'une essence supérieure à la plupart des gens qui m'entouraient (n'avais-je pas lu Schopenhauer, Nietzsche, Baudelaire, etc. ?) ; mais je n'écrivais que des fragments, des aphorismes, des nouvelles, un petit roman, de sorte que cet orgueil courbait la tête devant la réalité de mon insuffisance. J'étais aussi d'une humilité maladive. Les deux sentiments alternaient. Aujourd'hui, je ne ressens que très peu de jalousie envers ceux qui réussissent, j'en veux plus aux lecteurs : après tout si Laurent Gaudé vend des centaines de milliers d'exemplaires de ses livres, il ne va pas refuser les fleurs (et le fric) qu'on lui jette. Mais les lecteurs...

J'ai commencé *Délivrez-nous du mâle* [d'Alexis Legayet] : c'est reposant de lire des choses intelligentes sur le féminisme. Le roman est une réussite !

BL. – D'un lecteur : « J'avais lu *Extension du domaine de la lutte* et *Les Particules élémentaires* à leur sortie. J'avais beaucoup aimé. *Plateforme* m'avait fait abandonner la lecture de Houellebecq pour des années. J'avais trouvé ça moyen, putassier. J'ai essayé de lire *Soumission* cette année : vraiment pas très terrible. Un ennui mortel, à tomber des mains, insignifiant quant à Huysmans, nul en ce qui concerne Bloy. » Puis : « Même la dégaine des auteurs français en dit généralement long sur les chemins de traverse qu'ils ont osé prendre durant leur existence... Ils ont tous plus ou moins souscrit au désabonnement du sport. » Je résume : Houellebecq est nul, il n'a rien compris à Bloy, et les écrivains français sont des chétifs. La haine est vitale pour le lecteur : il *faut* que Houellebecq soit décevant, et l'écrivain français un sous-homme – le lecteur respire mieux, il cesse d'étouffer. Il a *besoin* que les auteurs soient nuls, et laids, pour se trouver lui-même légitime. Ce qui circule le plus, et le mieux, en général, entre les êtres, c'est la haine. Elle se présente d'ailleurs rarement sous sa véritable identité. L'amour est son pseudonyme préféré, et l'humanisme son plus beau masque. La haine n'a pas toujours besoin de gifler ; souvent, un sourire lui suffit.

PJ. – Combien de fois m'a-t-on reproché d'être « provocateur » ! Et, chaque fois, je ne comprenais pas, sinon qu'une
position en contradiction avec la doxa des petits-bourgeois
professeurs ne peut être, au mieux, qu'une provocation. C'est
la condition pour qu'ils vous acceptent encore, car si vous ne
l'êtes pas, provocateur, c'est que vous êtes un salaud, un con,
un être-à-éliminer.

Jeudi soir, j'ai donné une sorte de conférence-entretien à
l'hôtel Ibis de Pornichet. Malheureusement, l'intervention a
été filmée et sera postée sur YouTube : j'écris pour ne pas
dire trop de banalités, et on me rattrape par le cou, pour en-
registrer les banalités que la présence d'un public « non-litté-
raire » m'oblige à dire pour être compris de lui. Il faudrait
garder le silence, ne pas se montrer, mais c'est impossible.

BL. – On ne contredit pas un doxiste, puisqu'il exprime
la vérité. Si l'on s'y amuse, on ne peut être qu'un provocateur
(pas un rebelle de progrès comme Mathieu Kassovitz, mais
un cyber-réac comme Maurice G. Dantec). Mais si ce provocateur n'en est pas un, s'il pense vraiment tout ce qu'il dit,
qu'on ne peut répéter tant c'est criminel, c'est qu'il a bien
caché son jeu, depuis toutes ces années qu'on le trouvait si
poli, si serviable, alors que jamais on ne l'avait croisé avec un
livre de Philippe Claudel ou des ballons pour la prochaine
murder party, ah ! il nous a bien eus, le salaud…

Septembre

BL. – « Dès la réouverture de l'abbaye, les artistes Anne
et Patrick Poirier investissent l'abbaye du Thoronet avec une
série d'une quinzaine d'installations. En faisant appel aux
sens, à la mémoire et à l'esprit du visiteur, les œuvres entre-
ront en dialogue avec le monument et permettront une redé-
couverte de ses vestiges. » On investit et on entre en

dialogue. On ne fait plus tourner les tables, on fait des installations. On n'entre pas en contact avec les esprits, mais avec les monuments. Et quand on est en forme, on interroge les vestiges. Tout converge aujourd'hui vers l'invisible, vers l'au-delà. C'était le seul sujet de mon *Hussard*, avec les rubans dont les couleurs luttent contre le sida ou les cancers, avec la sorcière qui enlace des troncs pour baiser avec la nature. Toute l'écologie politique, aujourd'hui, est d'inspiration occulto-progressiste. Ne pas le voir, c'est marcher les yeux crevés. Chaque fois qu'une Tatiana de Rosnay parle de ses orgasmes avec un tilleul, chaque fois qu'une élue demande aux pauvres de cohabiter avec ses rats, c'est l'occulto-progressisme qui nous plonge dans son infernal chaudron régressif, qui nous noie au nom du Progrès, de l'Égalité : ils rêvent d'un état primitif chimérique, bien avant Lucy, Naoh et les Oulhamr, avant le Feu, la Faute et la Chute, avant le Tabou et le Phallus, avant les genres, les races et les langues, avant le Grand Mélange de la Fromagerie universelle, avant Babel et Babybel, ils veulent l'Androgyne fondamental, l'Enfant-Cueilleur, le Végan essentiel, vivant vierge parmi les lions végétariens, ils veulent l'état d'avant le Viol, la Ville et la Ventrèche, avant les guerres, avant le Mal, avant les hommes. À cet égard, aucun réactionnaire ne régressera aussi loin qu'un écologiste qui accepte la défiguration des paysages au nom de l'écologie, la *burqa* au nom de l'ouverture-aux-autres et le crime au nom du vivre-ensemble. L'occulto-progressiste prend la forme d'un monstre et d'une sorcière. Les sociétés finissantes produisent de l'inversion : on admire la laideur, on exalte l'ignorance et on réussit socialement avec ce qui aurait conduit, dans une société saine, en prison ou à l'asile. Les sociétés inversées exaltent les tordus, les fous, les monstres, les femmes à barbe et les mâles moulés dans des tee-shirts Hello Kitty d'une virilité de majorettes. Et elles le font au nom du *care* : l'occulto-progressiste reste un humaniste. S'il ne l'était pas, il ne pourrait pas imposer l'anormalité comme une norme.

PJ. – Oui, l'occulto-progressiste croît en même temps que l'Occident régresse, dans un jeu de vases communicants. Parlons du corps : le changement de sexe. Le phénomène se répand dans les lycées, les universités. Tout autour de moi, les exemples abondent. Une amie me racontait, samedi dernier, qu'une de ses élèves de Terminale, « Opaline », lui avait écrit pendant les vacances de Pâques, pour qu'à la rentrée (après ces vacances), mon amie (et les autres professeurs), l'appellent « Opale », censément plus masculin qu'Opaline (malgré une rime avec « pine »). Montal, cet été, m'a parlé de l'essai d'une Américaine qui étudie et critique cette nouvelle mode. L'auteur, disait-il, est protégée par la police à chacune de ses interventions publiques : l'occulto-progressiste prône le débat et l'ouverture, sauf avec tous ceux qui ne pensent pas comme lui. Un de mes élèves, l'an passé, se maquillait et portait des robes : de le remarquer, comme il m'est arrivé de le faire, auprès de collègues m'a valu une volée de bois vert : « C'est admirable ! Il fait ce qu'il veut ! Je ne vois pas où il est le problème ! » Je n'avais rien dit de mal, cela va de soi, à propos de cet élève, mais il me semblait normal, au cours d'une réunion de l'équipe de professeurs, d'évoquer cette curiosité : bah non.

La technologie a rendu possible le changement de sexe, ou plutôt quelque chose qui ressemble à un changement de sexe, car, en réalité, une femme n'aura jamais de pénis (on lui greffe un bout de chair pris sur l'épaule et l'on joint ses grandes lèvres pour imiter le scrotum), un homme n'aura jamais de vulve ni de clitoris. On se contente de lui couper la bite et de sculpter dans sa chair une fleur vaginale. Aucun orgasme féminin n'est possible. De même, on ment lorsqu'on prétend que deux femmes (GPA) ont un enfant, on oublie le sperme du géniteur, et quand deux hommes mettent bas, on ne parle pas de la mère porteuse. On rejette dans l'ombre la nature et on met en lumière l'artifice : le mensonge triomphe.

La technologie toute-puissante vient au secours des névroses en les présentant comme justifiées. Si un homme blanc prétendait être, en réalité, noir, et que la technoscience, par manipulation génétique, pouvait pigmenter à sa guise la couleur des peaux, nous aurions, en Occident, des centaines de milliers de crétins qui expliqueraient doctement à la télévision : « au fond de moi, j'ai toujours été noir, j'exige qu'on m'appelle Abdoul et que mon épiderme retrouve sa couleur originelle. »

BL. – Tout ce vous dites est très juste.

Nous marchons tout près du précipice, comme au bord d'une folie, où basculent des individus par paquets entiers. À force de déconstruction et de détabouïsation, plus rien n'empêche de verser dans la démence. « Opale » m'a rappelé un des cas les plus pénibles que j'ai connus.

Il y a des années, je préparais des élèves au concours d'orthophoniste. Dès le premier jour, une certaine Marion est venue me voir : désormais je devrais l'appeler « Proserpine ». Ah bon. Cette fille était végane, poly-amoureuse, elle pratiquait le « iel » inclusif, et avait décrété qu'elle était Asperger (c'était la première fois que j'entendais ce mot). Je me rappelle qu'elle se bouchait les oreilles, fermait les yeux et secouait la tête si j'évoquais les animaux ou la gastronomie. Bien entendu, elle savait tout mieux que tout le monde. En une semaine, elle avait réussi à se rendre odieuse auprès des élèves et des formateurs. Pendant mes cours, de temps en temps, elle sortait un carnet à couverture épaisse, comme les jeunes filles en utilisent pour leur journal intime. Elle le remplissait frénétiquement d'une écriture serrée. Vous avez compris : Proserpine était *écrivaine*. Elle trouvait Proust « nul ». Très vite, elle me fit l'honneur de me choisir comme premier lecteur. Elle me donna son œuvre : huit pages. C'était, essentiellement dialoguée, une histoire assez crue d'amours entre hommes et femmes, où je ne faisais pas de différences entre les personnages. Aucun humour, mais du drame venu de

l'âme et des tripes. « Qu'est-ce que vous en avez pensé ? »
Oh ! je suis rompu à l'exercice : dans un cas pareil, il suffit de
poser des questions. « Pourquoi avoir choisi la forme dialoguée ? Vous n'aimez pas les descriptions ? Vous voulez en
faire un roman ? Quels sont les écrivains que vous aimez ? »
Ça marche à tous les coups : elle a parlé une heure et demie
durant, de sa vie et de son œuvre naissante. Je me rappelle
qu'elle admirait beaucoup Jean-Christophe Grangé, un auteur de thrillers.

Rien de bon ne peut sortir des fous. Tous les fous sont
dangereux. Cette Proserpine était folle et dangereuse. Et
d'abord folle de vanité. Sa folie était une extension de sa vanité, et de son manque d'humour, puisque, comme tous les
fous, la conscience de sa supériorité ne supportait pas le rire.

PJ. – La folie des Proserpine et des Opaline est encoura-
gée par la clique progressiste pour qui le passé n'est que
meurtres, sauvagerie, bêtise. Quand on regarde dans la tête
des élèves, leur vision de l'histoire est souvent caricaturale :
la France fut gouvernée par des Rois très méchants (que
seules les fables de La Fontaine eurent le courage de braver
(trop fort, il a déguisé le Roi en lion, on n'y a vu que du feu !)),
avant que la révolution apporte plus de douceur. Hitler (un
débile mental allemand) a failli gagner la guerre, mais grâce
aux immigrés et à Joséphine Baker le pays a recouvré sa liberté. Il y a encore trente ans, la plupart des hommes bat-
taient leurs femmes et violaient les jeunes filles en toute im-
punité. Les immigrés vivaient dans des taudis sous les quolibets des Français à moustaches. Heureusement, une nouvelle
génération, pure et juste, combat pour que les Trans (« des
gens comme tout le monde ! ») puissent vivre en paix malgré
le fascisme ambiant. Il reste encore tant de combats pour que
le racisme et les Français disparaissent !

Les nouveaux directeurs de Rue Fromentin m'ont appelé :
ils m'ont proposé de réunir mes trois premiers romans en un
seul volume (ou coffret) et de leur envoyer « À bout

portant ». Dans leur folie (?), ils sont même intéressés par les romans d'« avant Bernard ». Il y en eut trois. En revanche, je leur ai parlé de mes aphorismes (un livre entier), ils n'ont pas répondu.

Je lis le dernier Finkielkraut : *L'Après littérature*. Comme d'habitude, il décrit les folies actuelles (néoféminisme, cancel culture, progressisme fou, etc.) avec beaucoup de justesse et de pertinence.

BL. – Jaccard s'est tué. Frédéric Schiffter a reçu de lui le message suivant : « Je m'en vais. Prends le relais ! »

PJ. – Vous me l'apprenez. Il en a tellement parlé, du suicide. Son dernier message aura été de m'inviter à passer le voir à Lausanne. Ça me déprime, même si, d'une certaine manière, on ne peut que constater la cohérence de son geste et de ses écrits. Steven Sampson, que j'ai vu en juillet, m'avait appris que Jaccard avait vendu son appartement rue Oudinot... Je lisais ses textes sur son blog. Il avait un ton bien à lui, morbide et frivole.

BL. – Oui, il aura été cohérent jusqu'au bout. On ne peut pas s'empêcher de penser que ses livres, comme ceux de tous les écrivains qui ont choisi de se tuer, sont à relire avec ce point final mis à leur œuvre. La perspective en est changée.

Comme chaque année, je rédige un manuel scolaire, qui me rapporte un peu d'artiche. J'ai essayé de vendre sa version numérique à un organisme pédagogique d'État : on a décidé que l'« on n'avait pas le budget » (la phrase-guillotine).

Je pars trois jours dans les Hautes-Pyrénées, c'est-à-dire que je vais m'enfermer dans une chambre d'hôtel, dormir et croquer des chips en regardant la télé.

PJ. – Pour revenir à Jaccard, je ne peux pas m'empêcher, non plus, de me dire qu'il s'est peut-être piégé lui-même, en accomplissant un acte que son œuvre n'avait cessé d'annoncer : se tuer pour ne pas perdre la face ? N'importe, l'acte a du panache.

Ah, le fameux budget. C'est comme la lettre canonique de refus, pour les éditeurs. La cruauté est de laisser espérer de l'argent, puis finalement de n'en rien faire : on dirait le comportement de ce qu'on appelait naguère (avant MeToo) : une *allumeuse*. Elles vont disparaître du vocabulaire, les allumeuses. Et des consciences, mais pas de la réalité.

J'imagine que vous êtes dans votre chambre d'hôtel, avec un paquet de chips : mais pourquoi s'en aller jusque dans les Hautes-Pyrénées ?

BL. – Je crois plutôt que c'est vraiment ce qu'il voulait, qu'il n'avait pas annoncé son suicide avant ses quatre-vingts ans par hasard. Je le relisais régulièrement. J'écris un texte pour exprimer ce que je lui dois. Nous entrons dans l'âge où nous verrons mourir nos maîtres.

Dans ma chambre d'hôtel, j'ai trouvé ceci, sous la poignée de la fenêtre : « Le désarmement de l'entrebâilleur dégage la responsabilité de l'hôtel. » (*Le désarmement de l'entrebâilleur*, roman.) Finalement, il y eut peu de chips, mais pas mal de vodka-coca. (Pourquoi les Hautes-Pyrénées ? Sans doute parce que, le samedi soir, j'y avais rendez-vous avec une personne du sexe...) Le reste du temps, j'ai lu *Éléments*, pour la première fois de bout en bout, et un roman de Béraud.

Octobre

PJ. – Matzneff et Jaccard proposaient à mes yeux naïfs (vers vingt ans) une image plus accessible que celle des grands Maîtres : Schopenhauer, Cioran, Baudelaire, Pessoa ou Gombrowicz. Les deux fréquentaient Cioran, ce qui me semblait, déjà, un privilège. Je croyais qu'ils avaient une vie légère et néanmoins lucide. Je n'avais pas encore compris qu'il entrait beaucoup de pose dans leur frivolité. Le temps a passé, mais je leur garde, à l'un comme à l'autre, une forme de reconnaissance, comme à tous ceux qui, par leurs livres, m'ont aidé à tenir le coup.

Je crois avoir compris pourquoi les dominants, les grandes entreprises promeuvent le néo-féminisme, l'antiracisme, le wokisme : la fragmentation des luttes, loin d'unir les classes populaires, les disjoint et les divise, de sorte que ces classes ne prennent pas conscience de leur existence en tant que classe dominée. C'est ce que j'aurais dû expliquer à la jeune primo-romancière qui me reprochait, du haut de ses privilèges bourgeois, de pratiquer le sexisme dans mes romans. Cette dernière vient de décrocher le prix du premier roman : son succès est total. Comme il est de l'intérêt de la grande bourgeoisie d'enfumer les prolos, on en prend pour longtemps des discours féministes et antiracistes.

Qu'en est-il de la PME Lafourcade ?

BL. – Eh bien, j'ai écrit et nous avons tourné plusieurs films de commande, vus par personne, même pas par ceux qui ont versé les subventions – tout le monde s'en fout : c'est révoltant, et reposant pour l'esprit (le mien, en tout cas). Finalement, je vais peut-être réussir à la rendre rentable, ma PME. Heureusement, parce que j'ai reçu, vendredi, une lettre m'informant que, « après avis de la commission consultative », je pouvais m'asseoir sur la Bourse à laquelle prétendait ma vanité – ce doit être le quatrième ou cinquième refus, c'est amusant (en fait, je continue pour voir le nombre de fois où l'on peut me refuser).

Je réécris un vieux livre, *Leur jeunesse*, pour en faire une version plus courte ; c'est long et fastidieux ; il me reste soixante-dix pages – j'ai hâte que ça se termine.

Sinon, j'aime de moins en moins les idées. Mais je me suis découvert une passion pour les carottes râpées. Vous ne pourrez pas dire que je ne vous tiens pas au courant de ma vie intérieure.

Novembre

BL. – Cette fois-ci, c'est le CNL : « Auteur prolifique, ayant publié plusieurs romans, récits et essais, il fournit en lecture un roman familial [*Tombeau de Raoul Ducourneau*] ponctué de dialogues confus et de saillies violentes et sombres qui distillent un certain malaise. L'extrait proposé pour le projet [*Scènes de la vie écrivassière*] présente des scènes convenues, des personnages et une écriture qui ne convainquent pas. »

J'ai beaucoup baissé dans l'estime du jury. La dernière fois, on me reconnaissait des « qualités » (je crois me souvenir du terme) ; désormais, je « distille » (ce n'est jamais bon signe, de distiller) du malaise et du convenu.

Je devrais écrire sous le nom de Latifa Laaroussi un roman qui bouscule les certitudes et casse les codes. Un roman qui bouleverse. Un roman à vif. Forte de mes deux cultures (marocaine par mon père et française par le sang versé), mais aussi de ma sexualité non-conforme, j'interrogerai l'universel. Je joindrais ce premier roman à mon dossier : j'y décrivais ma vie de doctorante, d'abord poly-A puis franchement lesbienne, découvrant une nouvelle discipline, le genrisme décolonial, que dans la « vraie vie » j'enseigne désormais à Paris VIII. Dans mon deuxième récit, *Abdellatif L.*, pour lequel je fournirais deux chapitres, je mettrais en scène mon arrière-grand-père, qui à la tête de la 2e DB a libéré Strasbourg. Surtout, je questionne. J'interroge. Et je dénonce : l'Histoire a préféré retenir Leclerc (qui ne sort pas grandi de ces pages, fondées sur des recherches que j'ai poussées jusqu'au CDI du lycée technologique Louise-Michel de Bobigny) pour mieux nier Abdellatif L., qui n'a qu'une initiale pour tout potage, tant son nom a été occulté par la prédation coloniale. *Abdellatif L.* sera le deuxième volet d'une « Trilogie de l'identité ». Le troisième volume, provisoirement intitulé *Comment j'ai renoncé à manger des cadavres*, décrira mon rapport au corps, à l'animal, à la mort. Avec ça, je devrais mériter une année sabbatique.

PJ. – C'est petit bras. Exigez trente mille euros, une résidence de six mois à Venise, avec des courtisanes seins nus, et des admiratrices, fesses à l'air, pour servir vos repas. Il est clair que le refus du CNL est idéologique. *Ducourneau* produirait un malaise, avec des saillies sombres et violentes ? Et alors ? N'est-ce pas le cas des grands romans ? Ces gens-là, qui se rengorgent d'écrits subversifs sont, en réalité, des Ernest Pinard (et encore, ce Pinard valait bien mieux qu'eux, car, lui, s'appuyait sur une morale bourgeoise qu'il défendait sans fard). Bourdieu a longuement glosé sur le « capital symbolique », mais il a oublié (et pour cause) d'analyser la correction idéologique progressiste comme principal capital symbolique si l'on veut accéder aux articles des médias, aux festivals, aux éditeurs, aux bourses d'écriture (ou de cinéma). C'est un point aveugle. Je suis persuadé, par exemple, que ma fiche Wikipédia qui mentionne *Éléments* et *Valeurs actuelles* a dû beaucoup me coûter. Vous savez, ce roman de Latifa Laaroussi, il faudrait l'écrire.

Les nouveaux éditeurs de Rue Fromentin veulent publier *À bout portant* et Bérénice Levet plaide auprès des éditions de l'Observatoire pour qu'ils éditent un recueil de mes textes sur la littérature : Levet m'avait demandé l'autorisation de republier dans *Causeur* un article écrit pour *L'Atelier du roman* en 2018, en complément de son analyse du dernier Finkielkraut. Deux semaines plus tard, elle m'apprenait, dépitée et se perdant en excuses, le refus d'Élisabeth Lévy, par « manque de place ». En échange, Bérénice (que je n'ai cessé d'appeler Béatrice au téléphone et par mail) a eu l'idée d'un recueil de mes différents articles. J'aurai la réponse cette semaine (normalement).

Je suis invité, jeudi soir, à une soirée parisienne, dans le 17e, pour fêter la publication de *La Leçon d'élégance*[23]. Cette soirée est prise en étau entre des réunions avec les parents d'élèves et les conseils de classe.

---

[23] *La leçon d'élégance,* livre collectif (Séguier, 2021).

Mon roman avance, dans le vide, mais il avance. J'écris un peu ce qui me passe par la tête, prêtant au narrateur la plupart de mes idées et de mes perceptions.

PJ. – Avant de quitter Alice Ferney, samedi, sur le pas de sa porte, je lui confiais que j'avais raté le coche avec *La Poursuite de l'idéal* : je n'ai eu aucun prix, aucun véritable succès de vente (de ceux qui vous libèrent de la servitude salariée) : seulement un succès d'estime. Il me prend, parfois, l'envie de raccrocher les crampons, comme disent les footeux. Pour l'heure, pas de réponse de L'Observatoire. En revanche, Gallimard voit d'un mauvais œil la publication d'*À bout portant* chez Rue Fromentin, en prétendant que je leur dois tous mes romans…

J'espère que votre plan « aucun travail salarié » connaît le succès qu'il mérite.

PJ. – Cher Bruno, j'ai eu le plaisir, hier, de recevoir *Leur Jeunesse*[24] : je l'ai tout de suite commencé. Dès les premières pages, on retrouve votre ton, votre style, ceux du « meilleur d'entre nous ». Quelle violence et quel humour ! Ce pauvre Gabriel Cohn-Bendit (un Nazairien) en prend pour son grade, « à grands coups de pelle à tarte ». Vous avez le don des images et celui du rythme. Rien de sentimental, le goût du vrai. J'en suis à la page 62. Les élèves sont accablants, les professeurs aussi. L'extension du domaine du bac (coiffeur, commerce) avait pour but, je crois, de ne pas « discriminer » les élèves qui passaient un CAP, un BEP : changer les noms est un maquillage de la réalité. Le lycée général n'en est pas encore là, mais il est bien déglingué quand même. Un phénomène nouveau le gangrène : les élèves à « PAP », autrement dit qui n'ont pas le niveau requis et auxquels on doit « s'adapter », notamment en simplifiant leurs devoirs. Comme je refuse cette mascarade, une mère d'élève s'en est plaint à la

---

[24] *Leur jeunesse* (Jean-Dézert, 2021).

direction, laquelle, dans un souci de pacification, m'a proposé
de m'inscrire à un stage « d'école inclusive » (le tout de manière feutrée, sans me faire de reproches directs) : je ne répondrai même pas (je joins le plan du stage, pour vous faire
envie).

Je suis dans la correction des épreuves de *Winger*. La correctrice n'aime pas mes virgules, elle tire dessus sans pitié.

Avez-vous envoyé *Leur Jeunesse* à Finkielkraut ?

PJ. – *Leur Jeunesse* est un livre remarquable (je l'ai fini hier).
En le refermant, je me disais que seule la littérature (la vôtre
en l'occurrence) pouvait approcher le désastre scolaire : que
nous en diraient les philosophes ou les sociologues ? La pensée, par nature, cherche à comprendre, à relier les causes et
les effets ; or le chaos se décrit plus qu'il ne s'analyse. Atta-
chée au singulier, la littérature fait de cette faiblesse une
force : je l'ai toujours pensé, mais votre livre le prouve. Votre
description rejoint celle de Torrès dans *Sortie de classes* à propos du collège (que j'ai lu en début de semaine). Pour l'heure,
le lycée n'a pas atteint un tel degré de délabrement, mais on
peut craindre que votre centre de formation soit son avenir.
Comment l'école, au milieu d'une société de divertissement
et de décervelage, pourrait-elle échapper à l'abaissement universel ? Le seul reproche qu'on peut adresser à *Leur Jeunesse*,
c'est qu'il donne l'envie de quitter le navire de l'Éducation
nationale, gouvernée par des Pédagogues fous, débitant un
jargon imbitable à la place d'une pensée claire et efficace.
J'aurai un autre (minuscule) reproche : les extraits de copies
qui m'ont rappelé, en pire, mes propres copies. J'ai beaucoup
aimé les passages de retour sur soi, hors cadre scolaire, le
blues du dimanche soir, les découragements, l'envie de crier
dans les réunions, la stupeur devant la bêtise. Tous ces élèves
devraient être dispensés de cours généraux, lesquels les humilient comme ils humilient ceux qui les dispensent. Mais
plus qu'un livre sur l'école, c'est aussi un pamphlet contre
notre époque, sur son refus de penser, son refus de la beauté

et du style, son *présentisme*, sa bêtise. Et je finis par où j'ai commencé : c'est remarquable.

Hier, j'ai reçu un appel de Jean Le Gall, lequel met en place, au Cherche Midi, une collection « Borderline ». Conseillé par Montal, il m'a proposé d'écrire un petit roman pour cette collection, en prenant le sujet de mon choix. J'ai répondu que je venais de commencer un roman. Il prétend que je peux en écrire deux à la fois ! J'ai fini par dire « oui ». Mais aujourd'hui, je me demande si ce n'est pas une erreur : prendre du temps pour écrire un petit roman au Cherche Midi alors que j'avais en tête un roman plus ambitieux pour Gallimard : je suis vraiment trop con.

BL. – Cher Patrice, il faut penser dans l'autre sens : vous n'avez pas eu de prix, François Busnel ne vous a pas interviewé, vous avez bénéficié de très peu de soutiens – or, malgré cette mer d'indifférence où se noient tous les anonymes, en dépit surtout d'opinions qui ne sont pas celles de Mme Darrieussecq et un style qui n'est pas celui de Mme Pingeot, vous vous êtes acquis un public qui vous sera désormais fidèle : vous vous êtes même durablement installé dans le paysage littéraire français, plusieurs éditeurs ne s'y trompent pas qui seraient honorés de publier un livre de vous. Si j'ajoute que vous avez obtenu une bourse ou deux, que vous avez publié votre livre chez Gallimard, que vous avez l'estime d'auteurs aussi différents que Finkielkraut, Beigbeder, Schiffter ou Ferney, vous serez obligé de reconnaître que vous avez déjà atteint un niveau (de vente et de notoriété) derrière lequel courent en vain la plupart des écrivains. Bien sûr, vous n'avez pas vendu cent mille exemplaires de votre roman, vous n'avez pas obtenu le prix Renaudot, et vous n'avez plus l'âge des succès d'estime ; mais votre impression de « coche raté » n'est qu'un défaut de perspective. Lauriston a vendu son dernier livre, pour lequel il est passé sur toutes les radios et sur toutes les chaînes, à six mille exemplaires. Il a dégringolé en vingt ans la pente que BHL avait mis trente ans à dévaler : dans les années quatre-vingt, Lévy devait louer un semi-remorque pour aller chercher ses droits d'auteur ; trente ans plus tard, le coffre de la Twingo de sa bonne philippine est encore trop grand. Vous croissez où d'autres s'effondrent – et les livres que vous publierez bientôt le prouveront.

Je vous remercie de ce que vous écrivez de *Leur Jeunesse*. Je ne sais pas trop ce que je pense de ce livre : j'écris, je publie, et je ne me pose pas de questions. Non, je ne l'ai pas envoyé à Finkielkraut, qui doit recevoir cinquante livres par semaine : inutile de l'alourdir encore. Je n'envoie mes livres qu'à Maulin (le pauvre, il doit en être accablé).

Je bouillonnais d'idées pour ma société, notamment (en dehors de la production de films) l'édition de petits livres sur des cinéastes et des écrivains de la 66 – dont vous. Le Virus a tout ravagé. J'ai dû reprendre les choses *da capo*. J'essuie beaucoup de refus, bien sûr. Mais, de temps en temps, je réussis à passer les sas sanitaires successifs (« l'inclusivité », le « wokisme », etc.). Je dois par exemple écrire un livre d'entretiens avec des habitants d'une ville du Tarn, dont les immeubles vont être détruits, et un autre (peut-être complété par un film documentaire) dans un Ehpad en Auvergne. Ce sont deux projets qui m'intéressent beaucoup – de sorte que je n'ai vraiment pas à me plaindre.

Je crois que je vous avais parlé d'un ouvrage auquel j'avais pensé ; il aurait été constitué d'une présentation de vos romans et d'un dialogue avec vous. J'y ai beaucoup réfléchi. Mais j'ai peur de ne pas arriver à convaincre un éditeur. Je suis vraiment nul dans ce genre de tractations. Et il faudrait un auteur moins obscur que moi. Sans compter que mon nom vous desservirait (je suis quand même chroniqueur à *Éléments*, la revue des amis de Jünger, Dumézil et Lorenz, dji-zeus'craïst !). Ou alors pour un tout petit tirage, qui sait ? Peut-être pourrait-on se tourner vers une sélection de notre correspondance. Qu'en pensez-vous ?

Décembre

PJ. – Cher Bruno, vous avez sans doute raison, et je vous remercie de me proposer une perspective plus riante de ma « carrière littéraire » (les guillemets sont de rigueur). Je m'étais bêtement figuré qu'avec *La Poursuite de l'idéal* publié chez Gallimard, les ventes pourraient me permettre de délaisser le lycée, au moins pour une demi-année. J'arrivais chez un grand éditeur, le roman était plus classique que les précédents, plus volumineux aussi. Ça m'apprendra : il ne faut jamais compter sur la littérature pour s'enrichir ! Comme le dit Gombrowicz, il y a un art pour lequel on est payé et un art pour lequel on paie (en santé, en temps, en vie). Au moins, n'aurai-je connu que ce deuxième état, ce qui ne présume en rien d'un quelconque talent (ce serait trop facile). Maud Ventura a vendu vingt mille exemplaires de son roman, et l'éditeur espère atteindre les cinquante mille. Vingt mille exemplaires, et j'arrêtais les cours : un doux rêve.

J'ai expliqué à Le Gall que j'écrivais un autre roman et qu'il m'était impossible d'en écrire deux en même temps, puisque je ne pouvais consacrer que deux jours par semaine aux « travaux littéraires ». Je leur ai proposé 2023. Ou bien de publier un roman de 2013, *Comment P'tit Louis est devenu poète*[25], roman que je n'ai envoyé chez aucun éditeur (sauf Rue Fromentin). *À bout portant* est en relecture chez Gallimard.

Vous ne m'aviez pas parlé de ce projet de présentation de mes romans avec des entretiens : j'en serais honoré, bien sûr. Un petit tirage, ce serait très bien. Là, il faut à mon tour changer la perspective : mon nom pourrait vous servir (dans l'étroitesse de sa notoriété). Idem pour une sélection de notre correspondance, laquelle, d'ailleurs, dépasse le million de signes ! Un autre éditeur, ce serait bien, mais y en aurait-il un pour ce genre de texte ?

---

[25] Voir note p.149.

BL. – « Il ne faut jamais compter sur la littérature pour s'enrichir ». Il ne faut jamais rien espérer : c'est l'espoir qui est épuisant, pas le désespoir.

J'ai commencé *Anéantir*, qui pour le moment égale le meilleur Houellebecq. J'ai craint, après avoir lu *Sérotonine*, que son talent se soit tari, qu'il en soit réduit à sa caricature. Pas du tout. J'en ai lu cent pages, et le livre me passionne : l'intrigue est complexe, prenante, à peine futuriste (on est en 2027, Macron termine son second mandat), les personnages (un ministre de l'Économie, son conseiller, un employé de la DGSI) sont crédibles. On pense aux *Particules* pour les notions scientifiques (ici, les effets spéciaux, la réalité virtuelle) et à *Plateforme* pour le réalisme (il y a d'impeccables notes sur la vie de couple, notamment sur les rayons de rangement dans un réfrigérateur) ; et on retrouve l'humour froid qui est la marque de l'auteur.

C'est Noël. Je vous écris ceci au pouce, sur mon téléphone portable, dans une chambre d'hôtel, indispensable pour forniquer, et fuir.

PJ. – *Le Parti d'Edgar Winger* (dont je corrige en ce moment le deuxième jeu d'épreuves) sera publié le 7 avril. Enfin, Le Cherche Midi publiera *P'tit Louis disparaît* (écrit en 2012-2013) en 2023 et Rue Fromentin *À bout portant* en 2022 (Antoine Gallimard ayant donné son accord). C'est peut-être trop. Lacarelle aimerait, quant à lui, qu'on publie le roman en cours (s'il est fini) pour septembre 2023. J'y ai passé toutes mes vacances, j'arrêterai vendredi. Ensuite, copies & cours, le couple maudit.

Vos propos sur *Anéantir* donnent envie de le lire : vous l'avez reçu en service de presse ? Les *Particules* et *Plateforme* sont mes deux Houellebecq préférés (avec *Extension*).

Vous avez de la chance de remplacer les chants de Noël par des coïts à l'hôtel !

Votre aphorisme [publié sur Facebook] : « En cette soirée de Noël, je pense à ceux qui sont seuls et sans famille, et je les envie » est très drôle. Je l'ai cité à plusieurs reprises : rires assurés. (Oui, fuir ! Là-bas fuir la famille ! J'en ai soupé : trois réveillons !)

BL. – Mais ça sera l'avalanche johannique ! Voilà qui change tout : si vous publiez trois nouveaux romans, il faudra retarder de quelques mois la parution de notre livre d'entretiens, qui doit parler aussi de ces trois (ou quatre) romans-là. Avec dix (ou onze) ouvrages, dont neuf (ou dix) romans, ça donnerait une plus large perspective, et permettrait de tracer des parallèles, des perpendiculaires, des abscisses et des ordonnées, de trouver des correspondances, des équivalences, des itérations obsessionnelles (dont la callipyge) et des évolutions ; et de parler d'œuvre. Pour cela, bien entendu, il faudra que j'aie lu vos trois (ou quatre) nouveaux romans.

J'ai toujours l'envie de ne plus rien publier, de n'écrire que pour moi. C'est une idée fugitive et tenace, un joli galet ramassé sur la plage que je joue, avant de le rejeter dans l'océan, à tourner entre mes doigts, avec l'envie de brûler mes papiers d'identité, d'être libre comme le diable, de décrocher du monde comme on prend un manteau d'une patère avant de sortir de la maison. C'est sans doute une idée qui traverse beaucoup d'hommes. Elle me vient quand je marche seul dans une ville, tôt le matin ou tard le soir, ou quand je prends une chambre d'hôtel avec ou sans appétit fornicatoire, il me semble alors que tout serait possible, que c'en serait fini de la société, de toutes les sociétés, puisque toutes les sociétés sont vipérines, la société familiale, la société littéraire, la société politique. Ça reste une marotte, le vieux souvenir aussi de quelques mois à vivre dans la rue. C'est le désir de changer entièrement de vie, de devenir autre chose que ce que l'on est. Cette démangeaison revient souvent, que je prends du plaisir à gratter jusqu'au sang.

2022

Janvier

PJ. – Cher Bruno, comme j'aimerais mettre un terme au salariat ! En ce moment, mes étudiantes de BTS m'expliquent qu'elles sont plus « conscientes » que ne l'était notre génération des problèmes du réchauffement climatique et de la domination masculine, tout en bavant d'admiration devant les « influenceuses », celles qui apprennent à se maquiller, à se fringuer et à cuisiner une tarte aux pommes. Ce ton supérieur qu'elles prennent !

En effet, le livre sur la « somme johannique » (pour user de votre vocabulaire) pourrait être publié dans la foulée du *P'tit Louis*, ou du roman en cours (à supposer que Gallimard en veuille).

On m'a transmis le nom d'une librairie qui refuse de vendre mes livres : le Tram librairie café, rue de la Montagne Sainte-Geneviève. Ces gens-là se voient certainement comme des consciences, des rebelles. Dans deux semaines, je serai à Viroflay pour une conférence (Alice Ferney sera l'une des deux intervieweuses), cependant, la directrice culturelle de la ville ne désirait pas m'inviter en raison de mes soutiens « réactionnaires » (l'un de ses employés l'a convaincue de ma respectabilité). Pour revenir à la maison d'édition qui pourrait publier ce livre : j'en parlerai d'abord à Lacarelle, même si je me doute de sa réponse. Sinon, Le Cherche Midi, ou bien Rue Fromentin ? En général, les éditeurs ne veulent de moi que des romans. Ils doivent me prendre pour un con.

Mon roman avance entre les gouttes de pluie du salariat. Je tiens enfin une intrigue, et même deux. Deux dangers le menacent : j'ai choisi d'écrire à la première personne, en choisissant un personnage de mon âge et qui développe mes idées de sorte que le roman court le risque de n'être qu'un prétexte à tenir un seul discours : le mien. Enfin, justement, les idées prennent souvent le dessus sur la narration. Dernier danger : je prévois une intrigue à caractère fantastique. Je n'aimerais pas tomber dans le grotesque.

Je conçois très bien votre volonté de tout laisser tomber (du reste, incidemment, mon personnage-narrateur ressent ce désir de tout quitter). Oui, toutes les sociétés sont vipérines ! Schopenhauer dit qu'il se porterait mieux s'il cessait de considérer ses contemporains comme des semblables, alors que d'un point de vue intellectuel la société ressemble à un asile, du point de vue moral à un repaire de brigands et du point de vue esthétique à une taverne de poivrots. L'accueil du dernier Houellebecq est l'occasion d'un déferlement de haine à l'endroit du romancier. C'est chaque fois le même refrain et chaque fois je me demande pour quelles raisons Houellebecq est à ce point détesté. On peut ne pas aimer ses livres, mais le concernant, c'est autre chose, comme un instinct de survie qui prend la forme de la haine. J'ai commencé *Anéantir* avec grand plaisir.

Que préparez-vous d'autre (textes, livres, films) ? La jeune femme qui illustre votre portrait Facebook est plus que charmante ; et elle a un goût littéraire très sûr !

BL. – Tout ce que vous me dites des progrès de la rhinocérite (le Tram, la « directrice culturelle » de Viroflay, etc.) illustre ma certitude que ceux qui écrivent des ouvrages, ceux qui les éditent, ceux qui les vendent, ceux qui sont payés pour les faire découvrir, en rendre compte, organiser des émissions ou des colloques autour d'eux, tous, auteurs, éditeurs, professeurs, libraires, bibliothécaires et critiques, dans leur majorité, détestent les livres. Ils se fondent admirablement dans ce qu'il faut bien appeler – sur le modèle de la « musique d'ambiance » ou du « parfum d'ambiance » – la *haine d'ambiance*.

Les effrayantes et stupéfiantes réactions des anonymes de *rézoo-socisses* à l'annonce de la publication de *Anéantir* (même pas à la lecture du roman, mais à l'*annonce* de sa publication !) sont également éclairantes : je n'ai pas le souvenir d'une telle férocité irrationnelle. Le mot *haine* n'est même plus congru : il faut parler d'envie de meurtre, de crime différé – ces gens-là veulent tuer. Les trois quarts seraient bien incapables de saigner un poulet, mais ça ne rend pas leur réaction moins grave – d'une certaine façon, ça l'est davantage. Quand j'avais dix ans, dans la ferme familiale, je tuais de la volaille au couteau de saignée, je brisais la nuque des lapins au manche de pioche, j'assistais à la tuaille des porcs – j'ai encore leurs hurlements dans l'oreille : rien ne leur ressemble plus que ceux des nouveau-nés. On tuait pour manger, sans plaisir ni compassion. Mais je voyais bien la mort, la vie qui fuit les yeux révulsés tandis que le corps s'agite et le cri s'étrangle. J'aime mieux la vie, finalement. Avant de tuer symboliquement un écrivain, les lecteurs devraient tuer et dépecer un lapin : ça les rendrait modestes. Pour l'heure, ces démons sont passés du mortifère au mortel, les rues en sont la pleine illustration, avec l'hébété marchant de conserve avec le menaçant, ça se remarque aux regards que l'on croise, qui vont du zombie de séries aux djihadistes du quotidien, du soutenu par le cannabis au soutien à l'*allahchnikov*.

J'étais justement en train de lire *Anéantir* quand j'ai passé une visite médicale de routine. On m'a trouvé pas mal de choses intéressantes (au cœur, au foie, à l'estomac et au sang – la bite est intacte, c'est l'essentiel). Les savantasses ignorent ce que j'ai. Il est fort possible que ce soit bénin, mais j'ai dû subir des échographies, des électrocardiogrammes, des examens sanguins, des tests d'effort. Or, comme je lisais le roman de Houellebecq, donc, j'ai bien sûr pensé à un cancer. Ce n'est pas ça, ni le Sida. « C'est à désespérer de tant d'efforts, ai-je répondu au médecin qui me l'a triomphalement annoncé. D'un autre côté, j'aimerais mieux une maladie plus actuelle. Le Sida, ça sent trop les années quatre-vingt. Je voudrais être moderne, pour une fois. » J'en ai profité pour regarder les choses avec froideur. Admettons que je meure vers soixante ans : je dois rassembler en priorité les deux cents chroniques que j'ai encore en stock, corriger vingt années de journal, et surtout terminer les deux ou trois romans que j'ai commencés. Si j'arrivais à finir tout ça, je serais satisfait (Calaferte, qui souffrait de la maladie de Kahler, a terminé neuf manuscrits les mois précédents sa mort, à 65 ans), et pourrais en toute sérénité me mettre dans la bouche le seul héritage de mon père : un fusil à canons superposés. En conséquence, sans doute vaut-il mieux parler de notre idée d'entretiens au Cherche Midi ou à Rue Fromentin, avant que je ne commence : sans éditeur, je pense que je renoncerais à ce projet, qui me prendrait plusieurs mois de travail. Enfin, nous verrons bien.

PJ. – Eh bien, cher Bruno, j'espère que vos « choses intéressantes (au cœur, au foie, à l'estomac et au sang) » vont demeurer dans cet ordre de l'intéressant, sans basculer dans la gravité du dernier Houellebecq ! Celui-ci décrit avec beaucoup de talent, sinon de génie, le sentiment de n'être plus dans la vie sitôt qu'on vous annonce une grave maladie. On la regarde de loin, comme n'y étant déjà plus. Je me souviens d'une collègue du lycée (et guérandaise), morte du cancer, en 2016, elle s'était écriée, reniflant le fumet d'un café : « Ah, l'odeur de la vie, encore ! ».

Oui, la mort est là. Je commence à me dire, moi aussi, qu'il ne me reste peut-être que deux ou trois livres à écrire. Et même sans mourir, lorsqu'on a passé un certain âge, je ne sais pas si l'on est « encore dans la vie ». Je pense à une autobiographie et à un roman sur un lycéen dans les années quatre-vingt (qui me ressemblerait sans être moi). Songez d'abord à vos manuscrits avant de prendre du temps pour notre livre d'entretiens. Vous avez, je crois, deux ou trois romans à nous donner. Et votre journal ! J'ai parlé de vous aux New Fromentin, lesquels sont à la recherche de manuscrits. Mais le mieux sera de tenter Gallimard (ou toute autre grande maison d'édition). J'ai abordé le livre d'entretiens (avec Fromentin), ils semblaient très enthousiastes. Mais, encore une fois, pensez d'abord à vos manuscrits.

Février

BL. – Parmi les choses *inenvisageables*, il y a la maladie et l'argent. Qu'est-ce que ça fait d'avoir cinq cents millions sur son compte en banque ? Qu'est-ce que ça fait d'être atteint d'un cancer ? En ce qui me concerne, j'ai de vieux os de côtes brisés qui voyagent, sans doute depuis longtemps, causant plus de gêne que de dégâts. Rien de grave, donc. La coïncidence avec ma lecture d'*Anéantir* donne à ces histoires de maladie un relief particulier. Houellebecq n'a pas eu chez moi le rôle qu'il a joué chez vous, et je l'ai toujours envisagé comme un bon romancier sans génie, mais je reconnais que les cent quarante dernières pages de son livre sont hors du commun – c'est ce que j'ai lu de meilleur, je crois, de plus « fort », sous sa plume. « Ah, l'odeur de la vie, encore ! » Ce mot vaut pour l'odeur du café, et il vaut pour tout.

Après un mois de janvier où le temps avait paru absolument figé, non pas « au ralenti » mais bien immobile, et presque surnaturel d'immobilité, dans ma campagne prise sous les gelées matinales, sans un bruit ni un souffle, hier, pendant que je marchais dans les champs, il y eut un très joli concert d'oiseaux – qui m'a fortement déçu. Le temps avait repris sa marche vers la mort – que l'on appelle aussi le *printemps*. J'aime l'hiver pour son immobilité, lorsque les grands froids ont l'air de geler jusqu'aux horloges. Il nous quitte, je le regrette.

On reparlera de notre livre d'entretiens après que votre *Parti d'Edgar Winger* aura paru, le 7 avril, si j'ai bonne mémoire. J'en suis impatient. Ce sera une nouvelle brique à votre mur.

Les haines des autres me font douter de mes dégoûts. Je pense à Laurent Maes, et sa bave aux lèvres, qui le commissure en permanence. On a eu l'idée de m'envoyer son livre, et moi celle de l'ouvrir. La littérature a crevé, répète-t-il, et les écrivains à succès n'en ont que parce que l'époque y reconnaît sa pourriture. J'ai voulu comprendre sa haine, en la réduisant à l'essentiel, en effeuillant le superfétatoire : de feuille en feuille, je suis tombé sur du vide. Épluchant l'oignon pour en garder le cœur, il n'en reste rien, sinon l'odeur. Il ne cesse de dire que certains auteurs sont nuls, mais on ne sait jamais pourquoi. Il ne dit même pas que c'est mal écrit, mais que c'est mauvais, parce que Laurent Maes, roi des putréfiés et rat de papier, l'a décidé. Comme il faut bien trouver une raison, il finit par dire qu'il n'aime pas leurs thèmes (il le dit plus bêtement encore). Mais on sent que ce n'est qu'un prétexte. Son insuccès a tué la joie éventuelle qu'il aurait eu à écrire (même si on l'imagine mal éprouver quoi que ce soit ressemblant de près ou de loin à de la joie). Il adore aussi brûler ce qu'il a adoré : il a aimé les livres de Jourde, par exemple, et a cessé de les aimer quand certains se sont bien vendus. Jourde était pur et obscur, le grand public l'a corrompu. C'est aussi infantile que ça. La psychologie de l'envieux n'a rien à envier à celle des adolescents. Il a du succès, je n'en ai pas, alors que je le mérite. Que me reste-t-il ? Du sel à verser sur mes plaies. Ça m'irrite, j'en souffre, j'en pleure, et je l'écris dans des pages où je me ferais tuer plutôt que d'en faire l'aveu. Alors, je dévie ma douleur, je m'en venge en la reportant sur d'autres. S'il avouait son ratage, il en ferait enfin un bon livre, qui modifierait le goût de son vinaigre – et ce serait, je crois, la seule façon pour lui de montrer qu'il a du talent. Mais il n'en a pas. C'est aussi simple que ça. Chez lui, le sel a tout affadi. J'ai commencé en disant que ces haines me faisaient douter de mes dégoûts. J'ai de quoi faire un deuxième volume de mes *Balles réelles*, mais je vais y renoncer, je pense. Il faut détourner ses amertumes. Ce dernier mot n'est peut-être pas très juste, en ce qui me concerne : je ne ressens pas l'envie – pas par grandeur d'âme, par bassesse au contraire : je suis trop vaniteux pour m'humilier en me comparant.

PJ. – J'aimerais bien savoir ce que c'est que d'être riche, je ne crois pas que j'en sortirais métamorphosé, mais j'en serais soulagé. Très vite, sans doute, d'autres problèmes surgiraient et finiraient par prendre beaucoup de place : l'homme n'est pas fait pour être heureux. J'ai un ami qui, sur le plan financier, a réussi sa vie (comme on dit) ; je ne l'envie pas. Au reste, l'envie et la jalousie sont des sentiments que je fréquente assez peu. Je ne sais pas si ma bassesse en est la cause, je crains que l'indifférence entre pour une grande part dans mon apparente bienveillance.

Houellebecq a joué un rôle important pour moi, c'est vrai. Je revois encore le présentoir où se trouvait *Extension du domaine de la lutte*, à la librairie de la Galerne, au Havre. J'avais feuilleté le livre, avant de me décider à l'acheter. Je l'ai lu deux fois de suite. Puis, j'ai trouvé, à Paris (Internet n'existait pas), *Rester vivant*, *La Poursuite du bonheur*, *Lovecraft*. Plus tard, il y eut *Les Particules élémentaires* et *Plateforme*. Je crois que ces premiers livres sont très importants, même s'ils ne sont pas forcément « bien écrits ». La force de Houellebecq réside dans son absence de « surmoi » narcissique, comme s'il n'était plus totalement vivant, ni dans la compétition. Comme vous l'avez écrit dans *Une jeunesse les dents serrées* : « Nous trouvâmes notre salut dans ce qui nous restait de pur : le chagrin et la mélancolie. » Ce pessimisme de Houellebecq était bien plus révolutionnaire que n'importe quel contestataire du capitalisme, que n'importe quel Debord. Il n'y avait même plus à revendiquer, le monde de l'entreprise et des supermarchés rejoignait les couloirs de la mort.

Je comprends votre rejet du printemps, je ne l'aurais pas compris il y a encore cinq ou six ans. Mais le vieillissement qu'annonce chaque printemps n'évoque plus seulement la vie renaissante mais, comme vous le dites, la mort qui s'approche. Et puis la vie comme illusion, comme jaillissement complice de la destruction.

Je continue ma *Vie des spectres*, même si je me suis offert deux jours à Caen, la semaine dernière, pour « vivre » un peu.

BL. – Je continue le Laurent Maes. Le pauvre, on ne peut pas lui en vouloir. C'est un chétif, de santé fragile. J'ai pour lui de la compassion, désormais. Il aimerait *pamphleter*, mais il s'éteint vite, faute de braises ; pâle, blanc, il est fulgurant comme un nuage de lait – de la foudre sans feu. Le bois est mouillé, la cheminée fume : Fargues et Carrère sont nuls, mais, quand Maes entend le prouver, il tousse. Il recommence, remet une buche, mais ce sont vingt nouvelles pages humides, et ça étouffe davantage encore le foyer. Ça ne crépite jamais, car il s'agit de se tenir éloigné du rire, surtout le gras, le vulgaire avec du poil aux pattes. C'est qu'il déteste la vulgarité, l'Insecte, et avec ça sévère comme Javert et maigre comme Robespierre. Ah non, il n'est pas là pour se gondoler. Faut dire qu'y a pas de quoi rire : la Littérature meurt, Messieurs. « C'est pas faute de l'avoir dit ! » Lui-même a l'air de mariner dans un mouroir. C'est un ventre infécond d'où la bête refuse de sortir. En trente ans, il a aimé un roman de Taillandier, trois chapitres de Chevillard, quelques pages de Muray. C'est peu, c'est tout. Ses arguments se retournent comme des gants : elles peuvent s'appliquer à tous les auteurs, et de manière négative autant que laudative. C'est de la critique d'abstraction – et celle de l'Insecte est la même, inversée, que celle des publicités *téléramundi*. Là où *Téléramen* parlera de « roman bouleversant et résolument moderne », Maes évoquera un « roman mal écrit et résolument artificiel » – mais c'est la même chose. Il dit aussi, d'un extrait de roman : « Ne jugeons même pas la prose, et concentrons-nous sur le "pacte de lecture" (comme disent les cuistres [comme il n'est pas un cuistre, Maes guillemette – les guillemets, c'est la guillotine qui sépare la tête de l'Insecte des épaules du cuistre])". » On « ne juge même pas la prose » ? Mais les mots parlent ! Et ils éclairent beaucoup plus que les buches qui étouffent les braises. Je ne serais pas étonné qu'il déteste Houellebecq. C'est un signe – la plupart de ceux qui le haïssent (pas de style, de la sociologie mise en roman, laid, vieux, de la littérature en dentier, de la prose sans dentelles) nous renseignent moins sur lui que sur eux, comme il arrive.

Je suis plongé dans du Jean Cau (le Cathare, comme il se surnomme). Il est très bon dans le portrait, la plupart du temps : son *Croquis de mémoire* est très réussi à cet égard. Il sait être vif et il a l'œil. Ses textes polémiques peuvent finir par lasser, j'imagine, d'autant qu'il coq-à-l'âne et emporte-pièce. Je n'ai lu qu'un roman de lui : *La Rumeur de Mazamet*, une pochade, amusante mais mineure ; j'ai commencé *La Grande maison*, et j'ai compris ce que j'aime bien chez lui : une certaine vulgarité de style (mais il faudrait « citer » pour me faire comprendre, et je n'en ai pas le temps). Elle le condamne probablement à n'être pas un grand romancier – mais ce n'est qu'une intuition : il faudrait avoir lu de lui davantage de fictions.

Cependant, j'ai eu la curiosité d'écouter quelques entretiens qu'il a donnés à la radio. Deux m'ont beaucoup plu, et je les ai copiés, ligne à ligne, en arrêtant le son toutes les deux secondes, pour écrire ce que j'avais entendu – il faut une heure pour transcrire cinq minutes. J'en ai tiré un petit volume de cent pages, qui est composé et a été envoyé chez un éditeur. On verra bien.

La période pré-post-Covid où nous sommes a été favorable à ma société. J'attends la réponse à plusieurs projets, dont trois – deux livres et un film – ont des chances d'être acceptés. S'ils passent sous les fourches covides, j'aurai de quoi vivre un an, et même un peu plus.

Je mets la dernière main à la « suite » de mes *Cosaques*, qui s'appellera *L'Intervalle entre le marchepied et le quai*[26]. Et vous ? *La Vie des spectres* est donc le titre du roman que vous écrivez en ce moment ?

Mars

PJ. – Votre portrait de Maes, de « santé fragile », échouant à maintenir le feu de son courroux, alimenté avec des bûches humides, m'a bien fait rire... Vous l'avez deviné : il déteste Houellebecq. Je pense qu'il ne pourrait pas vivre, au sens exact du verbe, s'il admettait que certains écrivains d'aujourd'hui n'appartiennent pas à cette grande imposture faisandée qu'il décrète universelle. Il étoufferait. Quelle vie, celle d'un Maes ! Une vie à écrire que les autres sont nuls, sans rien produire soi-même de grand. Un véritable amant de la littérature s'intéresse plus aux beaux textes qu'aux mauvais livres, de même qu'un amoureux des femmes regarde plus les jolies femmes qu'il ne scande son mépris pour les laiderons. Maes est ce faux amant, dont la perversité consiste à dire que toutes les femmes sont laides, absolument toutes, sauf maman (autrement dit les grands écrivains du passé, ou d'Amérique).

Quelle détermination : retranscrire des entretiens de Cau pendant des heures ! Michel Marmin le connaissait assez bien (je crois), il m'en parle souvent.

Jeudi, j'ai eu le front d'affirmer que le patriarcat, en France, n'existait plus : pagaille dans la classe des premières ! Une élève est allée jusqu'à dire que mes propos étaient « stupides ». Leurs professeurs d'économie et d'histoire ont

---

[26] *L'intervalle entre le marchepied et le quai* (La Nouvelle Librairie, 2022).

prouvé que les femmes vivaient sous la botte du Mâle français, armé de sa baguette et de sa mauvaise foi.

Vaillant a finalement convaincu Loïs Matheron, le critique, d'ouvrir un de mes livres ; il serait prêt à écrire un article.

Oui, *La Vie des spectres* est le titre du roman en cours. J'en suis à 250 000 signes. Il en fera au pire 500 000, au mieux 700 000. C'est peut-être totalement raté ; et c'est sûrement le roman le plus étrange que j'aurai écrit. Mais je ne peux pas me répéter indéfiniment.

BL. – Un article de Loïs Matheron vous serait joliment profitable. Je crois que c'est mézigue qui avais [avait ?] poussé Vaillant à faire lire *L'Idéal* à Matheron : il m'avait dit avoir échoué (« Il a la flemme » : je me rappelle ce mot). Matheron, sans être un très bon romancier, n'est pas non plus le pire ; j'ai lu cinq livres de lui, et après le troisième, qui est assez bon, j'ai trouvé qu'il s'essoufflait, agitant toujours les mêmes thèmes (tournant autour de la célébrité, de l'argent facile et du pouvoir, très attiré-dégoûté par la « vulgarité » – je trouve vulgaires les gens qui confessent leur dégoût de la vulgarité : c'est passionnant la vulgarité, et c'est aussi un excellent matériau pour un romancier). Ce qu'il y a de notable chez lui, c'est très net à sa façon d'écrire, c'est que ses idées se maintiennent toujours à la surface, comme le flotteur du pêcheur qui ne plonge pas, faute de poissons, et que son cynisme prend bien soin de rester prudent : il joue avec l'incorrection politique, sans jamais franchir le Rubicon et son teint bien connu.

Il y a deux ou trois décennies, Renaud Camus, dans un volume de son journal, semblait redouter de ne pouvoir, à cause de la maladie, des éditeurs, des déboires judiciaires, finir son œuvre. Il utilisait pour cela une belle expression : « offrir à l'arc [ou à la voûte] sa retombée ». J'en suis moi-même obsédé. J'ai d'abord eu peur de ne pouvoir commencer mon arc, j'ai peur à présent de ne pouvoir lui offrir sa retombée.

Ça m'a pris du temps, de vivre, parce que, finalement, ce n'était pas si mal que ça, la vie – les passions, les amours, les voyages, les ruptures, les livres et les villes, même les emmerdements et les emmerderesses. Mais ce qu'il me reste de vie, je dois le consacrer à la fiction, à la chronique et au journal. C'est fini, pour moi, le pamphlet, la polémique, sauf, épisodiquement, dans mes chroniques, pour me vider les nerfs. « Maes, écriviez-vous, ne pourrait pas vivre, au sens exact du verbe, s'il admettait que certains écrivains d'aujourd'hui n'appartiennent pas à cette grande imposture faisandée qu'il décrète universelle. Il étoufferait. » En effet. Le seul désir qui reste à l'impuissant, c'est que tout le monde le soit ; et il s'agace si le pendu bande encore. C'est ce qui me pousse moi-même à cesser la polémique ; ça ne m'intéresse plus, sauf dans les chroniques, je l'ai dit. J'ai publié une quinzaine de livres. Mais seuls compteront les quinze qui viendront. Il faudra de la patience, de la résistance, de la force, pour achever la voûte. Ensuite, nous serons des Atlas voués à la supporter sur nos épaules. J'y suis aidé par les portes qui se ferment devant moi : je suis un auteur de pièces et de scénarios frustré, puisque le théâtre et le CNC ne veulent pas de moi. Je ne suis plus en âge de perdre des illusions, je le suis de prendre des décisions. Tous ces loopings pour vous dire que c'est la vigueur romanesque de Patrice Jean qui me sert d'exemple et de sur-moi : depuis le *Surnuméraire*, il enchaîne les romans avec une régularité remarquable et une égale qualité. Je dois y arriver, moi aussi.

Avril

PJ. – Cher Bruno, si ma « vigueur romanesque » peut vous servir d'exemple, au moins n'aurai-je pas écrit en vain.

Vendredi, j'affrontais cent quarante exemplaires du *Parti d'Edgar Winger*, séquestré dans un salon, seulement armé d'une petite bouteille d'eau : j'y suis resté de 11h à 17h. Vers 16 heures, Jérôme Prieur m'a rejoint dans le salon : il consultait des archives au sujet d'un certain Louis Gillet, un historien d'art (chose étonnante : Louis Gilet est le nom de mon *P'tit Louis* (roman écrit en 2013, lequel roman est construit sur la recherche, à partir d'archives et de témoignages, de ce fameux Louis Gilet…)). Prieur m'a paru sympathique, je lui ai dédicacé un livre. Mais je ne suis pas certain qu'il soit le lecteur idéal pour *Winger*. Quoi qu'il en soit, j'espère que vous recevrez l'exemplaire que je vous ai dédicacé. Élisabeth Lévy m'a envoyé un SMS dans lequel elle m'apprenait que Finkielkraut, à l'hôpital, avait lu *Winger* et qu'il « avait hurlé de rire ». J'en suis un peu étonné, je croyais avoir écrit un livre sérieux. On ne se refait pas.

J'ai obtenu le prix K2, un prix décerné par Bilger, Morales et d'autres. Je le recevrai à Paris le 5 mai, devant une assemblée de 250 personnes ! Bilger, au téléphone, m'a expliqué que le prix n'était pas doté, mais qu'un écrivain délicat comme je le suis se moque bien de ces contingences matérielles : je crois qu'il surestime ma délicatesse.

PJ. – *Winger* est à nouveau en lice pour le prix des Hussards (remise du prix le 22 juin) : perdra-t-il en finale pour la troisième fois ? Quel suspens !

BL. – Cette fois-ci, vous êtes lancé, il n'y a plus de retour possible. Je pensais que ça arriverait avec *L'Idéal*, mais il est tombé comme un météorite, personne ne s'y attendait. Ce sont les retombées de ce roman qui vous apporteront le vrai succès. Le triomphe de *Winger* sera aussi celui de *L'Idéal*. (J'adore faire ce genre de pronostics : on dirait un puceau donnant des conseils pour soigner la vérole.)

Mai

BL. – Cher Patrice, un mot rapide entre deux trains. Je croule moi-même sous la besogne besognante et absorbante. Je ne m'en plains pas : je vis de ma société, pour laquelle j'ai écrit deux scénarios (qui seront réalisés en juillet et en octobre) ; et je dois écrire un petit livre pour une collectivité territoriale.

PJ. – *La Vie des spectres* est à l'arrêt depuis un mois environ (à ce propos, une critique à qui j'avais transmis le titre (provisoire) du roman m'a expliqué qu'il n'était pas très bon et qu'il aurait plus de succès si je l'intitulais : *Spectres survivants*. Après un texte pour *Causeur*, j'en ai écrit un autre sur ma découverte de Nietzsche (pour une petite revue bretonne) et aujourd'hui même commencé un article sur *Déshumanité* l'essai imposant de Julien Syrac.

La semaine dernière, j'ai reçu le prix K2 des mains de Philippe Bilger (pour *La Poursuite de l'idéal*). La cérémonie se déroulait sous les lustres et les ors du Cercle national des armées, dans le VIIIe arrondissement. K2 est une association réunissant des juristes, des professeurs d'université, des généraux, des journalistes.

Winger a remporté le prix des Hussards (je l'ai appris mercredi), prix doté de dix mille euros. C'est Éric Naulleau qui m'a appelé pour m'en informer. La remise aura lieu le mercredi 22 juin au Lutetia : si jamais vous êtes à Paris et avez envie d'observer (une fois de plus) la comédie littéraire... Et si vous n'en avez pas envie, nous pourrions nous voir à un autre moment : si tout se passe bien, j'espère séjourner à Paris du 16 au 22 juin. Pourquoi le 16 ? Parce que le 17 j'enregistre *Répliques* chez Finkielkraut. En face de moi, il y aura Nicolas Mathieu : le poids plume des Hussards face au poids lourd des Goncourt ! (J'ai appris que *Winger* était en lice aussi pour le prix Nimier.)

Enfin, Benoît Poelvoorde s'est révélé un lecteur passionné de mes romans, c'est pourquoi il m'a invité au festival du livre de Namur (en août).

BL. – Le prix K2 ! Le prix des Hussards ! La course au prix Nimier ! Poelvoorde ! Namur ! *Répliques* ! C'est la gloire... J'en suis très heureux pour vous... C'est la route 66 que vous tracez : vous avez passé le bulldozer avec *L'Idéal*, vous goudronnez avec le *Winger* (foin de *métafores-pohétiks*). Trop de critiques, cossards comme Matheron, n'ont pas lu votre roman de sept cents pages, mais un de deux cent cinquante, c'est dans leurs moyens. Ça vous fera passer le stade (certes déjà dépassé depuis le *Surnuméraire*) des écrivains pour *happy few*, des écrivains pour écrivains. C'est... Machin, comment s'appelle-t-il... Bref, j'oublie son nom... C'est Machin qui va s'enrouer d'indignation ! Et tout ce qui enroue ce Trissotin est le bienvenu. Je pense à ce tristouille parce que, sous un texte, publié sur les *rézoo-socisses*, à propos de Duteurtre, il a déboulé, ventre à terre comme le setter qui lève un faisan, bondissant comme un pois sauteur, tiens !, je vais l'appeler le Trissauteur... Il avait son avis à donner, évidemment, bien qu'il n'ait pas lu le roman en question, parce qu'il ne lit pas les auteurs à la mode, encensés donc mauvais, parce qu'il n'a pas, disait-il, « l'habitude d'offenser [s]on emploi du temps »... Bien entendu, on peut très bien ne pas avoir lu un livre pour le juger : le titre et la couverture sont déjà de bons indices (je l'ai écrit, un peu par provocation, dans l'avant-propos de mes *Balles réelles* : « La peau dit tout »). Mais, ici, il ne s'agit pas de ça. Ici, Trissauteur avoue que ce qu'il reproche aux auteurs célèbres, c'est d'être célèbres. C'est tout. C'est aussi simpliste et infantile que ça. Comme si Balzac n'avait pas été célèbre de son vivant ! Comme si les Trissauteur de l'époque ne le lui reprochaient pas ! Oh ! bien sûr, ils ne l'avouaient pas tous de cette façon, ils n'avaient pas la naïveté de Trissauteur, ils avaient sans doute plus de talent, même s'ils n'avaient peut-être pas un compte Facebook.

Trissauteur, lui, *tague* son obsession, de mur en mur, comme un chien compisseur, et surpris en train de se rebraguetter, s'insurge : « Moi, obsédé par la célébrité des autres ? Vous êtes fou ! Je ne fais que dénoncer les faiseurs, non, je ne les ai pas lus, j'ai autre chose à faire, je n'offense pas mon emploi du temps... » – oubliant que son temps si précieux, il le perd en écrivant qu'il n'en a pas à perdre. Duteurtre est un très estimable romancier, drôle et caustique, qui écrit un français bien meilleur, et notamment plus souple, que celui de Trissauteur, avec sa rigidité épiscopale et son creux papal. C'est un pur putréfié : il n'en revient pas d'être un *nobody*, quand tant de romanciers ont osé percer parce qu'ils avaient le talent qu'il n'a pas.

Je ne serai pas à Paris le jour de votre sacre, mais sur un tournage. Si j'avais été parisien, je n'y aurais pas assisté, de toute façon : la société littéraire, c'est encore la société, ça ne me vaut rien. Mais on aurait fêté votre triomphe ailleurs... Une autre fois.

Juin

BL. – J'ai enfin terminé la correction de mon deuxième volume de chroniques, *L'Intervalle entre le marchepied et le quai*, que j'ai envoyé à Bousquet, avec ma chronique bimestrielle (« L'intermiteux », un portrait d'une intermittente du spectacle). Je suis content de *L'Intervalle* ; il est plus varié, plus riche, plus drôle et plus sombre que mes *Cosaques* ; c'est mon meilleur livre depuis un bon moment. On m'a parlé d'une parution en novembre.

Chaque jour vient démentir l'espoir que la situation n'empire pas. On regarde, effaré, ce pays en train de se pendre. Le cadavre bouge, les jambes s'agitent et le nœud étire le cou violacé. C'est ce suicide que je veux brosser. Je l'ai décrit par l'essai, la chronique, le journal, les « pièces brèves ». Il reste la fiction.

BL. – Cher Patrice, je regrette presque de n'avoir pu assister à la remise de votre prix... Un article de Morales à son sujet était très appétissant. Il y avait beaucoup de monde, apparemment. Montal y est décrit en « éminence grise de l'édition », une « sorte de Jacques Foccart en costume slim ».

Mes différentes commandes (un livre et deux films) m'empêchent pour le moment de me consacrer à la fiction. Mais je pense y revenir cet été. Elles ont pour thème commun le bouc émissaire (le « bouquet misère », comme avait écrit un de mes élèves dans une copie, tandis qu'un autre était sûr qu'il convenait de dire « bouc et mystère »). J'ai une dizaine de nouvelles publiables, par exemple, pour le moment ; j'en voudrais une trentaine, pour former un volume assez épais.

Avant-hier, j'ai consulté (ce pourrait être le sujet, au moins périphérique, d'une nouvelle) les tweets effarants de plusieurs femmes, que j'imagine jeunes, expliquant que « nous, les filles, on en a assez d'être abordées dans la rue ». Elles étaient relayées par Caroline De Hache, bien entendu. Le harcèlement, disaient-elles, commence dès qu'un homme leur adresse la parole sans y avoir été invité. J'ai rarement vu un volume aussi effrayant de névroses. Les garçons qui, dans le « fil », tentaient de distinguer la drague polie du harcèlement brutal se faisaient méchamment insulter, surtout quand ils ajoutaient : « On n'est pas tous des lourds. » Ce n'est pas à vous d'en juger, répondaient les Érinyes. Les hommes ne peuvent pas, et ne doivent pas se mettre à la place des femmes. Ils ne sauront jamais ce qu'elles endurent. Tout ce qu'ils peuvent faire, c'est se soigner, et essayer de guérir, car il n'y a pas de drague, seulement du harcèlement, il n'y a pas de dragueurs, mais des pervers. « Tous les hommes sont des porcs », résumait une de ces dingues. Il ressort de ces échanges qu'une fille s'aborde dans les « lieux appropriés »

(« en soirée », comme elles disent), à condition qu'elle y consente, qu'elle ait fourni les signes extérieurs du consentement. Comment sait-on que vous « consentez », si l'on ne doit pas vous adresser la parole ? demandaient poliment les malheureux dragueurs frustrés. Je n'ai pas retenu la réponse, tant elle était couverte par le mépris et les injures. Dieu merci, d'autres femmes interdisaient aux jeunes De Hache de parler en leur nom. Je ne crois pas, d'ailleurs, que celles-ci soient majoritaires. Je vois bien les filles autour de moi (mes nièces, leurs amies, des voisines, etc.) : elles continuent de se réjouir qu'on leur fasse des compliments et d'être flattées quand un *bomec* les drague. Il y a un instinct que l'idéologie ne vaincra jamais totalement, j'espère. Mais une innocence paraît s'être perdue : le dragueur timide a disparu au profit du harceleur, la séduction au profit de la perversion. Un soir, je buvais un verre avec une amie et une de ses copines, âgées de vingt-sept ans. J'ai proposé à la seconde, la nuit tombant, de la raccompagner jusqu'au métro pour s'épargner les mauvaises rencontres. Elle n'en revenait pas. Comment est-ce que j'osais ? J'ai haussé les épaules. J'ai eu l'impression de lui avoir proposé de l'enculer sous une porte cochère.

Sinon, il fait chaud, et on sait enfin à quoi sert l'art du passé : « Pour fuir la chaleur, disait la femme-tronc du Vingt-Heures, on peut aussi se réfugier dans les musées. » Puis on interrogea une dame qui dit, en agitant son éventail : « On peut même *faire une expo* tant qu'on y est... »

Juillet

PJ. – Cher Bruno, la soirée des Hussards s'éloigne, mais je vais tout de même vous en dire un mot. Cent cinquante personnes, peut-être davantage, peuplaient une grande salle de réception au premier étage du Lutetia. J'étais accompagné de Bertrand Lacarelle et de cinq attachés de presse de

Gallimard (je n'ai pas parlé à tous). On ne cessait de me féliciter (des gens que je connaissais, et d'autres qui m'étaient inconnus) de sorte que je sais désormais ce que ressent un homme qui se marie : pas grand-chose. Des jeunes gens ayant lu tous mes livres étaient tout heureux que je leur dédicace mes romans. Oliver Maulin plaisantait avec bonheur ; Julien Syrac discutait avec une jolie femme ; Marie David portait une belle robe, et expliquait qu'elle « m'avait découvert » ou que j'écrivais « trop ». J'ai discuté un peu avec Yves Thréard, Jean Tulard (qui m'a dit que j'étais courageux), Sangars, etc. Mon discours ne fut écouté que par la moitié de la salle, si bien que j'en ai été perturbé (un réflexe de professeur). On m'a beaucoup pris en photo, j'ai donné un entretien filmé. Dans la salle, j'ai aperçu Pascal Thomas, Yann Moix, Yann Quéffelec, Frédéric Vitoux (que je connaissais déjà et avec qui j'ai échangé quelques mots), Thomas Morales (flanqué d'une jolie femme), Sophie Bachat (qui est venue me proposer un entretien, mais c'était très confus), Élisabeth Lévy, etc. Vers 22h, Matthieu Jung a déniché un restaurant rue du Cherche Midi. Une douzaine de personnes se sont retrouvés au Rousseau (où, paraît-il, Derrida avait son rond de serviette) : les Proguidis, Jung, Montal et David, Syrac et sa compagne, Maulin, Eysseric, Lacarelle. La soirée s'est terminée à deux heures du matin, au café Raspail, boulevard du même nom : il restait Maulin, Karim Arfaoui et moi. Je mentirais si je disais que je n'ai pas pris de plaisir à être ainsi « célébré », mais ce sont des plaisirs superficiels, une sorte de chatouillement, un verre de champagne, une légère ivresse. Je n'ai pas perdu la tête.

Quant aux jeunes femmes qui refusent la drague, ce que vous en dites rejoint mon expérience. De nombreuses femmes de mon entourage (collègues, belle-sœur, nièces) considèrent les hommes comme des ennemis, ou presque. Là encore, il y a de l'hypocrisie (à mon avis) : elles se plaignent des hommes en général pour ne pas citer ceux qui les draguent le plus lourdement et que l'anti-racisme interdit de nommer. Une de mes nièces en veut surtout aux hommes de plus de cinquante ans et blancs (ça sent la leçon apprise à l'école de Cliché-sur-Jour), car les « lascars, disait-elle, on en fait rapidement son affaire, ils ne sont pas méchants ».

PJ. – J'étais à Paris du 4 au 8 juillet. Lors d'un déjeuner face au pont Mirabeau (à L'Apollinaire, bien sûr), j'ai rencontré, en la compagnie de Vaillant, Loïs Matheron. Le bonhomme est souriant et sympathique, avec un côté grand bourgeois, un rien arrogant. Par exemple, quand je lui ai confié mon étonnement que Matzneff ait pu vivre en grand seigneur malgré des chiffres de vente peu élevés, il a répliqué : « Mon cher Patrice, Matzneff ne vendait peut-être pas beaucoup de livres, mais il en vendait bien plus que vous ! » Cet idiot a cru que je prenais Matzneff de haut... Il m'a raconté les déboires actuels de son journal, lesquels relèvent de la comédie pure : depuis que la direction du magazine a changé, les vieux journalistes de droite (pourtant compatibles avec le nouveau repreneur) s'en vont pour profiter du pactole (au nom de la « clause de conscience ») et les journalistes de gauche restent (malgré un désaccord profond avec le nouveau dirigeant). À la table d'à côté, se sont assis, en fin de repas, François Busnel et son fidèle Trappenard. Lorsque Busnel est revenu des toilettes (eh oui), il est passé devant nous et Loïs Matheron l'a salué de la tête. Busnel l'a regardé sans lui rendre son salut : les Seigneurs de l'écran contre les gagne-petit de la presse écrite ! Je crains que Loïs Matheron ne m'en veuille d'avoir assisté à cette infra-humiliation.

Août

BL. – Cher Patrice, tout à l'heure, l'*agente contractuelle à la distribution du courrier* (oui, la « factrice stagiaire ») m'a remis, entre des publicités pour des tondeuses à gazon et « une invitation au repas de quartier pour un moment de convivialité et de détente » (« Une sangria offerte », « Merci de préciser steak haché/glace si préférence pour enfant »), votre huitième roman, dont j'ai lu la première phrase à longue période, très apéritive, dont la suite est promise à une prochaine dévoration... Merci !

PJ. – D'un Bruno à l'autre, donc, puisque le héros de *Rééducation nationale* porte votre prénom. C'est le huitième roman, mais je l'ai écrit en 2015-2016, comme vous le savez.

Je me porterais bien si je n'étais à la veille de retourner, justement, au lycée, la mort dans l'âme. Chaque année le retour est plus difficile, comme un tour de vis supplémentaire dans le dégoût (si une telle métaphore a un quelconque sens). Cette année, il y aura le roman pour me venger et m'attirer des ennuis, ce que j'espère presque.

Grâce au séjour à Namur j'ai été délesté de mon porte-monnaie et de ma carte bleue par un très habile pickpocket auquel je tenais, ici, à rendre hommage : un jeune mendiant m'a accosté dans une rue de Namur pour me demander si je pouvais lui filer une pièce, ce que je fis. Je suppose qu'un complice a pu, de la sorte, repérer dans quelle poche je rangeais ma fortune. Sinon, j'ai rencontré des écrivains, des comédiens, des cinéastes et même un dessinateur (Daniel Goossens). Poelvoorde est du genre chaleureux, me confiant l'admiration qu'il portait à mes romans (son préféré est *La France de Bernard*) ; on a discuté pendant une demi-heure, mais il était sans cesse interrompu par des amis, des admirateurs. Je crois qu'il avait trop bu. Il m'a présenté Yann Moix, lequel a juré qu'il me lirait (en ajoutant qu'il n'avait jamais rêvé d'être publié dans « la Blanche », et qu'il préférait Grasset, une maison plus « intime »). Sinon, j'ai déjeuné et pris le taxi avec la romancière Monica Sabolo : je ne l'ai pas lue, mais je peux témoigner qu'elle est vraiment d'une grande gentillesse ; au contraire de la pimbêche Polina Panassenko qui publie un premier roman et qui lors du petit-déjeuner a fait semblant de ne pas me voir tandis qu'elle était face à moi (la veille, nous avions déjeuné ensemble !). J'ai discuté brièvement avec Marianne Denicourt, jolie et sympathique. Et, au retour vers Bruxelles, j'étais dans le même taxi que Laurent Mauvignier. Enfin, l'entretien que j'ai donné à Stefan Libserski s'est déroulé devant une salle de soixante-dix personnes. Un comédien lisait des extraits de *Winger*.

J'ai annulé deux festivals : celui de Dijon, celui d'Orange. La raison en est surtout que j'aimerais finir *La Vie des spectres*, roman qui m'a occupé tout le mois d'août (entre trois et cinq heures d'écriture par jour). Il existe une deuxième raison : deux romans seront publiés en octobre, ce qui va sans doute m'occuper un peu.

J'attends impatiemment *Entre la marche et le quai* (j'espère ne pas me tromper de titre).

Septembre

BL. – Le retour au lycée doit vous paraître bien pénible ; j'espère que ce maudit métier vous permettra de finir, cette année, ou l'année prochaine, votre *Vie des spectres*.

Si *La France de Bernard* est le livre de vous que préfère Poelvoorde (il me semble que ce roman est l'objet d'un texte dans mon *Intervalle*), il doit lire, comme moi, votre *Rééducation*. Je me demande comment ça va réagir, dans la salle des professeurs, si on a la curiosité de lire votre roman... C'est votre veine satirique, et j'ai bien ri, évidemment, à certains passages, qui m'ont d'ailleurs ramené à la période où j'ai enseigné. (Masson et Renoir, c'est exactement une amie et moi-même, qui fûmes accusés de vouloir, « comme Le Pen avec les immigrés », mettre une « étoile jaune » sur les formateurs indépendants, pour mieux procéder, bien sûr, à leur « extermination » – je l'explique dans *Leur jeunesse*.) En revanche, je n'ai jamais rencontré un niais appelant à « supprimer les vacances de Noël », s'attristant de devoir quitter le lycée, et ne s'apercevant même pas qu'une femme se désoutiengorge pour lui. Mais il est normal qu'il soit puritain, ce Bruno, puisque c'est un roman sur la vertu. C'est aussi un roman sur le langage, comme devraient l'être tous les romans, au moins partiellement ; chez vous, c'est le jargon pédagogique marié à celui de la morale – et c'est tout à fait très bien. Je vais vous chicaner. L'Ethico3000 doit, grosso modo, soigner les affreux et les rendre vertueux ; le traitement ne fonctionne pas sur deux affreux, donc Claude Pousseur, vertueux au cube, se propose de le tester. Là, j'ai sursauté. Un Claude Pousseur, tel que je me le représente, ne peut pas envisager qu'une part de lui puisse être viciée par l'affreuseté, qu'il n'est pas incorruptible, qu'il est malade, que L'Ethico3000 peut le soigner. Je n'imagine pas Savonarole se voir en corrompu : il y a contradiction dans les termes. Mais je prends sans doute au pied de la lettre une situation qui se veut d'abord satirique.

À partir de la rencontre avec Agnès, le roman prend une autre dimension, par moments plus mélancolique, et c'est ma partie préférée, encore que la satire, vers la fin du roman, soit de première force. (Ainsi tout le chapitre 14, avec Dandonneau se rêvant en Napoléon ; ou, un peu avant, Colette Pelletier se demandant, un œil sur son cul effondré, ce que les hommes peuvent bien trouver au corps féminin – c'est l'« égautisme » illustré : son corps est laid, donc les femmes sont laides, les hommes sont vraiment des malades – « point barre ».)

J'attends à présent votre deuxième roman de la saison, et je termine sur ce morceau pince-sans-rire que j'ai envoyé à plusieurs amis : « "... les aigles se rient des moineaux, comme, comme les moineaux se rient du, du..." et ne trouvant pas de suite il ouvrit un classeur kaki, à la section "compatibilité du budget cantine". »

PJ. – Le retour au lycée, en plus d'être pénible, m'a lessivé. Vous le savez comme moi, il règne, dans les salles de professeurs, dans les couloirs, dans les discussions, une atmosphère empoisonnée qui finit par tout ratatiner. Je ne suis pas sûr que mes collègues liront *Rééducation nationale*. Hier, l'une d'elles m'expliquait ce qu'était un personnage... La même, le jour de la pré-rentrée, m'avait glissé à l'oreille, pendant une réunion : « Je suis en train de lire *Cher Connard*, le roman me fait penser à toi. — Ah bon, pourquoi ? — Parce qu'elle dit du mal des écrivains hommes. » La routine...

J'ai donné une interview à Eugénie Bastié (sur l'Éducation nationale), et je réponds, en même temps, à des questions de Lakis Proguidis, pour *L'Atelier du roman*. Le même Proguidis a insisté (« c'est un service que je te demande ») pour que je prépare une intervention sur Rabelais, le 1er octobre, à Chinon. J'ai fini par accepter (ce sera sur l'utopie). Enfin, je continue d'écrire mes *Spectres*, le mardi et le week-end. Le temps libre est consacré aux cours.

Je suis ravi que *Rééducation* vous ait fait rire : c'était l'un des buts avoués du roman, rire de cette structure invraisemblable qu'est un lycée. Concernant Bruno Giboire, il n'est pas vertueux, il ne s'intéresse tout simplement pas aux femmes, ni au sexe. En ce sens, le personnage n'est pas réaliste ! Et je comprends votre critique sur l'Ethico3000, dont un Pousseur, « vertueux au cube », ne devrait pas avoir besoin. Mais Pousseur, au fond de lui, sait très bien que rien en lui n'est malade : s'il décide d'avaler le médicament, c'est pour jouer la comédie, c'est pour qu'on lui dise : « Mais non, Claude, pas toi, tu es trop bien ». Je pense qu'il y a beaucoup de comédie chez les progressistes : tout est dans l'affichage d'une vertu ostentatoire.

BL. – Cher Patrice, la vie s'enfonce dans le brouillard, et je me cogne à son opacité – que la muflerie renforce.

Quelques exemples.

Le 20 septembre 2021, Jaccard se tuait. Un jeune homme, « membre d'un comité de lecture », me demande un texte. Je l'écris dans la foulée, et le lui envoie. Il cherchait des

« contributeurs », je lui suggérais de vous écrire. Il allait le faire. Il ne l'a pas fait. « L'idéal, avait-il ajouté, serait que le livre paraisse pour le premier anniversaire » de la mort de Jaccard. Quelques jours avant l'« anniversaire », donc, je lui demande bien poliment où en est l'affaire. « Ça suit son cours ». Sans point, « ni foutre ni maille », comme disait feu mon paternel. À Paris, je déjeune avec Le Gall et Montal : ils n'ont jamais entendu parler de ce garçon. La maison d'édition où il travaille fait pourtant partie du groupe Editis (qui occupe un immeuble, vers Tolbiac, à côté de la bibliothèque François-Mitterrand).

Demain, je suis invité à parler de l'école, sur une petite radio, par une dame, qui vient de lire *L'Ivraie*, qu'elle m'avait demandé. « Il vous a plu, le roman ? » Je le lui ai demandé après son invitation. « Bah bien sûr. Quelle question. » Je riais sous cape : je savais qu'elle ne l'avait pas ouvert – je commence à bien connaître la race éditrice, critique et écriveuse. Et aujourd'hui (attention : charabia d'appellation contrôlée, augmenté d'émoticônes et de fautes d'orthographe que j'ai la charité de vous épargner) : « Bon, pour être tout à fait honnête, je ne l'avais pas encore lu. Je viens de le faire. C'est un chef-d'œuvre. Bourré de défauts agaçants (comme ne comprendre que 5 pages après le sens de tel mot... ou ne comprendre l'intérêt de ce qui semble une digression qu'après... la digression) mais un chef-d'œuvre tout de même. Du coup je propose qu'on ne fasse que l'effleurer demain en se centrant sur votre expérience de prof pour anticiper ce que va donner le "job dating" lancé par l'Éducation nationale pour cette rentrée, et qu'on y revienne dans une émission ultérieure. » Bon, il n'y aura pas d'« émission ultérieure », d'autant que je publierai un nouveau livre dans deux mois, et que je n'ai pas envie que l'on parle d'un roman paru il y a plusieurs années. Je comptais refuser, mais je vais peut-être accepter, pour le seul plaisir de dire que je ne suis pas favorable au "job dating", qui est une méthode de recrutement trop discriminante, alors qu'il faut prendre les néo-profs directement à

Pôle Emploi, parmi les bacs-moins-deux que l'on empêche d'enseigner alors qu'ils savent à peu près écrire leur nom sans fautes d'orthographe, et sont les seuls à pouvoir comprendre Rachid, Augustin et Britanny, humiliés par le subjonctif.

Continuons avec la muflerie.

Un jeune type très mauvais genre, les joues pommadées, les pommettes botoxées, le nez ravagé par la cocaïne, les dents comme passées au détergent, l'ensemble fluorescent à force d'UV, réalisant des interviews douteuses d'une voix ahurissante et ridicule, m'a proposé un rendez-vous, jeudi, en fin d'après-midi, après mon déjeuner avec l'Editeam, et avant mon dîner avec un ami, Radu Portocala, un ancien dissident roumain. « Je déjeune au traveller's club, m'écrit le Boursouflé. Donc 17h30 devant le Georges V. » Déjà, il est demandeur, et il choisit, d'un ton comminatoire, le lieu du rendez-vous. Mais comme j'étais très curieux de ce dandy-plouc (les Champs-Élysées, le Georges V !), comme je le suis de tous les demi-monstres, je ne me suis pas formalisé. Le reste, je m'y attendais. J'aurais pu préventivement en rédiger les trois étapes : « Peut-on se voir à Montparnasse plutôt ? ». Puis : « Possible plutôt à l'Indiana café ? ». Enfin : « Vraiment mille excuses je ne me sens pas bien du tout... Intoxication alimentaire suite au déjeuner... Peut-on reporter ? ». Je lui ai souhaité un « bon rétablissement ».

Je m'arrête là, mais je pourrais continuer longtemps, sur le muflisme et l'opacité.

Il fut question de vous, bien entendu, au cours du déjeuner avec l'Editeam. « Il fait ch***, Patrice Jean », ai-je dit, pour dénoncer votre fertilité romanesque. Votre *Louis le magnifique* devrait donc paraître le 13 octobre. Jean Le Gall a été très chaleureux, il m'a offert deux livres, dont le nouveau roman de Maulin. Nous avons parlé de Jack-Alain Léger : Le Cherche Midi va publier un livre sur lui, que je suis impatient de lire – j'aimais bien les ouvrages de Léger. Puis, tandis que je bâfrais porcinement un croustillant de cabillaud accompagné de son écrasé de carottes, nous causâmes affaires.

Cette femme qui a « pensé à vous » en lisant *Cher Connard*, je lui ai répondu, sous la forme d'un court métrage, dont j'ai écrit le scénario ; sa seconde séquence évoque le roman de Mlle Despentes, tandis que la première est une adaptation du dernier texte de *L'Intervalle* : je vous envoie le lien.

PJ. – Cher Bruno, ce court-métrage est très réussi ! Les deux histoires, celle du passager assassiné, et celle du débat sur Despentes, sont des antifilms, au sens où l'on désigne par le procédé de l'antiphrase le contraire de ce que l'on pense. L'hygiénisme qui oublie, dans son maternage, de nous protéger, aussi, de la racaille ; et les deux comédiens qui célèbrent le génie de Despentes. Plus clairement : on prend plaisir à regarder ce film comme on se réjouit d'entendre des propos ironiques (quand c'est bien fait). Le concept de Firode et Lafourcade sur un canapé, devisant du monde comme il va, ce concept, donc, pourrait être décliné en de multiples petits films : proposez-le à Canal+, et vive la caillasse.

Quel était l'objet de ce repas avec Le Gall et Montal ? J'ai déjeuné avec eux, au Dôme, le lendemain de la réception des Hussards. En juin, donc. Jean Le Gall est très sympathique. Très chaleureux, oui. Il a refusé, néanmoins, de publier *Rééducation nationale*. Ensuite, il a tenu, deux ans plus tard, à ce que j'écrive, pour Le Cherche Midi, un roman « trash » : je lui ai filé *P'tit Louis*, écrit dix ans plus tôt.

Un peu partout (de Gallimard à Rue Fromentin) je me plains de n'avoir pas assez de temps pour écrire, en sorte qu'entre les cours et l'écriture je finis par m'épuiser. On me dit : « On adore vos romans, écrivez, écrivez », mais personne ne pense à me proposer, par exemple, un poste de lecteur dans une maison d'édition, ou n'importe quel emploi, qui permet de vivre tout en déjeunant régulièrement au Dôme avec Anthony Delon, Bruno Lafourcade et Anaïs Demoustier. Dans ce monde, comme partout, on laisse chacun se débrouiller : si un éditeur veut vous publier, c'est qu'il y trouve son intérêt, ce n'est pas, évidemment, pour vous sortir de votre merdier.

Le week-end prochain, je serai à Chinon. Il y aura la bande habituelle de *L'Atelier du roman*. J'ai préparé une intervention sur l'utopie dans *Gargantua*, dans laquelle je mets plus bas que terre la littérature utopique, et les utopies avec elle.

Octobre

BL. – On a l'impression que les gens se forcent à ne pas comprendre, qu'ils tiennent à faire coïncider nos phrases à l'idée qu'ils se font de nos préjugés. C'est une mauvaise foi dont je ne sais si elle est consciente, mais que j'observe souvent, et d'abord chez moi. Une autre forme de mauvaise foi consiste, toujours chez moi, à soutenir que les choses ne vont pas se produire pour les obliger, par la puissance anticipatrice de la négation, à se produire. Bref.

J'ai repensé à votre Bruno Giboire. Ce qu'il a de très juste et de très significatif, c'est son « asexualisme » : le cul ne l'intéresse pas, il ne comprend même pas de quoi il est question, comme si toute son énergie passait dans la folie idéologico-pédagogique. Je peux difficilement me le figurer, d'ailleurs, tant je suis resté, malgré l'âge et la déperdition de la force vitale, un Priape à tropisme callipyge...

Je pense écrire encore quelques chroniques dans *Éléments*, et réunir l'ensemble (« le rastaqueer », « l'albatroce », « l'alterophile », « le rhinocérat », « l'indigénisse », etc.) dans un petit volume[27] ; ce sera le portrait de nos Chimères, hybrides jusque dans leur nom. Puis je proposerai à Bousquet de remplacer ma rubrique par de la fiction. S'il ne veut pas, nous en resterons là : je veux me consacrer au roman et à la nouvelle. Avec ces *Hyaines, Sac de frappe II, Scènes de la vie écrivassière* et

---

[27] *Les Hyaines* (La mouette de Minerve, 2025).

Les Sacrifiés (ou *Le Sacrifice*), j'aurai publié vingt-trois livres et vidé la moitié de ma bile – les années qui restent diront si j'arriverai à vider la seconde moitié ailleurs que dans le pamphlet. J'ai à peine commencé votre *Louis*, et les deux premiers chapitres m'ont beaucoup plu, mais j'ai dû l'interrompre pour lire *Le temps des loups* de Maulin, que j'ai dû interrompre pour lire *Pas de souci* de Luc Blanvillain, que j'ai dû interrompre pour lire *Le serment sur la moustache* de Samuel Piquet. Ces travaux forcés de la critique littéraire (j'en écris un peu sous pseudonyme) me pèsent ; ça aussi, je vais l'arrêter.

Une amie m'a envoyé une copie d'écran où un lecteur dit que *L'Ivraie*, de Bruno Lafourcade, est un « excellent » roman ; une dame lui répond : « Ce connard misogyne qui me déteste ? Qui sent le rance ? Avec son style d'écrivaillon ? LOL. » Ça m'a fait également *loler* (*tribute to* Chelsea dans *Les Marseillais*, saison 8, ép. 25) ; quand on m'insulte, je ris – je ne sais pas pourquoi.

PJ. – Je suis en vacances depuis hier soir, et j'en suis content car je suis débordé par la publication des romans, les entretiens, les articles, les cours au lycée, les copies et les réunions au lycée. Comment écrire mes *Spectres* ? Pourtant, je maintiens le cap, occupant les week-ends à ce roman, et la plupart des mardis.

Aucun article n'a été écrit sur *Louis* ; et plusieurs amis m'ont dit qu'ils n'arrivaient pas à le trouver en librairie. Brighelli, dans *Marianne*, a écrit un article favorable sur *Rééducation nationale*. Mais les chroniqueurs ne se bousculent pas. Une amie a proposé un article dans un journal, mais on lui a répondu qu'il n'y avait pas la place, étant donné le pullulement des publications. Heureusement, Eugénie Bastié a publié un entretien lié à ce roman.

Lundi, pour changer de sujet, une stagiaire de lettres m'a fait la leçon, en m'expliquant que je devais me taire (oui, oui) à propos de ce que vivent les femmes de France, pour la raison que j'étais un homme et que j'ignorais donc le calvaire que c'était d'être une femme et d'être livrée, chaque jour, à la libido des primates de l'espèce humaine. Cette fille n'a que 24 ans, elle débute dans la partie et elle donne des leçons à un collègue qui a trente de plus qu'elle. Cette fille est ingrate et grassouillette. Son problème, à mon avis, sera plutôt de faire face à l'absence de garçons qu'au trop-plein des séducteurs. Imaginez l'inverse : un garçon très laid se plaignant de la lascivité des filles à son endroit : tout le monde rirait. Quand c'est une jeune femme, la gravité et le silence accueillent de telles stupidités.

Je vais bientôt commander *Le Portement de la croix*, roman que j'ai lu il y a quelques années, et dont il me tarde de connaître la nouvelle version.

BL. – Cher Patrice, après le philosophe et le professeur, le poète : votre *Louis le magnifique* forme avec *La France de Bernard* et *Rééducation nationale* une trilogie satirique, qui pourrait devenir une tétralogie si vous complétiez un jour le *Pichonneau* écrit pour *Causeur*. Si un éditeur les réunit un jour en un seul volume, on aura sous les yeux une vaste et réjouissante comédie sociale, avec ses impostures, ses ridicules, ses homoncules qui montent sur les épaules des géants pour se donner des illusions de grandeur.

Votre roman est très drôle, bien entendu ; le moteur romanesque (la recherche de l'ancien rockeur-coiffeur-poète) et son « prétexte » (la « poésie ») sont très efficaces : on s'amuse beaucoup ; le héros a aussi des liens, par défaut ou par contraste, avec des personnages que vous n'aviez pas encore créés au moment où vous composiez ce *Louis*, il y a dix ans : Gilet est un anti-Jourdan, un anti-Bertrand, un anti-Winger. Entre votre trilogie et les autres romans, le point de vue du narrateur change : celui de la première rit de ses héros, celui des seconds a pour eux de l'empathie. La quête est peut-être un de vos thèmes souterrains ou affirmés : on recherche toujours quelqu'un ou quelque chose dans vos livres. On ne pourra plus, bientôt, ne pas parler d'*œuvre*. Vous la conduirez à son terme, par la seule poussée de l'énergie créatrice. Ce qui doit être écrit le sera, comme malgré soi, par la seule fatalité de la création. La besogne salariale a beau vous ralentir, elle ne vous arrêtera pas. Le monde est une conspiration de parasites, dévorés d'impuissance, qui complotent pour freiner les créateurs. Il existe un ver que les paysans d'ici appellent « le fil de fer » ; il laisse de multiples points noirs dans les pommes de terre, lesquelles, une fois épluchées, doivent être creusées, à la pointe de l'économe, de sorte que d'un tubercule il ne reste bientôt plus qu'une frite tordue – voilà à quoi me font penser les nuisibles : à des vers qui rongent le droit d'écrire.

Votre consœur est particulièrement effrayante. Voilà un autre type de ver. Qu'elle se méfie, elle pourrait finir dans un roman de Patrice Jean – à moins qu'elle ne soit déjà dans *Tour d'ivoire*, dans *La Poursuite de l'idéal*, ou ailleurs…

PJ. – Montal m'a appris que le dernier roman de Mathieu Jung (*La Gomme à chagrin*) ne trouvait pas d'éditeurs ! Nous allons bientôt être mis devant ce fait accompli que nous ne cessions d'affirmer, sans le croire tout à fait : il n'y a plus de lecteurs pour la littérature. C'est pourquoi, au reste, m'a expliqué Montal, *Louis le magnifique* ne marche pas : les libraires ne veulent pas (ou peu) de la collection « Borderline », ce qui prive le roman de possibles lecteurs.

J'ai envoyé à Laurent Nunez (Éditions de l'Observatoire) quelques articles « théoriques » publiés dans *L'Atelier du roman*. C'est la philosophe Bérénice Levet qui lui a parlé de mes textes.

BL. – On appelle avec raison « épreuves » le manuscrit que l'auteur relit pour d'ultimes corrections, plus tard reportées avant la signature du bon à tirer. Les « épreuves », ce sont les derniers remords, la dernière marche avant l'échafaud – un petit échafaud imaginaire, évidemment, aucune tête ne tombe dans la sciure, seul l'amour-propre se fait raccourcir.

Mais c'est aussi la dernière chance d'écrire enfin un bon livre. On y croit, on se lance : « C'est maintenant ou jamais de montrer au monde que ma nullité décline et sourdine. » Le monde s'en cogne, inutile de le préciser ; et heureusement, tant on mesure vite que l'on ne peut empêcher ses mots et ses phrases de ne pas obéir : il faudrait tout réécrire, on ne peut pas, il est trop tard, c'est foutu – et le mot « épreuves » prend tout son sens pour les stations de ce Calvaire. On appelle l'éditeur pour lui promettre, s'il publie le livre, de l'éplucher à l'économe, de verser du sel, et de recoudre les chairs. Le salaud s'en fout, lui aussi. Alors, on range l'économe dans son tiroir. On est mûr pour les remords. On a honte, aussi – c'est l'essentiel : celui qui a honte est foutu et sauvé.

Une épreuve dans les épreuves : les correcteurs. Celui de mon dernier livre a failli me rendre fou : il voulait, par exemple, que je mette des points avant les parenthèses fermantes (quand ce qui était dit entre les parenthèses n'était pas une phrase) – entre autres mortels et véniels péchés. Il y a eu deux jeux d'épreuves : le premier a consisté à rétablir ce que le type voulait modifier ; le second à constater que le type avait arrêté, cinquante pages avant la fin, de rétablir ma version. Je commence à perdre mon sang-froid légendaire. On m'assure que l'on s'en tiendra à ce que je veux. Je ne suis pas rassuré. Je sais que je suis à la merci des Sans-Surmoi, cette race maudite. J'ai raison : je reçois mes exemplaires d'auteur : cette fois-ci, on a cessé de reporter mes modifications vingt pages avant la fin. Ce genre de contrariétés a plusieurs effets sur moi : des boutons de fièvre, auxquels se superposent l'urticaire, l'hypertension, et l'envie de téléphoner à ces connards pour tout annuler. Dernière conséquence : des cauchemars où j'ouvre mon livre dont toutes les pages sont vierges, ou noires, ou barrées. « *I'm too old for this shit* », comme dit Danny Glover dans *L'Arme fatale*.

Novembre

PJ. – Cher Bruno, commençons par les remerciements : j'ai reçu vos deux derniers livres, *Le Portement de la croix* et *L'Intervalle entre le marchepied et le quai*. Je finirai le second ce soir ou demain soir. On retrouve un Lafourcade sans concessions, drôle, inventif, brillant et maniant, comme personne, la langue française. Aucun cliché chez vous. Pour le dire autrement, tous vos textes sont « vivants », on a l'impression qu'ils vibrent, qu'ils brûlent et se tordent de rire ou de colère. C'est vraiment l'effet qu'ils me font. Vous utilisez tous les genres : le dialogue, le portrait, le conte, la nouvelle, le pamphlet, la critique, etc. Il m'a semblé retrouver, parfois, des phrases que vous m'aviez écrites. En vous lisant, je me suis dit : « le style, ce sont des phrases qui vivent, qui respirent » et le non-style, c'est ce qui voudrait vivre mais n'y arrive pas. Donc, pour me résumer : bravo ! Encore un très beau livre. Il s'ajoute au *Portement de la croix*, roman que j'avais lu à l'époque où, sur Internet, je cherchais tous vos livres, m'interrogeant sur l'auteur de *Sur le suicide* et de *Derniers feux*. La couverture de Jean-Dézert est d'une élégante sobriété. Je relirai votre roman dans les mois qui viennent. (J'oubliais votre chapitre sur *La France de Bernard*, dont je vous remercie.) Désormais que ces deux livres sont publiés, quels sont vos projets littéraires ? Ou cinématographiques ?

Le week-end dernier, j'ai participé au « Festival du livre en Bretagne » qui se tenait à Guérande : difficile d'y échapper. Deux jours à supporter des lecteurs qui se promènent dans les allées, tâtent vos romans avant de les reposer, en souriant timidement (ou pas). Une lectrice a lu la quatrième de couverture de *Winger*, avant de reposer le livre en haussant les épaules et en soufflant (geste qui signifiait sans doute : « Qu'est-ce que c'est con ! »). En face de moi, des bretonnants exposant des récits celtiques et les auteurs d'un livre sur la poterie : inutile de vous dire qu'ils avaient plus de clients que ma pomme. À ma droite, une vieille dame très gentille (dans le genre de Miss Marple) et très experte dans l'art de retenir le chaland : Marie Sizun. Le dimanche midi, j'ai déjeuné en face du créateur du *Guide du routard*, un sympathique ex-hippie. L'ensemble fut bon enfant. Mais très éprouvant. Bien sûr, il me fallut, lors d'un débat, justifier mon pessimisme. Une dame (il n'y a plus que ça) me reprochant de ne pas donner de l'espoir à mes élèves. Pour enfoncer le clou, elle fit l'éloge de Jean Moulin...

Le lendemain, je partis pour Paris afin de répondre, dans un hôtel particulier de la rue du Faubourg Saint-Honoré, aux questions d'Éric Naulleau. La salle était pleine. Il y avait même des gens debout. Les questions ont porté sur mes trois derniers romans.

Je suis toujours dans mes *Spectres*, j'espère le terminer à la fin du mois de décembre. Ensuite, je le transmettrai à Lacarelle. Je pense me reposer du roman (commencé en octobre 2021) en écrivant un article (ou un essai) sur la littérature et la politique. Naulleau a rejoint votre ancien éditeur, Léo Scheer, où il dirigera une collection. Je lui proposerai peut-être ce recueil d'articles rejeté par L'Observatoire.

Le reste du temps, je le passe au lycée. Ma vie personnelle est une peau de chagrin : c'est très bien comme ça.

Décembre

BL. – Les compliments dont vous m'honorez me vont droit à l'organe qui me sert de cœur. Oui, « des phrases qui vivent, qui respirent », c'est un beau projet. De plus en plus, je voudrais « coïncider », réduire la distance entre le souffle et la page, la vie et la phrase. Tout ce qui éloigne de soi éloigne de la littérature. On doit entendre la note quand le pianiste presse la touche. Je tiens beaucoup à la vulgarité ou à la sottise, par exemple, qui servent avantageusement de ressort comique, et touchent surtout au plus près de ce que je suis naturellement – le contraire d'un délicat. Je ne veux pas réfléchir avec de l'intelligence, mais avec de l'ânerie. C'est de la boue, et il faut s'y salir. Je ne passe pas ma vie le front dans la paume à me triturer le schéma actanciel, mais à me gratter les génitoires en regardant *Les Marseillais*, ou en lisant *Mon Mari*. Ce qui serait vulgaire, c'est de n'en rien dire ; ce qui serait artificiel, anti-artistique, c'est de ne pas parler du méchant petit plaisir que me procurent Kim Glow ou Maud Ventura. (En fait, j'ai trouvé Mme Ventura, ou plutôt son roman, entre deux Teulé, dans la « boîte à livres » de mon village : nous avons un maire très avancé, rempli d'idées pour propager la littérature auprès des croquants, sauver les ronces des désherbants et transformer les souches en hôtels à fourmis. J'ai emporté *Mon Mari* – c'est bizarre d'écrire ça – que je n'ai pas encore terminé, et dont le vide attire comme un ravin.) Tournons le problème dans un autre sens. Dans son *Stravinsky*, Schlœzer distingue la « manière » du « style » : la première appartient à l'artiste, le second à l'époque ; l'un est singulier, le second collectif. Dans ce cas, la « manière » est une réaction au « style », une réponse de l'écrivain à l'époque. Si, aujourd'hui, le style, dans sa manifestation majoritaire, est celui des *drama queens* d'autofictions, des Nestor Burmette qui enquêtent sur les traumas transmis par leurs mamans-fusionnelles©, et dont l'air du temps aimante les sentiments, les idées et les mots, dans un sérieux hyperbolique, risiblement muet de rires, que serait la « manière » ? À peu près tout l'inverse, nécessairement, quels que fussent le genre et le ton – fictions, essais, pamphlets ou chroniques. L'avantage est que la « manière » est plus libre, plus spontanée, plus originale que le « style » tel que l'entend Schlœzer.

Votre relation du Festival du livre en Bretagne correspond parfaitement à ce que je connais de ces volaillères tragi-comiques, où il n'y a pas plus de livres que de lecteurs, c'est-à-dire pas plus de littérature dans les livres que de lecteurs dans le public – une poule qui entre dans un palais n'en devient pas la reine, c'est le palais qui devient un poulailler. Un

« salon » est même la parfaite métonymie de l'actuelle situation littéraire. Or je veux me protéger de ces deux parasites : les livres et les lecteurs. Tout ce qui « vit et respire », pour reprendre votre formule, produit naturellement son contraire, qui prospère à ses dépens, et finit par le tuer. Si « la vie est l'ensemble des forces qui résistent à la mort », comme dit Bichat, la littérature est l'ensemble des forces qui résistent aux lecteurs.

TABLE DES MATIÈRES

AVANT-PROPOS